人文臨床與倫理療癒

余安邦 主編

五南圖書出版公司 印行

對於此在（Dasein）而言，死亡並不是到達它存在的終點，而是在它存在的任何時刻接近終點。死亡，不是一個時刻，而是一種存在方式……

—— 列維納斯（Emmanuel Lévinas）

死亡不算什麼，必須學會消失。死亡乃屬生物學的偶然，而不是一項事務。消失屬於更高的必要性。不應該把自身消失的掌控權交給生物學。消失，就是過渡到一種神秘狀態，非生非死的狀態。

—— 布希亞（Jean Baudrillard）

謹以此書誌念　德慧兄長（1951.1.10-2012.9.7）

斯人已雲亡　千載繼者誰

《台灣百合》

致　謝

　　我謹在此對所有參與撰寫本書各篇文章的作者們致以最誠摯的謝忱。你們長期的支持、鼓勵，以及不離不棄的容忍我的怠惰，這份難得的友誼與寬容，讓我銘感五內，沒齒難忘。

　　同時，我要感謝本書封面、封底，以及各篇插圖之創作者伊誕‧巴瓦瓦隆先生，及其經紀人郭悅小姐的慷慨支持，無償提供伊誕的作品給本書使用，使本書增色良多。

　　尤其我更要感謝五南圖書出版公司楊榮川董事長、楊士清總經理、陳念祖副總編輯、李敏華責任編輯，以及姚孝慈美術編輯的指導、支持與辛勞。沒有你們的幫忙與包容，本書勢必無法順利出版問世。

　　最後，我也要感謝顧瑜君教授（余德慧教授夫人）精神上的勉勵與加持，常如意與楊詠晴兩位小姐幫忙許多繁瑣的文字編輯、校對及訂正事宜，還有彭聲傑先生提供相關寶貴資料和協助若干校對工作。

余安邦　謹上

2017.7.31於南港

目　錄

甲篇　人文臨床及其超越之可能

丁篇　社會受苦與照護悅納

戊篇　人文凝視與倫理諮商

感懷 德慧

　　我在 1977 年認識德慧，至今有 35 年的歲月。與德慧，平時幾無來往，只在特殊場合裡，才有著偶遇的機會。他總是叫我一聲：葉老師，但是，我心裡頭一直是以學長弟的關係來看待這位可愛的學弟。

　　35 年來，我一直保持著在旁邊認真觀察著這位可愛學弟的「成長」。眼看著的是他由「正道」慢慢地變成為「歪道」，而且，愈來愈歪，但我卻始終認為，他「歪」得有道理，也「歪」得有膽識，因為，它「歪」得愈來愈有人味，也愈來愈有感性，更是愈來愈具有挑戰性。

　　他不但挑戰著心理學（尤其臨床心理學）的建制，而且，也一直挑戰自己的心智與情感極限，充滿展現著正負情愫交融的身心狀況。這樣的雙重挑戰是煎熬的，更多的應當是不停而來的焦慮感。但是，這樣情感上的煎熬與焦慮，卻是最好的創造動力，以至於我看到的是，德慧似乎是愈玩愈帶勁，也愈富有想像力與感應力，儘管他愈玩愈詭異，不只使用的語言拗口詭譎，意圖表達的觀念也愈來愈艱澀難懂。

　　有人說，他寫的是天書。站在扛著主流心理學（特別是台大心理學系）的知識建制，尤其持實證主義強調經驗實徵數據之所謂「客觀科學」的思維心態立場來說，這樣的評論或許不公允，但是，至少說出了許多人的心聲。一點都沒錯，因為使用著既艱澀詭譎、又刁鑽的語彙，更因為讓概念一再溢出了心理學界習慣的概念系統，德慧成為台灣心理學界裡的一個「異數」，許多人對他不滿，但總不願意行諸於表，只因為他使用怪異的語言表達著怪異的想法，彷彿帶有著魔咒的力道一般，讓大家止步、且怯於言語，因為這遠遠超出他們的理解

感懷　德慧

001

範圍，一不慎，任何的批評都可能招致詛咒，這不划算。況且，這又將顯得自己少見多怪，何必呢？還是讓他自己一個人去玩吧！不去理會原本就是最好的懲罰。尤其，他自己自願由中心發放到花蓮邊陲，就已經是一種最好的自我懲罰了。

德慧所表現出那「標新立異」的學術成果到底對台灣臨床心理學界，乃至整個心理學界有著多大的貢獻，今天諸位與會的發言人都已有或將有所表示，我這個外行人實無置喙的餘地。在此，我想再多說一點的是，我心目中的余德慧是怎樣的一個人。

德慧一直行著「歪道」，那是因為他有著隨興而為的「任性」特質，而這正是在有才情的人身上常見的性情。只是，遺憾的是，任性一向被視為是理性的敵人，尤其是在學院裡。誠如尼采告訴我們的，科學與禁欲主義原本就是生於同一塊土壤上的，既然是「禁欲」，任性於是乎是整個科學建制的天敵了。我不知道德慧是不是懂得這個道理，以致有意或無意地在做學問時顯得任性而「脫了軌」，但是，這不重要。依我個人的看法，重要的，毋寧正是這樣的「脫了軌」的任性作為，成就了德慧的學問，也讓許多後學者受到啟發，乃至崇拜。

然而，德慧的任性不是完全脫了軌的任性，而是一種「理性化」的任性，在他原本具有的才情的滋潤下，他的任性特質經過「理性」（特別是透過諸如海德格、德勒茲、拉岡、列維納斯等人的思想）的包裝轉化成為一些具有原創的思想精粹，而這乃與依附在實證主義旗幟底下的科學成就所呈現的「任性化」理性恰恰對反著。實證主義的科學成就呈現的所以是「任性化」的理性，乃因為它堅持執著單一的行事準則（我指的是邏輯與所謂的嚴謹的實徵科學方法），並且反過來否定所有其他的另類可能感知模式。這樣的認知態度本身就是一種「任性」的行止，儘管它總是自認為只有它所持有的做法才是「理性」，而且是唯一的理性。說來，這是啟蒙理性帶來的一種偏執的迷思，對此，德慧當然是看得很清楚的，而且，實際地以他的任性來挑

戰著。他既是勇敢、有膽識，也是有所成就的，這才是他所以令人感懷的重點，不是嗎？

　　老天似乎經常忌妒著有才情的人，總是早早就把他叫了回去，那是天命，是沒法子的，我們擋不著。或許，德慧並不在意，而且，在天上正偷笑著，你們這些人幫我弄一個追悼會還不夠，還來個甚麼紀念學術研討會，不嫌煩嗎？德慧，我要告訴你，這不是爲了你，你只是一個托體而已，正像你所崇拜的海德格、佳德美等人一樣。我們爲的是這些還活著的朋友，尤其學生，希望把你的爲人風範和學問成果傳遞下去。倘若你不引爲榮，至少總可以擔待一下，讓你的「異數」思想多一點留在人間，這不正是一份喜緣嗎？德慧，如今你可以安息了，大家應當不會再來吵鬧你，你可以更加任性地作爲了。

（本文原宣讀於「余德慧教授紀念學術研討會」。台北：國立台灣大學心理學系，2012 年 12 月 8 日。）

微明淡悲，長懷千喜

王鎮華

民國 101 年 5 月我到慈濟大學「人文諮商課程」講課，並帶工作坊活動，開這種課本身就是大有突破性的實踐與體驗。

沒想到 5 月兩週上課，到 9 月 7 日德慧兄就走了。今天聽安邦、聲傑說要出紀念論文集，茲以當時寫的感念一文，以及長年累積的一手體證資料「96 道吉光片羽——主體心理學　素材初編」紀念他！我想，只有將之獻給德慧兄最適合，他不閃躲切身。

德慧兄，我不覺得您走了，5 月三次見面，印象已穿越刻板時空，與人文社會學院出來面對的那座山一樣，活在我心。

你做學問、講課之認真，是把這些學術提升到生命的層次。而生命是整體性的、活生生的，所以，你不受分科的限制，沒有專業的本位，開放的將各領域聯結、交流、融合。你甚至打破學界與民間、雅與俗的層次割裂，專注其生命性，進而掌握原生的本然。我看到你虛弱身軀，工作時的勁道。這樣的工作與精神是不會、也不能死的，應長存學界、業界的人際做榜樣。跨越生理的生死，還有精神的活氣；跨越年齡的大限，還有一道平實的存在感。

我很想知道，你各種整合的心得，尤其中西心理、學術、生命觀的文化對照。那天約好談一談，一起在學院自助晚餐時，有客在座，也沒時間談。希望你的同事、學生能接續的將工作心得，先扼要寫出來，大家能接著做下去。至於，你喜歡的書、人、事、物等，不論中西古今，我也想知道。我想知道，誰承受得起你的真誠。學術之真，

體會生命的活，以誠懇的工作，才行得通。把人當次級人，即非醫生、治療師。　祝

好飛！　以後可以隨時再見了。

鎮華敬筆 9 月 15 日

生命本身，就是　天恩、活書、榜樣

每天用生命去追求許多事物，

　　　回頭，你瞭解生命本身嗎？

上天祂給你生命，你的生命活在整體大生命中，

　　　你又必須用生命賺取生存所需，

　　　所以「天賦—活在裡面—使用」　生命有三種身分疊一起，

　　　　　「受格—主客一體—主格」　天賦生命，在裡面有感，用生命求什麼？

　　　　　「起點—過程體會—終點」　都是生命問題，同在生命存在層次，

溫飽之餘，怎麼瞭解生命？

生命本身的內涵，是上天「落實」給眾生體會的榜樣，

人類必須以生命的真誠與工作，面對生命的本身(價值、意義從中產生)

　　　才體會得到生命的原味，才活得出生命的本色。

生命的博大精微，

　　　只能以真誠與工作，才有切身的充分體會。

　　　概念化、技術化等外在成就，肯定無法替代成長。

有人用盡生命的力氣，疏於照顧生命的耗損；

　　　得到生命的精神，超越生命的大限。

有人用快速與大量的開發，對大自然開膛剖肚、注入種種創新的污染；

人文臨床與倫理療癒

006

得到個人一生的人造享受，卻疏離、異化、破壞大生命的一體化。

真是天壤之別。

人為的一套，太對不起上天，

天然的一切，還是最美的。

人卻對之認真造作，還號稱先進、競爭，昧不自知、不知止！

誰瞭解上天心意啊，

　　人用天心對天身（大自然）無知的猛刺；

　　為什麼不用天心（自明覺知），對準人的「自主心」澈底批判？

　　教育還能閃躲多久、打滑多久？

回看天際下中流，有孚在道惠我德。

　　面對生命本身，就到位了。

　　天身一直在承受著；人每天在忙什麼？

　　天心一直在看著；人還在說什麼？

文化心理學的浴火與重生

宋文里

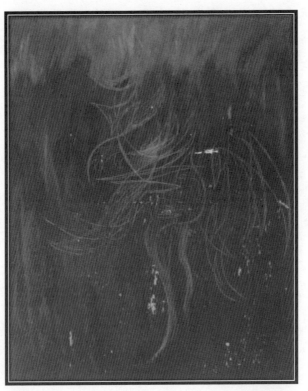

宋文里畫作一

巴什拉（Gaston Bachelard）與浴火重生的意象：
Empedocles（c. 490 - 430 B.C.）之浴火與鳳凰之重生：
一種關於知識探索的側面敘事

　　9 月 13 日那天，我跟隨著阿邦（余安邦）和汪文聖老師一起去了壽豐那一帶繞了一圈，說是要找塊地，種棵大樹，讓小余可以用近似於「天葬」的方式回去天上的極樂世界。

　　我不只是在想什麼葬法的問題，而是又發現了小余和我之間共通的祕密：小余的靈魂要讓鳥，幾百隻飛鳥，把他帶上天。他是個鳥族。我好久以來就一直相信自己是鳥族的後裔：「天命玄鳥，降而生商。」大邑商亡國之後的族人不是有好多被集中安置在宋國嗎？我的祖先就是這樣來的。

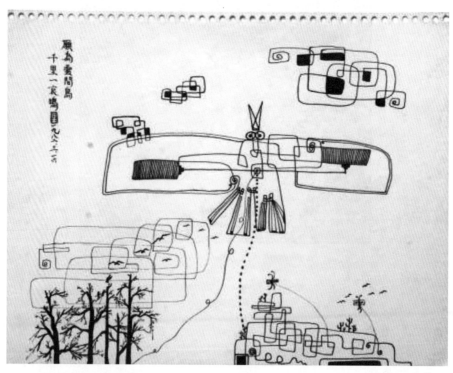

宋文里畫作二

但是，作爲鳥族的我並不快樂，因爲不知何故，我們這一整族人都沒辦法痛快飛翔：「願爲雲間鳥，千里一哀鳴」是我 1982 年在美國留學時畫的（見前頁圖）。1985 年回國後，我到了清華大學。在出國前，我已經知道小余是《張老師月刊》的總編輯，而那時的《張老師月刊》走大衆心理學路線，是我最最不喜歡的一條路線，所以我也沒太大的興趣去接近小余。但是，在 1985 年以後，狀況變了。我有三次被台大心理學系邀去擔任碩士生畢業口試的口試委員。我對於其中兩篇論文非常不敢恭維，但就在小余邀我的那次，我發現他的學生竟然用有點海德格的調調寫論文。我讀完論文之後覺得不可置信。我以爲海德格應該是我獨享的祕密──我在出國前當兵的那兩年中，曾經偷偷翻譯了一篇現象學心理學的論文，[1]該文中提到最重要的兩位現象學心理學家就是 Binswanger 和 Minkowski，熟悉這兩個名字的人自然會曉得他們和海德格的關係。

當完兵，教了一年書之後，慨嘆「關中無可師者」，所以必須「負笈遠遊」，我就出國了。我以爲我會在美國找到可以學習存在現象學的老師，但是，剛下飛機不久，拿著註冊單去系裡辦手續，和那裡的老美學長姊聊起我的志趣，他們竟然告訴我說：那你得趕快轉學到山上或海邊的學校，因爲那種老師全都退休到那些地方去靜養了。我不扯很遠──這是我和小余共享的第二個祕密：他有一次在私底下和我喝茶聊天時，對我說：今生最大的遺憾是沒碰過好老師。我一聽，拍了桌子，大喊一聲：「我也是！」負笈遠遊的結果，是連接受我去讀存在現象學的指導教授，第二年也決定退休了，把我放了鴿子。「關

---

[1] 宋文里（譯）（1988）：〈精神醫學的現象學及存在分析之臨床導論〉（Ellenberger, H. F. "Clinical Introduction to Psychiatric Phenomenology and Existential Analysis," in May, R. et al. (Eds.). Existence. New York: Basic Books, 1958, 92-124），《思與言》，25（6）：593-624。偷偷翻譯的意思是：我在軍中上政治課時，沒聽課，而把原稿擺在膝上，逕自做我的翻譯。

中無可師者」──「關外亦然也」。

但小余繼續和我聊，沒有老師就自己讀，也帶學生一起讀，然後一起寫論文試試看。我讀過他指導的論文後，相信他是認真的──不只是和我一樣認真，還比我更認真。是的，他說過最讓我佩服的話就是：學什麼方法論？海德格本身就是最好的方法論！

我以前不敢這樣想，但在看過他的學生作品和他自己的著作後，我對他的宣言就深信不疑了。沒有好老師──這句話讓我們都得罪了不少心理學界的前輩──但我們都無意把這句冒犯人的話收回。在我們的靈魂深處，我們都願意自己來「困而學之」，並且要勉勉強強地，自己來擔當下一代學生的好老師。

我一直都知道，有些人對於小余的寫作老是愛批評說他詰屈聱牙、幽邈難通。我聽了就會冒火地站起來為他辯護，請批評者自己回去先把書看懂再說。[2] 不過，當著小余的面，尤其在他演講完畢後，我跟他君子論道，還是很喜歡挑他的語病，[3] 但他多半不會多做辯解，要嘛就是根本避而不答，所以我有些時候只好寫信跟他打破沙鍋問到底。我們的交情從來不會因為這樣的爭論而受到任何影響。我們至少相信──或是，現在我只能說，我相信──由於我們共享著兩種 soul seekers 的深奧祕密，所以，幾句話的爭論根本算不了什麼。

小余，你現在可以去天上自由翱翔了。

我可還得繼續在你的下方，在雲端哀鳴千里。

---

[2] 小余帶研究生一起從事「讀書會」活動，有很長的歷史，所讀的書也跨越很多不同的人文學領域，且都是讀世界大師級的原典。我想有些人比我更清楚這些活動史，還請這些仁兄（姊）們可以為此做些補充。

[3] 譬如我對他說過：既然要使用我建議的「療遇」一詞，那麼它的正確英文譯名應該是「healing encounter」，而不是「encountering healing」。同樣的，「療遇倫理」也應該是「ethics of healing encounter」，而不應是「the encounter-healing ethics」。後來我知道他在某些地方改了過來，但也有些至今未改。沒機會了，嗚呼！

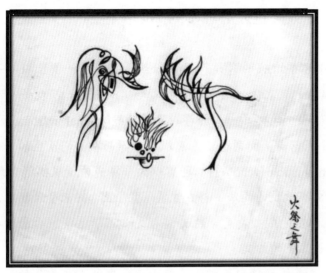

宋文里畫作三

不過，時間大概也沒剩多少了，

我很快就會到一飛沖青天，去找到你的。

再會吧！

My soul brother.

宋文里畫作四

人文主義心理學的失傳與再傳

小余在 1998 年出版的《詮釋現象心理學》在第一頁上就寫著：「從 1988 年以來，我就開始思考人文的心理學……。」而我早在 1977 年就完成了我的碩士論文——關於存在意識（existential awareness）的研究。[4] 那個年代以前，受到存在主義風潮影響而在美國產生的「人文心理學」（humanistic psychology）也曾以太平洋邊的微風拂過台灣，[5] 只是，根據王文興教授的說法，存在主義（實際上）從未登陸過台灣。所以，那帶著濃厚存在主義意味的美國人文心理學也沒讓台灣的心理學界產生過幾篇像樣的論文。

1980 年代歐美的評論者事實上已經看出，那陣人文主義的心理學風潮僅僅讓幾位風雲人物有過喧囂叱吒的一代，但是，很不幸的是：他們沒有傳給第二代。台灣就因為須橫渡一個幾乎廣袤無垠的太平洋，所以在那陣吹來的微風中，我們還沒嗅出它在美國本土已經腐壞朽敗的氣味——我們那時還在教科書上幫腔地宣稱他們構成了心理學的「第三勢力」。

在美國的人文主義心理學界，有位佼佼的發言者 Rollo May，和兩位在精神分析學術上很有成就的學者 Ernest Angel 及 Henri Ellenberger 在 1958 年出版了他們共同編譯的一本書，書名就叫 *Existence*，[6] 該書中

4　宋文里（1977）：《存在意識之研究及其在高中生輔導上的涵義》，國立台灣師範大學教育學研究所，碩士論文，未出版。

5　「humanistic psychology」最自然的譯法就是「人文心理學」，但不知出於哪位多事者的手筆而翻譯為「人本（主義）心理學」，後來就成為我們心理學界的慣稱，但我還是要表示：這樣的翻譯實際上已經構成了「過度詮釋」（over-interpretation）：「人本」是相對於什麼「本」呢？「神本」嗎？Theism 是「有神論」，不能稱為「神本主義」，那就是文藝復興時代之所以產生 humanism 時的相對概念，然而這種概念相對的脈絡在漢語的語境中並未發生，因此把 humanism 翻譯為「人『本』主義」就是畫蛇添足，多此一舉。

6　May, R., Angel, E., and Ellenberger, H. (eds.) (1958). *Existence*. New York: Simon and Schuster. 這本書就是我偷偷翻譯了其中一篇文章的現象學心理學文選集，其中有 Binswanger 和 Minkowski 的現象學心理學文章各一篇。到目前尚未出現漢文翻譯。

輯錄了幾篇融貫精神分析、現象學和存在哲學的作品，但這本書上的主要作者都是歐洲人，他們沒有捲入美國風雲，而美國人也似乎對他們不太理睬。從現在回頭去看看，就會發現：他們的人文主義才是在歐洲從文藝復興以來一路發展下來的人文主義，而和美國的那股「反文化」（counter-culture）潮流沒什麼關係。

我相信，小余和我，雖然分別在 1970 年代晚期至 1980 年代晚期才投入人文心理學的研究，但我們的認知終究會是一樣的這種人文心理學：以存在現象學、詮釋學、精神分析的源頭爲本的人文心理學，而不是在美國失傳也失勢的「第三勢力」心理學。這樣才足以解釋爲什麼小余要花那麼多精神去閱讀 Heidegger，而我爲什麼一直到今天都還在尋找精神分析詮釋學的緣故。

歷史和思潮的腳步又急又快，風起雲湧的「文化轉向」（cultural turn）在 80 年代末期開始滲透到人文與社會科學的每一角落。我們所關注的問題一下子就變成後台和背景，而站上舞台中央的，都是由「語言學轉向」（linguistic turn）引發出來的問題：語意學（semantics）的、語用學（pragmatics）的、象徵哲學（symbolism）的、符號學（semiotics）的等等……。Garfinkle 曾經說：這「等等等」就是俗民方法論（ethnomethodology）裡頭暗藏的語言學之一個側影，而文化心理學中有個重要的語言／文化課題至今仍稱爲 Sapir-Whorf Hypothesis（沙霍二氏假說），其中的首倡者 Edward Sapir 對此問題的基礎背景就曾提出過如此發人深省的警語：「哲學家必須要瞭解語言，即便只是爲了免於受到他自己的語言習慣（之障礙）。」[7]

在這樣的「轉向」之狂濤猛浪之下，我們現在該傳的是什麼？它還能叫做「人文的心理學」嗎？是的，不用擔心我們會在語言中脫軌。

---

[7] Sapir, E. (1949). Selected Writings of Edward Sapir in Language, Culture and Personality. Berkeley: University of California Press, p. 165.

在「人文化成」的意謂之中，我們只要把焦點從前面兩個字往後挪一格，注意第二和第三個字，我們就會發現「文化」在其中矣！我這是長話短說。現在敢於宣稱繼「第一心理學」之後還能發展的「第二心理學」實在非「文化心理學」莫屬了。[8] 而我相信這在心理學中，以我們的語言來說，就是「人文的傳承」。

我現在要邀請諸位一起來看看當今文化心理學的一種概覽。

文化心理學最近的發展

（根據 The Oxford Handbook of Culture and Psychology [2012] 所做的摘要）

1. 文化心理學的幾個歷史根源
   （1）文化研究與語言轉向（linguistic turn）：從十八世紀以來的 Vico、Rousseau、Herder、Humbolt、Wundt……等等
   （2）直到二十世紀的 Sapir-Whorf、Vygotsky、Cassirer、Wittgenstein、Heidegger、Derrida……等等
2. 跨領域與領域內的各種觀點
   （1）各種本土心理學（indigenous psychologies）的興起與文化心理學的集結
   （2）文化人類學：民族心理學與人類學中有關自我與他者關係的重探
   （3）跨文化比較心理學
   （4）考古學與物質文化對文化心理學的衝擊

---

8 第二心理學（second psychology）是 Michael Cole 爲「文化心理學」取的譯名，見 Cole, M. (1996). Cultural Psychology: A Once and Future Discipline. Cambridge, Mass.: Harvard University Press.

3. 現場中的位置

（1）置身在地與設位理論（positioning theory）對於角色理論之取代

（2）文化科學即是道德科學

（3）從微觀到鉅觀的來回循環

4. 文化與心理學中的象徵與符號

（1）心理活動即是意義的活動

（2）符號學（對於象徵與符號的探討）將是文化心理學不可避免的任務

（3）各種意義型擬（modeling）

5. 行動、自我與敘事

（1）文化與行動的條件

（2）行動理論與辯證法的交互關係

（3）自我與他者在行動與敘事中的相互建構

（4）歷史的真實或敘事的真實：精神分析的敘事法

6. 生活的工具：社會限制的超越

（1）經濟與象徵資源構成生活的條件

（2）資源匱乏的問題：族群、性別與階級

（3）資源的爭奪與風險

7. 文化的誕生

（1）自然環境與文化的生物學

（2）從靈長類研究中再探物質與象徵演化的問題

8. 人類如何透過文化而流動

（1）空間流動和語意流動

（2）移民與流動的跨界

9. 高級社會規範的文化：價值、巫術與義務

（1）價值的社會文化實踐與道德的發展

（2）價值定奪與道德觀念的代間傳遞

（3）常民生活世界中的超常意識（現代巫術勃興背後的意義）

10. 文化介面：身分與體制

（1）教育體制作爲社會關係與話語實踐之介面

（2）學校之爲工作／作品

（3）文化實踐中的協作（協助）機制

（4）教育作爲知識實驗與交互挪用的策略

11. 社會網絡與文化情感

（1）情感與關係網絡即是人類文化複雜性的本質所在

（2）同儕關係在現代文化中的意義

（3）情感與文化遊戲

12. 文化心理學方法論革新的初探

（1）從模稜曖昧中轉型而出；對於後設理論的重新建立

（2）從過去與現在的辯證中形成建構主義（constructivism, or construc-tionism）的方法論（從演繹法 deduction、歸納法 induction 走向轉練法 abduction 的可能）

（3）從貨幣交換中發現的對論邏輯（dialogics）

（4）從文化心理學中發現走向眞誠文化與良好生活的途徑

　　從以上的文化心理學概覽中可以發現，目前漢語世界的心理學可以和這些國際發展接軌的議題還不多，大抵上只集中於其中的「2. 跨領域與領域內的各種觀點」以及「11. 社會網絡與文化情感」這兩個範疇，以及一點點剛起步的「方法論革新」，其他議題的接近多半不在心理學，而是在人類學、社會學、哲學或文化研究中。我們所謂的「本土心理學」和「中國心理學」，有時不但不能造成「接軌」，反而在某方面變成一種（Bachelard 所謂的）「認識論障礙」（epistemological obstacles）。[9]

9　關於「認識論障礙」（epistemological obstacles），請參閱 Bachelard, G.（錢培鑫譯）（1938/1993/2006）：《科學精神的形成》。南京：江蘇教育出版社。

我們和文化心理學的遭逢，以及超越認識論障礙之必要

小余、老余（安邦）和我都曾經先後在不同的學院脈絡中開設過「文化心理學」這門課。大約是從 1990 年代中期以後開始的。台大的「本土心理學」有時也自稱是一種「文化心理學」。依我的觀察，我發現「本土心理學」和「文化心理學」之間有許多難以言說的矛盾——通常，「矛盾」到難以言說的程度，就會質變而為「弔詭」。「本土心理學」本身的問題，因為已經有很多批評出現，包括來自社會學、人類學、文學、傳播學、歷史學以及哲學的種種。但心理學本身對此問題的討論何在？由於文化心理學對於語言問題已經產生敏銳的認識，因此，即使在「弔詭」的狀態下，我們仍然可以用語言來面對它。

此刻，在一場帶有宗教祭典的氣氛之中，我們會期望有某種「啟示錄」般的語言出現。我想把這種啟示錄的場景拉回到 1990 年代初期。讓大家看看一場有趣的遭逢：我雖不怎麼同意「本土心理學」這個名號（尤其它是以單數的 Indigenous Psychology 而不是以多數的 Indigenous Psychologies 出現時），但我對於「漢語的心理學」（絕對不是「中國心理學」）則情有獨鍾。[10] 我說的「漢語」包括古漢語和現代漢語（根據語言學家王力的分類和斷代法），[11] 也確實像語言轉向後的思想家一樣，對語言的注重是從字源學到語法學、語意學、語用學，無一層遺漏，並且認為當代的漢語心理學由於擁有豐富的古漢語資源，因此，在呼應著 Sapir 的主張之下，讓它作為一門「意義的科學」來發展，確實大有開發的機會。

小余在 1998 年出版了《詮釋現象心理學》，[12] 其中包含了他自

---

[10] 「中國心理學」其實也就是一種單數的「本土心理學」，所以不能包含文化心理學的視野。

[11] 王力（1980）：《漢語史稿》。北京：中華書局。

[12] 余德慧（1998）：《詮釋現象心理學》。台北縣：會形文化事業公司。

1992 至 1996 年間寫的十篇文章，分爲三部分，就是「語言篇」、「歷史篇」和「詮釋篇」，我看了以後，知道他除了標題上留著「詮釋現象心理學」的名稱，其實他果然加入了「語言學轉向」，對於後期的 Heidegger 和嫻熟於語言哲學的詮釋學家 Paul Ricoeur 花了很多篇幅來說明。

至於我自己在文化心理學方面的發展，我是抱著以漢語心理學加入文化心理學來共同討論意義問題的態度下，在 1991 年以「自行研發」的方式寫了我的第一篇討論精神分析基本命題的「漢語文化心理學」作品。由於已經「年代久遠」（從當前的出版速率來估算的話），很多人都不曾見過，因此我將它的摘要放在此作爲附錄，讓大家可以一起做歷史的見證。

由於這篇文章確實早於小余的作品，所以我要藉此來談談這種作品和本地主流心理學（家）的首度「遭逢」，其背後的故事可以概述如下：

我在 1991 年以這篇論文參加了清華大學性別研究室舉辦的第一次研討會。在我發表的那場，主持人就是楊國樞教授。他做的開場白很有意思——他先聲明這位作者宋先生是他的同行，因爲性別研究是個跨學科的新興研究領域，所以由同行來一起發表和主持應該很合適——但「同行」的合適性卻在楊先生的話鋒一轉之下變成了一個問題——楊先生接著說：「不過，我看來看去卻一直看不懂這篇文章的意思……」所以，以下的發言能不能讓與會者聽懂，這責任就得由作者自己來承擔了。有意思的是，在我的報告和討論完畢之後，有兩位知音上前來向我致意，那就是王浩威醫師和成令方教授。

後來這篇文章投稿給《國科會研究彙刊：人文與社會科學》，而這個彙刊是台灣的專業期刊中最早實施匿名審查制度的刊物之一。在審查過程中，有位承辦人打電話給我，說是找不到合適的審查人，請我推薦幾個名字好讓他們選擇。我回話說：很抱歉，一來這樣的推

薦是不符合專業倫理的做法，我歉難照辦；再說，我也實際上不知道誰是「合適的審查人」，所以只好由該刊的編委會去自行處理了。過了一段時間，那位承辦人又來了個電話，說他們後來找到一位在Berkeley 大學任教而且能讀漢文的審查人，他／她給了很高的成績，所以文章刊登已經沒問題了。

這個幕後的故事，對於我們大家來說，究竟是不是很有意思？我雖然和大家都「同行」，但我也不知道答案，所以就由各位自行判斷吧！

我想說的是，在漢語世界中，大凡曾經從人文心理學土壤中獲得過「人文學」與「心理學」養分的人，都應該能夠在自行研發的狀態中自然地產生某種文化心理學，因此即令不是亦步亦趨地追隨著國際學術潮流的發展，也必能發展到能夠和國際接軌的水平。關於自行研發的現象，我以三個可以供我們參照的先例來說明：一是美國的 Edward Sapir，他在耶魯大學客座的年代（1931-1937）第一次開設了文化心理學講座；其次是俄國的 Lev Vygotsky，在 1925-1934 年間自行創立了一系列歷史—文化心理學的研究和理論；另一是荷蘭的 Han Fortmann，在1957 年起受聘於 Nijmegen University 之時，在未受美國、俄國影響之下，也透過歐洲早有的傳統（及上文提到的 Vico、Herder、Humbolt、Wundt，加上 Dilthey 和 Brentano）而開設了文化心理學課程。然而，當今這一波文化心理學潮流，事實上是從 1990 年代才開始在歐美各地同步興起的，其促發的原因就是和上文提過的「文化轉向」思潮有關。因此，我們現在的學術發展任務就是要以我們自己現有的「心理學」加上「人文學」的素養，來重新加入 90 年代以來的文化心理學思潮。我們當中，有些人也許已經可以做到，但是就在同時，我們也發現我們的心理學中，已經被種種認識論的障礙重重包圍。

在這種氛圍之下，由小余、阿邦加上東華大學的幾位同道，又有哲學界的汪文聖教授、蔡錚雲教授、龔卓軍教授等人的參與，在 2000

年代初開始推動一個名為「本土心理與文化療癒」的project——這個
「project」其實不只是一個計畫，而應視為一場運動，在「療癒／療
遇」的雙重面向中探問施療者與求癒者之間的「倫理化之可能」。這
個運動由於是以臨床／諮商心理學作為起點的，而小余早也發現，多
年以來的「本土心理學」其實很少有臨床實踐者的加入。因此在小余
的思想領導之下，他改以「本土化」的名義，實際上脫離了「本土心
理學」的發展型態而推出更能夠和當代思潮接軌的多元實踐方式。譬
如他說：「首先，我們使用『文化主體的親暱性』來代換……『文化
契合性』，其次，也對正面（編者按或稱正向、積極）心理學以『健
康』作為基本生活假設提出異議……。」[13] 在他和林耀盛、李維倫的
合作之下，他們解釋了「本土化」和僅稱為「本土」的心理學在意涵
上的迥然相異，並且最終提出了「缺口動力學」和「說話主體」的本
體論，以及心靈療遇必須以「生存美學」和「差錯功夫」來生活的命
題：「人就是用如此來殘缺地活著，殘破本身露出它的致命吸引力，
生活必須要透過它的殘缺來生產它的生存美學，必須要透過跛足來生
產一個自足性的動力……。」[14] 而這些話語實際上都是透過當代「文化
轉向」之後的頂尖論述者 Blanchot、Deleuze、Foucault、Heidegger、
Lacan、Morin 等的「本土（轉）化」之後才會出現的命題。

　　我的這些簡短說明，應該足以提醒幾個對於今天的場合而言有意
義的要點：

　　1. 原有的「本土心理學」必然要脫除它的「單數」狀態，並且也
必然要正視它的發展現況和當代文化心理學之間會如何遭逢，乃至可
能產生什麼認識論障礙的問題。

---

[13] 余德慧、林耀盛、李維倫（2008）：〈倫理化的可能——臨床心理學本土化進
　　路的重探〉，收於余安邦（主編）：《本土心理與文化療癒：倫理化的可能探
　　問》。台北：中央研究院民族學研究所，頁149-206。本句引文見頁151。
[14] 見上引文，頁197。

2. 文化心理學是一種全球性的心理學自我更新運動。目前台灣（或更擴大到整個華人世界）事實上還沒有正式的學院建制來和它接軌，而由小余、阿邦等人所發起的「文化療癒（遇）」或「人文臨床」運動，幾乎是目前漢語心理學界中唯一能夠和這一波文化心理學思潮對上話的文化論述。

3. 我們需要把這些零零星星的論述對話結合成心理學之中的正式課程或學程，來接續小余等人以個體戶、小合作社方式好不容易點燃的香火，否則我們很快就有可能像當年美國的「人文心理學」運動一樣，只看見掀起一代風雲的祖師爺，而沒能產生子子孫孫永寶用的學術資源。

附錄：

作者說明：

（1）本附錄是宋文里寫作的第一篇漢語文化心理學文章（摘要）。

（欲看全文，請上網查閱，或以 e-mail 向作者索取最新修訂版：willsing.future@gmail.com）

（2）附錄標題為：「穹窿：重寫一個關於性的象徵初型」。

（引述本文原稿時請用：宋文里（1992）：〈穹窿：重寫一個關於性的象徵初型〉，《國科會研究彙刊：人文與社會科學》，第 2 卷，第 2 期，148-164）

摘要

　　本文以研究筆記（research note）體裁，分八節論述陽物中心觀（phallocentrism）之僵硬的符號建構如何偏失，以及 S. Freud 最初主張的「原慾（libido）本即爲男性的」之說，到晚年面臨雙性（bisexuality）概念及性的模稜兩可性質（ambivalence）時，如何成爲無解的難題。欲解決此一難題，在圖義學（iconology）的裏助之下，以及 Dali、Magritte 等超現實主義藝術家的洞見之中，就象徵符號本身的改寫而獲得新義——作者本人以 E. Erikson 繪製的性心理發展模型圖爲藍本，加上超現實主義的特殊見識，作成圖象誌（iconography）的改寫，並將陽物中心觀常用的符號涵義反轉爲具有女性涵義之物。突出的陽物實爲一伸出的凹洞。以伸出的凹洞概念再理解性的世界，將可發現，世界中的有性之物（sexual being）應有如一善納、可容且雙性兼具的穹窿。

出入生死、幽明來去──
悼念余德慧先生

林安梧

> 在那生命夢屋中，在那生命宛若幽靜的長河裡，願
> 您輕履其間，觀山觀雲觀生死，再做情話色語，再
> 與巫宗教來一段心靈療遇，繼續您那詮釋心理現象
> 學的志業，廣衍生死大義，廣度有情眾生。

今晚是別睡了，思來想去，腦子停不住。心裡總惦念著！掛記著！

剛睡下，恍惚間，如夢似醒，見諸多似人、似儺光影，在田間舞動旗幡，不覺驚駭，反覺有言外之意，我就此悠悠而醒，提筆而書。

下午在志學處，談了余德慧兄學問種種，說其出入生死，來去幽明，說其學問，婉曲而深入，縝密而細緻。前日宗教所訃告有言：「他深睿而灑脫，浩瀚而高竣，既有深層的實存覺知，又有清澈的概念反思，進一步朝向條理整然、理緻縝密的理論建構」；「長年致力於生死學、生命現象學、人文諮商及療癒實踐之學問性深層探討，他是心理學界最具有創造力的思想家、實踐家。」我以為與其說他是一現象學式的心理學家，毋寧說他是一臨床人文、徹入生死幽明的現象學家。

就我理解，德慧兄是當代生死學的參與者，以及這門學問的締造者之一。我常以為他的獨特性在於「以身試法」，而不是「以法護身」。就像神農嚐百草一樣，他重要的不是理論的咀嚼與理解，而是臨床的體認與契悟。他更不會是拿著宗教的經典、教理，乃至教條，以為護衛自身的工具，以為如此入於陣中，便可刀槍不入，出入自由。他以其天地生靈、血肉之軀，至性至真，入於生死幽明，忍受陰

陽相害、神魔交侵；但他多能全身而回，悲智兩長，並以其曲折的心理現象學式的描述，若地藏王菩薩般的宏願，地獄不空，誓不成佛。

德慧兄好讀書，東西南北、古今中外，涉獵極深，但他的讀法並不尋常，不重話語理論之分解，而重思想實存之體會。正因如此，他常有其獨到之思，有其個人式的體悟。他的讀法不是學究性的學問讀法，而是思想性的實存契入；或者，有人覺得他讀的不準確，但他卻往往能有出人意表的精到契入。因為，對他來說，他要的不是知識，他面對的是生死幽明、陰陽往來的「活生生的實存而有」，是一至本至真而躍動的生靈。他不是經由所謂現象學的學問去說心理學，相反的，他是以其生命所契證身心靈最為奧微處，如其現象，闡而釋之，死而生之、幽而明之。我常以為他成了自己的獨特的心理現象學，或更準確的說應是「身心靈現象學」。余德慧先生之現象學是含藏著價值與存在，通徹神鬼幽明，和合為一的，他要處理的是生死大事，他通過人文臨床，展開生命療癒的實踐志業。

與德慧兄認識交往，偶得其緣，實有深緣，真有一大事因緣也。上個世紀 80 年代末到 90 年代中，我寫了幾篇有關儒、道、佛與意義治療的文章，後來集結成《中國宗教與意義治療》一書，興許這原故，又因老友余安邦的實存繫連，我與台灣大學的本土心理學研究室的師友，有了些互動。90 年代末，我曾應邀到台大心理學系舉辦的研習營上做講座，記憶中，德慧兄及安邦兄都在場，我感受到了跨界互動的歡愉，以及學問相契的喜悅。西元 2000 年秋天起，我應崑陽兄、文進兄之邀，為東華大學中文系博士生上一必修課「現代人文學方法論」，每兩週來一次，每回四個小時。課間課後，逭履行步，到德慧兄四樓的研究室，品酌咖啡，歡談現象學、心理學、哲學詮釋學，及其所關聯生活世界之種種實存之覺知、反思。正因這因緣，我與德慧兄一起參與了《台灣心靈白皮書》的問卷調查，並作為顧問及問卷的主要詮釋者。這問卷歷時多年，由心道法師領導的靈鷲山佛教教團支

持策畫，配合世新大學、中央研究院、台灣大學等相關研究單位，還有諸多學者的詮釋，方得完成。這研究成果後來集結成《感受台灣心希望：2004～2006心靈白皮書紀錄》，由張老師文化事業公司於2007年出版。其實，這可以說是「信仰、實踐、療癒」和合為一的具體成果，德慧兄便是最重要的創議者、構畫者。

2008年，應木柱兄、德慧兄及蕙馨姐之邀，因緣成熟，東來花蓮，參與志業，宗教信仰、人文臨床、生命療癒，或為經典詮釋、或做田野調查、或做理論研究，彼此交涉，議辯討論、融合會通，心地悅樂，滿懷歡喜。惟德慧兄身體，患疾多時，須得洗腎，是師生最所擔心關心的。特別是這回，您從七月初進了加護病房，好不容易，八月下旬才轉到普通病房。其間，真的是讓人掛心不已，真是減一分則喜，增一分則憂。九月初，傳來了您病情有些進步的信息，我心理直為您高興，並虔誠祝禱。

九月七日，本所辦公室剛為德慧兄辦了請假手續，我也聯絡學校看有無趕辦教授休假之可能。想德慧兄長年病痛折磨，這回可要好好將養一番，半年後，應可痊癒康健。聯絡了主秘、教務長，大體安排了這學期相關事宜。那日下午，我應邀去羅東三清宮為道教文化研習營講學，途中還與安邦兄通電話，說好了您有關在教育部申請的計畫案進行的種種細節，大家心裡記掛的還是您的身體。

沒想到，我剛回到台北福德街，就接到安邦的電話，說您於八點廿四分與世長辭，您遠行了，您離開了我們了。一時間，忍不住的傷慟，淚水汩汩而出，慟哉！慟哉！何可言也！痛哉！痛哉！不可已也。荒漠、孤獨、惆悵、哀傷，悲悼難已！悲悼難已！好不容易，收拾了精神，虔誦《金剛般若波羅密多心經》為您祝禱，祝願您，大覺既證，無所罣礙，一路安行，登於極樂。

昨日傍晚，邀了志學、林蘋，再度前往府上，參拜間，聞頌缽聲，見您如一尊古佛，吉祥安臥，兩眼垂簾，微合而閉，端肅溫潤，

嘴角間鉤勒出的線條，透露著堅毅自信。吉祥安臥，果如古佛！

德慧兄！六十餘年生死，既得契機，今已開悟！破繭而出，當得超越。仙山佛國，生死無盡，在那生命夢屋中，在那生命宛若幽靜的長河裡，願您輕履其間，觀山觀雲觀生死，再做情話色語，再與巫宗教來一段心靈療遇，繼續您那詮釋心理現象學的志業，廣衍生死大義，廣度有情眾生。德慧兄，你的確是一位有溫度的人，您那疼惜的心永遠令人疼惜！

「有眞信仰者，有眞實踐也；有眞實踐者，其得眞療癒也。」

2012/09/12 安梧寫於花蓮慈濟元亨居

壬辰之秋九月十一日晨四時起筆，天明而輟，治事紛繁，十二日晨三時再續筆，於四時半完成，見天已微明，忽及林則徐的詩句，「海到無邊天作岸，山登絕頂我為峰」。願再以此詩獻頌兄前，虔誠祝禱！虔誠祝禱！

願你的不在成爲你永遠被感知的……[1]

余安邦

任何被理解的東西都是被徹底的專注。
去認識就是絕對的和普遍的確信。[2]

（一）

不在現場的你
總是迎面而來。

在語言的召喚中
（即便未說的總比說出的還多！）
過往熟悉的話語朝向時間之外綿延
呼喚「牽繫」現身。

你遠行去了。
那年九月。

---

[1] 本標題引自里爾克〈拉加茲墓園〉中之詩句。刊於賴納·馬利亞·里爾克
（Rainer Maria Rilke）（2016）：《里爾克詩全集》，第四卷，《法文詩全集》
（何家煒譯），頁305。北京：商務印書館。

[2] 語出自：阿蘭·巴迪歐（Alain Badiou），《數學和哲學》。引自 A. J. 巴雷特
（A. J. Bartlett）與尤斯丁·克萊門斯（Justin Clemens）編（2016）：《巴迪歐：
關鍵概念》（Alain Badiou: Key Concepts），藍江譯，頁 xv。重慶：重慶大學
出版社。

九月，初秋的季節
後山還是不尋常的酷熱
但
早熟的菅芒花已經狂野地在木瓜溪兩岸
姿意奔放、揮灑。

越過海岸山脈的太平洋的風
如火焰般刺痛依舊
台灣欒樹多彩交疊渲染縱谷整片天空
給出一季的秋紅
你喜愛的冬天已不再遙遠。

逆著生命的長河而上……

對家鄉的熱愛依然如故
雖然，你說的不多也不少
童年往事，還有阿嬤溫暖地疼惜與叮嚀
總在校園迴廊間傳頌、流轉。

記憶中童年的南國風景
椰子、檳榔、香蕉樹層層環繞
淡墨似的綠痕瀰漫整間祖厝；
耳濡目染於佛學氛圍濃郁的鄉里
少年早慧的你
似已洞見世間苦難
看透生死幽明。

離家不遠處

藍色東港溪畔傍晚時分常有你孤獨的身影

（現此時的東港溪早已混濁得失去它的本色！）

在農村野趣中捕捉生活美感

不時流露對人世的深情眷戀

顯現超然出世的從容自在、冷靜觀照。

彷如飽受風霜的武林高手

你行走江湖，縱橫五嶽名山；

又似莊周夢蝶

既介入又疏離各種物質想像與精神世界

在全然化境與滾滾紅塵之間輾轉、擺盪

並在神聖與凡俗，有情與無情，無盡與剎那

以及「此岸」與「彼岸」之間建構自己的異托邦（heterotopia）。[3]

（二）

自入師門以來

看到的你，不分季節寒暑

猶如故鄉水牛般勤於耕耘

悠遊於文字、知識與人世之間。

盛年時光，你選擇遠離塵囂

僻居後山歲月

3　參酌修改自洪淑苓（2014）：〈導言〉。刊於洪淑苓主編：《觀照與低迴：周夢蝶手稿、創作、宗教與藝術》國際學術研討會論文集，頁 i-viii。台北：台灣學生書局。

自得其樂。
徘徊於學院與田野之間
一路走來
你俯身栽種學術田園
開墾一片片荒蕪土地
投身人間底層的苦難國度
從不缺席。

你——
時而倚劍而立，笑傲江湖
（但問江湖在哪裡？）
時而旁若無人
自信無比地一意孤行
直到生命終點。

五年過去了。

遺忘和哀悼不過是逆轉性所需的時間段落。[4]

如此過往場景，歷歷在目
好比
石川啄木短歌中的禪悟意境：[5]

---

[4] 引自讓・鮑德理亞（亦譯為布希亞）（Jean Baudrillard）。刊於瑪琳・鮑德理亞（2017）：《鮑德理亞／鮑德理亞》（張新木、林志明譯），頁 58。南京：南京大學出版社。

[5] 石川啄木（Isikawa Takuboku）（1886-1912），日本明治時代詩人、小說家與評論家。

一天，
當每個朋友都變得比我好
我摘花回家
享受與妻子一起賞花的片刻。[6]

若我死去，容我循著你的蹤跡
讓靈魂分成三份
一份給花蓮，一份給土地，一份給海洋；
可是，允許我以海洋的姿勢撫摸遠方
遙遠的，我們共同的南國家園……[7]

（三）

既然一切都在流逝……

有人說，你是
台灣本土臨床心理學另類的拓荒者
也有人說，你是
文化界一顆逸出軌道熠熠閃亮的恆星；
但記憶中的你
總還在尋路
一山過了又一山

6　此處所引石川啄木之短歌，出處不詳，但深獲我心。坊間各版本書籍，不同翻譯者卻有不同的解讀與翻譯。例如林水福譯（2014）：《一握之沙：石川啄木短歌全集》，頁53。台北：紅螞蟻圖書公司。或者周作人譯（2016）：《事物的味道，我嘗得太早了：石川啄木詩歌集》，頁53。上海：上海人民出版社。

7　本段落仿自余秀華（2016）：〈若我死去〉。刊於余秀華著：《我們愛過又忘記》，頁53-54。北京：新星出版社。

何敢給別人指路！

時人之美譽或者毀謗
你從不放在心上
（寵辱皆不驚！）
堅持走自己的路
（總是選擇那條人跡較少的路！）
始終，初心不忘。

你不時伸出靈魂的雙手膚慰他者的傷痛
不讓任何的折磨與苦難侵襲
不顧一切地阻止任何的不幸降臨他者身上。
你總是選擇沉默
與他者一起受苦！

彷如
遠藤周作小説中主角森田蜜一般[8]
你總把別人的悲痛
當做自己的悲痛；
看到別人受苦
無論如何你是無法忍受的。

因爲，對於宇宙萬物
你是如此多情

8　參見遠藤周作（2006）：《我・拋棄了的・女人》（林水福譯）。台北：聯合文學出版社。

但你的身軀

卻又何等柔弱

甚至，不堪微微碰觸。

（四）

死亡不算什麼，必須學會消失。

死亡乃屬生物學的偶然，而不是一項事務。

消失屬於更高的必要性。

不應該把自身消失的掌控權交給生物學。

消失，這就是過渡到一種神秘狀態，

非生非死的狀態。[9]

誠如傅柯（Michel Foucault）所宣稱：

人的死亡，並不等同於主體的死亡。

所以，我始終相信

你並未死亡

而是以某種未可知（尚無法明白）的形式

（暫時性地）消失

因此，也就沒有離開。

然而

在離家與歸鄉之間

語言究竟是存有的家？

9　引自讓·鮑德理亞（Jean Baudrillard）。刊於瑪琳·鮑德理亞（2017）：《鮑德理亞／鮑德理亞》（張新木、林志明譯），頁6。南京：南京大學出版社。

抑或是：

存在不是一切，

這甚至是事物中最微不足道的部分。[10]

這一切

無非是爲了回到最初出發的地方。

遠去，

是爲了歸來……

你對世間眞理的探尋

好比小王子對一朵玫瑰花的忠誠；

恰似南方故鄉海邊捲起的陣陣浪潮，

日日夜夜，拍打著沙灘上的

鵝卵石，還有紫貝殼

此起彼落，永不歇息。

你對未知之境的殘念

逼使自己如同通過宗教儀式般

從而自我龜裂而眞正的「成爲一個人」。

那是一種全然嶄新的蛻變

也是一場接應人類苦痛的生命洗禮

更是投身探問「人如何倫理地活著」的重要關口。

從日本小說、鄉土文學、歐陸哲學，到各種人文思想

---

10 引自讓・鮑德理亞（Jean Baudrillard）。刊於瑪琳・鮑德理亞（2017）：《鮑德理亞／鮑德理亞》（張新木、林志明譯），頁 55。南京：南京大學出版社。

自西田幾多郎，經柏格森、巴舍拉、海德格、德勒茲……

穿過多條漫長、曲折而迂迴的人間風景

你給出了心理學新的可能話語

以及重新認識自己的境況

（這是否正意味著某種「存有的開顯」？）

同時也引領著諸多莘莘學子

開啟彼此原本遮蔽的心眼

看見自己

看見天地

也看見一切眾生。

（所謂「存有的開顯」，是否正意味著安然面對「朝死而生」，或者「朝愛而死」的活著？唯有我的「獨自的活著」，無論如何都是我的「絕對屬己」。）

（五）

台灣本土心理學的流派路線論爭

因你的逝去而日漸沉寂。

但是：

每場戰爭過後

必須有人打掃。

畢竟東西

不會自動歸位。

（……）

那些知道

這裡發生過什麼事的人，

必須讓路給

那些知道很少的人

還有那些比很少還少的人

最後是那些幾乎什麼都不知道的人。[11]

記得你曾說過：

死亡可以不是悲劇，而是一種恩寵。

永遠如此，總是如此，

是時間在丟失我們，

是金錢在賺取我們，

是死亡在盯著我們。[12]

但我幾乎全然贊同

讓・鮑德理亞（Jean Baudrillard）的觀點：

死去者是在線性時間中滅亡，

消失者則過渡到星座的狀態。[13]

但也因為

你在——所以你必須消逝

---

[11] 引自辛波絲卡（Wislawa Szymborska）（2016）：〈結束與開始〉。刊於《黑色的歌》（林蔚昀譯），頁 90-92。台北：聯合文學出版社。

[12] 引自讓・鮑德理亞（Jean Baudrillard）。刊於瑪琳・鮑德理亞（2017）：《鮑德理亞／鮑德理亞》（張新木、林志明譯），頁 36。南京：南京大學出版社。

[13] 引自讓・鮑德理亞（Jean Baudrillard）。刊於瑪琳・鮑德理亞（2017）：《鮑德理亞／鮑德理亞》（張新木、林志明譯），頁 63。南京：南京大學出版社。

你消逝——所以你美麗。[14]

不過
時至今日　其實
我們的道路並不比你的寬闊。[15]……

（六）

我的傷口
先於我存在。

太平洋的風
猶在花蓮七星潭無盡的海岸
依舊，徐徐地吹著、吹著……

而你
總在我不在的地方
嘆息，呼喚
母親的名：台灣。

不在場的在場
是最大的在場。

---

[14] 引自辛波絲卡（Wislawa Szymborska）（2013）：〈僅只一次〉。刊於《給我的詩：辛波絲卡詩選，1957-2012》（林蔚昀譯），頁 11。台北：黑眼睛文化事業公司。

[15] 引自里爾克〈江湖藝人〉中之詩句。刊於賴納・馬利亞・里爾克（Rainer Maria Rilke）（2016）：《里爾克詩全集》，第四卷，《法文詩全集》（何家煒譯），頁 267。北京：商務印書館。

在任何情況下，
問題都是要在場又不在場——同時做到。
這恰恰說出了我們與世界的關係：
我們既在其中又不在其中。[16]

此岸
起風了，
我們會努力好好地活著……

相信
不久的將來
我們會在彼岸重逢……
再乾一杯吧！
小米酒。

斯人已雲亡，……[17]
千載繼者誰，……[18]

死亡不是結束，
而是以到達邊緣的方式，
不斷展開對存在的延續與增補。

---

16 引自讓・鮑德理亞（Jean Baudrillard）。刊於瑪琳・鮑德理亞（2017）：《鮑德
　　理亞／鮑德理亞》（張新木、林志明譯），頁9。南京：南京大學出版社。
17 語出杜甫（唐）〈殿中楊監見示張旭草書圖〉。亦刊於湯晏（2015）：《葉公超
　　的兩個世界：從艾略特到杜勒斯》，扉頁。新北市：衛城出版。
18 語出李光（宋）〈為向伯恭題〉。但前註湯晏僅載明本句引自杜工部，且書為
　　「千載復誰繼」，或恐有誤。刊於氏著（2015）：《葉公超的兩個世界：從艾
　　略特到杜勒斯》，扉頁。新北市：衛城出版。

忽憶起──

古人對時間如流水般逝去之感嘆：

（……）

長溝流月去無聲。

杏花疏影裡，

吹笛到天明。

二十餘年成一夢，

此身雖在堪驚，

（……）[19]

「此身雖在堪驚」

此言，冷不防

真叫人膽顫心驚！

（七）

我曾經處於苦難與陽光的中途。

感謝卡繆（Albert Camus）說出了我曾經的人生

也道出了此刻我難以言表的心情。

人，

也許因為不可逆料的處境

迫使我們進入與自我更深的接觸。

---

[19] 引自陳與義（宋）：〈臨江仙・憶昔午橋橋上飲〉。

人與人之間真切的相遇、相識、與相知
需要情感、經驗與知識的準備；
綿延不絕的思念
只能留在心裡；
而我日漸衰老的身軀
怎能承載得住如此沉重的思念……

往事如煙
往事也並不如煙。

（一種繁華，假使沒有荒涼的預知，其實是不足以被稱為繁華的！）

漸漸地
我深切領悟：
真正的痛
不在失去的那一刻
而在領悟之後

然而
領悟沒有止境，
我們一直在路上，
一起。

（而悲傷也是一種上天的恩寵）

（八）

到了你的城市，也不過是短暫停留
而我堅持認爲我坐的每一趟火車
都是在通往你的路上
（……）
慢些，再慢些
哪怕抵達你的時候已經暮年。[20]

也許
我只是路過
只是路過。

誠如
孩童一直追問著母親說：
（……）
媽媽
河水爲甚麼冰涼
因爲想起了曾被雪愛戀的日子
（……）
媽媽
河流爲甚麼不休息
那是因爲大海媽媽
等待著它的歸程 [21]

---

20 引自余秀華（2016）：〈火車是在通向你的路上〉。刊於余秀華著：《我們愛過
又忘記》，頁 107-108。北京：新星出版社。

21 引自谷川俊太郎（2010）：〈河流〉。刊於谷川俊太郎著：《春的臨終——自谷
川俊太郎詩選》（田原譯），頁 57。香港：牛津大學出版社。

願你的不在成爲你永遠被感知的……

043

如果命運是無法改變的，
那是因爲你們無從知道如何取悅它。[22]

來訪的人捎來信息説：
愛爾蘭詩人
葉慈（William Butler Yeats）的墓志銘寫著：
冷眼，
看生看死
騎士，
策馬向前！

而你的墓志銘呢？
你想寫些什麼？
（我眞想問你。）
其實，你連塊墓碑都沒有！

我想，你
無需墓碑，也用不著墓志銘
因你已化身爲千縷微風
翱翔在無限寬廣的天空裡。[23]

（2017 年 7 月寫於台北，南港，梅雨未盡時節）

---

[22] 引自讓·鮑德理亞（Jean Baudrillard）。刊於瑪琳·鮑德理亞（2017）：《鮑德理亞／鮑德理亞》（張新木、林志明譯），頁 30。南京：南京大學出版社。

[23] 引自歌曲〈化爲千風〉，或稱〈千風之歌〉。作詞：不詳，作曲：新井滿，日本語詞：新井滿。

甲篇

人文臨床及其超越之可能

《風的凝視》

1 行深

「臨床」、「臨終」、「治癒」和「療遇」交錯的人文徵候及其超越 *

林耀盛

摘要

本文主要回顧探討余德慧教授「臨終關懷」與「柔適照顧」理念及其實踐，並反思余德慧教授對本土心理學採取「在地迴遇」策略的貢獻。本文認爲余德慧兼具「行深般若」智慧，因而開啟一條不一樣的心理學道路。也因如此的異端思維，經常面對各種學術責難，仍然「不動心」地直行而進。

回應海德格（M. Heidegger）的說法，思考本身就是一種行動，追問是思考的虔誠。思爲路，行在恆常追問的路途上。回顧余德慧教授一生，終究走一趟「域外」的旅程，初始雖難被理解，卻也開啟了心理學認識論反覆追

---

* （1）本論文已發表於《本土心理學研究》，2016 年 12 月，第 46 期，第 195-237 頁。此次收錄於紀念余德慧教授專書，回想起余老師過世後，我們幾個門生，在於老師花蓮住居，舉辦 13 次「余」居於世的討論。這個名字是由作者發想，這是從余老師喜愛的海德格 Being-in-the-world 而來，一般翻譯做「在世存有」，但老師翻譯爲「寓居於世」。我們就轉化爲「余」居於世，讓這樣的連結持續存有。我們寓居於世，也讓老師遺產智慧落凡人間。我們幾位在學術上、生活上都曾感受到老師那獨特、僅有的「好客」，都期待將這樣的精神態度傳承下去。這幾年，確實也逐步落實一些構想。
（2）從 2012 年 12 月 8 日由余安邦教授規劃籌辦，台灣大學心理學系、本土心理學研究與教學推動委員會主辦的「余德慧教授紀念學術研討會：在地的迂迴，遠去的歸來」，是以學術致敬的方式追思余老師的貢獻。
（3）2013 年 9 月 7、8 日，由李維倫教授規劃，東華大學諮商與臨床心理學系主辦的余德慧逝世週年紀念學術會議，是以「荒蕪年代的栽種」爲主題。我們看到的不只是學術園地的荒蕪，更深沉的是栽種者的缺席。在荒蕪的年代，要恢復栽種，要造就栽種者，需要記起栽種者的典範。
（4）2013 年 10 月 20 日，由作者規劃，台灣心理學會第 52 屆年會暨學術討論會，

問的永恆思路。

余德慧教授學術上的在地遷迴、遠交近攻的渾成策略，猶如「土星氣質」般，彷彿留下非主流的意象。但非主流、邊緣、餘外、另類、異數，都不足以反映余德慧教授遺留的學術人文風景、深度實踐義理，以及侘寂的生存美學。

本文指出余德慧教授的貢獻，建立了形成具體學術論辯脈絡的思想緩坡，也指出創新越界渾成的新知識路向，期能激發更多元深刻的學術思維，使緩慢繞路的知識進程得以抵達新可能性。

委由政治大學心理學系主辦，議程也特別籌劃「余德慧教授紀念學術論壇：越界跨域論知識及其實踐」，討論余德慧老師耕耘的本土心理學與文化心理學的思辨交錯，及其知識越界的創新突破與落地實踐。

（5）2014年第12屆台灣心理治療與心理衛生年度聯合會，將終生成就獎，頒發給余老師，彰顯老師的跨領域哲學素養，以及解疆域的行動、充滿詩性的語言，或帶有藝術神祕的氣息，但又不失科學眼光的複合經驗，搓揉生命智慧的歷練而成就教材。同時，李維倫教授、彭榮邦教授、翁士恆教授和作者，也在該大會上，籌組「柔適照顧與人文療癒：臨床心理學的詩意生發與實踐智慧」，我們在研討會構想書提案說明如下：本專題名為「柔適照顧與人文療癒：臨床心理學的詩意生發與實踐智慧」，側重以詩意生發（poiesis）與實踐智慧（phronesis）的演繹，探討臨床心理學如何深化、體解並踐行由第十二屆台灣心理治療與心理衛生年度聯合年會的終生成就獎得主余德慧教授，生前所倡議的「柔適照顧」與「人文療癒」理念。本次專題講演將由與余德慧教授有長久深厚的合作研究、臨床共事和知識情誼的四位門生分別講述、帶領討論。期待經由此次專題探究，得以（1）還原：將受苦的病理化論述存而不論，回到人類受苦的人文本質與靈性療癒。（2）揭諦：與實證心理學對話，抵達讓心理與醫學以外的諸學科，也能以諸種形式貢獻人類的受苦療癒。（3）深行：深層探究受苦療癒的根本經驗，拓展對人類存在的本質認識與實踐。確實，後來我們也在這樣的目標上前進，分進合擊。

（6）2015年，余安邦教授開始舉辦系列的當代法國哲學／思想與心理學相遇的研討會，至今已舉辦四梯次的研習營，透過哲學家與心理學家的對話，從文本到臨床的延續，深化耕耘人文臨床與療癒。

（7）2016年，李維倫教授、彭榮邦教授、翁士恆教授和作者，在台灣臨床心理學會，正式成立「人文臨床與療癒」推展委員會，並已經開始舉辦系列的「人文臨床與療癒講堂」，至2017年1月，目前已經順利完成四講。同時，2016年，我們四人也在日本舉辦的世界心理學會（ICP）四年一度舉辦的學術研討會，以 From Psycho-Logic to Psycho-Logos: Alternative Thinking to the Praxical Development of Clinical Psychology in Taiwan Societies and its Phenomenological Turn 為主題，提出論壇報告。

（8）2017年的台灣臨床心理學會年會暨學術研討會，我們也將提出「人文臨床與療癒的現場性」論壇，探討臨床踐行的議題。透過本紀念文的回顧，可以說是以上紀念活動與展望未來的「前」史，本紀念文也是余老師的人文臨床與療癒相關思想實踐的耕種痕跡。如此簡述，是本文重新收錄於專書的背景說明。

行深般若思想緩坡

《心經》一開始的文字是「觀自在菩薩，行深般若波羅蜜多時」。「行深般若」，修行唯有行深般若才能到達生死彼岸。我們要展現大智慧，不僅是參透、領悟，更要行動。甚至，不但要行動，而且要行得深、行得遠。余德慧教授是「行深般若」的學術先知者和人文實踐家。

余德慧（1951-2012）一生的學術貢獻與思想遺產，內裡深邃豐富，有時又存在內在矛盾性，但後期倡議的「人文臨床」觀點，是重要的收攝思考。從余德慧教授所發表的論文，以及所指導的研究生論文來看，其生平越界的領域，至少包含心理學、人類學、哲學、教育學、社會工作、護理學、宗教學、民族學和文化研究，以及難以歸類的人文實踐學。如此越界思想的廣度與深度，學術道路的思考痕跡顯示打破學科藩籬，體現解構後的創新思維，關懷人間的學術風格。2014 年第 12 屆台灣心理治療與心理衛生年度聯合會，將終生成就獎，頒發給余德慧教授。在當日頒獎典禮上，林耀盛代表述說余德慧的心理治療與心理衛生貢獻。林耀盛（2014）認為，余老師的跨領域哲學素養，以及解疆域的行動、充滿詩性的語言，或帶有藝術神祕的氣息，但又不失科學眼光的複合經驗，搓揉生命智慧的歷練而成就教材。[1]

考察過往的思考路線，余德慧（2008）指出，「人文臨床」（動詞）是試圖將人文學科的自我遞迴打破，賦予人文學科一種手足無措的失神狀態，從而對人類的臨床現場：疾苦、厄難、失控等受苦處境裡賦予人文的深度，並結成人文支持的網絡，一方面臨床現場賦予人文學科破裂自身，開始去傾

---

[1] 林耀盛（2014）指出，余德慧老師從台灣大學轉到東華大學任教後，無論是在族群文化或是臨床心理或是諮商輔導領域，重新以文化田野的實踐方法進行跨域研究。進而，更深刻體認到實證心理學對本土心理知識的貢獻，在於「外部」知識，也就是透過命題的諸種試驗（無論是實驗室或問卷調查）來獲得的知識累積，但這些累積的知識，大都不具有「水土保持」的資質，只有留下一些外部名相提供文化生產，這些苦心研究的成果幾乎無法形成文化生產中的原型。林耀盛（2014）認為，余老師對於台灣心理治療與心理衛生的貢獻，可分成六個領域：（1）本土臨床心理、人文諮詢、詮釋現象心理學的渾體性實踐。（2）受苦經驗、心理照顧與倫理療癒（遇）的再脈絡化。（3）重新觀察少數族群、中下階層民眾的療癒活動，即所謂民俗醫療或巫（覡）文化。（4）宗教療癒、人文臨床、倫理療「遇」。（5）生死學、臨終關懷與存有陪伴、柔適照顧、情緒身體工作。（6）本土心理學與文化心理學本體論、認識論和方法論探原。以下本文探討，將進一步說明余老師在這些相關領域上的貢獻。

聽受苦的聲音，獲得自身全新的反省；另一方面透過全新的反省，人文學科自我轉化，滲透進入受苦處境，修煉正果。

余德慧（2008）進而認為，在這意義底下的「臨床人文」（名詞，蛻變後的人文學科）參與了人類受苦處境的調節，它有著別於傳統緩解受苦的專業的部分，有其自身特殊的律動，從迥異於傳統專業的基調與層次，也有著它自身與本科本業多所差異的基調。它宣告它的行動本體，自身的方法論，乃至知識的生產方式，同時打破人文學科本業現存的狀態，隨著臨床行動的進行，某些未曾被本科預料的東西會跑出來，因而新現象會提供人文學科本業的反思，而使人文學科自行改寫其本身，因而改造了該人文學科習性。

余德慧、余安邦及李維倫（2010）更宣稱，人文臨床最富啟發之處即在「神聖的恢復」。神聖，乃生活中不知不明、奧祕不測的部分。例如災難即不測、即奧祕，有其神聖的一面。又如原住民生活中有神聖性，人與環境之間存在著真摯的關係。可惜過往多數人從專業本位謀思控制，欲除真摯關係而後快，而非將不測還諸不測。例如不平衡、超越預期本身，即有不測的意義，而以現象學方式及身體感進入，即有感受的想像；真摯關係的解蔽之道，往往發生於生發之情事當中，而非符號的演繹推衍。余德慧等人（2010）指出，目前在專業被過度保護狀態下，如何能有面對不測的經驗？這實是臨床工作者的一大挑戰與嚴肅課題。於是，倡議人文意識，認出人文意識最珍貴的資產，是對人類處境賦予精神的再生產力量。精神生產與人類處境之間的交織，正是人文學科的本業。倘若在知識政治的宰制下，繼續學科習性的區域化、領域化，對人類將是個悲劇。余德慧等人（2010）認為，補救悲劇之道，在於促發人文學科改變其領域化的固化作用，諸種細分子滲透方式進入世界，並啟動「臨床化」逃離知識政治的逃走線，這也是本身「去領域化」的法門。由此，「臨床化」的「解域」實踐，並打破學科疆界的人文臨床（動詞意義）的細分子行動，是余德慧教授的核心理路。[2]

---

2 這樣的想法，較早是出現於余德慧（2008）在一場「現象學理論與實務學術研討會」上的人文臨床宣言。他認為「人文臨床」是從現場湧動出來的手藝，是動詞。而如此行動的根源，需對學科建制本身癱瘓，使其無法做工，自然傾向就會湧現。余德慧、余安邦及李維倫（2010）則再度指出，「人文臨床」的「共通概念」首先在於對「受苦現場」的驅動裝置的性能予以更多的關注。「受苦現場」本身即是力量流動、轉移、變量化的驅動裝置。受苦的現場給出的型態、知識的條件、行動的充分性幾乎將人文學的真實力量場匯集在一起，而且這力量場所發動的，不再是過早被符碼化的抽象概念，既非「模型」

本文主要聚焦余德慧教授生前耕耘的兩大主題：「臨終關懷」與「柔適照顧」，進而旁及余德慧教授推動臨床心理學本土化的認識論與方法論。行文方式是以「作者」觀念，呈現余德慧教授思路的斷片，而不是全盤論述，但文內理路仍可浮現其思想結晶及其一貫的濃厚人文關懷。本文除了呈現余德慧教授的重要著述外，更重視其在研討會論文發表與研究計畫書的觀點，那是一種學術思考痕跡的過程，更是追問核心問題的起源，或許透過如此溯源得以更接近余德慧的思想核心與臨床實踐。如此，一方面，主要從論文發想的啟端作為思路的起點，以捕捉其思想的延異痕跡（différance），呈現正式論文出版前的反覆思想鍛鍊，期以啟迪後進學習者；另一方面，本文也嘗試指出余德慧認為學術上未竟的議題、尚待努力方向，以及形成某種論辯脈絡的思想緩坡（tightrope）狀態，以使當繼承者承接啟航上坡的使命，得以探索余德慧的思想遺產。

以下，本文主要呈現兩大區塊，以四個層次呈現。第一區塊（層次一與二）呈現余德慧在「臨終關懷」與「柔適照顧」的貢獻觀點。第二區塊（層次三與四）則以臨床評論角度，呈現余德慧的本土心理學認識論，進而回歸華人心理學社群的反思、激盪，而後以多元構想未來研究議程，嘗試通達理解余德慧教授的認識論和實踐法。

臨終關懷的自我解疆域

余德慧對於「臨終關懷」的實踐路徑，本人認為是採取雙重性策略。一方面，是「游牧主體」的設想，呈現一種德勒茲（G. Deleuze）意義下的「自我解疆域」運動，這是一種在複數的世界與複數的主體，主體或世界的

亦非「因果關係」，而是現場諸力量的變化生成，裡頭有一種「自然的努力」（conatus）「規定著現存的樣式的權利，通過一些既有的情狀（對象的概念），在一定的感受之下，為了竭力保持存在而被決定去做的一切。」然而，人文意識的這種自然傾向，卻遭受情境的不確定性停下來，在飽受情境處境的干擾下，停止自身盤繞自身的循環運動現象。但這並非人文學科的失敗，反而賦予人文學科出現邊界的裂隙，人文意識必須領悟到這裂隙所帶來的挫敗恰似生產分娩的疼痛，沒有這失敗，人文學只能在自我循環裡逐漸惡化。進而言之，人文意識最珍貴的資產恰好是對人類處境賦予精神的再生產，也就是虛構的力量。在此，余德慧重視人文的必要性，但不是流於臨床上的配置公式的

複數不是整齊排列，亦非體系，而是縐摺起伏、重疊、異質跳接，以及以塊莖成團，更重要的是可見與不可見的區分，訴求自我裂解的必要。[3] Deleuze與 Guattari（1987）提出「荒野臨界」（milieus）與「領域」（territories）兩個既相關又有差別的觀念。[4] 「領域」指生態系統中物種與環境互動的生存範圍。它不純屬群落棲息地的空間指涉，因為在生物表意中，領域乃一種行動，向荒野臨界用節奏發出感應訊號，從而使之領域化，也可說是一種原子路線（molar line），一種針對性的路數。反觀「荒野臨界」卻與節奏一齊從混沌邊緣湧現，成為領域的形成元素，負責在基因層制訂有序的方向性趨勢。故此，荒野臨界應指由生命週期式重複與差異所製符碼的時空單元，像一組組的基因一樣，與其他層面、其他分子、DNA 組合進行互動，相互共振形成節奏的曲調。荒野臨界本身就是悸動、擺盪，以節奏在中途的臨淵向混沌洪荒回應和酬答，可說是一種游牧性的細分子路線（molecular line）。Deleuze 與 Guattari（1987）認為，所有的流變都是細分子的（all becomings are molecular），動物、花朵或石頭都是細分子化的聚集，由此流變細分子路線，可以瞭解 Deleuze 對「無主體化」和「非針對性」的機器組裝工程，就是啟動無序的流動和無器官的身體，這樣的討論所採取的平台是「無意義邏輯」。Deleuze 的「無意義邏輯」，並非指「絕對沒有意義」，而是意義自我分裂的「悖論」。意即，在同一性之先，存在著一個軀體領域，任何意義和話語都來源於它，但不能窮盡它，他稱之為「無意義」。「非同一性邏輯」的平台，組裝了特異的生產機器。Deleuze 與 Guattari（2004）認為，各種東西都不過是一架機器。機器不斷持續地轟鳴。機器與各種形式的深層

3　德勒茲的觀點認為，喬木邏輯是一棵樹有樹根、樹幹、樹枝，每一個部分具有不變的功能，每一部分都存在於整體內的等級制中，這是一種中心主義的血統認證模式，是「可見」的邏輯驗證。而塊莖思維是以無性生殖的差異反覆生成的少數狀態作為園藝，是「無結構的結構」的後現代實踐，自身是入口，也是出口，是自我逃逸的所在。這是一個精神的沛然奔放、靈魂的深切之所在。德勒茲設想一個巨大的荒漠般的空間，概念猶如游牧者在其間或聚集或散居。這是取代喬木邏輯的塊莖思維，是充滿痕跡的千高原。塊莖本質上是不規則、非決定性、無法預料，表現出隱蔽、運用、侵入、外突、裂變、創造和生成，塊莖思維的虛擬實踐（尚未可見的），構成療癒的新文藝復興運動。相關討論，可參考 Deleuze 與 Guattari（1987）。

4　在法語裡，荒野臨界（milieu）有三重意思，指「周圍的」（surrounding）、「媒介的」（medium，如化學變化中的觸媒），以及「在中途的」（middle）。在 Deleuze 與 Guattari（1987）的用法裡，同時包含這三層意涵。

生命接觸，讓岩石、金屬、水、植物擁有靈魂；像在夢裡那樣吞納自然的各種成分，如與月亮的圓缺同呼吸的花朵。由此，當下並不存在或是人或是自然之類的東西，而是一種過程，它在彼者中產生此者，並將有關機器搭配起來。此處是生產機器、慾望機器、精神分裂症（思覺失調狀態）機器；所有的物種生命，無論是自我與他者、外域與內部，不復具有任何意義，這世界越過任何界線的餘外之地。透過無意義作為一種意義的「非邏輯」，是余德慧後現代渾成策略的認識論，甚至是一種自我分裂式話語，撞擊主流論述。事實上，無意義是不遵守「同一性邏輯」的精神分裂症患者的經驗（余碧平，2000）。對於精神分裂症患者來說，他（她）的身體話語非常富有活力，不過也是許多正常人無法理解的「無意義的」片斷，因而他（她）的身體就表現為不連貫的聲波。同樣，精神分裂患者所經驗到的身體，既是一堆混亂的片斷，也是一塊非個體化的、即「沒有被組織化的軀體」（或稱為無器官的身體）。余德慧在跨界思考，特別在處理精神疾病議題時，可以清楚看到自我裂解的「逃逸路線」（余德慧、林耀盛、李維倫，2008）。

　　另一方面，是「解域後的逍遙遊」。例如：余德慧多次提到，罹患癌症是生命事件的正常與異常的碎片接縫，這種接縫無法被預期與臆想，也無法防範，它總是在不經意之間發生，但是異質碎片的組裝卻引來未曾有的「看見」，在原本日常視線的無限遠處出現原本不可見的景象，這種睨望就被稱為「冥視」（dark gazing）。這樣的現場性的「冥視」逼出了人生的傷口：真實被視為「永不現身」的（大寫）他者（Other），以祕藏的方式向我們顯示可見的蹤跡，但蹤跡永遠無法正面被揭露，真實只能靠近，我們只能蒙混在「為何那最貼近自身的東西卻是如此的陌生、無知與不懂？」的納悶裡。說到混冥，莊子曾如此描述：「致命盡情，天地樂而萬事銷亡，萬物復情，此之謂混冥。」（2007）如此的冥境，夫復何得？北冥有魚，到南冥成鳥，魚和鳥，其實都意涵事件發生在不可見之中。生命事件的真理，終究難解；而欲理解的出口，在於「象罔」。林耀盛（2012）指出，《莊子》〈天地〉篇記載：「黃帝遊乎赤水之北，登乎崑崙之丘而南望，還歸，遺其玄珠。使知索之而不得，使離朱索之而不得，使喫詬索之而不得也。乃使象罔，象罔得之。」黃帝曰：「異哉！象罔乃可以得之乎？」林耀盛（2012）認為，「象罔」說明「道本於自然」，它無法靠「智慧」去求得，也無法靠「一對銳利的雙眼」去求得，更無法憑藉「雄辯滔滔」去求得；它是無所不在的，卻無法用肉眼去看、無法用手去觸摸。最後能發現「道」的人，竟然就是那

個「絕聖棄智」的「象罔」。

　　回到臨床處境來看，余德慧（2003，2005）在有關華人心性與倫理複合式療法的論述中，曾指出當穩固的生活世界產生一定程度的破裂，癌症末期病患就不得不自倫理的世界中轉向面對其自身存有的領域。余德慧、石世明、夏淑怡及王英偉（2006）進一步針對癌症患者臨終過程提出心理質變的論述，探究病患自身的存有領域如何開顯或遮蔽。他們的論點旨在強調，癌症患者隨著身體毀壞程度的不同，如何從「知病模式」轉入「死覺模式」，以說明個體如何透過己身之死，完成存有的開顯。對癌症患者來說，心理質變的可能，正是來自於身體知覺的異化，所引發的時間感與空間感位移的結果。只是，對伴病在側的主要照顧者而言，未來之事仍舊直指生活世界之事。家屬並無法像癌症患者一樣，能以身體的破損與毀壞，作爲提供個體與外在世界鴻溝式絕斷的依據，進而全面性的自生活世界中撤離；決裂性的返身，是在於內在經驗的重新締結（余德慧、石世明，2001）。但如此締結關係卻經常面臨斷裂處境，照顧者的陪伴是因著和病人的歷史交集而來，在整個照顧陪伴過程中最爲核心的要素，就是照顧者對病人需求的接應（余德慧、石世明、夏淑怡、王英偉，2006）。Sinding（2003）指出，癌末照顧者置身一種「終極的限制」（ultimate limits）處境，面對照顧過程患者死亡的逼近，卻又無法表達困苦的狀態，因照顧所累積、生發中的抱怨（nascent complaints）成爲瘖啞或是無行動性，更加深其無力感的創傷體驗。

　　然而，照顧究竟意味什麼？亞里士多德（2003）認爲，如若不具備理性品質，創制（poiesis）也就不是技術（techne，或稱爲技藝），這種品質不存在，技術也就不存在。所以，技術和具有眞正理性的創造品質是一回事情。一切技術都和生成有關，而進行技術的思考就是去審視某種可能生成的東西怎樣生成。它可能存在，也可能不存在。這些事物的開始之點是在創制者中，而不在創制物中。凡是由於必然而存在的東西都不是生成的，並與技術無關，那些順乎自然的東西也是這樣，它們在自身內有著生成的特點（2003）。所以，亞里士多德接著說，技術必然是創制的，而不是實踐的，故在某種意義來說，技術就是巧遇，「技術依戀著巧遇，巧遇依戀著技術。」因此，我們可以如此說，技術含有創制的品質，實踐只是照本宣科，無法自身生成（auto-poiesis）。是故，照顧的技術或技藝，是　種含具萊布尼茲式（Leibniz）的智者慈愛關懷（caritas sapientis）意涵，指涉著照顧的技藝是充滿著關懷與智慧的慈愛情懷（charity affection），照顧不是勞動意

義上的技巧操作，而是一種充滿創制智慧的關照倫理行動（2003）。

面對死生大事，「安然而逝」可視為人類終極的倫理需求，然而這倫理非始基於人為世界的規範，而是某種人類亙古以來在其原初經驗之處所發生的極其素樸的自然作用。余德慧（2006a）於退休演講指出，世界是生命的界圍處境（bounded situation），而生命接近終止即是極限處境，在尚未抵達極限之處，我們所有的拯救都屬於醫療（medicine），任何竭智盡慮的挽回生機，皆屬醫療，所以醫療是自我保存之道，然而未抵療癒（healing）的深度。療癒的顯現僅僅存在於極限處境。在極限處境，人們第一次取得背離世界的允諾，也獲得轉向的機會，然而是「機會」，卻是萬般艱難，因為生機已經束手，世界的一切實體化（hypostasis）終究以虛構的本質顯現，徒勞是它的嘆息，一切不再由主體來苦苦守恆。主體化的漏洞百出，卻是給了療癒絕佳的機會，正是這個「背立轉向」，使得主體得以脫離自我界圍的領域。至此，療癒不再存著醫療，自行尋覓大自在空間，自由飛翔（余德慧，2006a）。

從臨終者來看，余德慧、石世明及夏淑怡（2006）發現的「金浩領域」所呈現的人文現象，至為重要。金浩的殘缺令人震驚，碩壯身體的下半身卻早已被截掉，而下沿著腰圍的傷口長滿淋巴腫瘤，有洗澡的桶子那麼大，坐在輪椅上好似半身的泰迪熊。這個景象常讓一般人無言。這身影的殘缺加上身世的殘缺，構成一種無所不在的受苦現象。金浩兄妹小時候即被拋棄，七歲的小孩帶著三歲的妹妹去依附姑媽，有一餐沒一餐的，而金浩強烈的自尊心，不容許妹妹去垂涎別人的飯菜，會動手怒打接受施捨的妹妹。金浩自己看著嚎啕大哭卻餓肚的妹妹，產生極複雜的罪咎。他十幾歲就非法上遠洋漁船，幾乎身殘，返家後又被惡親戚設局陷害凶殺，以致半身被切除；於是自暴自棄，又喝酒吸毒，最後罹患癌症。這種一生幸福完全遭受否定，更是心殘。金浩被剝奪了一切好運，也無法作為自己的主宰，他的一無所有使得他不再是他自己，他對醫療感到憤怒，任性地離開醫院的自棄，都一再顛倒地顯露出孤獨，很根本的孤獨；他比一般人更深深地面對死亡，他甚至沒有能力掩飾死亡的到來。這殘缺本身卻呈顯「無人稱的傷口」，任何人都可能因此道傷害，而現出自己的傷口。

亦即，金浩是傷口的匯集處，接近金浩的人都反身「見到」自己的傷口性。這個「看見」極其神奇，這是不得見的看見，一種從「失敗」裡的看見，一種從「遺憾」裡的看見，人們從金浩的傷口開啟了自身的傷口，然後再回

到無人稱的傷口。人們既是哀悼自己，也哀悼他人，人們彼此相擁而泣，一樁樁童年的傷口被掀開來，有人想到童年的酸楚，有人想到未曾實現的夢想，有人看出自己工作挫敗的根本癥結。而金浩依舊是金浩，他從未給出啟示的話語，也從未停止對死亡的恐懼。但是，人們從他的身外獲得傷口性的療遇，人們走上前來，參與了傷口性的憑弔，分不清楚是誰的傷口，這是無人稱的傷口（余德慧，2006a）。

林耀盛與龔卓軍（2009）認為，我的傷口先於我存在。在傷口成為一種「論述」或「命題」之前，傷口的面容早已顯像自身，這是「無人稱的傷口」，不再專屬於某人的傷口認定。進而言之，正在痛苦的現象不再是一種意識，一種意義賦予的指認，而是一種 E. Levinas 所謂「被動性的過剩」（surplus of passivity）的切近。也許，我們受制於受創傷口，但「它」又引動著「我」，切近了我們之間。傷口的遭逢，自我和他人兩造間「過去的差異」無可捕捉，彼此間也同樣面臨著「無法想像的未來」，在此遭逢下，開顯了一種鄰人（neighbor）的狀態。他們引用 Levinas 的觀點，指出面對陌異他人傷口的切近性，我總是遲到，但又固著地／頑念地（obsessed）關切於他（她），彷彿在他（她）尚未開口之前，我已聽聞傷口話語。由此，傷口喚起了我的責任，也干擾了靜謐的、可回憶性的時光。所以，林耀盛與龔卓軍（2009）認為，我們可以很快速地給予受創一種情緒分類，如悲傷、罪惡或歉疚，但那只是一種「道德經濟學」（moral economy）的意味，把複雜的情緒政治分配到一個合理領域。個人苦痛思緒不該被視為一種無法分享悲悼，而是該更深入地被鑲嵌於倫理網結（ethical web）裡。這是一種深度的傷口，才可能可以靠近彼此的網結。

從照顧者來看，安寧病房是癌末患者具體展露邊界經驗的地方，在這個獨特空間，死亡的臨現，觸發了臨終過程的心理質變，透過每次的遞迴運動，經驗都會被推到不同的邊界線，有靠近真切的內裡，有靠近遮幕的外邊，在各種邊界靠攏的處境下，顯現出一種經驗的「位置」（positioning）。當病人、醫療、志工或照顧者這些「位置」以縐摺的方式互相堆疊擠壓，或用某種方式交雜接壤時，裡頭便充滿了裂縫與矛盾，而矛盾裡的空白維度，這是一種無法說明裡頭是什麼的狀態，就被稱做「處境」（situation）（余德慧、石世明、夏淑怡，2006）。「安寧病房」位置與處境交織的場域，是具體觀察末期病人存有狀態的獨特空間。

余德慧對臨終關懷的觀察，師法 Levinas 的倫理觀點做法，不再尋求

融攝的一體，而是破除整體，也是一種進入關於他人的祕境（mystery）。
Levinas（1987）認為，與他異性相逢的時刻，如同與陰性他人的相遇，是一種情愛關係（erotic relationship），是一種撫愛的臨現與撤離，也是一種無可挽回的破裂的變體（transubstantiation）。Levinas（1987）將如此存在的個體稱為實體或本質（hypostasis），其原意是落腳、立定腳跟（standing under），是落地的實存者。

　　Levinas（1987: 69）認為，在受苦中，是所有逃難的缺席。受苦的事實直接暴露（直面於）存有（being），構成了逃避或撤離的不可能性。受苦的整體激烈性（acuity）位於避難的不可能性，直接撞擊生命與存有。就此而言，受苦是虛無的不可能性（impossibility of nothingness），但也同時切近（proximity）了死亡。於此，臨終處境的時間就不再流於形式，也沒有所謂舊與鮮（old and new）之別。

　　但這樣的倫理觀點，會不會有空洞化的危險？會不會也流入一種道德教訓？這樣的反思也許是 Levinas（1991）提醒我們需要思考的一個空隙，倫理並不是「不可思議之物」（prodigy）。除了我們學習心理治療的知識和技巧外，我們還會提醒自己要憑著良心做事，但從「知能」到「覺察」中間的空隙呢？心理治療的知識與技巧是不是真的有效？當不清楚時，要秉持良心做事，這樣對心理治療或病人本身有無直接幫助？當我們陷入如此模糊狀況時，或許才是倫理問題的起點。

　　這樣的起點思考，稱為存有學（ontology）的思考。存有學的思考是對人的存在的思考，有一整體性規劃，重新看待知識的問題。具體而言，今天若要幫助一位求助者，究竟要讓他認識自己（自我學），還是要讓他在人際關係上有一定位（人際學），抑或是兩者都要？在進行治療工作時，我們純粹將它當作知識性的工作？還是助人者與求助者之間倫理性的工作？這之間相互糾結，我們若純粹將這樣的工作當作知識或技巧，只是在操弄知識或技巧，具備目標導向的療效評估，只是符合科學客觀知識的操作（林耀盛、龔卓軍，2011）。但是，將知識與技巧置放於處境脈絡來看，若我們的知識本身有其語言或文化的限制，這樣的客觀模式是否對所有人都有效？或者說，知識有其優先順序，這對治療者的自我有保護作用，自我自認為客觀的操作，可以改變對方的存在，進而幫助求助者。如果不能幫助他，會歸因為這是客觀工具的限制，於是就將心力投注在客觀操作程序與評量工具的驗證修訂。但如此路線仍是主客二元的做法，而不是進入他者倫理關係，如此運作

的陷阱是，對於我們與求助對象的關係上，對方只是一個客體，而自我是操作知識的主體。

臨終需面對的終究是生死大事，這是臨床處境的終點。從「臨終」關懷回到「臨床」照顧，更顯露余德慧的臨床心理學看法。余德慧、林耀盛及李維倫（2008）對臨床心理學的看法綜言如下：

臨床心理的滲入生活，獨異與缺陷成了生存美學的基礎，那麼臨床心理的倫理生產就不是社會道德性的，道德性是被放到外在的規矩，而自我是被強迫去遵守的，所以那是規訓，與療遇倫理不同。療遇倫理（ethics of healing encounter）是精神性的生產，它本身透過自我的技術不斷的在形成又放棄再形成，不斷的在錯誤中嘗試，體會差錯，尋求妥協；在這種情況下的療遇倫理涉及到整個個人生活的出發點，所經驗的一定要直接能碰觸到自己和自己的關係，這種碰觸本身會產生自我轉換的效果。以往，healing 翻譯為「療癒」，是比「治療」更為古早的用語，但宋文里（2005）指出在其中選用的中文「癒」字卻翻譯過度了。療癒是「療之而癒」的意思，因為「癒」是指病除去了、苦過去了，所以這樣的語詞對任何療法的效果而言都會變得太一廂情願。宋文里（2005）認為，倫理放入療法的過程中，會產生的是「療遇」關係。病者、苦者和療者相遇，結合成並行者，而沒有預設的「病苦皆除」狀態。林耀盛（2009）也指出，「臨場」性共行陪伴，基本上已經含蘊「療遇」的深層特性，受苦性的殘酷領域，也就獲得減緩或抒解的可能。換言之，「會遇」關係的倫理行動，更能轉化自我心理生活經驗和人情倫理的對待關係。但是，如何在療遇生活裡碰觸自我，如何產生自我的轉化的動力，進而開展與他人相遇的關係，以建立非個體性的非病理語言，則是臨床尚待解決的問題，這是余德慧遺留給我們持續耕耘的深刻議題。

柔適照顧的氣魄

尉禮賢在翻譯《黃金之花的祕密》時，曾將東方的「魄」字用來翻譯 Anima，榮格（C. Jung）對此翻譯曾表示贊同（楊儒賓譯，2002）。「魄」在字義上是「白鬼」，是落身人間的力量，白色是一種柔性呵護，更是一種肉身氣魄的展示，這是一種無形的氛圍，反而呈現一種更為貼近身體部署

感知經驗的照顧技藝，因而翻轉了傳統的「剛性照顧典範」（賦權理論模式）。

關於臨終照顧，余德慧、石世明及夏淑怡等人（2006）曾提出臨終陪伴的「二元模式」。他們指出對於臨終陪伴的照顧者來說，照顧者的存在狀態，一直都保持在心智自我的運作邏輯之中。即使病人在「知病的模式」底下，一步步地遠離世界，病人的自我逐漸消融，並且朝向本眞自我（authentic self）開展，此時照顧者和病人的接觸關係以及對病人的接應方式，也需要在病人自我消融的過程中不斷做變動。但儘管如此，照顧者還是可以用在世邏輯的方式，做出相應的調整，以維持和病人之間的聯繫關係。但一旦病人進入到「死覺存在模式」之後，病人整體的內在環境產生改變，能夠維持和世界溝通的機制也一一被解除，使得病人無法使用在世的邏輯運作，同時也讓病人「不在世界當中」（not-being-in-the-world）。這個時候照顧者通常還保持在自我的運作邏輯底下，對臨終的陪伴本身不但不夠，而且落差之大難以想像。

因此，余德慧、石世明及夏淑怡等人（2006）認爲，在病人進入死覺的存有之後，照顧者以其存在基礎的陪伴，需要延伸出二元複合的陪伴模式，其一是照顧者繼續保持「在世陪伴」模式，亦即將照顧者還保持在自我現實（ego reality）狀態的陪伴，稱作「在世陪伴」模式。換言之，即使病人在整個病程中持續改變，照顧者置身在世陪伴裡，依舊讓自己維持常人的狀態不受改變。

其二是照顧者轉化至「存有相隨」模式，亦即在生命的最後時刻，當病人進到與照顧者不同的存在模式之後，照顧者依舊希望能夠在存有經驗的層面上和病人保有接觸。他們認爲，當照顧者的自我狀態經過適度的轉化之後，能夠脫離在自我狀態時對疾病無助的共病性和病人即將過世的哀傷感，也不再陷入自我現實裡頭的照顧事務處理，而能進到類似宗教經驗的存有狀態（柔軟、慈悲、菩提心、上帝慈光等不同的宗教經驗描述）時，照顧者能夠暫時性地解除心智自我，而逐漸由內而外生成親密柔軟和慈悲的存在經驗。余德慧、石世明、夏淑怡等人（2006）認爲他們所提出的二元陪病模式，可以複合的方式存在於臨終陪伴的過程之中。

之後，余德慧、李維倫、林蒔慧及夏淑怡（2008）進一步提出，對巴舍拉（G. Bachelard）、希爾曼（J. Hillman）來說，阿尼瑪（Anima）是遐想的紡織工，將所有無法被意念知悉「身之心理」儘量吸納其中，當人橫躺著睡

著了，它逐漸將我們引入荒誕的暗處，如在黝黑的森林裡，光影只能隱約閃爍的深海，在那裡有一切的陰性溫柔。巴舍拉認為夜眠還不是真正的阿尼瑪的寧靜，真正的（終極的）休憩是由陰性靈魂主導的，不僅是夜夢，白日的遐想才具有真正的寧靜，方屬於善有之域，乃是人臨終的絕美之境。

余德慧後來倡議「柔適照顧」（Anima Care），是因為觀察到對癌末病人來說，真正的生活品質是來自阿尼瑪的寧靜、休憩與孤獨，而不是社會領域的外部連結。他認為，許多公眾人物的臨終，其一生經營著世界的人情、人脈，而臨終時刻這些外部的網絡，卻必須避之如瘟疫，拒絕探訪的牌子幾乎拿不下來，這時內在的締結網幾乎是唯一的救贖。這時刻，就如黃冠閔（2004）引用巴舍拉（另譯巴修拉）的話說：「寧靜、休憩與孤獨在巴修拉的詞彙裡並不彼此孤立，靈魂深處的陰性操控著真正的寧靜。陽魂、剛魂（Animus）／陰魂、柔魂（Anima）之間的辯證關係，巴修拉指出是『順著深度的韻律而開展。這種辯證關係從較不深沉、總是較不深沉處（陽性）走向永遠深沉、永遠更為深沉處（陰性）⋯⋯在此不定的深處中，有陰性的休憩統領著』。」余德慧（2007a）認為黃冠閔在分析巴舍拉的語彙指出，寧靜、孤獨與休憩彼此之間緊密相連，其中「靈魂深處的陰性操控真正的寧靜」，這寧靜的深沉是從較不深沉的陽性走向深沉的陰性，是沿著深度的韻律行走。[5]

巴舍拉認為在「夢之中」與「在世界中」是兩種分立狀態，就夢的原點來說，世界（外在現實）是在彼處而與夢中的此在相互構成對映的關係，亦可稱為「內／外」關係，外在世界意味著我們沉思停頓於世界的前面，外在地觀照世界，而詩與夢想則進入了世界裡，不再被拋擲於世（黃冠閔，2004）。「柔適照顧」是在於確保臨終伴行者如潛夜暗行，與臨終者在背景底下潛行，不讓某些正面的意義成為可捕捉的對象，而「人文臨床」的倡

5　如果從巴舍拉的層面來看，可以將人類直面基本物質的怔忡、遐想、夢想當作最原初的柔適，例如：在中國文人發展的閒適生活，如聽流水、雨聲、洗硯、賞竹、觀澗、聆聽樹梢風聲（吳宏一、邱琇環、陳幸蕙，1992）。或巴舍拉所提到的水的遐想、火光熊熊閃爍、燭火搖曳（Bachelard, 1971），這個層面的設想可以發展成「在醫療空間找到的閒適殘餘」的挖掘活動，透過生活陪伴的零碎時間的運用，讓陪伴者與病人一起外出聽海濤、看黃昏、院子裡燒木頭等直面經驗。由於不同質地發展不同的柔適品質，例如：火是由燃燒將木頭轉變成火與煙的轉變型態的感受，但水流則是透過連續的清澈、沉靜取得另一種柔適的品質，因此，「柔適照顧」的多層次內涵，引導我們朝照顧實務之路鋪設根基，使得我們透過不同質地的直面經驗，抵達非技術的療癒地帶。

議，是通往內在救贖的締結網路。畢竟，照顧是一種關係和經驗的場域，我們的時代已被過量的療治生活（heal life）所控制，逐漸遠離日常世界的生活。[6] 余德慧（2007b）具陳的「柔適照顧」配置活動，包括「悅音」使病人傾聽烏有之地的籟聲，因音而悅，而與意義無關；「塗鴉」讓病人見無何之象，與現實無涉；「催夢」的說話促其思及無處之思，促其飄邈之幽貌。整個過程所發展臨終階段的柔適照顧，得以讓臨終者在柔軟安適的氛圍離世。

綜合來看，余德慧等人（2010）對「人文臨床」的看法是，在「人文臨床」範疇尚未可明確界定之前，我們體會到人文社會學科並非自外於人類苦痛的抒解之外。在現代專業分工的領域化之下，人文社會學科被醫療體系排除在邊緣，而使接受醫療的病人只能在毫無人文氛圍的病房躺著，許多精神苦痛被約化為精神疾病。這種過度醫療化、病理化的現象令人憂心忡忡。他們預期人文臨床研究的新局，是透過受苦現場的參與來生產知識，因此，「人文臨床」是個廣泛概念，指的是任何苦難的現場，如病床邊、災難現場、貧困地區、橫禍、受害現場的延伸領域。如何抵達現場，進行緩解、紓困、陪伴、濟助、守夜、照護等工作，並學習在現場習得智慧性的、實踐性的知識，或將其知識透過臨床現場工作的深化而獲得多元層面理論的思考，是余德慧的臨床／臨終牽掛結構，呈現學術意志和實踐本心（余德慧、余安邦、李維倫，2010）。

本文探討主題是「柔適照顧」與「臨終關懷」，如果將之拆解成「柔適臨終」與「照顧關懷」，同樣具臨床上的意義。死亡的難題，以柔適恩寵寬解，不也是余德慧臨終前的「以身示教」？照顧關懷是海德格（M. Heidegger）的人類牽掛結構的存有註記，是本成的事件，何需在臨終彌留之際才揭顯（林耀盛，2006）？Heidegger（1990）從時間向度，指出照顧／掛慮（care）具有三重結構：（1）「前導性」（ahead-of-itself），意味著掛慮的此有（Dasein）乃考慮了未來的可能性，是持續向前的行動。（2）「既存性」

6　余德慧（2006b）曾指出「倫理手藝」，認為倫理是手藝，不是處理。手藝工作是從頭到尾投入一件生活實踐的心思，在任何對待環節都不會馬虎的用心。手藝時間是：以沉潛的耐心來度過生命困難的時刻；倫理手藝不是知識，而是共鳴。於是，病情惡化的倫理手藝，包括學習陪伴性的哭泣、學習一起祈禱（如燒香、禱告、護符、膚慰、抄經、念佛、讀聖經、繪畫、書法等對心靈都有鎮定的力量）、締結性的支持（如祈求病友平安的自我平安、互為主體的祈求），以及對宗教師父的祈求與伴行（如靈恩的按手禮、受洗、皈依、入門、靈療、共修、按摩、助氣等）（引自余德慧，2006b）。

（Being-already-in-the-world），指出掛慮者承認既有的置身處境（situatedness of its position），是持續面對過往的事實性（facticity）。（3）「在世性」（Being-alongside），提醒此有同時也投入於生活世界，存有與生活世界相互遭逢。由此，Heidegger（1990）以時間性探討此有的存在，指出掛慮是與時間感相互連結。易言之，「前導性」指向「未來」，「既存性」勾連「過去」，「在世性」呼應「現在」，時間性揭露出本真性照顧／掛慮的存在面向。照顧本來就是操煩的夙緣，本身就是一種柔適的特性，無需本質性規定的強化。但人們，總是存有的遺忘，如此也逼顯出余德慧終極關懷的生死學議題。[7]

　　林耀盛（2005）指出，哀悼之愛的至深痛苦打開了我們的眼睛，讓我們看到深度哀傷的沉默力量。一般而言，心理治療史的關照技術，包含宣洩（catharsis）、告解（confession）、撫慰（consolation）、建議（suggestion）、解釋（interpretation）、同理（empathy）、移情（transference）及靈犀（rapport），這些治療技術莫不以語言作爲基礎（林耀盛，2005）。但林耀盛（2005）認爲，至爲重要的，在「療癒者－受苦者」互爲主體關係下所開展出的幽杳的、第三元的地帶，得以整全地關照心身性靈各層面的受苦經驗，這樣的全然關照地帶是自然態度主義所開啟的精準的、科學的、規訓的語言，所難以全然滲透的。

　　余德慧與林耀盛（2012）認爲，台灣生死學處在「不可知其可以」的階段，目前就生死知識生產的源頭，即生死學的研究，幾乎毫無進展，大多的論述停留在書齋的文獻考察或哲學論述。但余德慧與林耀盛（2012）仍對生死學深切地指出，早期的宇宙觀已經殘破不堪，而在現代科學的發展下，尤其在內宇宙（微分子層）與外宇宙（地球與太陽系的關係）之研究，將深刻改變人文的思維。尤其在地質、天文的研究，我們瞭解地球的生滅愈見眞

---

[7]　生命的差錯，是從前作者和余德慧老師討論時，喜歡的認識差錯論。Foucault（1977）指出，「當今，除非我們在人的消失（man's disappearance）所留下的空位裡思考，否則我們不再可能得以思考」。Foucault 意在指出的是，人的死亡（death of man）並不等同於主體的死亡（death of the subject），當 Foucault 宣稱人的消逝，是企圖清理過往對於思考的主題，所採取毫不質疑的組織原則，也就是過去對世界和人類存在的所勾勒的先置意義的質疑，也是對西方社會人的意識理念之正當性提出挑戰。思考與存在，並非基於什麼既定的規則與秩序，而是受制於偶連性與機緣性。余老師一直是「以身示教」的，這種錯身而過的機緣，後來在拉岡（J. Lacan）的創傷內核亦提到，拉岡精神分析也是余老師學術養分來源之一。

實，人類的自危意識將會浮上檯面，人類在深度無助之餘，會發生何種變化？是深層改變，或者自我放棄陷入無助，這將是未來生死學需要嚴肅面對的未竟課題。[8]

在地遷迴的渾成性

回頭考察余德慧思想的認識論，主軸來自於「人文社會化」與「社會人文化」交錯的立場作為論述理路，嘗試將後現代高舉的混合文類，轉化為具「脈絡性」因素的具體實踐。

一方面，就「人文社會化」而言，人文社會科學近年來跨領域的主張，重心已不在於僅僅是不同科際之間的統合，而是在於打破既有的學科限制，它宣告它的行動本體、自身的方法論，乃至知識的生產方式，它打破人文學科本業現存的狀態，隨著社會行動的進行，某些未曾被本科預料的現象會實踐出來，因而新現象會提供人文學科本業的反思，而使該人文學科自行出現可以開發的新邊界。透過拓邊動力學的作用，人文學科自行改寫其本身，因而改造了該人文學科習性，這是「人文社會化」的觀點。

另一方面，所謂「社會人文化」，乃著眼於當代高度重視單一、僵硬評鑑指標的社會化歷程，使得社會學科本有的人文思想逐漸黯淡。人文意識最珍貴的資產恰好是對人類處境賦予精神的再生產，而再生產的物質性基礎與心理性經驗，在於注入社會科學的人文意識。倘若在知識政治的宰制之下繼

---

8 這篇文章是本文作者和余德慧合作的最後一篇文章。作者當時向余老師提到：如果海德格的此有（Dasein）提到「朝死而生」，田邊元的「死的哲學」倡議「朝愛而死」，我們對於生死無盡的觀點，似乎難以明確倡議「生存哲學」，也無法抵達「死亡哲學」，我們對於生死大事的態度是「做，就對了」，只有實踐行動卻缺乏實踐知識（哲學）的批判反省，行動變成只是一種口語化後的行動循環而已。余老師回應說：哀痛反轉是個弔詭現象，人們不是以解脫生死為念，反而以最深刻的投入而獲得解脫，是一種無法以邏輯成理的古希臘哲學家恩比多克勒斯（Empedocles）式的角度來看待死亡。嚴格來說，台灣生死學是在全球文化潮流之下的一支文化現象，然而，進一步考察，台灣生死學處在「不可知其可以」的階段，目前就生死知識生產的源頭，即生死學的研究，幾乎毫無進展，大多的論述停留在書齋的文獻考察或哲學論述。余老師在地迂迴後、遠去歸來至生死學，體現了終極關懷（引自余德慧與林耀盛，2012：47-63）。

續目前社會學科區域化、領域化，對人類將是個悲劇。而補救之道在於社會學科應改變其領域化的固化作用，以諸種行動實踐滲透方式進入人類生活世界，且不失其對人類處境的關懷。人文社會科學研究及成果的重要性應是凸顯大學的重大發現與觀念突破，造成社會巨大的影響力；且應回歸到人類生活苦難之處做思考，而非學術象牙塔的自滿而已，這是「社會人文化」的主張。

事實上，無論是「人文社會化」或「社會人文化」，內在邏輯的深度關懷，仍是心理學「本土化」議題。「本土化」是個複雜過程，涉及許多扎根與奠基性的工作，而不是只是在表面上套用本土文化的名相或者大舉民族主義的大旗閉關自守，拒絕他者文化的「入侵」。就直接的意義來說，本土化必須讓知識的生產與母文化的脈絡有所勾連或契入，但又不失爲其作爲知識生產的質地（楊國樞，2005）。總體來說，余德慧接受德勒茲的主張，反對將全球與在地的對立，所有的在地與全球的差異都是相對的，所謂「全球相對」（global relative）指的是「一種宰制及總體化的力道，試圖控制及編列各項要素，並將其帶入確定性的關係中」，亦即在全球的總體化下，所有元素彼此相關。相反地，「在地絕對」（local absolute）則提醒在地的限制是落實在生活遍處，所有的在地生活視野都是有角度的，每一個在地都有自身的構成地平面，這種地平面從其的視角來看是絕對的，也無法求免。德勒茲認爲必須將「全球相對」與「在地絕對」的區別弄清楚，才能抗拒全球化粗糙的簡約，避免使所有成分簡化成世界秩序的相關成分而以掌控全球的力道所強加的秩序。德勒茲透過「在地絕對」的觀念，試圖在面對全球化的「平夷」（leveling）現象提出完全不同的本土化；在這「在地絕對」的視角中，在地的現實彷彿是全世界，但這世界卻是在探險的過程中，沿著擴展中地平面的拋物線向外擴張，循著這個在地運動的要求，我們於在地的情境中思考其觀念，而不是將其約化爲一些普遍的規範（Bogue, 2006）。

既然「在地絕對」是重要的立足點，但爲何還需要「經由西方」思維探究本土？余德慧（2008）認同法國思想家于連的「在地遷迴」策略，指出本土化的直通是行不通，反而會閉鎖在自身的文化迷陣裡，只有透過完全的異文化，讓他者文化的鏡像來映照自身文化的坎陷。也就是說，在地文化的理所當然、交纏增生的意義網絡，就像無法切割的盤根糾結，任誰也無法脫離其魔障，唯有以斷裂的他者文化，以不相干的方式，取得觀照的地位，己身之實才能獲得把握，而這握力則全看他者文化的相異抵達到什麼程度（余德

慧，2008）。

　　于連（2003）指出，從無限制的「全」的角度來看，任何發生都只不過一種「小的發生」，最理想的是一種永遠在生成中的而從未「成」的，因而也永遠向可能的整體開放，而不是在任意一種觀點中靜止不動的意識。也許，只有迂迴得以使回歸成為可能：迂迴為回歸主題引出的路程，成為使之「幽」、「藏」的機遇。所以，迂迴的價值在於：通過迂迴引起的距離，迂迴挫敗了意義的所有指令（直接的和命令的），為變化留下了「餘地」，並且尊重任何的可能性（于連，2003）。

　　「餘地」不是多餘、剩餘、無餘，而是一種「餘外」。夏可君（2013）指出，「餘外」狀態，是對規則的打破，承認且肯定這個法則之外的迷狂（hubris）、僭越，以及個體的獨異性（singularity），這是不可分類的餘外性。餘外的餘燼，它既是精神燃燒的剩餘，對生命不可能的見證，也是完全虛無的，可能被遺忘。它也有著比虛無還多一點，幾乎虛無的餘燼，也有著比虛無更多的虛無，餘燼可能散播，陷入絕對的沉默與遺忘。但因為是保持著餘外狀態，不斷越界與生成，如此不被規範約束的餘地，也促使現象自身不斷打造新餘地。余德慧的「餘」／「余」外語言，召喚著人文臨床現場的餘情。

　　「餘情」的理論基礎是異樣網結，表面是可見的接軌，但其實是不可見部分在接壤，所以可見之處的結果沒有出現效果，而不可見之處卻在結網，產生幽冥的力量。就像在臨終處境，癌末病人痛苦之處，在於患者面臨自己即將過世，患者看見自身與他者的不同，這個不同，健康者／照顧者嘗試使用語言接應患者將消失的生命，經常會被癌症患者否定，像是「放下」、「奮鬥」、「加油」等，只要語言一出現，就會出現很大的裂口衝撞。罹癌者會開始嚴肅面對個人生命的意義，而照顧者則以觀察者的立場來看，認為自己難以與死亡顯著的特徵共處，也會誤認罹癌者為避免痛苦而避免討論它，並期盼罹癌者會儘快回歸正常（林耀盛，2006；Little, Jordens, Paul, Montgomery, & Philipson, 1998）。如此的置身經驗的差異，構成了語言無力接應之處，失位（dislocation）的處境不是一味以飽滿語言填補，而是直視生命缺口的自身性，缺口引動更多的生命餘情的溢出，讓受苦「再位移」（relocation）到原來的地方，而不是制式化的語言安慰作用。

　　Foucault（1973）認為，疾病是一種因「情」（Passion）而受苦，Passion也是耶穌受難的意義。疾病受苦者是一種悲愴情緒的感受，也是一種在逆境

下堅持承受的受難意義。照顧者面對癌末患者的生活世界，死亡給予生命一副不可交換的面孔。死亡離開了古老的悲劇天堂，變成了人類抒情的核心。死亡在臨床醫學誕生下，不再是祕密（Foucault, 1973）。在癌症病房、安寧病房存在許多痛苦的生（插管、氣切、腸造口等）與死（恐懼、逃避、否認等）的抉擇，這早已遠離當代的知識分類得以接應的存有議題。Bauman（2003）指出後現代倫理迫切需要的是維持和預防的倫理學，其新穎之處不在於放棄有特性的現代的倫理關懷，而在於拒絕採用強制性的、標準的規則，同時挑戰絕對性、普遍性的倫理學探問。但如此處境不符合科學判準，也因此容易造成專業上的衰竭與道德上的苦痛。

　　因此，余德慧的思維，可說是涵蓋知識論、存有學的奠基層次，也包含現象學還原運動、現代處境朝向後現代運動，亦涉獵傳統文化社會療癒出發，批判現代心理治療，進而從生命受苦的界限處境出發。[9]因此，迂迴與進入的認識策略，有從遠處出發，有從近處出發，有從前現代出發，有從後現代出發，這種遠處不是逃逸，而是遷迴在地，這種近處不是閉關自守，而是迎向開放，他者之實所反應我者之虛，正彌足珍貴地啟示著在地的某些東西正補著那虛，而我者之實亦可以提醒他者的虛處，正由另一種東西撐著，這些相互映照的虛實不是優缺之別，而是正有各自的另類發展，只是沿著自己封閉的系統看不見而已（李維倫、林耀盛、余德慧，2007）。只有不斷置身現場相互碰撞，才能生發更多的「餘地」。事實上，任何本土「化」都涉及生活的實踐，這並非單純的指涉語言，意涵性或直指式的，而是要透過修辭行動（rhetoric act），才得以滲透到實踐的領域，透過實踐的就是語言行動，將整個「化」的問題，浸淫到整個文化基底骨架的任何餘外之地，包括庶民與中產階級社會如何透過雄辯的修辭行動，從生活中原本無此的空隙滲透進去，亦即進行本土化的「化」（transform）的社會化（socialization）歷程。

9　余德慧曾自稱屬於「後現代諾斯替」（Postmodern Gnostic）靈知派，諾斯替認為我們苦苦追求的知識，其實是為了體驗與修行。諾斯替知識作為一種精神活動，與哲學的理性認知有著極大的差別：一方面，它與啟示的體驗緊緊聯繫在一起，或者透過神聖的奧祕知識，或是通過內部的覺悟，以對真理的接受取代理性的論證，它作為對人狀態的調整，本身就肩負起拯救的職能。另一方面，諾斯替就是徹頭徹尾的異質，先天就必須被標示為異教徒，擺明了對自我存在的抵抗，而不是自我的撫平；擺明了一種對知識的急遽拉拔，而不是緩慢的醞釀；同時它也擺明了自身的異端，由此也產生自我裂解的必要。諾斯替的相關靈知觀點，可參見張新樟譯（2006）。此段發言見於2005年的一次工作坊，那時候，經常有這一類的聚談。

Billig（1987, 1991）引介「修辭」（rhetoric）在社會心理學（或廣義的社會科學）的功能，視其為社會科學的文藝復興運動。Billig 認為修辭心理學並非什麼新發明，甚至其實是一種古董心理學。溯源自希臘古典時期，修辭學是一種公開的對話和倫理的示範，是希臘文 rhet- 或拉丁文 oratore（其義包括 spokesman、envoy、ambassador）的漢語直譯，較為準確的翻譯為「演說術」和「雄辯術」，也是一種外交禮節。但在柏拉圖的對話錄裡，修辭又不只是一種辯說技巧或儀式而已，更是一種生命哲學的真理探問（如《斐多篇》）。事實上，古希臘的修辭學首見於檢驗法庭、公共事務和教育界中。除了在演說技巧與辯論外，在民事爭端、法庭辯論以及政治演說中，修辭學也發揮關鍵作用。勸說性演說對君王的廢黜或授權、公共利益的辯護、法律的應用與裁判，修辭學均提供助益。因此，修辭學是一門跨越詮釋學和語言學的學科，也是真理為先的言說（楊克勤，2002）。

由修辭行動的「化」轉之力，李維倫等人（2007）指出，實踐不必預設先驗條件，只需要在當時已有的條件與未知的機緣的組合關係裡展開，而言語則是透過個體將這社會性加以實現，也將本意透過諸多殊異處境與實踐而轉義，因此本土化的「化」的終點就有如微血管分布全身，當某些觀念開始本土化，意味著個體的修辭行動沿著社會的微血管分散到社會的生活場域，人們進入「用」之中，並且形成其個體的文化意識型態和倫理行動（屠友祥，2002）。而如此的文化價值和倫理修辭，在於人文實踐的開展。

然而，余德慧、余安邦及李維倫（2010）指出，醫療病房可說是「人文貧乏」的場所。就病房的目標來說，治癒可說是百分之百的目的，但從安寧療護的出現之後，醫療的目的性已經退居二線，除了支持性的醫療外，身心靈的全人照顧已被視為主要的照顧模式。然而，缺乏人文深度的照顧模式，所謂身心靈的全人照顧只是一種口號。以安寧療護來說，所謂的「人文深度」，至少包括日用人倫的行事、宗教感的縈繞、生命情事的救亡（如憾事、憾情的補救）、離情的心理動力等。這些「人文」所需的深度迥異於日常生活，而是關係到當事者集體進入存在的底線。

余德慧（2011）認為，長久以來，從美國移植至華人社會的臨床諮商心理學，在華人社會頗受質疑。問題的核心顯而易見是華人以傳統人文作為生活世界的基礎，因此我們能用美國社會的人文（含心情、感受、看事物的方式等）來取代嗎？器物的全球化能夠意味著文化的全球化嗎？臨床與諮商面臨的是態度性的事務，其中包含對事物的理解、對感情的糾葛，乃至對生活

的選擇，這些苦惱意識的基礎則是生活世界的人文理解與感情，也就是為生活裡的情事苦惱。若單純將苦惱意識訴諸心理層面，那只是化約主義的做法，反而綁手綁腳；若歸返生活世界的多元性，則此多元性可以傳統人文為基礎，以本地的人情義理為基調，而其諮商的方式是非診療性、非問題取向的，其療癒機制則在豐富的人文會遇（encounter），無論是讀書分享、個人生命故事敘說、禪坐、正心、閱讀、寫作、談興、閒趣，皆為豐盈會遇的內在性，而受惠者則是在會遇之間獲得自覺、自省和自悟。

於是，跨越文化界線，我們看到苦難現場的召喚，是一種「深入知識原型，尋找身心情態的在地根源」的倫理反應。通過苦難現場的穿越，賦予比較通透的理論與操作之間的循環，建立對緩解苦難的殘酷為目標的知識行動，而不是以「區域分隔」模式思考人文臨床的治療或改變意義。

遠去歸來不動心

整體來說，余德慧學術研究的本體論收攝於療遇倫理，如前文所述這是精神性的生產，它本身透過自我的技術不斷的在形成又放棄再形成，不斷的在錯誤中嘗試，體會差錯，尋求妥協的過程；在這種情況下的療遇倫理涉及到整個個人生活的出發點，所經驗的一定要直接能碰觸到自己與自己的各種關係，這一種碰觸本身會產生自我轉換的多重效果。余德慧的學術研究認識論，體現一種說真話、渾成策略、在地遷迴、遠交近攻、後現代心理分析式「域外」旅程。而其方法論，也可說是展示了現象學心理學的實踐之道。

或許，有人以余德慧在台灣大學心理學系期間，曾到柏克萊大學博士後研究進修學習的「柏克萊經驗」，作為余德慧思維「轉向」的關鍵時期。關於轉向的意涵，我們可以用珀格勒（O. Pöggeler）的比喻來說明。珀格勒說，轉向就「如同滑雪者進行轉向一般，因為他想維持在路上，既不想跌落深淵，也不想迷路」。滑雪中的轉向，是不得不的轉向，不是滑雪者所能左右，在轉向中，道路雖有所改變，然而作為目標的大方向仍保持同一，或者，我們可以說，目標決定了滑雪者的轉向（黃文宏，2001）。余德慧自台灣大學心理學系轉任到東華大學族群關係與文化研究所（並創立諮商與輔導學系），後來又轉任到慈濟大學宗教與文化研究所（現更名為宗教與人文研

究所），從不同視野（但其實是一以貫之，而非斷裂面向）持續灌溉、守護「人文臨床與療癒（療遇）」的思想種子，實無「轉向」時刻，而是展現「朝向」運動。[10]

換言之，綜觀余德慧一生是朝向「聖人無意」，不被既有的意念或概念限制，而能通透自由的智慧越界，更能「不動心」（ataraxie）（于連，2004）。不動心，即使面對責難，被視為異端，仍以智慧勇氣面對各種挑戰，顯現不受到任何情緒影響的寧靜狀態。余德慧在地迂迴後遠去歸來至生死學，體現了終極關懷的獨特的「侘寂」生存美學。

2012 年 12 月 8 日由台灣大學心理學系、本土心理學研究與教學推動委員會主辦的「余德慧教授紀念學術研討會：在地的迂迴，遠去的歸來」，是以學術致敬的方式追思余老師的貢獻。大會規劃的探討主題，涵蓋老師的心理學本土化關懷、人文臨床的實踐，以及出入各種東方、西方、古典、現代派別後，回歸華人生死主體的療遇之道的轉折。當然，研討會是一種形式，但這樣的言說秩序，卻也是一個論證余德慧學術思維理念與人文臨床實踐的至高致敬方式。

2013 年 9 月 7、8 日，由東華大學諮商與臨床心理學系主辦的余德慧逝世週年紀念學術會議，是以「荒蕪年代的栽種」為主題。這樣的訴求是因為認識到，當前台灣人文社會科學界面臨著一波波由上而下的指導與追求，打亂了學術探究工作以及人才教育工作的節奏，也破壞了學術活動與高等教育的基礎建設。[11] 然而，我們認為這種源自於學術外部的破壞其實並不是問

---

[10] T. S. Eliot 的名詩提到：「我們無法停止探索。但探索的終點，是回到出發的地方。也因此，第一次認識了這樣的地方。」離開是為了歸來，遠去的歸來。認識的熟悉地方或領域，也有了不同的認識。從余老師身上，我們更深刻明白，自我探索的過程，也是一種離家和歸鄉的反重性。有時，儘管已經到達家門，但歸家者仍未到家。家仍是把歸家者「拒之門外，難以成為到手之物」。但當我們瞭解到，語言是人這種存在者最近的鄰居，我們無處不與語言相遇；我們才明白本己的語言說，而不是他人的選言論，才是歸家者的「返鄉」之路，也是生命的禮物。余老師的身後，留下珍貴的禮物，等待我們越界栽種。

[11] Romanyshyn（1989）認為「技術作為一種症狀與夢徵」，顯示在技術衝擊下的歸鄉途徑，猶如從太空船完成任務，從月球「再進入」（re-entry）地球的軌道，若進入的速度過快，可能墜毀無法安全著地；若太慢又會因離心力被排除在地球軌道之外，同樣無法歸航。如何適當地運用「再進入」技術，成為一種文化心理的工作。而今，當代教育的全面技術化，正好取消素養的生成。高等教育學院培養的應該是拜金主義、技術主導的文化潮流裡所缺乏的內涵，亦即細膩的精神、純粹的思想、高瞻遠矚的觀點。但如今，台灣學術生態卻可悲的

題所在；真正的問題在於我們對於這種破壞束手無策。因此，我們看到的不只是學術園地的荒蕪，更深沉的是栽種者的缺席。在荒蕪的年代，要恢復栽種，要造就栽種者，需要記起栽種者的典範。2013 年 10 月 20 日，台灣心理學會第 52 屆年會暨學術討論會，委由政治大學心理學系主辦，議程也特別籌劃了「余德慧教授紀念學術論壇：越界跨域論知識及其實踐」，討論余德慧教授耕耘的本土心理學與文化心理學的思辨交錯，及其知識越界的創新突破與落地實踐。余德慧教授在台灣人文社會科學界，以及台灣人心理生活上的耕耘，正是一個我們需要記起的典範。如此的典範不在夙昔，而在當代。

余德慧創立的「人文臨床與療癒」研究室的一項成果，指出「人文臨床」的初衷是希望能將人文社會學科與受苦現場結合起來，使人們得以使用具有人文深度的「膚慰」技藝來緩解苦難。所謂人文深度涉及多種本體：道德本體、人際本體、社經本體、文化本體、心靈本體等；認清這些本體各自的運作邏輯與交織的方式，將使人文社會學科有能力抵達生命處境的「現場」，進行奧援，並成就慈悲濟世的普世價值。進而言之，「人文臨床」更意指：讓諸種人文社會學科成為「受苦之處／人／心靈」的「中介」，甚至是人在苦難中可以倚靠而行的「憑藉」。無論是藝術、哲學、文學、人類學、心理學、宗教學等，看似與臨床領域無關，卻都有其對受苦生命產生人性啟發，並緩解傷痛的可能。以「人文臨床」此一核心理念，試圖召喚人文社會學科的學者、研究生或助人工作者，在研究、教學和實務工作的反省中，發展出能夠參與人類受苦處境的介入知識。由於不同學科的特性，自有其自身切入的觀點，也顯示出緩解受苦處境的多元風貌，而多元做法也足以提供跨領域的溝通、合作，包括不同學科間的跨領域學系，或是不同實踐場域（教學、研究和實務工作）間合作。如此的越界跨域所栽種的學術生態工程，已有相當成果。但如何持續耕耘，不讓荒蕪中栽種的生機隨著哲人已萎而乾枯，是更需要持續實踐、愛灑的議題。

本文回顧從「臨床心理」到「臨終關懷」，從「治癒」訓練的制式範典到柔適「照顧」的配置施作，落實的不僅是在地實踐的終極理想，更是留下深刻化人文思想的遺產繼承。沉默縟褶的話語不再發聲，卻是寧靜革命蜂擁而起的希音大聲。余德慧近乎巫術般的魔力終於落凡世間，儘管仍是詩意般

_____

成為「窮得只剩下技術」。

的靈知力量，需要費心傾聽和反覆頌念才能進入學術核心的實踐路數。余德慧啟發的不僅是詩意（poetic）行動，更是一種先知型（prophetic）的學術拓荒先驅者。「以巫（覡）入詩」的迂迴固然費解，但沒有反覆的思維與練習，就難以創造差異的意義，這也是余德慧屢以新語言和詩意突圍的方式，面對死生大事的戒慎莊重。

Heidegger 於 1974 年為在貝魯特舉行的研討會（祝賀他 85 歲生日）的祝賀詞提到，技術—文明時代自身隱藏著對自己的根基，思之甚少的危險，且這樣的危險與日俱增。詩、藝術和沉思的事物（思物）已無法經驗自主言說的真理，這些領域已被實踐成支撐文明大工廠運轉的空泛材料。它們原本自主寧靜流淌著的言說，在信息爆炸的驅逐下消失了，失去了它們古已有之的造形力量（Neske & Ketfering, 2005）。

為此，一種思的出現絕對必要，這種思，決心使古老的基本追問更具有追問性，讓這些古老的追問穿越逝去的時代，恆新地閃爍在此一穿越的狂風暴雨中。他進而指出，當理論家急切地推行盲思的實踐和熱衷於組織、結構的鑽營時，吐露思之真相的追問，是思之本身，就是一種行動。追問是思之虔誠（Neske & Ketfering, 2005）。思為路，行在恆常追問的路途上，如此也呼應老子說的：「不失其所者久。死而不亡者壽。」此刻，更深刻感念余德慧教授遺留下來的智慧。

余德慧思想作為一種事件，可以說成為台灣人文社會領域的重要現象。思想家班雅明（W. Benjamin）說：「我的星宿是土星，一顆演化最緩慢的星球，常常因繞路而遲到。」余德慧教授學術上的在地迂迴、遠交近攻的渾成策略，猶如「土星氣質」般，彷彿留下非主流的意象。但非主流、邊緣、餘外、另類、異數，都不足以反映余德慧教授遺留的學術人文風景與深度實踐義理。本文指出余德慧教授建立了形成某種學術論辯脈絡的思想緩坡，也指出創新越界渾成的新知識路向，期能激發更多元深刻的學術思維，使緩慢繞路的知識進程得以抵達新可能性。

回顧余德慧教授一生，終究走一趟「域外」的思路旅程。德勒茲曾提過思想傳播、溝通現代世界的兩種模式：一種是阿多諾（T. Adorno）般的方式，將密封的瓶子投入大海的做法；另一種是尼采（F. Nietzsche）之箭的方式，亦即思想家總是放出一支劍，像是無目的般放箭，另一個思想家將此箭拾起，射向另一個方向。或許，余老師正是以尼采之箭的方式，射向宗教療癒和生死超越的淨界（境界），等待有心人將箭拾起，射向遠方。余德慧

（2012）指出，「域外」是指生命是認知主體所「不知道」的、無法捕捉的、無法料想的，生命總是在主體認知的視域之外；隨著人類文化的發展，生命被許多人爲化的不同認知領域所領養，亦即生命被轉化爲認知主體的可視範圍裡。余德慧（2012）認爲，臨終啟悟可以視爲反落實化的過程，也就是被自我誤識爲「空虛化」的還原。這個還原將透過種種幻見的交錯，對錯認、誤識的歪打正著，死亡之光才得以穿透厚重的知障，穿越混濁的認知主體，給出希望的微光。

　　如此域外思維實踐，儘管音步獨特，初始難以引發共鳴，但也因此保持眾聲喧譁中的冷靜音調，不隨音逐流，醞釀回音不絕的節奏。如同最後沉默時刻安寧病房中的肅穆，反倒生發出更具力動性質的群量聚集，仍以一種瘖啞的厚實描述，一路一步的從「域外」思維的界線，回歸「本土」家園的守護。這一趟學術旅程的揭蔽之道，既不確定也無必然途徑可以依循，可說是人生諸路途中，很少被走過的荒蕪幽徑。而余德慧教授曾受眼疾之苦，就是在這樣的冥視書寫中，一路貫志素履走來，穿破日夜循環，而能看見光亮的特異（singular）質性的人文實踐先行者！12

---

12 余德慧教授總是那麼的獨特和秀異，他不斷在自我進化。筆者以前常說余老師在學術發展有幾個階段（臨床、敘說、現象、詮釋、文化、宗教），到最終就是人文臨床的終極關懷。他聽得也是哈哈大笑。事實上，如漢娜·鄂蘭（H. Arendt）所言，身後之名似乎是那些無法歸類的作者的命運，也就是說，他們的作品既不投合現存的規範，也不能引進一種新的文類以便將來歸類。余老師生前說，不需要像他，「冰寒於水」。老師總是如此期待著。如何將老師的學術精神繼承，是我們踐行老師「冰寒於水」殷盼的重要功課。

參考文獻

宋文里（2005）：〈我的哥兒們施瑞博：創真之實，不然是什麼？〉。交通
　　大學社會與文化研究所、交通大學新興文化研究中心主辦「真實與倫理
　　之間：精神分析與文化理論學術研討會」（台北）宣讀之論文。

佘碧平（2000）：《現代性的意義與侷限》。上海：上海三聯書店。

吳宏一（校訂），邱琇環、陳幸蕙（選注）（1992）：《閒情逸趣——明清
　　小品》。台北：時報文化公司。

李育霖（譯）（2006），Bogue, R.（著）（2003）：《德勒茲論文學》（De-
　　leuze on literature）。台北：麥田。

李維倫、林耀盛、余德慧（2007）：〈文化的生成性與個人的生成性：一個
　　非實體化的文化心理學論述〉。《應用心理研究》（台北），34，145-
　　194。

杜小真（譯）（2003），于連‧弗朗索瓦（著）（1995）：《迂迴與進入》
　　（Le d'etour et l'accès: Stratégies du sens en Chine, en Grèce）。北京：三
　　聯書店。

余德慧（2003）：〈華人心性與倫理複合式療法〉。東華大學主辦「第一屆
　　台灣本土心理治療學術研討會」（花蓮）宣讀之論文。

余德慧（2005）：〈華人心性與倫理的複合式療法：華人文化心理治療的探
　　原〉。《本土心理學研究》（台北），24，7-48。

余德慧（2006a）：〈不經心的現象學療癒心理學〉。東華大學主辦「余德慧
　　教授退休研討會」（花蓮）宣讀之論文。

余德慧（2006b）：〈心靈療癒的倫理技術：將自己的存在作為贈禮的手
　　藝〉。高雄醫學大學、中山大學哲學研究所主辦「臨床倫理基本知能講
　　座」（高雄）宣讀之論文。

余德慧（2007a）：〈在生死界線的處境下的倫理凝視研究〉。未發表研究計
　　畫。

余德慧（2007b）：〈柔適照顧典式的導言〉。《東海岸評論》（花蓮），

210，98-103。

余德慧（2008）：〈人文臨床作為人文學必要的介入〉。政治大學哲學系主辦「現象學理論與實務學術研討會」（台北）宣讀之論文。

余德慧（2011）：〈人文諮商作為諮商本土化的策略〉。中央研究院民族學研究所主辦「第七屆華人心理學家學術研討會」（台北）宣讀之論文。

余德慧（2012）：〈轉向臨終者主體樣態：臨終啟悟的可能〉。《哲學與文化》（台北），39（12），17-40。

余德慧、石世明（2001）：〈臨終處境所顯現的具體倫理現象〉。《哲學雜誌》（台北），37，60-86。

余德慧、石世明、夏淑怡（2006）：〈探討癌末處境「聖世界」的形成〉。《生死學研究》（嘉義），3，1-58。

余德慧、石世明、夏淑怡、王英偉（2006）：〈病床陪伴的心理機制：一個二元複合模式的提出〉。《應用心理研究》（台北），29，71-100。

余德慧、余安邦、李維倫（2010）：〈人文臨床學的探究〉。《哲學與文化月刊》（台北），37（1），63-84。

余德慧、李維倫、林蒔慧、夏淑怡（2008）：〈心靈療遇之非技術探討：貼近病人的柔適照顧配置研究〉。《生死學研究》（嘉義），8，1-39。

余德慧、林耀盛（2012）：〈生死學在台灣的文化沉思〉。見廖欽彬（編集）：《朝往東亞的生死學》。日本：東京大學研究所人文社會系研究科。

余德慧、林耀盛、李維倫（2008）：〈倫理化的可能：臨床心理學本土化進路的重探〉。見余安邦、余德慧（主編）：《本土心理療癒倫理化的可能探問論文》。台北：中央研究院民族學研究所。

林耀盛（2005）：〈說是一物即不中：從倫理性轉向療癒觀點反思震災存活者的悲悼歷程〉。《本土心理學研究》（台北），23，259-317。

林耀盛（2006）：〈聆聽受苦之聲：從「咱們」關係析究慢性病照顧〉。《應用心理研究》（台北），29，183-212。

林耀盛（2009）：〈言銓不落的受創經驗：震災創傷與悲悼療癒〉。《華人心理學報》（香港），10（1），1-17。

林耀盛（2012）：〈曹溪一滴水：時間、影像、聲音的共振返響〉。《應用心理研究》（台北），55，1-5。

林耀盛（2014）：〈在地迂迴的遠去歸來：余德慧教授關於人文臨床、心理衛生和倫理療癒的貢獻〉。中華心理衛生協會等主辦「第十二屆台灣心

理治療與心理衛生年度聯合學術研討會」（台北）宣讀之論文。

林耀盛、龔卓軍（2009）：〈我的傷口先於我存在？從創傷的精神分析術到倫理現象學作爲本土心理治療的轉化〉。《應用心理研究》（台北），41，185-234。

林耀盛、龔卓軍（2011）：〈重逢眞實界：以拉岡式精神分析探究主體性〉。《生死學研究》（嘉義），12，1-44。

苗力田（譯）（2003），亞里士多德（著）：《尼各馬科倫理學》（Ηθικὰ Νικομάχεια）。北京：中國人民大學出版社。

夏可君（2013）：《無餘與感通：源自中國經驗的世界哲學》。北京：新星出版社。

屠友祥（2001）：《修辭學的展開與意識型態的實現》。台中：明目文化出版社。

張成崗（譯）（2003），Bauman, Z.（著）（1993）：《後現代倫理學》（postmodern ethics）。南京：江蘇人民出版社。

張　杰、李勇華（譯）（2002），港道隆（著）（2001）：《列維納斯——法外的思想》。河北：河北教育出版社。

張新樟（譯）（2006），Jonas, H.（著）（2003）：《諾斯替宗教：異鄉神的信息與基督教的開端》（The Gnostic Religion）。香港：牛津大學出版社。

陳春文（譯）（2005），G. Neske & E. Kettering（編著）（1988）：《回答——馬丁·海德格爾說話了》（Antwort－Martin Heidegger im Gespräch）。江蘇：江蘇教育出版社。

閻素偉（譯）（2004），于連·弗朗索瓦（1998）：《聖人無意——或哲學的他者》（Un sage est sans idée ou l'autre de la philosophie）。北京：商務印書館。

黃文宏（2001）：〈海德格「轉向」（Kehre）的一個詮釋：以眞理問題爲線索〉。《歐美研究》，31（2），287-323。

黃冠閔（2004）：〈巴修拉論火的詩意象〉。《揭諦》，6，163-194。

黃錦鋐（注譯）（2007），莊子（著）：《新譯莊子讀本》。台北：三民書局。

楊克勤（2002）：《古修辭學：希羅文化與聖經詮釋》。香港：道風書社。

楊國樞（2005）：〈本土化心理的意義與發展〉。見楊國樞、黃光國、楊中芳（主編）《華人本土心理學》上冊。台北：遠流出版公司。

楊儒賓（譯）（2002），Jung, C.（著）：《黃金之花的祕密——道教內丹學引論》。台北：商鼎文化出版社。

盧德平（譯）（2004），Deleuze, G., & Guattari, F.（著）：〈反俄狄浦斯：資本主義和精神分裂症〉。見江怡（主編）：《理性與啟蒙：後現代經典文選》。北京：東方出版社。

Bachelard, G. (1971). On Poetic Imagination and Reverie (C. Gaudin, Trans.). Indianapolis, IN: Bobbs-Merrill.

Billig, M. (1987). Arguing and Thinking: A Rhetorical Approach to Social Psychology. Cambridge, UK: Cambridge University Press.

Billig, M. (1991). Ideology and Opinions: Studies in Rhetorical Psychology. London: Sage.

Deleuze, G., & Guattari, F. (1987). A Thousand Plateaus: Capitalism and Schizophrenia. Minneapolis, MN: University of Minnesota Press.

Foucault, M. (1973). The Birth of the Clinics. London: Tavistock.

Foucault, M. (1977). Discipline and Punishment: The Birth of the Prison. London: Tavistock.

Heidegger, M. (1990). Being and Time. Oxford: Blackwell.

Levinas, E. (1987). Time and the Other. Pittsburgh, PA: Duquesne University Press.

Levinas, E. (1991). Otherwise than Being or Beyond Essence (A. Lingis Trans.). Boston, MA: Kluwer Academic Publishers.

Little, M., Jordens, C. F. C., Paul, P., Montgomery, K., & Philipson, B. (1998). Liminality: A Major Category of the Experience of Cancer Illness. Social Science & Medicine, 47(10), 1485-1494.

Romanyshyn, R. D. (1989). Technology as Symptom and Dream. London: Routledge.

Sinding, C. (2003). Disarmed Complaints：Unpacking Satisfaction with End-of-Life Care. Social Science & Medicine, 57, 1375-1385.

（本文初稿發表於 2013 年 9 月 7-8 日，由東華大學諮商與臨床心理學系主辦的「荒蕪年代的栽種：余德慧教授紀念學術研討會」。爾後，本文正式出版於《本土心理學研究》，2016 年 12 月，第 46 期，第 195-237 頁。）

2 人文臨床與護理教育的遭逢

一部教學現場的實驗性作品

余安邦

> 事情本來會發生。
>
> 事情一定會發生。
>
> 事情發生得早了些。晚了些。
>
> 近了些。遠了些。
>
> 事情沒有發生在你身上。
>
>
> 你倖存，因為你是第一個。
>
> 你倖存，因為你是最後一個。
>
> 因為你獨自一人。因為有很多人。
>
> 因為你左轉。因為你右轉⋯⋯
>
> ——〈可能〉，辛波絲卡（Wislawa Szymborska），
>
> 　陳黎、張芬齡譯（2011: 84）

人文臨床的提法與定位

當前華人社會，無論是臨床心理諮商或醫療護理專業工作，都普遍地走向「目標取向」、「工具理性」，以及要求實證（以科學證據為基礎）、爭取速解的專業發展。相較於傳統社會文化交互關聯的支持照顧網絡，現今所謂「助人或照顧專業」似已變成一種十足「階層化」、「商品化」，甚至被國家醫療制度所制約、綁架的行業，逐形成高度資本主義式「消費化」、「速食式」的醫療市場，甚而嚴重缺乏人文的深度與廣度。與此同時，台灣

人文及社會科學界，也因為或多或少不再作為面對人類生活苦痛的立足點，而出現了嚴重疏離化與空虛化的危險。

　　誠如余德慧（2009）在〈臨床陪病膚慰的人文深度探討〉之演講稿中，以癌症病人的生命經驗為例所指出：

> 每個病人的倫理、道德、人際與心理動力，都不是一般心理諮商理論所能觸及的，因為這些向度的問題都與癌症的病程及醫療息息相關，都透過癌症病程的具體情況而發生，其毀壞性可以是家庭解組、家庭生態的大變化，乃至於家庭重構，其問題之複雜幾乎都超過了現存社工體制、諮商輔導所能及的範圍。雖說台灣心理諮商者往往設定此問題為其服務範圍，但事實的功能卻有限。深究其實，乃因：（1）台灣缺乏癌症病人的病床服務，除非病人被轉介至精神科；（2）心理醫療的症狀學將倫理、道德苦痛排除於外，或對之束手無策；（3）迄今台灣心理諮商及輔導界尚未做好本土化的詞語準備，無法接應病人的日常生活詞彙，例如「忤逆父母」在專業的思維如何切入台灣民俗，而不是將其簡單概念化或西方語詞化。

　　有感於此，自 2009 年春天起，余德慧等學者所組成的跨學科領域之研究團隊共同提出了「人文臨床與療癒」的核心觀念，以及「人文臨床學」的真理性問題（余德慧、余安邦、李維倫，2010）。簡言之，「人文臨床」旨在關注人間現場如何關懷與照顧（care）生命和生活之意義的課題。有別於一般的理解，在此，所謂「臨床」的本義，係指「投身到受苦難之處」；而「人文臨床」指的是將諸種人文社會學科（知識、理論及思想）廣泛地成為受苦之處的中介，亦即，無論是哲學、文學、藝術、史學、人類學、宗教學或文化研究等看似與正規助人事業無關的領域，都有其對受苦生命產生若干悟性的啟發，進而恰當而適度地運用人文精神思想於受苦者的生活現場，緩解各種受苦的折磨，增進「療癒」（healing）或療遇（healing encounter）的可能性。然而，從現象學的角度而言（或者說，在最純粹的現象學沉思當中），在實踐層面，我們又必須將（諸種人文社會學科）這些中介物、所有的外加功能全部去除掉，以保持類似巴舍拉（2003: 341）所謂最高度的現象純粹性，剝落任何可能會掩蔽其存有學意義、會複雜化其根本意涵的事物或現象，如此才有可能顯現其直接真實的面貌。

質言之，此處所謂的「人文臨床」，就是試圖將人文社會學科的自我遞迴打破，且賦予人文社會學科一種手足無措的失神狀態，從而在人類的臨床現場，例如疾病、災難、失親等受苦處境裡獲得悟性的理解與人文的開展，並結成人文現場支持性的照顧網絡。在此臨床現場，一方面讓人文社會學科突破自身的慣性，開始去傾聽受苦的聲音，獲得自身全新的反省；另一方面試圖透過重新的反省，人文社會學科足以自我轉化，解除知識的疆域，並滲透進入受苦處境，凝練出更深刻的人文知識，創造豐富多元的精神性生產。故而，「你眼下最迫切的課題是：趕快尋回你自己。我也一樣。所以，我常常把眼睛迴過來，朝裏看！」（周夢蝶，2016：13）。

由此可見「人文臨床與療癒」之提法的必要性，且藉此將進一步深化並拓展受苦與療癒的範疇。再從本體論與知識論的角度來說，「人文臨床」的關鍵概念，首先在於對「受苦現場」之驅動裝置的性能予以更多的關注。「受苦現場」本身即是諸種力量流動、轉移、變化的生產空間。「受苦現場」給出的知識條件，以及行動的充分性，嘗試將人文社會學科的真實力量場匯聚在一起，而且這個力量場所發動的，不再是過早被符碼化的抽象概念；它既非「因果模型」亦非「因果關係」，而是現場諸力量的變化生成（余安邦、余德慧，2013）。以這股力量為軸心，這個世界（受苦現場）是圍繞著這個軸心而轉動，整個宇宙、整個天與地，完全凝聚在它自身當中。一言以蔽之，「人文臨床」乃是建立在這樣的基本認識論之上的。

比喻來說，「以這股力量為軸心」，或者說，「人文臨床」所關照之世界（受苦現場）中的諸多力量，正猶如里爾克在《法國詩歌》（或譯《法文詩全集》）（*Poémes français*）當中所描述的胡桃木，那種引人注目的生命型態。「在此，天空的穹窿變成圓形，再度環繞在一棵孤單的樹周遭，這棵樹成了宇宙的軸心，與宇宙詩歌的法則相互唱和。」（巴舍拉，2003：348）。

> 樹永遠處於軸心
> 對所有環繞著它的事物來說
> 樹享受著
> 天空的巨大穹窿
> ——里爾克（2015: 192-194）〈胡桃樹〉，
> 本譯文引自巴舍拉（2003: 348）

續就「人文臨床與療癒」的衍生性意義而言，有兩個關鍵詞彙必須強調：（1）受苦（suffering）的範圍：從人文社會學科領域來界定「受苦」，不僅在於生理疼痛而已，各種精神的、心靈的困厄均屬之，乃至於各種社會受苦（苦痛）（social suffering），如被歧視、文化弱勢、遭遇坎坷、橫遭劫難等亦是。（2）療癒或療遇：人們相遇就有可能引動本心、觸發關懷，進而療傷止痛的過程就有可能發生，故曰：「遇而療之」。

換一種方式來說，

> 「人文臨床」的主張在於強調：有效的心理協助必須是以相當的人文深度進行之，亦即諮商者需認識其案主的人情理法、行事應對之道，他／她也必須熟悉案主世界的神話系統，他／她是以何種想像去認識他／她的世界，倫常在他／她的眼裡會是什麼，日常生活的框架是架在哪些信念或人的身上？人文臨床並非跨文化諮商，而是全然的本土化諮商，把日常生活實踐的動力（如倫常動態而非倫常法則）作為它的知識主體，並保持「生病是感情經驗」而非認知性的醫療知識可以抵達。（余德慧，2009）

由於對人類苦痛的認識與療癒策略的發展是鑲嵌於世間的受苦現場，因此這樣的立場與觀點也必然是本土化的。一直以來，由余德慧等學者所召集的研究團隊成員，彼此相互切磋、攜手合作，共同著力於以「在地情懷」（ethos）到「倫理行動」（ethical act）的多元差異路線，以發展本土心理療癒及醫護照顧的知識與技藝，而這樣的主張與立場明顯有別於目前精神醫療機構所積極主導的、介入性的緊急處理精神狀態時，所採用的由常態（normative）、偏態（deviant）、到醫治（cure）的知識論述與醫護行動。進而言之，「人文臨床與療癒」的提法，是指向以常民生活為療癒場域，凝視人文身體空間，並探究其中的療癒形式，據以發展具普遍意義的人文價值與學術深度，以及在地社會柔適性的操作技術。同時，在以往研究成果的基礎上，我們將進一步深化並拓展受苦與療癒的範疇，高舉「人文臨床」的鮮明旗幟，朝向奠基於「生活世界」的學術道路。這樣的做法不但是將人文社會學科還回生活現場，也將此等學術知識思想接引到人性處境的根源處，為本土臨床心理學以及醫護工作的發展重新安置於一個迥異於實證科學的基礎之上，且希望能擴大其助人技藝的視野，而不再侷限於傳統（主流）臨床與

諮商心理學，或者其他醫療照顧等救人、助人事業之框架，從而試圖開展臨床心理本土化以及醫護照顧多元進路的可能性（余安邦、余德慧，2013）。

　　總之，「人文臨床」的目標與宗旨，是嘗試爲本土臨床與諮商心理學，以及本土心理與文化療癒（indigenous psychologies and cultural healing）等實驗計畫進行奠基的工程，並爲各種醫護照顧施爲提供某種知識論述與社會文化實踐的多元可能性。「人文臨床」的基本理念主張：任何身心狀態、疾病苦痛，乃至心理治療或文化療癒形式，乃源自於人類社群的社會與文化過程；強調人在世受苦、煎熬困頓，均存處於社會運作或活動之中，因而主張將「精神疾病」或「心理症狀」視爲一種社會過程的存有狀態；認爲本土心理療癒或醫護照顧理應從「病理化」轉向「倫理化」的社會施爲；也就是從生物醫學的病理模式，轉爲從「照顧的存在性」（意味著照顧乃隸屬於作爲存在根本內涵的牽掛〔Sorge; Care〕）去探索倫理的議題。從護病關係來看，也就是讓護病二者共處於自我超越的「此有」（Dasein）場域裡，此乃爲一種本眞式的照顧方式（汪文聖，2001a，2001b）。所以，誠如周夢蝶（2016: 8）所言：「肯爲他人的不幸而泫然出涕。這樣的事，即使在古代，已不多有；更無論今日。——所以，這世界依然是好的。無論如何。」

朝向生活世界的醫護倫理

（⋯⋯）
有些不幸
本來應該不再發生
比如說戰爭
饑荒　以及其他

無助之人的無助
還有信任之類的東西
本來應該受到尊重
（⋯⋯）
要怎麼活著——有人寫信這麼問我

我本來打算

問他相同的問題

（……）

——〈在世紀的尾聲〉，辛波絲卡（Wislawa Szymborska），

林蔚昀譯（2013: 50-51）

　　長期以來，現代醫療照護體制所一再標榜的身心靈全人照顧，似已被視爲當代社會主要的照顧模式。然而，欠缺人文深度與文化敏感度的照顧模式，所謂身心靈的全人照顧事實上只是一種口號。以安寧療護來說，所謂的「人文深度」包括日常人倫的行事、宗教感的縈繞、生命情事的救亡（如憾事的修葺、憾情的補救）、離情的心理動力等等。這些「人文」所需的深度迥異於日常生活，而是關係到當事者集體進入存在的底線。所謂朝向生活世界的醫護倫理與心靈療癒，也就是在這樣的意義底下獲得某種理解與開顯。如此的理解與開顯，一方面涉及優納斯（Jonas, Hans）關於責任倫理所強調的人類存在與幸福的總體性、連續性與未來性（汪文聖，2001b：22）；另一方面則關照到醫護照護倫理的實踐，乃建立在身體感受性層次、且具有眞誠質樸的倫理特質的身體倫理，並以底層的身體方式（例如用身體在活著）來感受倫理的可能性（王心運，2014）。

　　當我們指出當前醫療照護現場人文深度的缺乏，有人可能會質疑：其實安寧病房的景觀並沒有比其他病房差，這不就是台灣時下一般醫院病房的常態嗎？事實上，我們無意比較各種醫療照顧何者爲優？何者爲劣？而其重點應該在於不同的照顧模式面對「生死」或「疾病」這件事，所呈顯的人文深度問題。現代專業醫療照護最爲人詬病的是取消「生活世界」的工具性作爲。醫療照護專業者通常將人的「苦痛」抽離出來，成爲「症狀」，且僅專注在「症狀」的消除，因而將「生病」的情態予以排除，使得生病的本質被取消。事實上，生病本來就是一件涉及情感的事，[1]而情感的生成流轉乃在於人所經營的人文深度。正如汪文聖（2014）所強調的，將護理倫理視爲一種技藝學時，應該深切反省其所受以科學「精確性」爲首要的影響，重返現象學觀點來看其嚴格性，甚至嚴肅性，並從學理的論證開展出行動更勝於理論的關懷倫理。此外，汪文聖（2001b: 12）也曾殷切地提醒：

---

[1]　見蔡錚雲在《倫理師的聲影》（Richard Zaner 著，政大出版社，2008）的序言。

如果 ethos（按即倫理）的本義是居住之所，那麼居住一詞具有對物之維護與保養的根本意義，這居住一詞實已表現在「此有」在世之中的「在」裡面，故人的居住已面對著事物、他人與自己，而有前面我們所說的對物料理、對他人照顧，與對自己死亡憂懼的牽掛意義了；換言之，居住即是牽掛，ethos 即是 Dasein（按即海德格所謂作為「在世存有」〔Being-in-the-world〕的「此有」），正因為二者皆表示人在世牽掛的場域。

又如龔卓軍（2005: 126）所言，「生病是經驗而非知識，接近生病經驗必須暫時停止直接取用字面的語言或概念，以防止視域（horizon）的窄化，保持對病人生活世界的潛在文本的敏銳態度，去探詢病人的意向結構。」龔卓軍引用 S. Kay Toombs 的觀點，更在切問：在針對最重要的倫理問題中，進行開放而貼心的對話，個人會將其注意力由世間糾葛難解的直接行動，轉向內在最深的情感，因而體會到什麼才對他具有終極的意義（龔卓軍，2005：126）。[2]

Toombs 本人是罹患罕見重症的哲學家，他曾以切身之痛來談論生病（illness），而非疾病（disease），從而哲學在醫療照護論述裡逐漸占有一個位置，哲學家於是在人間世界看到倫理的重量。此外，身為精神醫學及醫療人類學界資深學者的凱博文（Authur Kleinman），[3]也曾進一步提出專業者的反思而寫就《道德的重量——不安年代中的希望與救贖》（2007）一書，他試圖將專業的精神醫療加以解構，而歸返變動不安之人間現場的道德生活（moral life）。[4]這些趨勢說明了現代專業醫療照護之目的性、工具性現象，非但無法包山包海，反而露出一個個有待修補、縫合的漏洞。誠如汪文聖（2001b: 7）所說：

如果在對他人的照顧時我奪走了他本身也應有的牽掛之能力與表

---

[2] 引自 Toombs, S. K. "Articulating the Hard Choices: A Practical Role for Philosophy in the Clinical Context. A Commentary on Richard Zaner's *Troubled Voices: Stories of Ethics & Illness*", *Human Studies*, 21 (1998): 49-55, p.53.

[3] 凱博文早年在台灣研究精神疾病與乩童療遇，在哈佛大學創建醫療人類學系。

[4] 凱博文：《道德的重量——不安年代中的希望與救贖》。台北：心靈工坊，2007。

現，使他受到依賴與宰制，那麼我所提供的只是一非本真的照顧；反之，當我讓他保有牽掛之情懷，並讓他清楚於所牽掛的，那麼我的照顧是一本真的方式。顯而易見的，因為護病二者共處於自我超越的「此有」場域裡，故看護者要以對待「人」的態度面對病患，隨時警惕著他所面對的是一個存在的人，而看護者亦有自己的存在性；看護者需瞭解照顧不只在幫助病患身或心的成長，他本身亦在照顧的場域中學習著成長。

於是，在以往的教學、研究與臨床經驗過程中，我們逐步產生一個構想，是不是能將人文社會學科帶進人們受苦之處；在那受苦之處，人文社會學科能否捨棄它的書齋傳統，直視受苦現場（即廣義之臨床），並由此孕育人文社會學科的新思維，從而可以反過來投入受苦現場，成為現場的實踐知識。這也就是人文社會學科「現場性」、「臨床性」及「本土性」的永恆回歸。因而，就大方向來說，本文所謂「人文臨床與療癒」的提法，即在於結合國內外相關的人文領域學者（包括藝術、哲學、漢學、文學、史學、宗教等），以及社會學科領域（例如精神分析、文化心理、諮商輔導、臨床心理、醫療人類學、醫療社會學、護理、社工等）之學者，共同探索人文臨床與療癒的開放性及未來性內涵，並以種種學術運動形式，例如讀書會、工作坊、研習營、專題論壇等，探討各種人文社會學科領域新課程的構想，以及人文臨床跨學科領域之整合計畫的可能性。

「人文臨床與療癒」的基礎進程

> 宇宙萬物只有一個母親。
> 它是無比的清淨、堅貞、智慧、典麗與靜默。
> 但，只可以神遇，
> 而不可以形求。
> ——〈《夢蝶語錄》之十六〉，周夢蝶（2016: 20）

基於以上的思考與反省，2009 年夏季，座落於花蓮的慈濟大學人文社

會學院，正式成立第一個專題研究室，命名為「人文臨床與療癒」研究室（主持人為該校宗教與人文研究所余德慧教授，執行長為中央研究院民族學研究所余安邦教授），以該研究室為中介平台，希望能將人文社會學科與受苦現場結合起來，使得膚慰苦難之舉能夠具備人文深度。人文深度涉及道德本體、人際本體、社經本體，以及心靈本體，凡此皆需人文社會學科的奧援，以成就慈悲濟世的普世價值。「人文臨床與療癒」社群發展計畫，即試圖以跨校、跨學門的學術社群為網絡，邀請長期推展此方面的大學教授及臨床實務工作者參與，透過社群的活動，以達成下述目的：（1）產生堅實的核心概念與關鍵語彙，釐清人文臨床與療癒的範疇、擴展與應用；（2）協調參與的學校教師開設相關課程，並透過教學工作坊，共同切磋教學內容、交換課程計畫，並互相參引教學內容；（3）透過研究工作坊，研議可能合作的研究議題與方向；（4）規劃若干迷你學程，推介給各校學術社群或臨床實務成員參考。

在此，有必要進一步闡述「人文臨床與療癒」的關鍵概念及其核心旨趣。所謂人文化的「臨床」的真正旨趣是：使得自身（所謂助人工作者，或者諸種人文社會學科）被拋擲於不可預期的（例如災難或病痛等等）現場，以及無法從自身去推衍他者的真實處境，從而獲得自身的揭露。因此，所謂的「人文臨床」（動詞），試圖將人文社會學科的自我遞迴打破，賦予人文社會學科一種手足無措的失神狀態，從而在人類的臨床現場，例如疾苦、厄難、失親等受苦處境裡獲得人文的發展，並結成人文現場支持的網絡。在此臨床現場，一方面讓人文社會學科突破自身的慣性，開始去傾聽受苦的聲音，獲得自身全新的反省；另一方面透過新的反省，人文社會學科進而自我轉化，滲透進入受苦處境，凝練出更深刻的人文知識。在這個意義底下的「人文臨床」（名詞，蛻變後的人文學科），真實參與了人類受苦處境的調節，它有著別於傳統緩解受苦的專業框架，而有其自身特殊的律動（余德慧、余安邦、李維倫，2010；Lee, 2009）。

續就「療癒」的意涵來說，依據柏格森（Henri Bergson）的內在性理論，所謂的「療癒」，是一種內在性的質變與轉化，是主體（非意識或無意識狀態下）不知道什麼時候發生的。它是以縈繞的方向，不等速度前進，可以延伸為多樣且連續的草擬狀態。並且，我們內在的每一個自由綿延的瞬間，是無法透過鏡像反射的自我而呈現出來。其中，所謂的「自由」指的是：「在每個時刻，我們的思想都歸趨於綿延的狀態」，是流暢行走的；它不是一種

廣度，而是一種內在性現象，且它的本質是「時間」。而「療癒」，就是一種自由（林春明，2005；莫詒謀，2005）。

再以 Thomas Csordas（2002）所提到的「療癒」為例，他認為療癒並非將病去除，而是人的轉化，是由身體去做出新的認知，去開啟另一道眞實（reality）。這裡所指的身體，可以是生物的、宗教的、情緒的、藝術的、語言的、歷史的、政治的等等。譬如，宗教療癒是在處理人跟神的關係，把人的處境跟神聖經驗（乃至天啟）做出有意義的連結。最後，求助者在轉化經驗中，感受到自我改變的落實，因而不論身體、心理或靈性上的改變，對參與者都具有深刻的意義（張綺紋等，2012）。

從教育觀點來說，「人文臨床與療癒」計畫嘗試將人文臨床概念融入課程、教學與研究之中。於其中，包括如何將教師的課程意識與理念能和人文臨床概念緊密連結，使學生能從多元觸點習得知識，以及理解事情的諸種實相變化，並進行反身性思考（reflective thinking），體認實踐邏輯與身體感知。尤有進者，「人文臨床與療癒」在教學上的知識論根本意涵，是強調如何透過參與受苦現場來生產知識，亦即某種精神性生產，並將此知識透過臨床現場工作加以深化，以獲得多元層面理論的思考與理解。

再者，「人文臨床與療癒」的基本進程之一，乃是一種生活空間持續的開展性策略，亦即教學、研究與臨床實踐工作的「在地化」與「空間化」。「在地化」意指將「人文臨床與療癒」之教研工作，與師生所處之生活空間或災難現場緊密連結（亦即生活世界的眞切契合），以作爲理論知識之臨床實驗，活化理論知識的現實意義。「空間化」意指將「生命受苦空間」視爲社會範疇，將鄰近多個社會空間或災難現場，形成一張張異質區域療癒網絡，以達相互學習、資源共享、相互扶持的療癒社區，進而用以：（1）形塑不同區域之社會空間的實驗性療癒社區，並作爲「人文臨床與療癒」理論與實踐的操練場域；（2）從事自然災害、集體災難、人際苦痛、及身心疾病之書寫，推動小型災難／疾病民族誌之描述與教學；（3）將教學空間從學校教室延伸到苦難現場，從而開展苦難田野書寫與行動療癒之可能性。

換另個說法，「人文臨床與療癒」所開展出的已非原先的苦難現場，或者說它將原先的苦難現場轉化（或轉換）爲某種形式的「人文空間」；「人文空間」以話語召喚生活世界的到來，同時也接應苦難現場難以言說的沉默；但話語不能取代苦難自身，更不能視爲現象之本質；話語是「人文空間」帶著某種意向性的、負載著情感力量的載體。話語的性質，以及「人文

空間」的運作形態，猶如布朗肖（2003）所謂的「文學空間」一般，瀰漫於整個「生命苦難現場」。

> 在那裡，語言並不是一種能力，它不是說的能力。語言並不是可自
> 由處置的，在語言中，我們並不擁有任何東西。它並非是我說的那
> 種語言。我從來不用這種語言說話，向你打招呼，呼叫你。所有
> 這些特徵是否定性的。然而，這種否定僅僅只是掩蓋著更為本質的
> 事實，即在這種語言中，一切均返回到肯定，否定的東西在這種語
> 言中做出肯定。這是因為它如同不在場那樣說話。凡是它不說話之
> 處，它已經在說話了；當它停止說話時，它仍在繼續。它並不是寂
> 靜的，因為確切地說，寂靜在這種語言中自言自語。（布朗肖，
> 2003：33）

於此，從而帶出了「人文臨床與療癒」的語言觀。我們尤其側重語言的日常性。如何透過日常、普通而缺少表達能力的語言顯現奇蹟，或者本質。語言是自然，它召喚你去發現、理解、與感受，好比詩性語言一般，語言用以抵達「那個」更真實的世界。而所謂「更真實的世界是在瞬息消失後的那種持續性與整體性，對立物的結合。」（李笠，2015：14）誠如瑞典詩人特朗斯特羅姆（Tomas Tranströmer）對於詩的本質的精闢見解。他說：「詩是對事物的感受，不是再認識，而是幻想。一首詩是我讓它醒著的夢。詩最重要的任務是塑造精神生活，揭示神秘。」（李笠，2015：14）。從這樣的視野來看，無論對於照護工作者而言，或者對於「受苦者」來說，生命，作為自然的一種形式或意象，「語言——自然就是一個無所不包的詩作，一種只有身臨其境才能感悟到的神秘。」（李笠，2015：16）。這樣的對於詩的觀點，也展現在特朗斯特羅姆的〈自 1979 年 3 月〉的詩歌中：「詩是對事物的感受，而不是再認識。它揭示現實世界裡的神秘。這神秘是語言，而不是詞。」（李笠，2015：16）。

> 厭倦所有帶來詞的人，詞而不是語言。
> 我來到雪覆蓋的島嶼。
> 荒野沒有詞。
> 空白之頁向四方展開！

我碰到雪上鹿蹄的痕跡。

是語言而不是詞。

——〈自 1979 年 3 月〉，特朗斯特羅姆（Tomas Tranströmer），
李笠譯（2015: 234）

　　可見，相對於語言來說，詞的狹隘、渺小，甚至支離破碎，無法支撐起「人文空間」的思想、感受、聲音等等神祕世界的諸多互相交纏碰撞的元素。據此，作爲語言的一種表現形式或溝通實踐，話語的本質性意義也凸顯了出來。因而，從「人文臨床」的視角來說，特朗斯特羅姆晚期對於詩的思想，實有值得學習與效法之處。至於如何表現其思想的核心，例如：他在「《尾聲》〔裡〕拋棄了詩中的敘述和議論，它追求精準的意象和凝煉的詞句，體現了特朗斯特羅姆詩歌追求的詩藝理念，也表達了他對詩歌和散文之間區別的看法：『詩是最濃縮的語言。它容納了所有的感覺、記憶、直覺、知識……在詩歌的另一端，離詩最遠的地方，則是一種充滿水分的語言，比如唾沫四濺的演講。』」「但（他的）每一首詩同時都具有廣闊的時間和空間。讀者時時刻刻都能看到詩人的心臟，那『被鎖住的捶擊的拳頭』，感受它的迫切性，好像每一節詩歌都圍繞著心臟，每一行都在捕捉焦灼，每個詞都在諦聽將發生的奇蹟……。」「而這奇蹟，無疑歸功於特朗斯特羅姆的修養。」（李笠，2015：12）。對照來說，就特朗斯特羅姆的思想而言，詩的力量在於凝煉。那麼，就「人文臨床」來說，「助人／照護工作作爲一種志業」的能量，（毫無疑問地，同時，也是顯而易見地），不正是在於個人的修養，或者說「內在修爲」嗎？「人文臨床」強調（崇尚）的是「非技術性」的「內在修爲」；它超越了技術層次，而進入「藝術」境界（余德慧，2012）。

我像一隻抓鉤在世界的底部拖滑
抓住的都不是我要的。
疲憊的憤怒，炙熱的退讓。
劊子手抓起石頭，上帝在沙上書寫。

寧寂的房間。
月光下家具站立欲飛。

穿過一座沒裝備的森林

我慢慢走入我自己。

　　——〈尾聲〉，特朗斯特羅姆（Tomas Tranströmer），

　　　　李笠譯（2015: 250）

此外，布朗肖（2003）也曾睿智地表示他的洞見。他說：

這話語在本質上講是游移的，因爲它總是在自身之外。它表示著無
限膨脹的外表，這外表取代了話語的內在性。它類似回聲，——當
回聲並不僅僅高聲地說出了起先的小聲話語時，但它同無際的低語
融爲一體，它是已變成充滿回響的空間的那個寧靜，是各種話語的
外表。在此，僅僅只有外表是空無的，而回聲卻事先重複著「在時
間不在場中的先知」。（布朗肖，2003：34）

　　總而言之，當前的人文社會學科本身過度習慣於在自己的「專業」底
下固守疆界，不敏於後現代處境的變化。而相對明顯地，「後現代」的人文
社會學科社群正面臨界域模糊、曖昧的跨領域網絡，即所謂「流動疆界」、
「游牧漂移」的思潮路向。且當前許多人文社會學科都有涉足他界領域的現
象，但也依然保持其本業的思想內核。跨領域的現象發生於學科之間，也發
生在學科本業的界線之內，或在邊界的極限之處遇見他者世界。

人文臨床與護理照顧的遭逢

所有的事只會發生一次

不管是現在或未來　　正因如此

我們毫無經驗地出生

沒有機會練習就死去

（……）

沒有一個白日會重複

也沒有兩個一模一樣的夜晚

或是兩個同樣的吻

兩道相同的凝視

（……）

你啊　邪惡的時間

爲什麼和不必要的恐懼攪和在一起？

你在──所以你必須消逝

你消逝──所以你美麗

──〈僅只一次〉，辛波絲卡（Wislawa Szymborska），
林蔚昀譯（2013: 11）

　　約莫在 2010 年初春之際，國立陽明大學護理學院穆佩芬教授應邀開始參與「人文臨床與療癒」研究團隊的各項活動。有感於國內護理研究、教學與臨床工作的瓶頸與困境，且相當程度認同「人文臨床與療癒」的立場與主張，穆佩芬教授認爲從課程與教學著手是一條可行的改革之路；於是，她從 98 學年度第二學期起（2010.02-2010.06）開始在該院臨床暨社區護理研究所啟動筆者所謂的「人文護理」微學程，提供給碩士班及博士班研究生選修。

　　此處，所謂「人文護理」的實質內涵乃根據陽明大學護理學院的課程與教學宗旨目標而來，包括：（1）瞭解人文護理的意涵及其於臨床實踐的重要性；（2）瞭解人文臨床與護理療癒系列課程之宗旨與培育目標；（3）瞭解敘事與省察的意涵及人文技藝；（4）經由敘事與省察探究人文護理的臨床困境與技藝本質；（5）瞭解倫理關係的意涵及技藝；（6）經由護理實踐討論倫理關係；（7）認識照顧中的人我關係，包括護－病、醫－護、護－護關係等等（國立陽明大學，2011）。質言之，「人文護理」學程的要旨，主張由授課教師透過人文臨床內涵與人文技藝之哲思的教授與討論，增進護理人員對照護過程之人文關懷與療癒之認識與反思，進而應用於臨床關懷與照護過程。

　　誠如本課程的發動者與主課者穆佩芬（2011），在課程起草之初的一段感言，可作爲這段歷史經驗與記憶的最適切註腳。她說：

國立陽明大學護理學院之〔人文臨床與護理療癒〕系列課程，是一經由護理學院師生及人文學者共同醞釀並逐步建構的藝術品。也是陽明大學護理學院開啟人文照護新知發展與落實臨床照護的里程碑。2010 年 1 月起，陽明大學護理學院教師與人文各領域教師遭

逢，經由一系列的研討會及工作坊等對話，學院教師反思目前教學目標結構與內涵的缺乏處，瞭解尚待強化或可以轉動的內涵，是啟動人文臨床與護理的主要條件。人文教師分享多元人文學門之精神與內涵在關懷健康經驗之概念與技藝，護理教師反思人文護理關懷於護理知識發展上之定位，教師們開始與余安邦教授等人共同籌劃「人文臨床與護理療癒」之碩、博班系列課程草案，由護理碩、博班之理念及培養學生能力的教育思維與策略出發，反思人文思考如何可以增加人文照護教育的內涵，及護理關懷健康經驗的實踐。

總括來說，「人文臨床與護理療癒」課程之設計，共包含四個系列課程，此系列四次課程與人文相關之專題包括：精神分析與人文關懷、人文臨床學之探究（閱讀疾病與民族誌書寫）、西洋哲學與人文關懷、藝術影像與人文關懷，及助人工作的人文關懷等向度。其學習方向與目標為：（1）「人文臨床與護理療癒（I）」：著重各人文領域的哲學思維及概念的認識。（2）「人文臨床與護理療癒（II）」：著重實踐性的學習，探索能令人感動之護理療癒之理論建構元素。（3）「人文臨床與護理療癒（III）」：著重實踐性、反身性及療癒性的學習，探索能令人感動之護理療癒之理論建構元素。（4）「人文臨床與護理療癒（IV）」：著重知識生產的學習，由護理現象討論護理療癒元素之間的關係（穆佩芬，2011）。

「人文臨床與護理療癒」系列課程之一

以「人文臨床與療癒」之理念為標竿，並以護理臨床照顧之本質性思考為核心，「人文護理」微學程第一門實驗性課程名稱為：「人文臨床與護理療癒（I）」（2010.02-2010.06），邀請了哲學、精神分析、文化心理學、藝術美學及批判社會工作等五個領域學者參與授課。教學過程中，施富金、穆佩芬及其他幾位護理學者一方面全程參與聽講，另一方面也帶領學生進行分組討論，以期將護理臨床實務工作經驗與人文社會學科知識思想進行某種程度的媒合與對話。「人文臨床與護理療癒（I）」授課大綱與進度如表1所示。

表 1 「人文臨床與護理療癒（I）」授課大綱與進度

次數	週數／日期	主題	授課教師
1	2/26	課程簡介	穆佩芬、施富金
2	3/5	精神分析與人文關懷（I）	沈志中
3	3/12	精神分析與人文關懷（II）	沈志中
4	3/19	精神分析與護理人文	分組討論
5	3/26	閱讀疾病作為一種民族誌書寫（I）	余安邦
6	4/2	假期	
7	4/9	閱讀疾病作為一種民族誌書寫（II）	余安邦
8	4/16	閱讀疾病作為一種民族誌書寫與護理人文	分組討論
9	4/23	西洋哲學與人文關懷（I）	汪文聖
10	4/30	西洋哲學與人文關懷（II）	汪文聖
11	5/7	西洋哲學與護理人文	分組討論
12	5/14	社工諮商與人文關懷（I）	王　行
13	5/21	社工諮商與人文關懷（II）	王　行
14	5/28	社工諮商與護理人文	分組討論
15	6/4	藝術影像與人文關懷（I）	陳泓易
16	6/11	藝術影像與人文關懷（II）	陳泓易
17	6/18	藝術影像與護理人文	分組討論
18	6/25	評值	穆佩芬、施富金等

　　作爲一門新的課程，「摸著石子過河」，以「邊走邊整隊」的做法，以便提升往後課程的精緻化與高品質，是爲參與授課教師的普遍共識與基本態度。因而，與其詢問各不同領域給出了什麼專業知識或關鍵概念，不如思考不同學習經驗鬆動了哪些護理專業原本的框架，刺激了哪些更有意義的問題意識，啟蒙了何種既定的知識立場與發聲位置。例如：在「藝術影像與人文關懷」專題討論中，某位學生提出如下很有趣的問題：

聽完 6/4 陳老師在課堂上關於「茶農茁茶」的例子，讓我反思在臨床工作時，我們常以為自己很瞭解病人的狀況，而自以為是的向病人提點注意事項，如提醒他下床要小心不要跌倒。曾經有一位病人不耐煩的回應我，我自己的身體我最清楚，你放心我不會跌倒。想請教老師當時你跟茶農間如何取得共識，並完成縣政府改造的任務，因為我們常會面臨到這樣的困境？

常聽到藝術可陶冶人心，如果公共藝術真的可以跟人之間產生對話，那麼你對「白色巨塔」有沒有興趣，在一般的加護病房或內外科病房，有沒有創造公共藝術的可能性？（學生一）

又如，另一位學生也提出很有見解的問題。這位學生說：

藝術其實真的很抽象，但護理前輩們一直在提護理是一項藝術，但經過這學期的課程後發現哲學才是科學和藝術的根源，剎那間我覺得護理跟藝術間的關係變得很模糊很不明確。想請教老師有沒有什麼例子可以看出護理專業在藝術上的展現？

一位滿腹才華的詩人或藝術家，在他們眼裡「花落水面皆文章」，但我覺得「藝術」除了創作者更需要知音人，正所謂「千里馬遇伯樂」，如果我們證明了「護理是藝術」，但萬一沒有其他人可以認同或欣賞，那該怎麼辦？（學生二）

或許，這些提問沒有標準答案，也找不到最佳的註解。但一個實驗性課程的目標與貢獻，主要是在開啟了種種草擬性空間（discursive space），營造出自由開放的問題意識，進而作為師生自我反思的中介平台，重新認識自身以及護理照顧的本質性意涵。

「人文臨床與護理療癒」系列課程之二

延續並檢討了第一門課程的經驗與做法，授課教師認為需要強調「護理療癒」的臨床意義，故將 99 學年度第一學期（2010.09-2011.01）所開設的

第二門課程專題內容稍做修改。同時，在課程理念思維方面也進行一番精神性的深耕與生產工作。根據課程計畫內容，該課程「旨在從多元人文社會學門觀點（例如：精神分析、人類學、哲學、社會學、心理學及美學），探討關懷、照顧、倫理、健康等醫護經驗之核心概念及技藝，嘗試瞭解其等應用於護理知識與技藝的可能性。且透過田野實作及小組討論方式，擬從各人文學門之哲理基礎、核心概念或研究方法出發，學習將各人文學門關懷生命的思維方式、慈悲精神，以及各領域之相關概念、理論、技藝等，恰當接枝於護理照護的知識本質中，並重新理解人文臨床之本質意涵，以及如何促進人們之健康樣態或療癒其生命苦痛。此外，該課程試圖藉著學生的實際臨床經驗與案例討論，領悟作爲『護理人』的根本內涵，進而嘗試應用於護理療癒過程，並反思『人文護理』可以帶給護理學知識及方法論的發展與貢獻。」

具體而言，「人文臨床與護理療癒」課程有五個主要目標：

（1）瞭解各人文學門關懷生命的思維方式、核心概念、相關理論及其研究方法，並學習如何表達及實踐對人之健康樣態的關懷，以及療癒其痛楚之經驗。

（2）嘗試應用不同人文學門關懷生命的思維方式、核心概念或相關理論，反思「護理人」的根本內涵。

（3）嘗試應用不同人文學門思維及元素詮釋病人的生活經驗，並對護理現象產生新的認識。

（4）嘗試應用不同人文學門關懷生命哲思或概念分析護理現象，瞭解人們關於健康、疾病或痛楚的經驗。

（5）嘗試整合不同人文學門的思維及元素應用於護理照護。

「人文臨床與護理療癒（II）」授課大綱與進度如表 2 所示。

表 2 「人文臨床與護理療癒（II）」授課大綱與進度

次數	週數／日期	主題	授課教師
1	9/17	課程簡介	穆佩芬、施富金
2	9/24	精神分析與人文關懷（I）	沈志中
3	10/1	精神分析與人文關懷（II）	沈志中
4	10/8	人文臨床學探究（I）：關鍵概念的思索	余安邦
5	10/15	田野實作	
6	10/22	人文臨床學探究（II）：與護理照顧的接應	余安邦
7	10/29	西洋哲學與人文關懷（I）	汪文聖
8	11/5	西洋哲學與人文關懷（II）	汪文聖
9	11/12	（中央研究院研討會　自由參加）	
10	10/19	助人工作的人文關懷及美感經驗（I）	王　行
11	10/26	助人工作的人文關懷及美感經驗（II）	王　行
12	12/3	藝術影像與人文關懷（I）	陳泓易
13	12/10	藝術影像與人文關懷（II）	陳泓易
14	12/17	田野實作	
15	12/24	社區健康與人文關懷	梁賡義校長
16	12/31	各組報告	
17	1/7	各組報告	
18	1/14	各組報告、評值（考試週）	

「人文臨床與護理療癒（II）」課程，在教學方法方面，包括講述、田野實作、小組討論、口頭報告、期末報告。在課程評量方面，則設計了兩部分：（1）課程參與：內容包括學生參與問題討論、評述。對於每一主題提出思維及概念的澄清、理論或概念的詮釋與分析、關於臨床實務之應用、及批判思考的能力進行評分。（2）小組討論：於小組討論中，針對分組議題，學生能嘗試於臨床實際情境，應用人文學門思維及護理理論或概念進行分析或整合性的批判，進而分析護理現象或進行人文護理照護療癒技藝之接枝。在期末報告方面，請學生於五大主題中任選一個有興趣的主題，經小組討論

活動及閱讀該主題相關的文獻，並與護理理論概念或實務相結合，提出自己對跨領域思維方式、概念或理論、或研究方法於護理關懷內涵及療癒技藝、或研究方法應用的可能性之整理與批判，並於期末時繳交書面報告一份。最後的學習評值即為：（1）課程參與（占20%）、（2）小組討論（占30%）、及（3）期末報告（占50%）的總和。

「人文臨床與護理療癒」系列課程之三

「人文護理」微學程第三門課程名稱為「人文臨床與護理療癒（III）」，並於99學年度第二學期（2011.02-2011.06）開課實施。傳承著前兩門課程的精神與經驗，外聘五位授課教師維持原來的師資陣容。從教學計畫來看，雖然講授專題名稱大致保持不變，但在實質內容上乃漸進深化與連貫。且為了提升護理學臨床經驗與五項人文專題內容之間的關聯性與互動性，主課教授乃邀請了七位護理學專業教師就個人之所長各報告一篇護理領域主題，另一方面也委託他們協助帶領分組討論（共九位護理教師參與）。如此的安排旨在促進護理與人文學科之間的實質對話、攀引與相互借鏡，以免學生（甚至教師）產生知識上的自我分裂，或者臨床經驗與人文思想知識之間的疏離與陌生。「人文臨床與護理療癒（III）」授課大綱與進度如表3所示。

表3 「人文臨床與護理療癒（III）」授課大綱與進度

次數	週數／日期	主題	授課教師
1	2/25	課程簡介	穆佩芬、蔣欣欣、許樹珍、劉影梅
2	3/4	精神分析與人文關懷（I）	沈志中
3	3/11	精神分析與人文關懷（II）	沈志中
4	3/18	人文臨床學探究（I）	余安邦
5	3/25	人文臨床學探究（II）	余安邦
6	4/1	1. 癌病兒童疼痛之身體經驗 2. 學門與跨學門間存在與知識的交流與合作	1. 穆佩芬 2. 許樹珍
7	4/8	西洋哲學與人文關懷（I）	汪文聖

次數	週數／ 日期	主題	授課教師
8	4/15	西洋哲學與人文關懷（II）	汪文聖
9	4/22	3. 護理人員的情緒工作 4. 臨床決定誰做主，善終的情與理 5. 從慢性病患者之充能經驗看專業照護者自我反思	3. 蔣欣欣 4. 黃久美 5. 陳俞琪
10	4/29	助人工作的人文關懷及美感經驗（III）	王　行
11	5/6	助人工作的人文關懷及美感經驗（IV）	王　行
12	5/13	藝術影像與人文關懷（I）	陳泓易
13	5/20	藝術影像與人文關懷（II）	陳泓易
14	5/27	人文、生態與環境教育	梁賡義校長
15	6/3	6. 標準作業中的倫理議題 7. 不可承受之重──體型歧視風潮下的減肥專業反思	6. 楊秋月 7. 劉影梅
16	6/10	各組報告（分組討論）	許樹珍、楊秋月、史曉寧、王凱微
17	6/17	各組報告（分組討論）	蔣欣欣、許樹珍、劉影梅、陳俞琪
18	6/24	各組報告　評值（考試週） （分組討論）	穆佩芬、蔣欣欣、黃久美、許樹珍、劉影梅

　　由於篇幅的限制，筆者無法詳細敘述本課程各專題之內容，以及這些知識內容與護理照顧之間的密切關聯性（關於這些方面較為詳細的內容與討論，請參考穆佩芬，2011）。同時，筆者更無餘力從課程評鑑的角度，來全盤檢討、要求與反省本課程之優劣得失。筆者只能帶著若干偏見有所選擇的描述本課程實施後的一些效應現象，例如學生的心得或其他分組帶領教師的感想等等。

　　譬如，當時一位學生於課後，特別針對沈志中教授連續三個學期所報告的專題「精神分析與人文關懷」，寫下了他的感想與心得，這可說是具有一定代表性的課程反思。他說：

……同學們繼續選修「人文臨床與護理療癒（III）」，除了因應學習上的需求外，也試圖藉由這一系列的課程爲本身臨床或教學工作上的瓶頸尋求答案，爲生活的困頓斷裂處找到出口。

沈教授認爲「人文臨床」的主張不應只是在醫護者養成過程中加入人文科學素養的要求，而是一系列具體論述的建立。在「人文臨床與護理療癒（I）」課程中，從佛洛依德到拉岡，他介紹了精神分析的發展與歷史，說明精神分析所謂的「心靈治療」不是強調治療對象。疾病並非僅是身體的疼痛，而是生活在語言、社會、文化關係中的病痛。臨床醫護人員不僅應該去考量病人病痛的原因，而且也應該考量其病痛的動機。

「人文臨床與護理療癒（II）」則是談到精神分析治療的倫理學及「狼人」案例的分享。精神分析治療蘊含人類行爲的尺度，同時也試圖解釋倫理與道德的起源。「狼人」案例中談到佛洛依德與個案的關係時，不禁令人反思，所有的醫療行爲眞的是助人行善的工作嗎？即使治療行爲是出於善或好的動機，人們心中不免要問，這究竟是爲了誰的好處？

2011 年 3 月 4 日開始了「人文臨床與護理療癒（III）」的課程，沈老師……舉例說明病例書寫與心理治療、精神分析之書寫的同異，闡明疾病書寫乃是使石頭說話，可以讓瘖啞人說話的方式。不同於考古循著歷史時間的順序概念，精神分析之疾病書寫乃是處理記憶，以過去和現在共同存在的方式，和個案或居民一起工作，瞭解到意想不到的眞相，建構出存在當下的過去影像，建構出一個新的文本。

沈教授並帶領學生反思精神分析疾病書寫的價值與意義，對護病關係的影響，並以 Dora 之案例說明。……在沈教授的啟發下，同學對疾病書寫的操作、失敗案例帶來的理論建構之契機，以及夢的詮釋與〔傳移〕的現象，與沈教授進行提問與討論。（蘇瑞源，2011）

「人文臨床與護理療癒」系列課程之四

延續前面三個學期的做法，100 學年度第一學期（2011.09-2012.01）開設了「人文臨床與護理療癒（IV）」課程。同樣地，本課程乃奠基於「人文護理」的核心理念，領悟「護理人」的根本內涵，進而嘗試應用於護理療癒過程，並反思「人文護理」可以帶給護理臨床照護、護理學知識及研究方法論的發展與貢獻。「人文臨床與護理療癒（IV）」授課大綱與進度如表 4 所示。

表 4 「人文臨床與護理療癒（IV）」授課大綱與進度

次數	日期	主題	授課教師
1	9/16	課程簡介	穆佩芬、蔣欣欣 許樹珍、劉影梅
2	9/23	精神分析與人文關懷（I）	沈志中
3	9/30	精神分析與人文關懷（II）	沈志中
4	10/7	從田野到技藝之路：人文臨床的提法（I）	余安邦
5	10/14	1. 待訂 2. 由巴赫金的自我意識與對話討論護病關係 3.「顧全大局──請問我們成全了什麼？」	1. 蔣欣欣 2. 穆佩芬 3. 黃久美
6	10/21	從田野到技藝之路：人文臨床的提法（II）	余安邦
7	10/28	西洋哲學與人文關懷（I）	林遠澤
8	11/4	西洋哲學與人文關懷（II）	林遠澤
9	11/11	4. 家庭照顧存在意義與臨床護理勞動歷程 5. 精神衛生護理中的護病關係	4. 許樹珍 5. 楊秋月
10	11/18	藝術影像與人文關懷（I）	陳泓易
11	11/25	藝術影像與人文關懷（II）	陳泓易
12	12/2	助人工作的人文關懷及美感經驗（I）	王　行
13	12/9	助人工作的人文關懷及美感經驗（II）	王　行
14	12/16	待定	于　漱
15	12/23	待定	梁賡義校長
16	12/30	6. 人性輝煌之路 7. 科技照護之寧靜與反思 8. 社區與醫院獨居心臟病老年男性需求與來源之異同	6. 劉影梅 7. 王凱微 8. 史曉寧

次數	日期	主題	授課教師
17	1/6	各組報告（分組討論）	蔣欣欣、穆佩芬、黃久美、劉影梅
18	1/13	各組報告、評值（分組討論）	許樹珍、楊秋月、王凱微、史曉寧

　　總體來說，根據課後師生焦點團體的評值結果，學生對於「人文護理」大多有著如下的認識與瞭解：（1）人文護理是由對自己的瞭解展演到落實個案生活世界的探勘；（2）學習多元人文哲學思維、知識、概念的應用；（3）體驗人文概念帶來創新的思維；（4）內化並應用人文概念於臨床實務、教學中，且欣見成效；（5）自我驗證、療癒與成長；（6）反思照護困境乃因忽略主體心理狀態的觀照；（7）同儕互動中產生對護理的美感經驗及護理價值的理解與肯認；（8）護理與人文接枝以創造感動的護理照護技藝（穆佩芬，2011）。

　　誠如幾位學生在其期末報告中剴切的表示：

（我們嘗試從）本影片來配合報告主題，特剪輯以許桃女士罹癌後的心情轉折，牽引出所謂的臨床現場，並藉由在罹病過程中「人之主體性」與「自由」的耙梳，人文臨床如何走向療癒，再以照護癌症末期病人的宗教療癒經驗為例，貫穿人文臨床療癒與護理照護的遭逢，最後以「詩」的意象作為迴盪的可能。（張綺紋等，2012）

　　再者，為分享及推展「人文臨床與護理療癒」系列課程的宗旨與精神，2012 年 2 月 13 日至 3 月 1 日，在陽明大學所舉辦的「中國長春吉林大學高階護理主管工作坊」中，護理學院師生更藉由課程講授、情境討論及經驗分享，協助護理主管瞭解人文護理之內涵及臨床之應用，以及目前護理管理之現況與趨勢，增進領導統馭與團隊激勵合作之能力（國立陽明大學，2011）。爾後，同年 3 月 24 日，陽明大學護理學院與中央研究院民族學研究所「本土心理與文化療癒研究群」，及慈濟大學人文社會學院「人文臨床與療癒研究室」，共同主辦了「人文臨床與護理療癒」學術研討會，以論文發表的研討方式，進一步深化「人文護理」與「人文臨床與護理療癒」之間

的密切關聯性，並闡揚「人文臨床」跨學門領域的社會實踐意義。

　　此外，爲了提升護理學師生對於「人文臨床」理念與西方哲學思想的認識，護理學院在穆佩芬教授的領導與鼓勵之下，於 2011 年初成立了「人文臨床與護理療癒」讀書會（2011 年 2 月 - 2011 年 12 月），邀集了該院師生十餘人組成，並分別於 2011.02 及 2011.08 進行了兩階段的讀書會，這一年乃以現象學原典閱讀與討論爲重點。以讀書會方式配合「人文護理」微學程的實施，或許不是護理學院的創舉，但至少帶動了一定的學術風氣與論述文化，開創了校園人文思想的優良環境，特別針對常被批評以技術爲導向的護理學院而言。很遺憾地，這樣的閱讀討論風氣未能持久延續，剛冒出芽的人文氛圍沒多久也不幸夭折。

作爲一部實驗性作品

> 作品的中心點便是作爲淵源的作品，
> 即人們無法實現的東西，
> 然而它卻是那個唯一值得付出代價去實現的東西。
> ——布朗肖（2003: 37）

　　自 1986 年創院以來，國立陽明大學護理學院秉持著人文與實證精神，且在上述兩學年四學期「人文臨床與護理療癒」系列課程的異質刺激與多元啟發之下，該學院逐步描繪且開展出創新而優質的教學特色及發展策略，具體而言約可歸納如下（國立陽明大學，2011）：

(1) 持續落實以人爲本、以家庭爲中心、以社區爲導向之整合性、持續性照護概念。

(2) 運用及開發臨床情境及小組學習之創新教學，落實人文照護與實證照護之臨床護理實務核心能力培育，以培養競爭力。

(3) 統合跨領域教師專長，持續發展「護理倫理」、「人文護理」學士班選修課程，以及「護理倫理」、「人文臨床與護理療癒」系列課程，落實人文關懷與人才培育。

(4) 整合人文及社會學科跨領域科際知識，建構臨床決策及本土護理

新知。

（5）爭取教學人力，加強教師陣容，與中央研究院及跨院校教師合作，充實課程及強化護理學院基礎學制之發展。

（6）因應社會發展趨勢及健康促進的需求，調整並強化教學內涵，推動健康促進、長期照護等進階護理專業領域之教師人才延聘，以及創新教學內容之研發。

另從科學哲學的角度來說，

> 人文臨床與護理療癒之本體論與知識論之護理知識的發展，可由臨床經驗以及護理實際照護病患的過程中產出。在照護個案時，如何展現人文關懷，來瞭解到個案的生活經驗，體會到所處遭遇，或進而發展人文護理療癒之護理照護措施，是人文臨床與護理療癒的教育目標之遠景。不斷的討論、批判、砥礪人文概念與護理臨床實務緊密結合，應是繼續發展的策略。在跨人文與護理領域的學術互動與琢磨中，如何將各種人文領域的概念或知識，轉換成人文護理獨創性的概念或知識，人文臨床與護理療癒的領域能發展出落實以病患為本的人文護理的關懷照護能力及創新的護理知識，是現今護理知識發展的里程碑。（穆佩芬，2011：9-10）

以上穆佩芬這段宣言式的總結，某種程度已為「人文護理」與「人文臨床與護理療癒」的根本意涵與性質定調。不過，將「人文護理」與「人文臨床」視為某種「人文素養」、「人格特質」或「護理知能」，進而要求每位護理人皆須具備如此之「全人觀點」，難免陳義過高，曲高和寡；且對於早已被醫療政策與工作條件（包括嚴重傾斜、不對等之醫護權力關係）壓迫、剝削得難以喘息的基層護士，甚至卑微地請求倫理的活著（合乎公平、正義的合理的對待與尊重）的護理工作者而言，這種要求與期待簡直是緣木求魚、強人所難，有如天方夜譚、痴人做夢，甚至被嗤之以鼻。

誠如沈志中（2010）所言：[5]「對『人文臨床』的重視正是重新開啟『身

5　沈志中：〈精神分析與醫護機構之關係的幾點思考〉，2010年2月2日於陽明大學護理學院「人文臨床與護理」專家共識會議的講稿。

心」論述的契機。『人文臨床』這一概念的前提在於對『身體—心靈』問題的重新審視。就精神分析而言，身體與心靈的運作必須被視爲一個不可分的整體，如此才彰顯『人文』在『臨床』上的重大意義。」……甚且，「對精神分析而言，疾病並非僅是身體的疼痛，而是生活在語言、社會、文化關係中的人的病痛。這意味著人文科學同時也是領悟疾病隱喻、醫病關係，以及直接介入治療的重要工具。」

　　所以，以另種視角來觀照「人文護理」與「人文臨床與護理療癒」的多元切面，正是本文的論詰宗旨。一言以蔽之，「人文護理」乃傳承著「人文主義」的實踐性，肯認且踐行於「一種質問、顛覆、且重新塑形的途徑。」（薩義德，2013）。筆者認爲，「任何知識若無法引發新的疑問，便會快速滅絕；它無法維持賴以存活所需之溫度。」（辛波絲卡，2011）。

　　從「人文臨床」的角度介入護理教學現場，坦誠地說，我們必須帶著批判性的態度進行自我的反思。譬如，作爲一種教學現場的實驗性作品，針對人類「苦難現場」的書寫，寫作（例如：護理工作者照護日誌的書寫）不僅僅是一份例行性工作，而是一種面對「他者」的反身性探問，也就是「再見」列維納斯（Emmanuel Lévinas）、「再見」倫理的「他者哲學」的重要課題（賴俊雄，2009）。故而，關於寫作或者書寫，布朗肖（2003）如下地描述，毫無疑問是深具啟迪作用的。他說：

> 寫作，他們並無這種慾望，榮耀對於他們來說是虛浮的，作品的永垂不朽並不能吸引他們，職責的義務對於他們並不相干。生活在人類的幸福的激情中，這便是他們所喜愛的事，——然而他們寧可不考慮，而且他們自身被置身於外，被推進那種本質的孤獨中，只有在他們寫一點什麼的時候才會從中解脫。（布朗肖，2003：38）

另類風景的相互凝視，或者交疊

> 關於這個世界我們曾經瞭若指掌：
> ——它是那麼渺小，可以容身於握手，
> 那麼簡單，可用一個微笑來描述，

那麼平凡，像是在禱告詞中古老真理的回音。

（……）

我們的戰利品是關於這個世界的知識：

——它是那麼巨大，可以容身於握手，

那麼困難，可用一個微笑來描述，

那麼奇怪，像是在禱告詞中古老真理的回音。

——〈無題〉，辛波絲卡（Wislawa Szymborska），

林蔚昀譯（2016: 56）

　　照護工作經常被視為是一種藝術。因而，作為一位護理工作者則經常被期待如同一位藝術家一般。從「人文臨床」的觀點來看，首先，作為一位藝術家，他不應在任何方面自衛，從本質上講，他（理想上）應該是一個無防衛的人，且是一位常帶感情的人。因而，他自身恰似「無包裝向著痛苦敞開的人。受著光亮的折磨，每種聲音都使他震動。」（布朗肖，2003：152）。其次，如以一位藝術家自居，照護工作者的生活應該如何？且在何處可以尋找到這種生活？乃成為關鍵之所在。就此而言，布朗肖（2003）在其《文學空間》的這段話，見解確實獨到，且將藝術家的生活，以及如何可能生活，做出非常精闢地闡述。他說：

里爾克常常引用他有一次在羅馬所見到的小銀蓮花的形象。「花朵在白天開得太旺盛，以致晚上無法閉上。」因而，他在寫俄耳甫斯的十四行詩中，把這種無限接納的天賦盛讚為詩歌開放的象徵：「你，萬物的接受和力量」，他在一首詩中寫道，其中，決心一詞（Entschluss）同開放一詞（erschliessen）相呼應，揭示了海德格爾的 Entschlossenheit（堅決接受）的淵源之一。藝術家，藝術家的生活應該是這樣，但何處尋到這種生活？

何時，在這種生活中
我們終於成為開放接納的人？

如果說詩人確實同這種接受相連——它不作選擇並且不是在這樣或那樣的事物中尋找出發點，而是在所有的事物中而且更深入地，在

各種事物範圍以內，在存在的不確定中，如果詩人應當站在無限的關係的交叉點上，即敞開的、似不存在的地點，在那裡各種不相干的命運相互交叉著，這時詩人能快活地說，他在事物裡找到了出發點：他稱爲「事物」的東西僅僅只是眼前和不確定物的深度，而他稱爲出發點的東西是接近這個什麼也沒開始的點，是「無限開始的緊張」──作爲淵源的藝術本身，或敞開的體驗，尋求一種眞實的死。（布朗肖，2003：152-153）

沿著這樣的思路與期許，以下筆者將分述自 2010 年 8 月起，余德慧、余安邦及一位護理老師的書信往來對話作爲參考，以凸顯「人文臨床」的另類創新意義，並作爲其與「護理照顧」遭逢之際的眞摯表白與如一初衷。

From：余德慧
To：○○老師

　　阿邦老師所寄中研院民族所的中長期發展計畫書，謹供院長及貴院同仁參考。至於我們的計畫其實就類似民族所裡頭的一個研究社群計畫。因此，我們計畫的第一步驟就是建立跨校的研究社群，並試著訂出名稱，如「護理人文臨床社群」，其中貴院幾位有興趣的成員能考慮和慈濟大學「人文臨床與療癒研究室」成員一起結盟。其次，我們共同擬定一個計畫，向教育部顧問室申請四年的中綱計畫。由於中綱是跨校性質，故我們擬把慈濟、東華或其他人文社會科學的大學加入。這樣對人文護理臨床會更有幫助。因爲可以跨校結合其資源爲護理學院所用。如果這個格局可以定調，接下來就是思考中綱計畫如何操作的問題。

To：○○老師

　　我就知道大家會有一種直覺或錯覺，以爲「人文臨床護理」需要外加人文學老師或者另外要學什麼。其實「人文臨床護理」是要恢復原初護理的本業：作爲照顧的人。長久被模塑成專業醫學的輔助者，並且與專業醫療同步配合爲合法的職責，這並非護的基礎工作。相反的，自降到專業之外，可以重新看到被醫療遮蔽的生活世界，其中人是怎麼在病痛之間生活，他們的理所當然的世界被打

破之後，他們的親情生活、職業生活如何受損？表面上這些問題被分工到醫療社工或臨床（諮商）心理師，其實這是不對的。照顧不僅是醫療照顧，學會傾聽家屬的聲音，更人文地採取照顧的思維，對護生是最基本的 re-orientation。

From：護理老師
To：余教授（們）

　　可能我們要先問：人文護理是什麼？我們對它的期待或本質是什麼？以下只是我個人的看法，請指教。護理是直接由和病人及家屬互動過程提供照護，也因此其知識發展與臨床技藝上需要有其獨特的知識體，或所謂的知識論與本體論的特殊性。我博士的訓練過程主修護理學，輔系是家庭社會科學，在家庭社會科學領域學習三年之餘，讓我深切體會到跨領域的學習與接枝在各領域知識發展上的創新性與可能性。家庭社會學科的許多老師們均有發展出自己的理論或研發新的概念，這一直是我對現今台灣護理現況上覺得尚待加強的地方。因此，在護理知識發展過程中，如果除了已經用盡的壓力調適理論、社會學習理論、認知發展理論外，是否可以加進人文各領域的臨床人文或療癒的相關概念或知識，尤其在照顧人的過程中、護理技藝中，對人、健康、關懷及環境等瞭解與定義，與提供護理照護時所要改變的部分，可以增加許多護理人相關領域的知識，學習如何適當的接枝或置入新的概念，對護理知識發展及臨床應用上，都會很有幫助。您的看法呢？

From：余德慧
To：○○老師

　　終於逐漸進入議題了。過去護理學界用社會心理學或臨床心理學的知識，這是 60 年代以來的初級科際整合。這種整合並沒有成功，主要是知識的生產機制有問題。過去透過借用來強化護理知識，目前已經看出其弊害。其一，護理只能淪為「應用」他人領域的知識，而缺乏自主生產的知識。其二，護理知識變成邊就其他領域之下分崩離析。其三，護理研究者即使想透過第一線的臨床現場來生產知識，往往在方法論上徬徨，有時量化、質化，有時敘事，

有時現象學，但卻往往不夠深入。以我所瞭解的護理現象學來說，我發現護理研究者過度遷就現象學者的「說詞」，而鮮少自己放膽去描述，或者被「現象學方法」框住，好像要依照1、2、3、4……的步驟進行。即使國外的護理現象學的方法書也採用這個模式，譬如說，德州奧斯丁模式。我覺得護理研究者被唬弄了，資深研究者也用這套去教訓資淺者，以至於惡性循環。對人文臨床護理來說，它首先主張任何護理現場都是護理研究與照顧之所在，護理研究者應當從現場學習知識生產的方法，而不是藉助其他學科，或者說，其他學科只能當輔助。護理研究者或照護者必須嘗試許多開放的方法，如說故事、小說敘事體、詩歌、藝術性表現等。我的意思是：護理的人文面不是科學，但其知識的重要性絕不亞於科學知識。人文臨床護理是解放護理學的小腳，不要把自己閉鎖在「以病理為基礎」的照護，而實應以病人的生活世界為照護。

From：余安邦
To：余德慧及○○老師

　　兩位老師好。根據日本大阪大學哲學家中岡成文（Narifumi Nakaoko）的講法（2009，2010），人文臨床護理需要以一種弱勢態度去面對。這種態度同樣適用於當前台灣臨床及諮商心理學界，甚至整個本土心理學論述。弱勢態度主張：與什麼人相遇，這個人就是具體的特定的他人，如同面對每位病人或家屬，而不是一般的他人，這一點對於人文臨床具有決定性的關鍵意義。換言之，因為每一次臨床現場的構造都是根據自己面對的他人是什麼人而改變的，甚而，為了真正與這一特定的他者相遇，人就必須採取傾聽的態度，於是，作為一位護理工作者或者助人工作者，對我們自身的感性鍛鍊，乃有其絕對的必要。問題是如何解除自身習以為常的專業武裝力量或基礎，乃成為關鍵問題。宗教、哲學、漢學、藝術、人類學……等等理論思想或認識論，以及方法論與思維方式，皆有其如何契合的必要，凡此實有待繼續討論。所有可能的契合只能在自己身上顯現，或者成就在個人身上，而非眾人之聚集罷了！以上就教兩位。

From：余德慧
To：○○老師

　　中岡成文的觀點代表了後現代普遍對醫護倫理的期待。原因在於強勢專業會導致「醫療管理」，而非照顧。詹納（Richard Zaner）在《醫院裡的哲學家》（心靈工坊，2001）及《醫院裡的危機時刻》（心靈工坊，2004）也談到這個問題，大家一致反對醫療以強勢的照顧者自居，因為這種「強者、能者」照顧「弱者、無能者」的倫理是不可靠的，只要強者心一橫，或有其他意圖，這種「強照顧弱」的倫理立刻破局。這點你可以讀王心運（2006，2008）的一些文章。中岡成文在談「弱者的力量」是在杭州師範大學學報的一篇文章：〈虛弱性的建構——生死的臨床哲學探討〉（後被收錄於《東亞生死學》中日國際學術研討會論文集，東京大學大學院人文社會系研究科，2009），討論以弱勢態度協助弱勢對象的可能。前大阪大學校長，鷲田清一（1999）在《傾聽的力量——臨床哲學試論》指出，護理是對特殊對象而非一般對象，是為我們無法知悉（除了病名、人口資料）的他者，而唯一能接近病人的途徑只有傾聽。這些觀點都指向目前護理臨床的基本態度。像這樣從根底裡的設基來反思護理，就是人文臨床護理的工作。

From：護理老師
To：余教授（們）

　　謝謝兩位老師的指導。讀了兩篇文章及兩位老師的導讀，〔我〕對病患與護理照護之間的關係及護理照護的本質，有了另一種思維的可能性，也同意人文臨床護理還有許多成長與發展的空間，還要多多努力。我想，我大概知道你們期望人文臨床護理的內蘊及照護者可以繼續朝向專業鍛鍊的方向。我覺得應可對護理臨床照護上有更深的自省與成長。我對教育方法或人文臨床，由陌生漸漸開始熟悉。〔未來的〕課程將鼓勵碩、博班學生學習，在概念發展及創新，以及與研究相聯結上，仍請多費心。

From：余安邦

To：余德慧及○○老師

　　　前一封信中，德慧老師論及護理研究者應當從現場學習知識生產的方法，這句話甚為關鍵，但也十分困難，尤其是當一位學者的養成過程是建立在以生物醫學為根基，並以醫護管理為導向的技術專業之下。護理知識與技術的生產原先就建立在其他學科的理論概念與方法之上，所謂技術與技藝之別，就在於此。也因此，專業武裝的解除，恰好是其安身立命的最大致命傷，故其所可能產生的信心危機與恐懼感，套用一首流行歌曲來說，那正是無與倫比的淒涼而美麗的失落。或許對護理或照料之本業來說，臨床與諮商心理工作也異曲同工。因為知識生產的自主性正好是其根本性匱乏。於是，從生病或生活現場學習知識生產的方法，不僅缺乏經驗，也無前例可循。

　　　因而，所謂進入現場或者進行田野工作，通常是概念優先或某家理論先行，且通常是取其片面之意來理解與應用，而非現場優先或者研究者／照顧者之身體感知優先。於是，所謂感覺性知識也就沒有生產的可能；田野工作也就易於淪為逐字稿的紀錄與內容分析的俗套與窠臼，中國成文所謂「經驗的批判」更是不可能做到或達成。這正是目前所謂紮根理論所導出的方法論的通病。再以現象學方法來說，學生討論或理解現象學的基本觀念是一件事，對於經驗現象的分析又是另一件事，這正是理論與方法之間，或者目標與手段之間的嚴重疏離與落差。庖丁解牛的典故值得我們學習。這也正是我個人在教學與研究過程中經常引以為警惕之處。前述感覺性知識有點複雜，日後再行說明。不過蔡錚雲在〈感覺性知識與知識性感覺〉一文中（見《胡塞爾與意識現象學——胡塞爾誕辰一百五十周年紀念》（《中國現象學與哲學評論》特輯，上海譯文，2009），已有詳盡之論述，值得參考。以上。

From：護理老師

To：余教授（們）

　　　我很同意余安邦教授的論點。病患的需求多彩多樣，護理實務的內涵與照護本質也有其歷史性與特殊性。解決病患各層面的需

求所需的知識常常讓我學之不盡。附上一篇護理知識發展的重要文獻，此文至今仍爲碩、博班學生必讀的文章。因爲時間久遠，無電子檔，手邊的文章有些地方不清楚，我再找找看（因爲我們讀過他的書）。Carpert（曾）將護理知識發展分爲四個觀點：empiricis、esthetics、personal knowledge 及 ethics，也有人〔將之〕用於護理實務及研究，也於教學上用於培育學生。請兩位老師參考。

From：余德慧
To：○○老師

　　我讀了 Carpert 的文章，基本上這是一篇針對美國護理學界偏重實證分析的平衡文章。要扳回護理原生性的知識生產，如果本土化一點來說，懂人情、相信直覺、知倫常義理等等，其實就是將護理的知識還原到生活世界的「人的意義」，而非只是疾病的析理。這正與人文護理臨床的觀點是一致的。但根本問題在於教學實踐的策略問題。其一，低階護生擔心醫療專業護理不足而出錯，所以還是要繼續緊抱著原有的專業訓練，但此時要能利用解劑的方式讓她們知道，專業知識的背後還有一個人眞正生活的世界。在教學上，老師不斷以生活案例來說明病人的心情，或讓學生訪問家屬、病人，談的是生命的「生活」種種，讓護生瞭解生活世界的存在。這是大學部的人文臨床護理課程。其二，到了碩、博班階段，學生開始學習現象學描述的方法，包括使用現象學還原、懸置、想像變異等等，這可以透過不同老師聯課教學，放在方法課或是人文護理專題課皆可。其三，博士班人文護理臨床專論，則可進而擴及李察·詹納（Richard Zaner）的醫療倫理、凱博文（Arthur Kleinman）的受苦經驗與照顧、及拜倫·古德（Byron Good，與凱博文齊名的哈佛大學醫療人類學者）的作品等等，針對宗教、藝術、倫理、日常實踐理論等等主題進行研討。

From：護理老師
To：余教授（們）

　　兩位老師眼睛一定很疲累了吧！我很贊同余德慧教授的看法，也佩服您對人文護理發展的分析與建設性的建議。臨床場域的

知識發展目前國外也開始關注。今附上一篇文獻，請參酌。

From：余德慧
To：○○老師

　　你寄來的這篇短論非常有意義，其一，它出現在「學問對話」的欄位，正顯示出任何想法的進步在於討論對話。其次，裡頭所提的幾本書幾乎可以當做研究生的閱讀文本，包括 Chinn & Kramer 的知識實踐整合論、Reed & Lawrence 的以實踐為根底的知識能力、Walkers & Avant 的實踐之理論建構策略等等，我想這些書都可以讓人文臨床護理的碩、博士生受到很好的基礎訓練，且必要時可以採取讀書會的形式邀同僚參加。其三，我發現在人文臨床護理很容易與新現代主義、布爾迪厄（Pierre Bourdieu）的實踐理論（例如他的一本老書，Outline of a Theory of Practice，1977，麥田有翻譯本，可惜絕版了！）、或者日常生活實踐理論（Michel Certeau）相掛勾，相信未來對護理的前瞻不但不是孤立，而且是迎向前去，與世界前沿同步。只是我們必須扎根在我們的真實世界，自己開發我們的醫病關係與現象。以此來訓練人文臨床護理的研究生，絕非落伍。

彷彿，一種哲學的迴旋……

我們的二十世紀本來應該比以前更好
現在它已經來不及證明這一點了
它的年事已高
步履蹣跚
呼吸急促

發生了太多
本來不應該發生的事
而那些本來應該到來的

沒有到來

（……）

——〈在世紀的尾聲〉，辛波絲卡（Wislawa Szymborska），

林蔚昀譯（2013：50）

　　走筆至此，且讓我們重回巴舍拉（2003）關於圓的現象學的討論，如此或許有助於當人文臨床與護理教育相遇時，提升種種教學現場的深度思考。巴舍拉說：「有時候，我們會發現自己深陷於一種形狀當中，這種形狀引導著、籠罩著我們早年的夢想。對一位畫家來說，一棵樹以其圓球形態所構成。但是，詩人卻從一個更高的點來延續這個夢想。詩人知道，當一件事物變得與世隔絕時，它就變得圓實，於是，他假設了一個全身貫注於自身當中的存有者型態。」（巴舍拉，2003：347-348）。

有一天上帝會向它顯現

因而，說得確切一點

它的存有會以圓整的方式發展

向上帝伸出它圓熟的臂彎。

或許，樹

是往內思考的

樹導引著自己

慢慢給自己

一種形狀，足以排除

風的危險！

——里爾克（2015：192-194）〈胡桃樹〉，

本譯文引自巴舍拉（2003: 349）

　　可見，「隨著一行一行的詩句，這首詩也漸漸變大，使其存有漸臻完備。這棵樹朝向著上帝而存活、反思、緊緊信靠。」（巴舍拉，2003：348）。里爾克這首胡桃樹的隱喻，讓我們深刻意識到人文臨床的「倫理轉向」在「療癒」上的基礎存有學意義。誠如巴舍拉（2003）在該書結尾說道：「我想再也沒有更好的文獻，可以像這樣去表現一種存有者的現象學，這種存有者不僅同時能夠在自身當中建立起圓整性，又能夠在自身當中開展其圓

整性。里爾克的樹，在綠色的球形當中，繁衍出一種圓熟完滿，它超越了形狀的偶然性，也超越了變動當中難以捉摸的偶發事件。在此，生成變化擁有無可數計的形狀、無以數計的枝葉，但此存有者卻不至於分裂流離……。」（巴舍拉，2003：349）。

　　總之，人文臨床與護理照顧的遭逢，或可視為多樣的異質空間的網絡聯結。在此，異樣之間的不可通約性，就護理研究與臨床而言，人文社會學科彷彿必須以陌生人的方式在現場。因為「陌生性在現場的重要性是不可思議的，一方面它阻斷（護理人）宿緣的自我纏繞，（另）一方面它提供（護理人）一種鏡像的介質，使得某種反思獲得異樣的切入點。甚且，（人的）反思必須能脫離宿緣的纏繞，且又能以宿緣為反思的對象，要能夠做到這點，必須是異樣的網結，也就是引動陌生性的鏡像介質，讓介質本身帶有與宿緣背反的差異，透過這差異主體很容易映照了宿緣自身的問題化（problematization），而宿緣的問題化將引動深刻的反思。」（余德慧，2006）

　　遭逢，總以一種悸動的姿態現身。

　　啟航，為了抵達最最遙遠的地方，記憶所繫之處。

　　願你的不在成為你永遠被感知的……（里爾克，2015：305）

參考文獻

中岡成文（Narifumi Nakaoko）（2009）：〈虛弱性的建構——生死的臨床哲學探討〉。刊於《東亞生死學》中日國際學術研討會論文集。東京都：東京大學大學院人文社會系研究科。

王心運（2006）：〈身體與處境——赫曼・許密茲（Hermann Schmitz）的新現象學簡介〉。《哲學與文化月刊》，33（2）（總381期），83-99。

王心運（2008）：〈赫曼・許密茲（Hermann Schmitz）論「原始當前」（Primitive Gegenwart）〉。發表於南華大學哲學研究所主辦「時間——歐陸哲學會議」，民國97年11月21日至22日。嘉義：大林。

王心運（2014）：〈考量身體倫理的醫療照護專業〉。《護理雜誌》，61（5），7-12。

加斯東・巴舍拉（Gaston Bachelard）（2003）：《空間詩學》（龔卓軍、王靜慧譯）。台北：張老師文化。

余安邦、余德慧（2013）：〈「人文諮商」做為臨床本土化的實踐路線：遠去是為了歸來〉。《應用心理研究》，58，187-231。

余德慧（2006）：〈有關自我的照料技術〉。見《文化諮商》上課講稿。（未出版）

余德慧（2011）：〈臨床陪病膚慰的人文深度探討〉演講稿。花蓮：慈濟大學宗教與人文研究所。（未出版）

余德慧（2012）：〈談「人文諮商」〉。上課講稿。地點：花蓮慈濟大學人文社會學院，2012/06/23。（未出版）

余德慧、余安邦、李維倫（2010）：〈人文臨床學的探究〉。《哲學與文化月刊》，37（1），63-84。

李笠（2015）：〈譯者序〉。《特朗斯特羅姆詩歌全集》，頁1-25。成都：四川文藝出版社。

李查・詹納（Richard Zaner）（2008）：《倫理師的聲影》（蔡錚雲等譯）。台北：政大出版社。

李察‧詹納（Richard Zaner）（2001）：《醫院裡的哲學家》（譚家瑜譯）。台北：心靈工坊。

李察‧詹納（Richard Zaner）（2004）：《醫院裡的危機時刻》（蔡錚雲、龔卓軍譯）。台北：心靈工坊。

汪文聖（2001a）：〈精神病患之照顧存在性的現象學探討——理論的呼應與疏通〉。《國立政治大學哲學學報》，7，269-306。

汪文聖（2001b）：〈醫護倫理之存有論基礎初探——從海德格走向優納斯〉。《哲學雜誌》，37，4-34。

汪文聖（2014）：〈從古希臘的「技藝」概念重新對護理倫理的反思〉。《護理雜誌》，61（5），13-18。

沈志中（2010）：〈精神分析與醫護機構之關係的幾點思考〉，2010 年 2 月 2 日於國立陽明大學護理學院「人文臨床與護理」專家共識會議講稿。

辛波絲卡（Wislawa Szymborska）（2011）：〈詩人與世界——一九九六年諾貝爾文學獎得獎辭〉。刊於《辛波絲卡》（陳黎、張芬齡譯），附錄，頁 214-220。台北：寶瓶文化。

辛波絲卡（Wislawa Szymborska）（2013）：《給我的詩：辛波絲卡詩選，1957-2012》（林蔚昀譯）。台北：黑眼睛文化。

辛波絲卡（Wislawa Szymborska）（2016）：《黑色的歌》（林蔚昀譯）。台北：聯合文學。

周夢蝶（2016）：《夢蝶語錄》（傅月庵編選）。台北：早安財經／掃葉工坊。

林春明（2005）：〈柏格森：時間－綿延－生命〉（黃雪霞譯）。《哲學與文化月刊》，32（5）（總 372 期），91-96。

特朗斯特羅姆（Tomas Tranströmer）（2015）：《特朗斯特羅姆詩歌全集》（李笠譯）。成都：四川文藝出版社。

國立陽明大學（2011）：「中國長春吉林大學高階護理主管工作坊計畫書」（2011 年 12 月 23 日）。

張綺紋、陳安妮、蘇瑞源、楊惠娟、林鈴（2012）：〈人文臨床療癒與護理照護的遭逢〉。國立陽明大學護理學院「人文臨床與護理療癒（IV）」課程期末報告。

莫理斯‧布朗肖（Maurice Blanchot）（2003）：《文學空間》（顧嘉琛譯）。北京：商務印書館。

莫詒謀（2005）：〈柏格森的自由思想〉。《哲學與文化月刊》，32（5）（總372期），3-28。

凱博文（Arthur Kleinman）（2007）：《道德的重量——不安年代中的希望與救贖》（劉嘉雯、魯宓譯）。台北：心靈工坊。

愛德華・W・薩義德（Edward W. Said）（2013）：《人文主義與民主批判》（*Humanism and Democratic Criticism*）（朱生堅譯）。上海：三聯書店。

蔡錚雲（2009）：〈感覺性知識與知識性感覺〉。刊於《胡塞爾與意識現象學——胡塞爾誕辰一百五十周年紀念》，《中國現象學與哲學評論》特輯。上海：上海譯文出版社。

穆佩芬（2011）：〈人文臨床與護理療癒之言說〉。《護理雜誌》，58（5），5-11。

賴俊雄（2009）：〈他者哲學——列維納斯的倫理政治〉。刊於賴俊雄編：《他者哲學：回歸列維納斯》，緒論，頁5-40。台北：麥田。

賴納・馬利亞・里爾克（Rainer Maria Rilke）（2015）：《里爾克詩全集》，第4卷，《法文詩全集》（何家煒譯）。北京：商務印書館。

蘇瑞源（2011）：〈漫談人文臨床與護理療癒（III）：精神分析與人文關懷〉。國立陽明大學電子報《校園焦點》。

龔卓軍（2005）：〈生病詮釋現象學：從生病經驗的詮釋到醫病關係的倫理基礎〉。《生死學研究》，1，97-129。

鷲田清一（1999）：《傾聽的力量——臨床哲學試論》。東京都：阪急コミュニケーションズ。

Bourdieu Pierre (1977). *Outline of a Theory of Practice*. Cambridge: Cambridge University Press.

Csordas, Thomas (2002). *Body/Meaning/Healing.* Houndmills, Basingstoke, Hampshire, New York: Palgrave Macmillan.

Lee, W. L. (2009). Psychotherapy as a Locale for Ethical Care: The Reaching into Situated Negativity.（心理治療的倫理現場：反面置身的抵達）. *Schutzian Research: A Yearbook of Lifeworldly Phenomenology and Qualitative Social Science, 1,* 67-83.

Nakaoko Narifumi（中岡成文）(2010). What does Clinical Philosophy Practice?（臨床哲學實務是什麼？）*Monthly Review of Philosophy and Culture*《哲學與文化月刊》，*37(1) (no.428),* 49-61.

Toombs, S. K. (1998). Articulating the Hard Choices: A Practical Role for Philosophy in the Clinical Context. A Commentary on Richard Zaner's Troubled Voices: Stories of Ethics & Illness. *Human Studies, 21,* 49-55.

3 日本臨床哲學運動之初探

兼與台灣人文臨床的對話[*]

廖欽彬

前言

　　以下是引自日本臨床哲學運動推動者——鷲田清一（Washida Seiichi, 1949-）（前大阪大學校長、現爲京都市立藝術大學校長）在其著作《「聽く」ことの力：臨床哲学試論（「傾聽」的力量：試論臨床哲學）》「後記」中的一段內容。[1] 鷲田在第十五回臨床哲學研究會中，邀請心理學家濱田壽美男演講。[2] 因講題和「學校」有關，於是濱田就舉了一個自己兒子的親身經歷，來說明現代學校教育體制下的教學模式有什麼問題。濱田向大家說明他兒子的學校，有在教分判「雞蛋的新與舊」。分判的基準就在於，蛋黃是呈現高挺或扁平。學校教育小朋友的通常是正確和錯誤。此學習之後變成了考題。當考題問道：「圖裡面有兩個蛋，你會吃哪一個？」答案無須再加思索。除濱田的兒子外，其他小朋友都回答蛋黃比較高、比較圓的蛋。然而，

[*] 本文是（廣州市科技計劃項目）「西學東漸與廣州 21 世紀海上絲綢之路」的階段性成果」。

[1] 《「聽く」ことの力：臨床哲学試論》（東京：阪急コミュニケーションズ，1999 年，頁 265-268）是由鷲田清一從 1997 到 1998 年在《季刊アステイオン》第 43-50 號的連載文章所集結而成的專書。這不僅是鷲田臨床哲學的基礎論述，也是他展開臨床哲學的社會改革運動的出發點。繼承鷲田臨床哲學理念的後繼者、學生或社會人士的臨床關懷（即社會關懷）都是以此而展開。

[2] 《臨床哲学のメチエ（臨床哲學的 Métier）》（*Métier de la philosophieclinique*）的第 2 號（頁 30）有此情報的宣傳。《臨床哲学のメチエ》爲大阪大學臨床哲學研究室的活動刊物。Métier 這個法語意味著工作、作業、職務、技術等。臨床哲學傳達的，並非抽象的思考，而是由許多人以共同合作或作業所經營出來的工作（參見「創刊號」，頁 28）。參見以下網頁 http://www.let.osaka-u.ac.jp/clph/syuppan.html：2016.12.29。此刊物從 1998 年的創刊號到目前爲止總共出版了 21 號。

濱田的兒子的答案卻是扁平的蛋。濱田說明那是因爲他和妻子要工作，所以兒子常常必須自己煮飯。有煮飯經驗的人，當然會先煮期限比較短的蛋。很自然的，濱田的兒子會選比較不新鮮的蛋。濱田的兒子也因爲這樣，在心靈上受到傷害。若是要問新鮮度的話，只要問「哪個比較新鮮？」即可。然而，問題卻被改成「你會吃哪個？」。

鷲田指出這就是現行教育的教學模式以及其語言模式所造成的結果。制度化下的教學，老師只會教正確知識以及要求學生回答正確答案。老師只會向學生問老師自己知道的事。問題就在這裡。一般來說，向人問問題，事實上是在問自己不知道或不清楚的事。而回答者便會回答其所知道、認爲的事。現行教育體制下的老師，通常只是在執行知識上的管理工作。鷲田認爲這是臨床哲學不能不去關注的一個社會現場。我們從這裡可以明白地知道整個問題所在。在無特定對象、具體狀況下的教學，通常只能用事先設計好的、萬人都適用的方式來進行。然而，正因爲如此，才造就出失去生命力的孩子。一種被制度化的學校語言或行動模式，事實上只會帶來更多極需再教育的孩子而已。當然事情並沒有那麼簡單。因爲此種現象不僅在學校的教學，亦在我們的各種生活世界當中不斷地發生與重演。

譬如，舉出吾人生活的例子來說，一般蔬果店、超商所賣的蔬果，一定會有一個蔬果被呈現在客人面前選購的基準。我們暫稱是市場規格。若不符合此規格的水果，肯定不會出現在世人面前。當然事情必有好壞兩面。好的就不在這裡說，壞的話，可能我們會認爲蔬果就眞的長那樣（極可能是栽種者打造出能吸引消費者或消費者自身想像出來的蔬果規格）、被淘汰的蔬果所含有的價值（如營養）會被忽略等。這些飲食生活的偏頗與失衡，讓我們人類付出莫大的代價。

上述的問題，並非只限於日本。應該說，現今人類世界的生活模式，無不以該種形式出現。而透過探討鷲田清一的臨床哲學運動，相信可提供吾人在面對類似問題時，所能參考、借鏡的資源。另外，本文的另一個嘗試，是和台灣人文臨床運動做一個對比與對話的工作（於代總結處論述）。本文以下將闡明日本臨床哲學運動中「學問與醫療、社會現場之間」的辯證運動，針對醫療、社會現場所需要的反省機制、價值判準以及對人的終極關懷等，思考日本的人文學「能否」以及「如何」介入受苦或災難現場。同時，醫療或社會現場的具體性、臨場性、迫切性等「能否」以及「如何」敲開人文學自身所構築的高台壁壘與堅實界域的問題，亦是本文關心的焦點。以下將透

過比對此種學問與現場之間的相互解構與建構運動在日本的文化情境中所產生的「現場知識」及「實踐模式」，來重新審視社會現場，藉以提供吾人思考如何開闢一條實踐倫理的新途徑。

臨床哲學的出發

關於日本的臨床哲學運動，從醫療現場發起的，譬如有木村敏（Kimura Bin, 1931-）及養老孟司（Yourou Takeshi, 1937-），[3] 從哲學或學術現場發起的，先有中村雄二郎（Nakamura Yuziro, 1925-），後有鷲田清一。鷲田接在中村之後，更進一步將臨床哲學運動推展到學術界及社會各個層面。鷲田從梅洛─龐蒂（Maurice Merleau-Ponty, 1908-1961）的身體現象學、列維納斯（Emmanuel Lévinas, 1905-1995）的倫理學、德希達（Jacques Derrida, 1930-2004）的解構哲學等出發，在建構自身哲學理論或思想的同時，發覺哲學研究或思辨的工作與醫療或社會現場嚴重脫節的現象。鷲田實際以關懷醫療、社會現場出發，在和現場人員進行溝通、互動中，試圖重探哲學與醫療、社會現場之間的新關係。

根據中岡成文（Nakaoka Narihumi, 1950-）（鷲田的接班人，已從大阪大學臨床哲學研究室退休）的說法，當代處理人文學與社會現場或醫療之間關聯的學問，在歐美稱應用倫理學或哲學實踐（Philosophical Practice）。針對於此種歐美的情況，日本的中村雄二郎提出「臨床的知」（參見《臨床の知とは何か（何謂臨床的知）》，東京：岩波書店，1992 年）。[4]

中村的《何謂臨床的知》指出現代人由於過分地將自己與周遭世界進行分割處理，並以一種近代科學的立場，來觀察、審視、研究周邊世界這個客體，以至於自我與世界之間產生疏離。中村呼籲現代人有必要將自身置入在世界當中，來看待世界。如此一來，便會發現世界的每個個別的事物，並無法用一種法則、概念、規定等來進行單一性的概括與定義。因為這些個別的

---

[3] 前者著有《臨床哲学の知》，東京：洋泉社，2008 年，《臨床哲学講義》，大阪：創元社，2012 年。後者著有《臨床哲学》，東京：哲學書房，1997 年。

[4] 中岡成文〈弱さの構築：生死の臨床哲学へ（柔弱的建構：朝往生死的臨床哲學）〉，《死生学研究》，特別號，2009 年，頁 179。

事物是複雜、充滿多元性、多重性、多義性的事物。中村所追求的，並非是概念的世界，而是人在其中參與的世界。「臨床的知」是和這種態度息息相關的知識。[5]

鷲田清一繼承了中村雄二郎的解構理性哲學之路數。如前述，鷲田以西方的現象學、倫理學、解構哲學等為其哲學探究的出發點，在 1990 後半期，便開始在大阪大學積極推動臨床與知識（或哲學）之間的辯證運動。鷲田認為日本的哲學工作者（意指在大學講授哲學、研究哲學的人）只在乎概念的釐清、體系的建構或對自身內部的探究，完全不將關心放在社會或自己以外的他者。這些人若不改變這種情況，很難對應現實社會的脈動。原本應該是和活生生的社會息息相關的學問，只能被學究所壟斷。這不僅是哲學的危機，也是現代社會的危機。

鷲田積極提出參與「苦的現場（苦しみの現場）＝臨床」的構想，並親自對學院哲學的體系進行解構與重構的工作。他參與的現場包含教育（學力低落）、醫療（心靈照護、醫護關係）、看護（長期照顧）、介護（臨終照顧、認知症、障礙問題）等，不勝枚舉。

大阪大學經鷲田的臨床哲學運動後，於 1998 年 4 月起將原本研究室的名稱「哲學講座倫理學研究室」改成「倫理學・臨床哲學研究室」。[6]此研究室的對象，除了一般生以外，還有社會人士（有學籍的），並於每週五晚上，開放一般市民參與課程的討論。此種課程，由於是哲學思想工作者發起的，所以一開始還有哲學語言、概念和論述的介入，但到了後期，漸漸地變成以一般人所使用的語言及現場知識居多。此做法遭到學界批判，因為此做法既沒哲學專業，對現場的改善也沒有多大的幫助。譬如，一般生或外行人

---

5 黃文宏〈論日本現代哲學中的「感性論」傾向：以中村雄二郎的「共通感覺」為例〉（《台大文史哲學報》，第 75 期，2011 年，頁 217-241）引述濱田恂子《近・現代日本哲学思想史》（橫濱：關東學院大學出版會，2006 年）區分日本戰前與戰後的哲學發展傾向。相對於戰前的理性主義傾向，戰後產生出對抗「理性絕對原則」的新哲學傾向，亦即以感性及身體為基軸的哲學發展傾向。中村雄二郎的哲學思想便是屬於後者。這是戰後日本的哲學界逐漸開展出和戰前理性主義不同風景的區分方式。當然這種區分方式，我們不能不說是時代的變遷所造成的結果。然而如黃文宏所指出，這並不表示日本戰前的哲學思維，就真的缺乏感性及身體等方面的面向。這也是他會順帶討論中村雄二郎和西田幾多郎之間關聯的理由。

6 通稱：臨床哲學研究室。參見 http://www.let.osaka-u.ac.jp/clph/index.html:2016/12/29。

參與專業的現場，變成絆腳石，阻礙工作的進行等。

雖說如此，我們還是可以看到近代以來所謂的專業、分工，因此情況的出現，而重新面臨自我同一性的問題。也就是說，專業是什麼的問題。專業人士只要專注一件事或某個領域就好？還是必須關照任何一種可能性？這裡指出了專業的堅持所帶來的利弊問題。

如前述，大阪大學臨床哲學研究室的一般生，若到現場只是包袱，因為他們沒有現場的專業，反而造成現場的困擾。相反的，現場工作者因缺乏哲學專業，通常會誤解或誤用哲學，對哲學的探討上，也會出現非專業的情況（如後所述，這些都是鷲田認為理所當然的過程）。該研究室有鑑於此情況，便開始提出哲學咖啡（哲学カフェ）。透過這種輕鬆的空間和氛圍，一般生與現場工作者，能夠彼此談論各自的現場經驗。彼此在對話、傾聽的互動下，將彼此的實際經驗語言化、文章化、客觀化。而這種由「即自」（an sich）到「對自」（für sich）的自我認識過程以及在此過程中產生的雙向反省（思考與現場兩者之間的反省），即為跨領域或跨界的運動。此運動產生的後果是自我剝離的痛苦。這是離開自己或離開自己專業、習慣、行為或思考模式等的痛苦。須注意的是，這種自我否定的痛苦過程所帶來的反省機制。就如一般所知，熟練、專業固然能讓人安心，但這些絕非是好事，它可能會有熟練、專業的陷阱或盲點。比如以一般性、普遍性的經驗與態度來看待或處理現場，而忽略個別、具體的例子。

是臨床的哲學？還是哲學的臨床？

如前所述，精神病理學者木村敏從醫療現場發起臨床哲學。此哲學，嚴格來說，是一種臨床的哲學或醫療現場的哲學。根據木村敏（2008）《臨床哲学の知》的序言，可見其臨床哲學的形成背景。木村一生都從事臨床精神科醫師的工作。他自 1956 年起開始行醫，行醫過程中，萌生進入京都大學精神科繼續深造的念頭，希望學習「精神病理學」。當他向村上仁教授提及要學精神病理學時，村上回答：「並沒有什麼精神病理學。精神病理學就是指精神科的臨床」（2008: 4）。

木村回顧這段對話便是要說明，從事精神科的臨床工作便是精神病理

學。當然事情並沒有那麼簡單。木村回顧當年自己想學習的是精神分裂症，也就是統合失調症的精神病理學。但那絕對不是外國流行的那種，而是思考真正在背後造成該症狀發生的自我存在之病理。換言之，木村想探求的是精神分裂症背後的東西。木村在上述的強烈慾望下，開始了他的哲學研究工作。當時他在京都學派哲學家西谷啟治（Nishitani Keiji, 1900-1990）及辻村公一（Tsuzimura Kouichi, 1922-2010）的幫助下，開啟了自己看東西哲學的眼光。對「自我」的探求，成了木村在醫療臨床上的重點。以下是木村所主張的臨床哲學面貌：

> 所以，稱作臨床哲學的「哲學」，對我而言，和哲學家在大學的哲學教科書或寫在哲學書裡的「哲學」非常的不同。具體來說，我在讀海德格或西田（幾多郎）的書物時，並不是想學習「海德格哲學」或「西田哲學」才去讀它。我從四十年前一直持續在追問的、一直放在我的腦海裡的，就只有一個問題，那就是自我究竟是怎麼一回事？（在閱讀哲學書時，）我只是盡可能地深入挖掘能夠回應此問題的答案處，並進行思考而已。這可說是非常任意的哲學書物之閱讀方式。然而，我認為所謂「做哲學（行哲學）」，本來不就是這麼一回事嗎？作為學問的哲學，在真正的意思上，並不能算是在「做哲學（行哲學）」。「臨床哲學」和那種意思上的「哲學之學」，完全沒有任何關聯。（木村敏，2008：9。括弧為筆者所加）

顯然對木村而言，「做哲學（行哲學）」必須和其醫療臨床的現場有關。應該說，所有古今中外的哲學、思想，都只是被用來思考如何解決其目前所從事的工作之難題（或生活困境）而已。[7] 當然也有相反的例子，如精神病理學創始人雅斯培（Karl Theodor Jaspers, 1883-1969）便是從精神科醫師變成純哲學家。木村指出那是因為精神病理學原本就和哲學有很深的關係。然而，木村並沒有走雅斯培這條路，反而堅守了醫療臨床的現場。在現場實際接觸患者、思考患者的症狀根源，並對症進行治療。這正是木村所謂的臨床

7　事實上，《木村敏著作集：臨床哲學論文集》第七卷（東京：弘文堂，2001年）明確道出他是以如何解決「精神病理的難題」這個前提來接觸東西哲學。

哲學。[8] 從這裡可看到木村走的是一條「因臨床而思考」、「透過思考的同時投入臨床」的道路。

相對於此，鷲田清一的臨床哲學之路，顯得比較哲學。鷲田的臨床哲學，正確來說，應該是一種哲學的臨床。[9] 該哲學發展的進路，可以簡單整理如下：首先，解構舊有的哲學。接著，藉由歐洲當代解構哲學的資源及日本各業界的臨床經驗，來建構臨床哲學。最後，以臨床哲學為基礎，和日本社會的各個現場進行對話，並形成彼此交互解構與建構的關係。

如前述，鷲田的《「傾聽」的力量：試論臨床哲學》奠定了臨床哲學的出發點，強調哲學家及哲學工作者「臨床」（進入社會現場）的重要性，並試圖打破學院哲學與社會現場之間的壁壘。他在該書第一章「作為一種〈嘗試〉的哲學」中，不斷地表示臨床哲學不會再像傳統哲學，傾重在概念的釐清、體系的建構、抽象概念的推論等，而是致力於和具體他者之間的互動。

據此可知，當人和人的相遇，那人一定是某個「具體、特定」的人，而不只是「人」而已。相同的，在對待任何一件事物時，也都必須具有這種態度。這對臨床來說非常重要，因為具體的他者能摒棄權威、學術、專業等所蘊藏的傲慢與偏見。

鷲田在《「傾聽」的力量：試論臨床哲學》第一章宣示，臨床哲學將會成為有別於傳統的新哲學。但這並非標榜排除傳統哲學，另起爐灶。而是試圖將在哲學發展中被掩蓋、漠視的「傾聽」（聴く）凸顯出來。鷲田表示哲學自蘇格拉底以來，就被視為是對話的學問，即透過對話的方式來探求真理（產婆術）。然而，現今的哲學，只重視單方面（自我）的宣示、教示、訓示與內部的思考，以至於忽略了和對話有同等重要性的傾聽及和外部他者之間的互動，形成自我同一性、觀看（看る）或獨我的哲學。由於當代哲學的獨斷、自我及其標榜的普遍性，使得哲學本身帶有的客觀性、他者性及個別、具體性，無法顯露出來。「傾聽」便是要恢復這種接受他者及其話語的

8　參見木村敏《臨床哲學講義》（大阪：創元社，2012 年，頁 4-5）。木村在此便開宗明義地說明所謂精神病理學，和一般精神科的臨床所做的工作（將患者的異常言行舉止，亦即其病症去除）不同。其目的在於找出患者的症狀背後究竟發生何種「生病的心」之動向。換言之，即是在尋找其自身對周遭世界是以何種態度過生活、其到目前為止的生活方式為何，以及今後又該會如何生活下去的動態。

9　關於此，鷲田認為「臨床哲學應該會隨著哲學臨床而改變其樣態。」（鷲田清一，1999：51）。

行爲。鷲田認爲哲學自古以來的獨白（monologue）形式，應該轉變成對話（dialogue）的形式。因爲這種行爲同時代表著和他者的具體關聯。臨床哲學便是在「傾聽」的現場當中誕生。[10]

關於臨床哲學的書寫方式，鷲田認爲阿多諾（Theodor Ludwig Wiesen-grund Adorno, 1903-1969）提倡的散文或隨筆（essay）的書寫形式，是現代哲學書寫的典範，並主張應以散文或隨筆的書寫形式，來呈現臨床哲學的論述。因爲該書寫形式，暗地裡標榜的是非同一性的意識。這也意味著臨床哲學運動是一種著重在片斷思考形式的批判性思考運動。[11]

此外，鷲田踩在梅洛龐蒂的非哲學（non-philosophie, a-philosophie）或反哲學（anti-philosophie）立場，提出三個臨床哲學的反哲學特質：（1）以傾聽爲主。（2）重視特定具體的他者，即重視個案。（3）不適用於一般普遍原則，重視單一事例下的經驗。[12] 但筆者認爲這些特質都還不足以顯示出鷲田臨床哲學的最主要理念。其最重要的特質應該是一種 irony（反諷、諷刺、戲謔、顛倒、逆說、反語、背反）的要素。以下舉一個例子來說明，並將它和木村敏的臨床哲學進行比較。[13]

鷲田在思考自身的臨床哲學時，談到木村敏對臨床哲學的定義。木村認爲精神醫學是追求醫治病患心裡痛苦的治療之學。然而，鷲田認爲臨床哲學應該是，在對方是否爲需要治療的病患都不知道的情況下，和對方進行思考和對話，並呈現出共時、共在、共苦、共振的關係。木村與鷲田兩者雖然都標榜臨床哲學，但前者帶有治療目的，後者帶有療癒、救贖的意味，卻又和這些目的保持距離（就好像「我可以幫你，但我可能幫不了你」這種反話）。同時這也意味著在具體地進入他者之中和他者互動（鷲田提到伴走），而不是單方面地從權威、學術、專業的角度對病患進行治療。這種具體知識和一般知識、弱者（等待命指示）和強者（指示）、謙卑和傲慢、傾聽和拒絕傾聽等對立、二元的立場，很容易在精神醫學（或精神病理學）與臨床哲學的區別中看到。

---

[10] 參見《「傾聽」的力量：試論臨床哲學》，頁 9-15。

[11] 參見《「傾聽」的力量：試論臨床哲學》，頁 35-40。

[12] 參見《「傾聽」的力量：試論臨床哲學》，頁 107-108。

[13] 關於 irony 的論述，參見《「傾聽」的力量：試論臨床哲學》，頁 53, 54, 55, 70, 76, 77, 82, 135。這種臨床哲學的態度，也是鷲田的社會實踐所採取的態度。

據上可連想到，在實際的心理諮商裡，亦有「同理心⇔唯我」、「包容、有耐心⇔心胸狹窄、沒耐心」的對立位相出現。鷲田的臨床哲學正警訊著我們，要捫心自問自己屬於哪一邊？事實上，現代的大多數人幾乎很難一直保持前者的態度。我們若從鷲田所提倡的臨床哲學立場來看，便可以採取中庸的態度，也就是說我們無須放棄現場（臨床）與哲學的任何一方，應該積極地參與在兩者相互拉扯與對立的場域當中。

鷲田之後的臨床哲學發展

鷲田清一於 2011 年 8 月自大阪大學退休，其後的臨床哲學推展重責，落在接班人中岡成文身上。然而，中岡成文的年紀和鷲田只差 1 歲，也已經退休。現在主持該研究室的是胡塞爾哲學專家浜渦辰二（Hamauzu Tatsuzi, 1952-）。在他底下有本間直樹與稻原美苗（現轉任神戶大學）的年輕學者。從這些教授的經歷來分析此研究室的發展，可預見當浜渦退休時，由此運動所培養出的年輕學者，將會帶出和鷲田、中岡、浜渦（這三位都是哲學出身）不同面貌的臨床哲學運動。以下將參考《ドキュメント臨床哲学》（Document 臨床哲學）（本間直樹、中岡成文，2010），來追蹤鷲田後學所推展的臨床哲學運動。

首先舉出臨床哲學研究室成立以後所發生的機器人發言事件。這裡舉出臨床哲學研究室的一般生與現場工作者之間對話所產生的臨床哲學建構之問題點。當從事醫護現場的學生說：「我一看到眼前的人（病患）的行為舉止，在腦中就能當場組合、進行看護的所有動作了。」然而，如此一來，就如前述，依眼前所看的立即拼組照護順序，雖然能在緊急的現場直接做出反應，但此為身體慣性的表現，缺乏後設關照及反省，很容易帶來熟練、專業上的危險。

針對上述醫護學員的發言，在場的一般生便直接如此反應：「即使病患是機器人，也會用同樣態度照護或處置嗎？還是會改變態度？」這種提問當場激怒了該學員，氣氛極為尷尬。根據該生後來的解釋和說法，自己會如此提問，是因為自己在思考何謂「照護的自生系統論」（autopoiesie）。若是這種自動的照護，難道不會缺乏臨在性嗎？

顯然這場對話挑起了現場工作與哲學思考之間的差距，但也透露出彼此相互解構與重構的可能性。因為現場的行為透過那些非現場的人員的評判，可以警戒自己掉入毫無感覺、機械式或全然無自知的操作模式。而學院哲學的思考活動，則透過和他者（現場工作者）的對話溝通，也能傳達出現場的一切不會只是如同腦袋憑空設計的那樣如實呈現的想法。總之，這裡顯示出的訊息是，放棄自我的思維與重思自我的立場。[14]

透過上述的對話可以瞭解到，關於現場的知識，已漸漸地被學術界所接納。而學術界的思考模式，也逐漸透過溝通，為社會現場的工作人員所認同。學界人士（教師、研究者等）與現場人員在溝通的同時，傾聽彼此，進而開始參與彼此的現場。臨床哲學的知識，在這種互動關係下，慢慢地形成。

接著是關於臨床哲學的複數主體或無主體以及 irony 的關聯。如前述，臨床（現場）與哲學的彼此衝擊與拉扯，造成自我認同的鬆動，彼此對自身定義的模糊，甚至會對價值進行重新評估。當臨床（現場）與哲學工作者介入彼此領域並將彼此對談經驗文字化時，開始減少使用第一人稱（我），有時是使用複數主語，甚至也出現沒有主語的情況。譬如，鷲田表示當雙方或多方聚合在一起，形成一種臨床運動時，可以發現這是一個共時的場所。[15]彼此在非自我同一的狀況下，很難區分你、我、他。在此，臨床（現場）與哲學工作者彼此形成弔詭的關係。因為傾聽（他者的介入）而形成「愈不瞭解自己就愈知道自己」的背反現象。或許此現象可稱為「沒有中心的中心」之現象。[16]

筆者認為若將此現象置放在長期照護、精神療養院的現場的話，譬如讓無法自我認知的病患，置身在曖昧不清的處境中，因此更能訓練出其自我認知的能力。愈不想讓病患拿刀做菜以至於殺害他人或自己，就愈要逆向操作，試圖利用各種方式，比如利用集體行動、褒獎、從旁協助等方式，來幫助病患重新正視自己和他者的關係。[17]

[14] 參見《Document 臨床哲學》，頁 12-31。

[15] 參見《「傾聽」的力量：試論臨床哲學》，頁 56，57，63。

[16] 參見《Document 臨床哲學》，頁 178-187。

[17] 關於這種逆向操作的實際例子，筆者曾在日本 NHK 的節目「プロフェッショナル―仕事の流儀」第 187 回「戰う介護、覺悟の現場介護福祉士・和田行男」2012 年 6 月 25 日看過。

如上所述，鷲田提倡的臨床哲學，帶有一種 irony 的特質。因此若說其最終還是有目的的話，那麼該目的的達成，必定是一種無心插柳柳成蔭的結果。事實上，關於這方面的論述，在中岡成文對「臨床哲學是賺錢的工具嗎？」的問題之思考，亦能看出端倪。

　　臨床哲學的最終目標自然是人類自身的福祉，而不是賺取金錢。但如中岡成文在韓國人文治療（學）國際研討會報告書指出，韓國江原大學李光來所提倡的人文治療學（Humanities Therapy）似乎已成為賺錢工具。這與歐美做法有相通之處，皆以效益、賺錢為導向。譬如韓國的人文治療學主張哲學和市場有關，就是要叫人消費，要讓人有同感，刺激人產生「想要買」的欲望──這就是哲學治療。但中岡卻認為臨床哲學可能不是一種價值，也不值錢！這裡指出了知識消費的時代與臨床哲學有著緊密的結合關係。

　　以此價值觀來看，知識不外乎是「生產－流通－消費」，而醫療亦無法脫離這種消費型態的法則。固然歐美的哲學咨商在這方面已行之多年，這種消費性的哲學治療確實不是沒有市場，但不應該只有這樣。針對此問題，中岡表示臨床哲學和現實「問題的解決」或「治療」必須保有一定的距離。但另一方面他又認為韓國江原大學的做法，大阪大學或許可以跟進。[18] 這裡暴露了一個矛盾點。臨床哲學是否還必須和現實世界或社會現場保持距離？這是一個值得深思的課題，同時也顯露出鷲田臨床哲學的 irony 之性格。總之，這傳達出「別把東西看死」、「要有彼此喘息的空間」的一種柔軟態度。

　　紀平知樹的〈行為としての哲學〉（作為行為的哲學）（本間直樹、中岡成文，2010：188-212）論及照護現場的人（ケアする人）與關照照護現場的人（ケアする人をケアする）之關係，亦是鷲田臨床哲學的照護論（Care theory）之再發揮。[19] 紀平指出哲學一詞原本就應該是處理所有領域知識的學問，無須窄化它，或將它放在一個封閉的空間裡。相同的，臨床一詞無須將它化約在醫療現場，它不應該是一種實體的概念，而是一種關係性的概念，隨著關係的改變，其臨床的意義和內容也會跟著改變。紀平對臨床哲學概

---

[18] 參見中岡成文〈第 1 回人文治療（学）国際会議参加報告〉，《臨床哲學》，第 11 號，2010 年，頁 3-13。

[19] 參見《「傾聽」的力量：試論臨床哲學》，頁 233-245。鷲田在第八章第三節「homo patiens」（受苦的人），便強調照護現場的人（ケアする人）與關照照護現場的人＝嘗試臨床哲學的人（ケアする人をケアする＝臨床哲學を試みる人）之間的共在與共存性。

念的說明方式，顯然已在鷲田的脈絡下。經常陪伴在「社會現場」這個床旁邊，顯示出臨床哲學的動態性。

當紀平談論到臨床哲學研究室的對話情況時，做了如下的譬喻。在一棟二樓的建築裡，一樓住有現場工作的研究生、現場工作者，也就是照護現場的人（ケアする人）。二樓則住有教師和一般研究生，也就是關照照護的人（ケアする人をケアする）。透過一樓與二樓的交流、互助、反省，使得彼此形成一樓與二樓不分的狀況（複數主語或第一人稱的消失）。但若按照臨床哲學的立場，一樓與二樓的人，仍然必須警戒彼此的混淆。在此，臨床哲學的立場顯露出對立同一的辯證關係（分即不分、不分即分）。

此外，紀平在〈作爲行爲的哲學〉中，還談到兩種研究哲學的立場。一個是在哲學史中追求知識。這是一般所謂的哲學知識之累積。另一個是有了切身問題後，在哲學知識中尋找解答。這是典型的解決問題的方法之探求。前者追求的是知識的正確性，後者追求的是知識的有效性。紀平認爲同樣都在談論哲學，前後者卻是兩種不同的關心。後者的情況，問題在於求解答的人，是否覺得是答案。這是一種主觀的判斷，因此和正不正確無關，即客觀性的排除。前者的情況，顯然著重在知識上的正不正確。這和在問題上的正不正確截然不同。我們若回顧木村敏的臨床哲學態度，就可以發現它是屬於後者的情況。因爲哲學的知識與歷史的發展，或者哲學體系，對木村來說，並沒有太大的意義。

紀平這種對哲學的「應然」之討論，具有重大的意義。他揭示的是現場對知識或哲學的解構意義。這意味著從事哲學研究工作的人因自己的切身性或社會性，將作爲「所以然」的哲學轉向「應然」的哲學，並在後者中探尋能解決當前問題的有效答案。如鷲田所言，哲學不是哲學專家的專利，也就是說，不是哲學專家也能從事哲學實踐的工作。這正意味著哲學開放給現場。可惜的是，紀平的這兩種區分方式，還是沒有精確地掌握到鷲田臨床哲學的 irony 之性格。因爲鷲田的臨床哲學完全不屬於這兩個範疇，但又似乎和這兩個範疇不無關係。筆者認爲這是一種相當前衛，又令人難以捉摸的哲學型態。

最後，筆者要探討的是中岡成文主張的在「動態中思考」（Thinking in Action）。中岡成文在〈知ること／動くこと〉（知與動）（本間直樹、中岡成文，2010：167-177）一文中表示，臨床哲學若按希臘哲學以來的三分法的話，與其說是以理論的知識，倒不如說是以實踐或製作的知識爲其特

徵。然而，這並不意味理論的活動不重要。事實上，嚴格區分理論與實踐可說是不恰當的。臨床哲學雖然參與各種現場，但也不是說事事都得順從於現場或社會現況。它應是一種批判吾人生活經驗及以它為基礎的行動、習慣、制度等運動。中岡順著鷲田所謂在其中共苦的臨床哲學之意涵，更進一步補充說明其前提是探在批判性的認知上，並強調此種認知並非靜態的觀照，而是「在動態中思考」（thinking in action）。中岡認為臨床哲學必須時時改變、觀看、重新審視自己的位置，並再三地實踐它。因此臨床哲學並非一種從上俯視式的批判哲學。

臨床哲學的社會實踐

最後讓我們再回到鷲田自身的社會實踐，來檢視其臨床哲學的效應。鷲田在《くじけそうな時の臨床哲学クリニック》（即將遇到挫折時的臨床哲學診所）（2011）中提出各種以臨床哲學為基礎的社會療癒。他在此書的序言中，以一種矛盾、弔詭、背反、逆說，也就是一種 irony 的方式，來揭示「臨床哲學診所」的功能。

> 「臨床哲學診所」裡，或許能提供一些像「那不就是這種問題嗎？」或「那麼何不這樣思考看看呢？」等處方箋。然而，開藥的一方或許比顧客（病患）病的更嚴重，因此在服藥之前，還請大家保持懷疑的態度。順帶一提，也請各位對「治好」這件事保持懷疑的態度，這樣也許會增加一點效果。「臨床哲學診所」是一家連治療都懷疑的奇怪醫院。但唯一能夠保證的是，我們會把你的問題當成自己的問題，並和你一起思考它。（《即將遇到挫折時的臨床哲學診所》，前言。括弧為筆者所加）

這裡透露出臨床哲學的特徵，即共在、共生、共苦、共思。不僅如此，那種還是期望透過臨床哲學來達到某種預期的效果，卻用 irony 的方式來告訴大家可能沒有效果的說法，在此書的談話內容當中，隨處可見。比如鷲田在《「待つ」ということ》（等待這件事）（2006）中，亦有類似說法。一

般所謂的等待，是期望透過時間上的付出，得到所應得的成果或效益。然而，鷲田卻主張「等待的放棄，是等待的最後型態」。當然這不是說不用等待的意思，但也不是一種帶有目的的等待。那是在所有預期都幻滅，在完全的放棄、死心之後，才冒出來的一種等待。[20] 此外，鷲田的《わかりやすいはわかりにくい？―臨床哲学講座― 》（容易懂的就是難懂的？：臨床哲學講座），（2010）這本書的題目，亦顯露出 irony 的性質。類似這種逆向的操作方式，在鷲田的著作裡非常多，在此無法一一列舉。

　　以下將從《即將遇到挫折時的臨床哲學診所》舉出鷲田臨床哲學實踐的兩個處方箋。第一個處方箋的標題，在此暫且把它命名為「找不到生活的意義！」。以下是鷲田和一般上班族的對話內容之要約。某上班族認為自己在工作或人生上找不到意義，總覺得一切都是社會的錯。他提到自己想做喜歡的工作並實現自我，卻不知該怎麼辦。自己經常不知道自己想做什麼，適合什麼，總覺得人生若沒目標會很空虛。

　　鷲田如此回答。在過去的社會，人只要能生存就好。大家都是為了自己與他人的生活在努力。但現在的社會並無這些需求，才導致人對什麼都沒有成就感。現在應該是放棄「我該做什麼？」或「我能為誰做什麼？」的想法的時候。替代這些的應該是「他人需要我做什麼？」、「自我的存在對誰或什麼而言是有意義？」的問題。也就說，重新認知何謂自我、自己的責任與使命非常重要。所謂希望或理想自然也會隨之而改變。

　　針對這位上班族的談話內容，鷲田認為這是一種自我中心的病，因此必須要有他者的介入才行。在回應這位上班族的對話當中，鷲田加入了一些建議。比如要有放棄自我的心態、要有他者的視點、對社會要有責任感、不執著等。

　　第二個處方箋的標題，在此暫且把它命名為「沒辦法談一場好戀愛」。以下是鷲田和單身怨女的對話內容之要約。某單身怨女說自己並不出色，不受歡迎，因此天天都想不開。接著又說自己很想談戀愛，但又怕受傷害，想談戀愛，又不想有負擔。最後又歇斯底里地脫口而出「天下的好男人到底跑到哪兒去了呢？」、「談戀愛還是要呈現出最好的一面比較好嗎？」等話題。

　　鷲田如此回答。人不管受不受歡迎，首先要想辦法拉近彼此的距離。營

20　參見《等待這件事》，頁 19，28。

造「你和我」的關係。若能做到，外觀就不會是問題（也就是對人內心不對人外表）。男女之間，陰錯陽差、好事多磨，才有戀愛的醍醐味（意思是說有迂迴、縐折才好）。可惜現代社會太同時、太快速、太有效率了。現代人什麼都無法等！更別說差異、計算外、偶然的美感或幸福感（鷲田建議放棄效率與必然）。談感情還是受傷的好。這樣更知道別人的痛是什麼（這是表示要有同理心）。完美男女沒有好結果。美醜配才是好因緣。太完美反讓別人退避三舍，有點瑕疵價值更高（鷲田認為有落差才好）。

　　針對這位單身怨女的抱怨內容，筆者認為鷲田雖然沒明白地說出來，但可以歸納出這是自戀狂、完美病、強迫症等表現。以上鷲田的回應方式無不充滿矛盾、弔詭、背反、逆說等的說法。

　　透過上面兩個實例，我們可以想像的到，臨床哲學工作者和一般民眾在哲學咖啡（哲学カフェ）這種輕鬆的空間和氛圍當中，在彼此對話、傾聽的互動下，一同找出具體又實際的人生道理。

代總結：與台灣人文臨床的對話

　　相對於上述的日本臨床哲學運動，台灣的人文臨床運動顯然走了一條更加迂迴的道路。台灣的人文臨床（humanistic clinical practice）是心理學家兼哲學家余德慧（1951-2012）所提倡的。這是一種社會現場與人文學之間的相互解構與建構之運動。余德慧從台灣（主流）傳統的實證心理學脫繭而出，藉由在醫療或社會現場具體地接觸接受治療或受苦的個人，首先提倡詮釋現象心理學的進路，進而以解構哲學及差異哲學的知識立場，試圖探求臨床（現場）與心理學（學問）之間的雙重解構與重構過程。[21] 其學術陣地也

21　關於這部分的論述，參見余安邦主編《本土心理與文化療癒：倫理化的可能探問》（台北：中央研究院民族學研究所，2008 年）的導論「文化及心理療癒的本土化生成」以及余德慧辭世後所舉辦的兩場紀念學術研討會論文集：《余德慧教授紀念學術研討會》（主辦單位：本土心理學研究與教學推動委員會。2012 年 12 月 8 日）、《荒蕪年代的栽種：余德慧教授紀念學術研討會》（主辦單位：國立東華大學諮商與臨床心理學系。2013 年 9 月 7-8 日）。筆者很榮幸能夠參與這兩場紀念學術研討會，並從中窺知台灣人文臨床在台灣的心理學史脈絡下，透過余德慧先生的努力，是如何誕生的過程。

隨其學術性格，從台灣大學轉到東華大學、慈濟大學。這顯露著中心學術與邊陲生命之間的搏鬥與糾纏之景象。

筆者以下將檢討余德慧、余安邦及李維倫共著的〈人文臨床學的探究〉（2010）這篇論文，藉此來進行日本臨床哲學與台灣人文臨床運動的對話。此文表示人文、社會科學的近代文明機制，在今日已面臨如何存續的危機，並主張人文學與醫護臨床的當代運動帶有濃厚的反近代文明機制。此主張正揭示了台灣醫護臨床與學界的近現代文明之超克運動。文中指出當前的醫護臨床現場缺乏人文素養、氣質，可謂人文的荒漠。原因就在於醫療現場的制式操作、工具性行動、固定、僵化等。此文認為人文學能夠涵養臨床，能讓沙漠的臨床變成綠洲的臨床，也就是能為沙漠的臨床帶來思維多元化、反省機制、流動、鬆動等泉源活水。

此文隨即指出人文、社會科學，亦缺乏臨床現場的刺激，容易形成一元主義的思考模式。這代表著現今人文、社會學的組織化、體系化、格式化、理性化、功效化以及數據化。作者主張透過千變萬化的臨床現場，能打破人文、社會科學的堅實保壘，令這兩個領域開展出多元主義的思維模式。如此一來，人文、社會科學才能走向開放、關照現實、歷史化（行動＋身體）、流變、不設限、無疆界的境地。人文與臨床在彼此自覺僵化、停滯的同時，將彼此作為活絡自身的滋養資源，滋養彼此。人文與臨床在此形成彼此對立、統合的辯證關係。

根據〈人文臨床學的探究〉的內容，一方面可歸納出人文、社會科學自身的近現代文明與反近現代文明的機制（負面與正面要素）。另一方面，可從醫護臨床當中窺知近現代文明與反近現代文明的機制（負面與正面要素）。無論是前者還是後者本身，便是對立統一的存在型態。前後者之間（人文、社會科學與醫護臨床）的關係，又是對立統一的關係。而這種關係的成立可能性就在於，將彼此與自身帶進「受苦之處＝自我否定、剝離的苦」，即離開自我同一、認同性的辯證運動上。也就是說，人文、社會科學與醫護臨床的「拒絕自我認同才是自我存續的最佳途徑」。這意味著「不完全主義」或「持續自我缺乏」，才是唯一讓人文、社會科學與醫護臨床得以存續的立場。

在此我們要問的是透過人文、社會科學與醫護臨床的辯證運動，究竟要療癒的是什麼？是學問（所有學科）、醫療或社會現場實踐（人類所有行動、行為）？還是人（人類的所有生存型態）或心（人類的所有精神型態）？

如果種種不斷流動的現場、場域就是指對無特定對象的療癒的話，那麼我們或許可暫時稱它爲「無目的的目的」之療癒。此與鷲田提倡的臨床哲學有不謀而合之處。因爲臨床哲學的診療並沒有特定的目的或對象。

　　日本的臨床哲學與台灣的人文臨床不約而同地因應當代人的需求，在各自的文化脈絡下產生。兩者皆對於當代學問與醫療或社會現場之間的關係，給予了一種適切的關注。鷲田清一主張以傾聽、被動（或等待）的方式，來接受他者，並藉此解構與重構哲學與醫療或社會現場本身及彼此之間的關係。臨床哲學的特徵就在於，不以自己爲中心，而是透過他者以自我否定即肯定的方式，來摸索一條新的倫理之道（複數主體或無主體之道）。臨床哲學的運動，看似一條複雜、艱辛的道路，但因其開放的立場，使得這條道路變得非常簡單、易行。相同的，人文臨床亦是如此。但若比較兩者可發現，人文臨床所觸及的層面比臨床哲學要來的複雜。相對於臨床哲學只關注哲學與現場之間的關係，人文臨床更擴大對話的範圍（如擴及到社會科學的領域等）。但若仔細思考臨床哲學成立的背景，可發現它是源自於日本人對精神醫學或臨床心理學的解構脈絡。至於臨床哲學的成立是在何種歷史背景或者更具體的醫療及社會現場之中，則有待今後的更進一步研究。此外，另一個值得深入探究的是，人文臨床在余德慧的後學脈絡又是呈現出何種風貌的課題。[22]

---

22 筆者最後想藉此機會向中央研究院民族學研究所余安邦教授致上最高的謝意。此文的撰寫，得到余教授的大力支持與指引。日本臨床哲學的研究，在台灣尚待開發，相關書籍非常的缺乏。在余教授的幫助下，筆者才能得以利用中研院民族所圖書館藏的相關書籍。若沒有余教授的幫助，筆者將沒有機會一探在東亞區域所發生的人文學與社會現場之間的革新運動。

參考文獻

中村雄二郎：《臨床の知とは何か》。東京：岩波書店，1992 年。

中岡成文：〈弱さの構築—死生の臨床哲学へ— 〉。《死生学研究》，特別
　　號，2009 年，頁 178-192。

中岡成文：〈第 1 回人文治療（学）国際会議参加報告〉。《臨床哲学》，
　　第 11 號，2010 年，頁 3-13。

木村敏：《木村敏著作集：臨床哲学論文集》，第七卷。東京：弘文堂，
　　2001 年。

木村敏：《臨床哲学の知—臨床としての精神病理学のために— 》。東京：
　　洋泉社，2008 年。

木村敏：《臨床哲学講義》。大阪：創元社，2012 年。

本間直樹、中岡成文編：《ドキュメント臨床哲学》。大阪：大阪大學出版
　　會，2010 年。

余安邦主編：《本土心理與文化療癒：倫理化的可能探問》論文集。台北：
　　中央研究院民族學研究所，2008 年。

余德慧、余安邦、李維倫：〈人文臨床學的探究〉。《哲學與文化月刊》，
　　37 卷 1 期，2010 年，頁 63-84。

黃文宏：〈論日本現代哲學中的「感性論」傾向：以中村雄二郎的「共通感覺」
　　爲例〉。《台大文史哲學報》，第 75 期，2011 年，頁 217-241。

養老孟司：《臨床哲学》。東京：哲學書房，1997 年。

鷲田清一：《「聴く」ことの力—臨床哲学試論— 》。東京：阪急コミュニ
　　ケーションズ，1999 年。

鷲田清一：《「待つ」ということ》。東京：角川學藝出版，2006 年。

鷲田清一：《わかりやすいはわかりにくい—臨床哲学講座— 》。東京：ち
　　くま新書，2010 年。

鷲田清一：《くじけそうな時の臨床哲學クリニック》。東京：ちくま學藝
　　文庫，2011 年。

《余德慧教授紀念學術研討會》（主辦單位：國立台灣大學心理學系、本土
　　心理學研究與教學推動委員會。2012 年 12 月 8 日）
《荒蕪年代的栽種：余德慧教授紀念學術研討會》（主辦單位：國立東華大
　　學諮商與臨床心理學系。2013 年 9 月 7-8 日）
《臨床哲学のメチエ》，大阪大學臨床哲學研究室出版，網路版，1998-
　　2014 年。

乙篇

詮釋現象心理學與本土臨床之間

《爸爸的魚簍》

4 詮釋現象心理學的迂迴

從塵世到神聖的中介

汪文聖

與心理學家的遭逢：
從「詮釋現象學心理學」到「人文臨床與療癒」

回顧從 1999 年 8 月開始在政治大學哲學系蔡錚雲教授領導下，連同目前在中山大學哲學所的游淙祺，以及在陽明大學護理學系的蔣欣欣、許樹珍諸教授，與本人有一個三年的國科會整合型研究計畫：「現象學與人文社會科學間對話之——精神衛生現象學：初步典範之建構——作為人文科學之精神衛生現象學」。當時我從留學國外的漫長歲月回國才幾年，對於台灣特別是其他領域的學術環境還不熟悉，但對於另一個由余德慧老師所領導的詮釋現象心理學研究團隊開始有個印象，並且有興趣做進一步瞭解。約一年半後，鑒於在 2001 年 3 月政治大學教育學系舉辦的「質性研究：理論與實作對話」會議裡要發表的論文〈現象學方法與理論之反思〉，我開始去閱讀這個團隊的一些研究成果，當然包括余老師的《詮釋現象心理學》大作，其中特別注意到他們如何將詮釋現象學理論應用在實務研究以建構出意義的方法，再依據自己的哲學專業針對這個方法做一點評論與建議。想不到余老師注意到這篇講稿後，即邀請我們在該年的暑假到花蓮東華大學一起參加詮釋現象心理學的工作坊；也想不到這種形式的工作坊卻延續下來歷年不墜，一晃就是十多年。

回到十多年後的今天，余老師不幸已離我們而去。在重新回顧其以詮釋現象心理學對本土心理學領域的貢獻之際，我發現自己也有些學術歷程上的變化，或許從新的哲學關注點再做觀察，對自己可也做個反省與沉澱的工作。

余老師 1998 年出版的《詮釋現象心理學》屬於當時會形文化事業公司

「文化心理學叢書」系列的第一卷，他自己在叢書序裡寫道：

> 從 1988 年以來，我開始思考人文的心理學——以一種豐富意象的
> 思維方式論述人類的心理學，而不是把人文的心理學化約爲命題／
> 假設及其驗證過程（……）。爲了尋找我對心理學的興趣，我把
> 頭伸進詮釋現象學領域，但是眼睛讀著，心理卻盤算著，如何才能
> 使自己進入人文心理學的領域（……）。心理學家把頭伸進人文
> 世界，就發現有關語言與話語的問題。心理學家重視心理過程，但
> 是人文世界卻是文本的世界，文本與心理過程的關係是什麼？心說
> 起話來，又是什麼意思？（……）幸好，從狄爾泰以降的詮釋學，
> 從海德格以來的詮釋現象學（……）都把精力放在解決這兩大問
> 題上，而社會科學界的人士（……）也借力引力，把前述的基本
> 問題往社會學界發展，心理學界的梅洛龐蒂、明科斯基、范丹伯、
> 拉崗等人也在心理學界發展；人類學的彼得文區、李維史陀也與這
> 兩個問題息息相關。[1]

十多年來在與余老師於學術上交往，也包括共同參與在 2009 年 5 月成
立於慈濟大學的「人文臨床與療癒研究室」所開展的計畫，更能瞭解他的志
趣，他一向致力的一項有使命感的工作，那就是去建立人文的心理學。

故當再回顧余老師較早書寫的「詮釋現象心理學」，我體會到這不過
是余老師本著人文精神，先前鑒於自己的心理學興趣與專業，以達到人文心
理學之一條路而已。在後來，這股人文精神，終促使余老師將長期以來對於
廣闊學科領域的關注具體化爲一項工作，去整合原爲不可分割的種種人文社
會學科，視它們爲關懷受苦生命以產生人性啟發的媒介。我們見到此計畫的
「核心構想」之「讓人文學科介入苦難之地」標題下有一段話：

> 人文臨床指的是將諸種人文社會學科廣泛地成爲受苦之處的中介，
> 亦即，無論是藝術、哲學、文學、人類學、心理學、宗教學等，看
> 似與正規臨床無關的領域，都有其對受苦生命產生人性啟發的可
> 能。

---

[1] 余德慧：《詮釋現象心理學》，台北：會形文化，1998 年，頁 I-II。

若從這更大的視野來看，原先的詮釋現象心理學也不過是一種中介而已。

我曾不解為何余老師將人文與社會學科視為受苦之處的中介，因為「受苦」二字顯得太沉重。人若非只是個受苦的人，但退一步想，似乎的確是個「終有受苦者」，誠如西方哲學家常視人為「終有一死者」。但如果西方「終有一死」的概念和不朽或永恆的概念相對，以至於對於它的解脫常指涉到宗教領域的話，那麼和「終有受苦」的對立以及從受苦中解脫是往哪個領域去呢？「人文臨床與療癒研究室」成立在慈濟大學的「宗教與文化研究所」（後來改名為「宗教與人文研究所」），似乎給了個也不脫離宗教的答案。

但記得在某次花蓮的工作坊裡，余老師曾信誓旦旦地宣稱自己及這個團隊走的是猶如西方的「靈知學派」，也就是「諾斯替學派」。諾斯替來自靈知或真知的希臘字 Gnosis，原義是透過個人經驗所獲得的知識或意識；諾斯替學派認為透過這種真知可使他們脫離現世及可和神聖性接壤。從這個求得真知的立場來看，余老師似乎冀望於人文與社會學科，注意到與經歷到人終有受苦的問題與處境，在這裡獲得真知後，得以進窺神聖性的奧祕，從而能對人類從受苦中解脫有所貢獻。

面對神聖性，人文性已將單純的信仰轉化到一種真知卓見，這是建立在一種深刻的體驗上。我們從這個觀點來看，余老師早先所思考的人文心理學，以及「心如何說起話來」的問題，似可從這裡尋獲一些答案：是「字字珠璣的話語」從「經驗到苦難的心」裡湧現出來嗎？

十多年前，在對於余老師《詮釋現象心理學》的評論中，我已指出余老師強調一種中介（mediation），它連繫著對於海德格而言本為二而一的世界與物、存有與此有；我們是在這種中介裡從物通往世界，從此有通往存有，而存有即顯露在這個中介裡。我又提到余老師強調高達美將此中介更具體地說成陶冶（Bildung），故中介是人自我陶冶，以至於對世界意蘊領會，並讓存有顯露的過程。在余老師更指出對於高達美最重要的陶冶環境是語言後，他即視這個中介的語言世界為敘說者的中心，從而在敘說的基礎上，去論述以及去執行涉及本土心理學議題的詮釋現象心理學。[2]

當時余老師已展現出敘說如何從受苦經驗孕育出來的方式，並具體建立

2　汪文聖：〈現象學方法與理論之反思：一個質性方法的介紹〉，刊於《應用心理研究》第 12 期，專題：「質性研究：理論與實作對話」，2001 年 12 月，頁 49-76，其中頁 55。

出詮釋現象心理學。之後人文社會學科成了敘說者的代言人，余老師視之爲受苦之處的中介，似乎不再要求它們去建立像詮釋學心理學一樣的理論；余老師更關心的或是具體的行動，也就是在臨床上的諮商與療癒。因此，原先作爲目的的詮釋現象心理學也轉爲中介的角色。這可能是爲什麼余老師近年來往心理諮商以及哲學諮商去關切，以及尋求一些合作的原因。

語言作爲中介的意義

十多年前，我尚不能深刻體會到余老師在海德格與高達美那裡所發現，並應用到人文心理學的中介意義。這幾年來，由於在研究中觸及有關象徵的與隱喻的語言，我逐漸從它們來理解中介的兩種意涵，它們曾表現在海德格、高達美與呂格爾的哲學論述裡。從其中我們可更深入瞭解余德慧所謂的「中介」意義。

首先「中介」可就象徵的意義來瞭解。一個包括文字語言或人、物作爲象徵的東西，是介於作爲人而有思想的我們，與包括意義或具體超越的實體作爲象徵所要指涉的東西之間的橋梁。我們可藉用索緒爾（Ferdinand de Saussure, 1857-1913）所分的符徵（signifier）與符旨（signified）兩個概念來表示它們。符號爲象徵的特徵是：符徵直接爲符旨所體現。這個特徵在下面將用海德格、呂格爾的論點與基督教義來做解釋。

海德格在 1927 年《存有與時間》裡曾對原始世界的人們在拜物與巫法中使用記號時說到：「對原始世界的人們而言，記號和它所指涉的對象合而爲一。」[3]這就表示了符徵與符旨合一的意義。海德格在這裡指出的原始人使用的記號就是個象徵。在 1935 年〈藝術作品的起源〉裡，海德格強調一件作品的眞正建立是奉獻和讚美意義上的樹立。如建立一個作品如神廟時，是作爲對於神的奉獻與讚美之用途，讓神被召喚現身於神廟所在之處，讓神聖被開啟出來。[4]這裡的神廟是藝術作品，它更是一種「象徵」。在 1951

[3] Heidegger, Martin, *Sein und Zeit*, Tübingen: Max Nicycmer, 1979, S. 82.

[4] Heidegger, Martin. "Der Ursprung des Kustwerkes", in: *Holzwege*, Frankurt a.M.: Klostermann, 1980. S. 1-72, 其中 S. 27-29; 馬丁‧海德格。《林中路》（孫周興譯），台北：時報，1994，頁 23-25。

年的演講〈建築 居住 思維〉中，海德格針對橋之爲一物（Ding）也提到象徵的概念。他以爲橋將天、地、神性者、終有一死者（人）聚集起來，聚集（Versammlung）在德文古字是 thing，故橋聚集這所謂的「四大」（das Geviert）即成爲物（Ding）。海德格強調：橋不是本爲一物理之物，然後被意義所活化（sinnbelebt）；橋也不是一個先屬於理念的世界，而無法具體化到現實世界。聚集四大的橋本身是四大的「體現」，它是個和物不分離的象徵，故這裡更充分顯示符徵與符旨合一的意義。[5]

　　呂格爾在《惡的象徵》裡雖沒有直接說符徵和符旨是合而爲一的，但他應有此認爲。如在對「褻瀆」（defilement）作爲象徵的解釋中，他指出褻瀆的字面意義是沾汙（stain），它的象徵意義指向在宗教上犯罪所引起的不潔狀態；褻瀆的字面意義直接地、自發地、必然地讓我們同化於象徵的意義中；字面意義與其象徵意義的關係建立在「內在的激發」（interior stimulation）與「同化的要求」（assimilative solicitation）上。[6]這些說明顯示了，字面意義（符徵）與其象徵意義（符旨）對象是合而爲一的。

　　若藉助基督教義來瞭解，那麼耶穌是介於世人與耶和華上帝最主要的中介、最重要的象徵。他是「道成肉身」（incarnation），是上帝的「體現」（embodiment）或「臨現」（presence）；從「三位一體」（trinity）的觀點來看，耶穌與上帝是二而一的。

　　這種直接地將中介視爲象徵來理解，以至於讓符旨直接地體現在符徵裡，意味著思想的我們透過符徵直接地掌握到符旨，或符旨直接地臨現在我們身上。這種直接性似乎需要有特殊的條件，它可能是從人方面來看的智的直覺（intellectual intuition），它使我個人與符徵的具體關係中，同時擁有符旨對我與對他人同時可臨現的普遍性意義，這種狀態不是成之於感性與知性先對符徵有不同的表象後所做的綜合結果，而是從一開始感性與知性就不是分開的，以致形成在刹那間符旨體現在符徵，以至於爲我們所掌握。直接性的條件也可能是來自符旨方面的，如來自基督宗教裡的上帝的力量，這應該涉及到愛、信與望的問題，在此我暫不討論。

---

[5]　Heidegger, Martin. "Bauen Wohnen Denken," in *Vorträge und Aufsätze*, Teil II, Pfullingen: Neske, 1967, S. 19-36, 其中 S. 27-28.

[6]　Ricoeur, Paul. *The Symbolism of Evil*, translated by Emerson Buchanan, Boston: Beacon Press, 1969, pp. 14-15.

但間接性的中介應該更值得注意，因爲直接性所需要的條件對於我們似有個苛求。也似乎如此，海德格與呂格爾皆從中介的直接性往其間接性去發展；至於高達美的中介似乎從開始時就注意到要爲間接性的。

故海德格在晚期對於「語言爲存有之家」的一般性表述，更從語言本身可具有啓發性的能力來賦予其具體的意義。那就是一方面去強調詩性語言的意義與作用，另一方面也企圖以詩性語言來表達其文本。

呂格爾也從象徵轉爲隱喻，作爲建立其詮釋學的基本路數：過去直接談幾個語言層次的象徵（哲學的與神話的）應該到原初的生命體驗去活化其概念；現在注意到語言本身的功能可助於我們對於概念、句子與論述的活化，這是語言的隱喻以及包括修辭所具有的功能；[7] 所隱喻的並不排除先前在象徵階段所談的符旨，但語言本身所帶給人的行動力，[8] 讓這符旨更能爲我們所掌握；像海德格所強調的一樣，詩性語言所擁有的這種能力是最大的。他的詮釋學在這裡是要關聯到語言的這種功能，以將其背後的意義有效的解析出來。

我們在高達美的《眞理與方法》裡，看到其將修辭學與詮釋學視爲同源，他認爲社群公民之「共通感」（sensus communis）是言說者以修辭施展語言力量於群衆的根據，[9]更是讀者對於保留言談的文本詮釋，而得以通往讀者共在的人文世界的條件。此「共通感」固是天生的，但需要陶冶以彰顯於我們的心靈中，[10] 以至於在語言的詮釋環境裡，我們可以通達世界的意蘊。這就是余德慧早先在《詮釋現象心理學》所指出的中介意義。它相應著和語言作爲象徵所區別的、著眼於語言本身功能的隱喻或修辭的中介意義。

在海德格「語言是存有之家」的表述有如基督教義的「道成肉身」，表示存有體現在語言中。但經由詩性語言的作用，原先直接的體現成爲間接的，它透過人面對存有的「泰然任之」（Gelassenheit），讓存有的大化流行

7　Simms, *Karl. Paul Ricoeur*, London/New York: Routledge, 2003, p. 61.

8　Ricoeur, Paul. *The Rule of Metaphor: Multi-Disciplinary Studies of the Creation of Meaning in Language*, trans. Robert Czerny with Kathleen McLaughlin and John Costello, Toronto and Buffalo: University of Toronto Press, 1977, pp. 42-43, 244-245.

9　Gadamer, Hans-Georg. *Wahrheit und Methode. Grudzüge einer philosophischen Hermeneutik*, Tübingen: Mohr, 1990, S. 38.

10　Gadamer, Hans-Georg. "Hermeneutik als theortische und praktische Aufgabe," in *Wahrheit und Methode. Ergänzungen Register*. Tübingen: Mohr, 1986, S. 301-318, 其中 S. 301-302.

透過人的語言，彷彿出自人的想像力似的，讓具韻律、節奏、音調高低強弱不等的詩性語言呈現。

高達美亦有語言爲「道成肉身」的看法，但在已成肉身的每個人的語言，已忘卻原先爲道所體現的意義，就反過來需要「共通感」的陶冶，在彼此對話溝通的過程中，經過所謂的「視域融合」以通往原先的「道」。[11]

海德格與高達美將基督教義「道成肉身」轉化爲哲學的理解，在語言的中介環境中讓個別的我們再從肉身往道的世界去開展，這裡面已不只是理論的詮釋，更有實踐的意義。從神學轉化爲人文性，這未嘗不是一種「靈知學派」；但他們不只是智性的，更是實踐的靈知學者。《懺悔錄》的作者奧古斯丁曾說過，他在建立於智性（intellect）的新柏拉圖主義哲學書籍裡，讀不到建立在意志（volition）之上的基督宗教「道成爲血肉，寓居於我們中間」的字句。[12] 余老師晚期凸顯出人文臨床與療癒的意義，將經驗受苦的心視爲話語的泉源，也是在從塵世往神聖的過程中，對於語言功能的強調，但這是讓語言本身的行動力出自於受苦經驗；這似乎是對於高達美的「陶冶」從佛家的立場來做的詮釋與實踐，也區別於海德格那裡更接近道家式的發揮與表現語言的中介功能。

以語言爲中介從塵世通往神聖的幾個示例

我實不敢說余老師最後對於宗教的態度爲何，但他的研究課題內，自早已有甚多在宗教的領域裡尋求答案，這應是不爭的事實。在下面我將從其「詮釋現象心理學」往「人文臨床與療癒」過渡的幾個研究，來看其中所藉助的一些不同形式的語言，做作爲從塵世通往神聖性的中介。

（一）例如：2001 年 11 月《哲學雜誌》以「醫護倫理與現象學」爲專刊，由余老師與石世明發表的〈臨終處境所顯現的具體倫理現象〉，即對於人的臨終處境所重視的原初倫理，而非常規的世間倫理有著如下的描述：

---

[11] Gadamer, Hans-Georg. *Wahrheit und Methode*, S. 383.
[12] 奧古斯丁：《懺悔錄》（周士良譯），台北：商務，2005 年，頁 128。

在另一個女兒陪伴父親的臨終過程，我們也可以看到類似的情況。

（……）父親的脾氣都很不好，他對聲音很敏感，所以經常會責怪隔壁床的病患。後來有一天，一位醫生送給他一張「往生接引圖」，圖中有許多的佛像和一位跪在下方參拜的人，這位醫生說：「伯伯，跪在下面參拜的人就是你……」「你不要管這麼多，專心念佛就夠了……」此後這個病人就慢慢挨定下來，直到過世時，這幅畫還掛在他的床邊。看著父親的整個過程，他的女兒也明白了，父親到一個她看不見，卻更加廣大的狀態理面。[13]

在這裡，「往生接引圖」以及醫生對此連接到這位父親的詮釋，可說是將他引向神聖性的中介。

（二）又如在 2003 年 12 月中研院民族所《情、欲與文化》專書論文集，余老師與彭榮邦發表的〈從巫現象考察牽亡的社會情懷〉，針對牽亡作為生死關係重建以治療失親的悲傷經驗時，指出了一項「將生死關係重建在神聖化的象徵之上」：

當失親者在悲哀中逐漸被引導到象徵的世界，整個悲傷的話語其實也是象徵的：「爸爸先到天堂等我們」、「來世還要當爸爸的孩子」、「下一輩子我們還要在一起」，文化心理諮商者把握所有象徵語言，讓象徵活化，並把生死關係神聖化：「爸爸不忍心你這麼傷心，看你哭，天上的爸爸也會哭」、「這是爸爸生前交待的……」、「爸爸喜歡旅行，就帶著爸爸的護照一起去吧」。就像台灣習俗在葬禮後引魂歸家，家人拿著蟠旗竹枝上車，過橋時總會說：「爸爸（亡者）上車」、「爸爸過橋了」、「爸爸回家」（……）。[14]

這裡是將一些和親人與死者在懷念中流出的語言當做作象徵，讓此象徵指涉

---

[13] 余德慧、石世明：〈臨終處境所顯現的具體倫理現象〉，刊於《哲學雜誌》第 37 期，專題：「醫護倫理與現象學」。台北：業強，2001 年 11 月，頁 60-86，頁 71。

[14] 余德慧、彭榮邦：〈從巫現象考察牽亡的社會情懷〉，刊於余安邦主編：《情、欲與文化》。台北：中研院民族所，2003 年 12 月，頁 109-150，頁 145。

著神聖化的死者或與死者的互動關係，讓語言成為神聖性的體現，從而親人在語言中感受到真實的存在。這個較直接的中介性或許基於對於某宗教層次的信仰以通往神聖。

（三）再如在 2006 年春《應用心理研究》的專刊「現象學心理學」刊載了余老師與石世明、夏淑怡、王英偉的〈病床陪伴的心理機制：一個二元複合模式的提出〉。其中呈現出臨終照顧最後階段的一種可能存在性的模式。我們在這裡已見到人文臨床與療癒的意涵，雖然它是直接在照顧的臨床中所呈現的；它顯示經驗受苦的心的提升超越，它轉化做作與被照顧者的連接經驗，共同通向神聖性：

（……）當病人進到與照顧者不同的存有相隨模式之後，照顧者依舊希望能夠在存有經驗的層面上和病人保有接觸。（……）我們認為當照顧者的自我狀態經過適度的轉化（transform）之後，能夠脫離在自我狀態時疾病無助的共病性和病人即將過世的哀傷感，也不再陷入自我現實裡頭的照顧事務處理，而能進到類似宗教經驗的存有狀態（柔軟、慈悲、菩提心、上帝慈光等不同的宗教經驗描述）時，照顧者能夠暫時性地解除心智自我，逐漸由內而外地孕出親密柔軟和慈悲的存在經驗。從這樣的經驗出發，照顧者有可能和眼前的病人獲得深度的締結（deep connectedness）的機會（……）。[15]

這裡並沒有口頭的（verbal）語言顯示出來，但因為照顧者本身心靈的轉化，而表現出親密柔軟與慈悲的存在經驗，從而讓被照顧者也因二者締結關係而同樣轉化了心靈通往神聖。照顧者所表現出的親密柔軟生活經驗可說是一種身體的語言，它成了一種中介性。

（四）最後值得示例出來的，是 2006 年余老師與石世明、夏淑怡在《生死學研究》所發表的〈探討癌末處境「聖世界」的形成〉，它讓我深受莫名的感動與啟發。余老師在〈緒論：「金浩現象」的發生〉裡首先即預告了一

---

[15] 余德慧、石世明、夏淑怡、王英偉：〈病床陪伴的心理機制：一個二元複合模式的提出〉，刊於《應用心理研究》第 29 期，專題：「現象學心理學」，2006 年 3 月，頁 71-100，其中頁 96-97。

件頗近乎海德格在「〈何謂形上學？〉後記」所說「一切驚奇之驚奇」。[16]

> 一位住在東部的癌末病人金浩（男，34 歲），在醫石罔效之後，移住緩和照顧病房，金浩的下肢全部被切除，腰部以下長滿淋巴腫瘤，以及非常大區塊的褥瘡傷口。從住院乃至過世，金浩的出現似乎顯露一種不尋常的領域，走進這領域的人都受到震撼，其中有醫師、護士、志工師兄、師姓姊，乃至於心理師、神父，都受到這領域的滋潤而發生改變──醫師哭泣、護士懺悔、志工有所啟悟、神父也不再說教，心理師發現沉默的奇妙、師姐自覺的成長，幾乎凡是走近他身邊的人都受到他的影響，但是大家卻又說不上來為什麼；金浩既非智慧大師，從來不曾給出智慧的語絲，也不是高尚的道德者，提供模範懿行當作典範；他和常人一樣怕死，一樣依賴著志工 SY 師姊的照顧。可是，金浩身邊的人卻領受到一種「金浩領域」所帶來的氛圍，深深地感動著，人們奔相走告，這到底是怎麼一回事？[17]

余老師借用巴塔耶的神聖論觀點，即對反於一般宗教經驗之從語言「意義」的立足點出發，反而主張一種「域外」的經驗，得以和神聖性接壤。余老師描繪道：

> 對巴塔耶來說，宗教經驗必須是能將內在體驗淋漓盡致地「澈底地活出」，必須讓真切的情如水銀般地流瀉，內心綿密地流著不可遏止的情感，不受理性所拘，不為世情所絆，更不能有認知的意識造作。[18]

於是，在田野的研究裡，余老師觀察到：

---

[16] 馬丁海德格：《路標》（孫周興譯）。台北：時報，1997 年，頁 307。

[17] 余德慧、石世明、夏淑怡：〈探討癌末處境「聖世界」的形成〉，刊於《生死學研究》第 3 期。嘉義：南華大學人文學院，2006 年 1 月，頁 1-58，頁 5。

[18] 同上，頁 13。

「聖世界」裡的歡樂並不是單純的歡樂，就像癌末處境的嘉年華會，並不是歡樂的單一層面，而是透過（令）深層的「悲哀」才能襯托出嘉年華的氣氛；同時我們也在病房的處境看到悲傷孕育著快樂，或者快樂孕育著悲傷，但是，聖世界裡的情緒不會僅僅是由快樂與悲傷構成，有更多的隱藏性的失落與獲得、在與不在、你與我、幸福與不幸，這些錯綜複雜的雙重情緒，都悄悄地、弔詭的並存在聖世界裡頭。[19]

余老師在這裡要表示的中介不是說教、智慧的語絲、懿行懿德，卻是一位殘缺不全的身體，所帶來的與病院所有人的真誠來往經驗。這是屬於「域外」的語言，但仍可通往神聖的世界。這讓余老師體認到一種異類的宗教療癒。

結論──真心、真情、內在之詞、療癒力量

上述幾個實務示例所顯示出的中介性語言背後皆是受苦的經驗，這固然是余老師從事本土心理學研究的場域，但也基於余老師的處理動機是讓受苦的人得到療癒，故從受苦經驗裡產生出的話語成為他所重視的中介。

其實讓真正的心靈說出話語，也一向為海德格所重視。如他在處理「宗教現象學」時就提出的「事實性生活經驗」（factical life experience），並提出如何從事實性生活經驗中形成概念的問題。海德格進一步說，「事實性生活經驗」為一種現象（phenomenon），現象學是賦予現象的 *lógos*，但 *lógos* 不是邏輯性的意義，而是現象的「內在之詞」（*verbum internum*）。[20]故余老師豈不也是在論述以及在實務中執行著，如何從真心裡產生這內在之詞；因余師深信它所顯示的意義，比在特定立場或理論為前提的心理學所表示的意義更為原初與懇切。

又我們從上述的實務示例中，看到余老師讓敘說與語言顯示出神聖性的意涵，這固然是因為議題涉及臨終或失親的受苦經驗所逼致；但臨終與失親

---

[19] 同上，頁 31。

[20] Heidegger, Martin. *Phänomenologie des religiösen Lebens*, G 60, Frankfurt a.M.: Klostermann, 1995, S. 63-64.

的處境正透顯出：常規生活所恃以為據的特定立場或理論全部不再受用，在拋擲了這些前提後，反而可讓真心朗現，以至於讓內在之詞湧現出來，而有通往神聖性的可能。其實發生在「域外」的「金浩現象」，根本上也是因為真心朗現，從而「真切的情如水銀般地流瀉」所致的結果。

　　最後，本文討論的是作為中介的語言，但「詮釋現象心理學」早先是通往「人文心理學」的一條路，後來卻成為通往有著具體行動力之「人文臨床與療癒」的中介。因為余老師不只是理論家，更是個實踐者；宗教療癒、臨終關懷與柔性（柔適）照顧等雖可由「詮釋現象心理學」當作對象來研究，但余老師所期待的更是從「詮釋現象心理學」中轉化成一種力量，將療癒的踐行更細緻化出來，將關懷照顧的熱情更激發出來。因而語言的特殊能力也必須在「詮釋現象心理學」的論述中展現。「金浩現象」其實就展現了這種語言的或論述的特殊能力，即使它是異類的、域外的。它的力量甚且讓療癒的對象不只是金浩，更是院裡所有人，更包括閱讀這故事的讀者們。

參考文獻

汪文聖：〈現象學方法與理論之反思：一個質性方法的介紹〉。刊於《應用心理研究》第 12 期，專題：「質性研究：理論與實作對話」，2001 年 12 月，頁 49-76。

余德慧：《詮釋現象心理學》。台北：會形，1998 年。

余德慧、石世明：〈臨終處境所顯現的具體倫理現象〉。刊於《哲學雜誌》第 37 期，專題：「醫護倫理與現象學」。台北：業強，2001 年 11 月，頁 60-86。

余德慧、石世明、夏淑怡：〈探討癌末處境「聖世界」的形成〉。刊於《生死學研究》第 3 期。嘉義：南華大學人文學院，2006 年 1 月，頁 1-58。

余德慧、石世明、夏淑怡、王英偉：〈病床陪伴的心理機制：一個二元複合模式的提出〉。刊於《應用心理研究》第 29 期，專題：「現象學心理學」，2006 年 3 月，頁 71-100。

余德慧、彭榮邦：〈從巫現象考察牽亡的社會情懷〉。刊於余安邦主編：《情、欲與文化》。台北：中央研究院民族學研究所，2003 年 12 月，頁 109-150。

馬丁・海德格：《林中路》（孫周興譯）。台北：時報，1994 年。

馬丁・海德格：《路標》（孫周興譯）。台北：時報，1997 年。

奧古斯丁：《懺悔錄》（周士良譯）。台北：商務，2005 年。

Gadamer, Hans-Georg. "Hermeneutik als theortische und praktische Aufgabe," in *Wahrheit und Methode. Ergänzungen Register*. Tübingen: Mohr, 1986, S. 301-318.

Gadamer, Hans-Georg. *Wahrheit und Methode. Grudzüge einer philosophischen Hermeneutik,* Tübingen: Mohr, 1990.

Heidegger, Martin. "Bauen Wohnen Denken," in *Vorträge und Aufsätze*, Teil II, Pfullingen: Neske, 1967, S. 19-36.

Heidegger, Martin. "Der Ursprung des Kustwerkes", in *Holzwege*, Frankurt a. M.:

Klostermann, 1980. S. 1-72.

Heidegger, Martin. *Phänomenologie des religiösen Lebens*, G 60(?), Frankfurt a. M.: Klostermann, 1995.

Ricoeur, Paul. *The Symbolism of Evil*, translated by Emerson Buchanan, Boston: Beacon Press, 1969.

Ricoeur, Paul. *The Rule of Metaphor: Multi-Disciplinary Studies of the Creation of Meaning in Language*, trans. Robert Czerny with Kathleen McLaughlin and John Costello, Toronto and Buffalo: University of Toronto Press, 1977.

Simms, Karl. *Paul Ricoeur*, London/New York: Routledge, 2003.

5 余德慧的詮釋現象學之道與本土臨床心理學的起點[*]

李維倫

緒論

本文將從台灣心理學本土化的發展脈絡來看余德慧老師在心理學上的詮釋現象學路數，並指出他從未放棄但卻一直被遺忘的，臨床心理學家的身分。事實上，在余老師的論著中早已經為台灣本土臨床心理學奠定了起點，並且親身示範其可能的議題與發展。

《本土心理學研究》於 1993 年創刊，楊國樞先生在創刊號的焦點文章上提到 1988 年他自美回台後即下定決心推動心理學的本土化。心理學本土化並非只是一個知識權力的運動，更是一個學術路線的開創。其中最重要的工作，我認為，是在知識論與方法論上抵擋跟著西方心理學而來的實證主義方法論之普遍真理觀，但又不要流於封閉的文化相對主義陷阱。簡單來說，強調社會文化差異的本土心理學在普遍真理觀的眼光下沒有知識上的地位，而主張文化脈絡支配心理與行為意義的文化相對論又可能讓本土心理學步入「敝帚自珍」的困境。台灣的心理學本土化運動多年來在心理學知識論與方法論上的論述著作嘗試不斷，楊國樞（1993，1997，1999，2012）、黃光國（1993，1999，2000，2011）、楊中芳（1993）、李美枝、王鎮華（1997）、余安邦（1996）、朱瑞玲（1993）等都曾為文立說，其目的就在於建立本土心理學的知識合法性與發展方向性。

然而這並非易事！因為實證主義方法一直都是（二十年前更是）台灣心理學家的根。本土心理學的道路因此呈現出了一個難題：為了返回本土生活

---
* 本文修改自〈到根底去，取活水來：余德慧教授的本土心理學詮釋現象學之道〉，發表於「余德慧教授紀念學術研討會」，2012 年 12 月 8 日。台北：國立台灣大學心理學系。

的根，心理學家卻要檢視並質疑自己學術上的根！可以想見這樣的論辯在整個台灣心理學發展中必然是人煙稀少的路。但也因為如此，台灣的心理學發展開始出現具知識論與方法論深度的反省。這為後進樹立了學科的標竿，為學子打開了學問的門窗。

在如此的脈絡下，余德慧老師 1996 年出版的〈文化心理學的詮釋之道〉，藉思考文化的本質，更是站到存有論底部，提出本土心理學的知識論與方法論道路，同時也宣示了他自己的詮釋現象學之路。事實上，眾所皆知，余老師於 1987 至 1989 年間赴美進修後，即鮮明地標舉了以詮釋現象學為指引的心理學反思道路。1990 年他以詮釋學取向指導的第一位碩士生呂俐安完成論文〈母親對子女的敘說──從敘說資料探討母親的心理結構〉，該文的部分內容於 1992 年出版（余德慧、呂俐安，1992）。從此之後，他在學術論述上即明白地轉向了詮釋現象學的道路，也讓台灣心理學的眼界得以越過美國，與歐陸的人文思考接軌。

余德慧老師的詮釋現象學思考也體現在 1998 年出版的《詮釋現象心理學》一書中。該書的序言提到，寫成這本書是他對楊國樞先生於 1992 年評論他的文章〈文化心理學的詮釋之道〉（1996）所提出之建議的回應。當時楊先生建議余老師「寫一本書把這篇文章的來龍去脈說清楚」（余德慧，2001b：10）。[1] 也就是說，余老師正是以詮釋現象學的論述來回應楊國樞先生所推動的心理學本土化發展。

上面有點不厭其煩地陳述不同文章與書刊的年代，是為了讓讀者體會到余德慧老師學術思考的兩個時間脈絡。其一是本土心理學的發展脈絡，相似於楊國樞先生 1988 年的決心經驗，余老師在 1990 年後也明白宣示了他的詮釋現象學思路，而且，就我看來，之後從來沒有離開過本土心理學的志業道路。從 1990 到 1995 年（1995 年余德慧移居花蓮任教於東華大學），這段余老師在台大心理學系所展開的詮釋現象學風景，相信許多師友學生仍是歷歷在目。

除此之外，即使離開台大心理系到東華大學，余德慧老師也一直思索著台灣臨床心理學發展的出路，1998 年發表的《生活受苦經驗的心理病理：

---

[1] 根據相關資料，該論文應是於 1994 年宣讀於中央研究院民族學研究所主辦「社會科學研究法檢討與前瞻」第二次科際研討會，並於 1996 年刊登於《本土心理學研究》期刊。然而是否於 1992 年余老師即寫就該文並得到楊先生的評論，我就不得而知了。

本土文化的探索》（余德慧，1998）明白奠立本土臨床心理學的起點思考。
而從 2000 年開始帶領教育部補助之「華人本土心理學研究追求卓越計畫第
五分項計畫：文化、心理病理與治療（2000-2004）」（以下簡稱「卓越第
五分項計畫」）到一系列的臨終照顧現象研究（余德慧，2000；余德慧、石
世明，2001；余德慧、石世明、夏淑怡，2005，2006；余德慧、石世明、夏
淑怡、王英偉，2006；余德慧、李雪菱、李維倫，2001；余德慧、李維倫、
李雪菱、彭榮邦、石世明，2007；余德慧、釋道興、夏淑怡，2004），直至
最後提出來的柔適照顧（anima care）（余德慧，2007a；余德慧、李維倫、
林蒔慧、夏淑怡，2008），余德慧老師更是已在臨床心理療癒領域裡打造出
一條本土化的道路。

　　而另一個是屬於我們作為學生與余老師交往的學術時間脈絡。1990 至
1991 年余老師出國研究，並在美國渡過他 40 歲生日。他 45 歲刊行〈文化
心理學的詮釋之道〉一文，47 歲發表《詮釋現象心理學》一書與〈生活受
苦經驗的心理病理：本土文化的探索〉一文。這樣的年紀，讓我想起自己，
還有幾位余老師的學生，如林耀盛、龔卓軍、林徐達、與蔡怡佳等，目前
也都來到相仿的年歲，而竟要來述評余老師 40 餘歲時的學問文章！讀文章
時，句裡行間浮現給我的是余老師當年的風采，正是我於 1991 至 1992 年間
利用下班後的時間到台大心理學系旁聽余老師的「文化病理學」時的模樣一
般，而我也跌進當時如遊魂般求知若渴的自己。而二十年後這一切不只恍如
隔世，卻真的已然隔世。

　　因此，本文要介紹的是二十年前台灣臨床心理學家余德慧，他一方面
認同他的老師楊國樞先生帶領的文化的、本土的心理學道路，另一方面也決
志另闢蹊徑，殺進文化存有的根底裡去，來為台灣的心理學取得源頭活水。
我希望盡我所能來為各位呈報心理學家余德慧當年這一路走來的消息；我將
集中使用〈文化心理學的詮釋之道〉（1996）一文以及《詮釋現象心理學》
（1998/2001b）一書中的思路材料，再旁及其他相關文章，期待簡短但完整
勾勒其詮釋現象學的路徑。除此之外，我也將指出余老師在發展本土心理
病理學以及本土心理療癒的論述（余德慧，1998，2005a，2005b；余德慧、
林耀盛、李維倫，2008；余德慧、李維倫、林耀盛、余安邦、陳淑惠、許敏
桃，2004），顯示其對於台灣臨床心理學領域發展的關注與貢獻。或許這可
以讓各位師友再次記起余德慧的苦心，讓青年學子更容易瞭解一位先驅者的
身形風範。至於我，我早已因余老師所取來的源頭活水而獲得平安滋養。

詮釋現象學的本土心理學道路

心理學研究中的語言問題

> 如果我們堅持心理學是個體的知識，以便與社會學、人類學有所區
> 隔，在某個角度來看心理學必然要走向深度心理學，但是深度心理
> 學被拉岡的精神分析學證明，徒有深度的概念而忽視作為解釋深
> 度機制的語言本身，絕對無法深入心理學企盼的深度。（余德慧，
> 2001b：5）

　　余德慧老師在《詮釋現象心理學》2001 年版的序言開門見山就直指心理學中語言的問題。這也可看成是余老師對這本書所處理內容的再次指引。「語言」到底有什麼事？又為什麼在 1998 版的序言中余老師又要人文心理學家「避免被語言蒙蔽」（余德慧，2001b：9）？到底「語言」是可疑的還是根本的？

　　一般的心理學談論個體的心理機制；也就是說，一般的心理學家以語言描述、定義個體的種種心理與經驗現象。然而，就余老師上述的論點看來，心理學家說話，但卻不知道「說」是什麼？「話」是什麼？

　　怎麼會這樣？心理學家真的不知道「說話」是什麼嗎？當然不是！有人會說，「說話」還是心理學的專門題目之一呢！心理學家當然知道「說話」是什麼！那「說話」是什麼呢？心理學家會回答：「說話是……機制運作的結果。」這個「……機制」可以是神經心理學的、可以是認知心理學的、也可以是兩者加起來的。不論簡單或複雜，總是會有一個或複合的「……機制」在運作著而使人說出話來。

　　那麼，當心理學家相信這樣的主張時，他必然要相信，當他說話時，也正是「……機制」在運作囉！也就是說，是「……機制」在說出「說話是『……機制』運作的結果」；也就是說，是「……機制」在說出自己囉！人們說這說那，上至天文下至地理，而這些說話，都是「……機制」運作的結果！

　　在上一段中我用了許多驚嘆號，因為若按照心理學家對語言說話的主張，的確會出現那麼令人驚嘆的發現。甚至，由於人類的文化文明大部分奠

基於語言表達形式，那麼我們不得不結論：「……機制」有如造物主一般的地位，生產出所有文化文明的內容。於是，我們面臨著被迫接受這個荒謬結論的難堪處境：「……機制」是人類語言文明的上帝！

如果我們拒絕「……機制」是話語的源頭，反過來，我們也不得不確認，「……機制」是一項話語的產物。那麼，「……機制」根本沒有揭示出語言的本質；想要用「……機制」來瞭解、定義語言說話，就是緣木求魚。於是，我們得承認，心理學家用語言描述心理事物，但卻不知道語言是什麼！這倒不是指心理學家不會說話，而是提醒，心理學家非常可能被如「說話是……機制運作的結果」這樣的話語所遮蔽。

通過上述的討論，我們也發現，「語言是什麼？」這個問題，不能將之視為一般求取事物特徵作為答案的提問，不能以「語言是……」的形式來回答，因為任何的「是……」都將落入上述論證的困境，因為一般人只將眼光放在「……」而非語言如何而「是」上面。因此，我們必須把問題改為：語言如何「是」語言？（How do language language?）（Heidegger, 1982）這個問題有什麼不一樣呢？語言早就在我們的生活中；我們早就生活在語言之中。語言早就「是」語言了，我們並非不認識它，我們只是不識得它「如何是」。因此，這個新的提問讓我們重新注視我們生活周遭中的語言。

在這裡我們可以清楚看到兩個重點：其一，將心靈或意識視為生理機制產物的化約論是前述荒謬結論的來源。「生理機制」並非永久不變的「事實」，它反而是人類文明底下的一種「發明」；是人類意識思考的產物。也就是說在此我們倒轉了「生理／心靈」之間的因果關係。其二，從「是什麼」到「如何是」，改變是由實證科學的「概念定義」（conceptual definition）的處理方式轉為現象學的「描述」（phenomenological description）。

余老師在同一篇序言中也指出了語言的處境性：人們在種種不同的處境中以言行事、以言成事（余德慧，2001b）。然而，緣於處境的「以言行事、以言成事」就是我們要肯定的語言的本質呢？如果我們這樣做，好像就要我們接受公說公有理、婆說婆有理，接受人世間的說話只能是因時制宜的作為。或許是因為害怕這種處境性中的相對主義性格將造成混亂，因此我們傾向確立語言作用的實體性，如上面所提到的「語言是……」。

也就是說，若將語言的處境性當成根本就是將表面當成是本質，不能成為究竟；而在心理或生理機制上實體化語言的根源，上面的論證已經告訴我們，看似明確的定義卻將導致謬誤。此時，這樣的交互探究質問把我們引導

到追尋一種具根源性但卻非設定實體事實的人類生活本質，這也是余德慧老師的學問道路所在。

以上大致上是詮釋現象學的基本論證（arguments），也是余德慧老師提醒心理學家重視語言的理由。經過這樣的論證，語言的問題已無法只在一般議題與對象的層次上來處理，像是處理「智力」或「情緒」這樣的概念一樣。它也不僅關涉到心理學的方法論問題，而是已經抵達了存有論的層次：即，語言在人的存在結構上的地位。在這個層次上，它不是心理學談論的對象，而是心理學談論之所以可能的基礎。「語言如何（是）語言？」（How language languages?）這個問題中的「如何（是）」因此不能用線性因果模式（linear causality，即「A 造成 B」的模式）來解釋，也不能立基於語言自己所成之理論來回答。

但這「重視語言」的任務又要如何來完成呢？有可能嗎？當我們承認我們早就在語言之中，語言讓我們的言說得以可能，那我們還有辦法離開語言而思考語言嗎？

在這關鍵點上，余德慧老師借用海德格藉詩人格奧爾格的詩句「語詞破碎處，無物存有」所提出的看法：只有在語言破碎，語言無法成事、行事之時，我們才瞥見語言的本質；只有當語言無法「是」語言，它的「如何是」才會顯露出來讓我們看見（Heidegger, 1982）。事實上，唯有這個看似矛盾的狀態，我們才能保證自己得以逃離語言的籠罩，才有辦法破除我們前面所看到的，被語言所蒙蔽的陷阱。

從一個臨床心理學家的眼光看來，「破碎處」不但是一個存有學的論述，它更是存有的處境。從此，人生中的無言之處，如災難、喪親、殘疾、絕症、臨終、受苦，不再只是要被除之而後快的，或只是要被加以矯治的壞東西；它們也是成為通達人類存在本質經驗的大門。余德慧老師進一步將這樣的通達方式開拓成為研究方法並稱之為「破裂法」（余德慧，1996，2001a），成為他往後研究的重要策略。從這個角度我們不但可以掌握到余老師研究的方法路數，也可以看到余老師關懷的人間領域。

雖說上述思路大部分出自於哲學的詮釋現象學，但詮釋現象學的哲學家也不見得知道如何落實到心理學的研究當中。胡塞爾的「置入括弧」，從某個角度看，也是一個破裂法：將「理所當然」存而不論；梅洛龐蒂的「病理學還原」是一個利用身體的破裂條件來抵達本質瞭解；呂格爾對於隱喻的理論更是建立在語言範疇的斷裂上。在台灣，上述這些方法都只是哲學論述的

內容，現在都被余老師揉搓到他的心理學實徵研究方法上去，從而創造出他獨特的心理學知識實踐方式。

心理學研究中的文化問題

在〈文化心理學的詮釋之道〉一文中，余德慧老師開門見山地問：「本土的心理學是否能在知識與實踐上提供『另一種心理學』」，還是「依照科學心理學的知識論，……本土心理學只是文化區域的知識匯集？」（余德慧，1996：147）這個問題的來由是這樣：如同前面已經提到的，跟著西方心理學而來的實證主義普遍真理觀，將使得本土性的研究價值只在於地方性的驗證或地方性的變異，而這早就是當時的台灣心理學研究的狀態，也是楊國樞先生所以推動心理學本土化的原因。因此這個問題是根藏於心理學本土化主張的，牽涉到本土心理學的知識合法性。台灣的本土心理學運動，不論早晚，一定要面對的。

而「另一種心理學」要如何抵抗自然科學的普遍真理觀，而又不訴諸於民族主義、反殖民主義，以及文化相對論呢？一般來說，民族主義、反殖民主義，以及文化相對論都可以用來主張「本土化」這個概念或行動的合法性，但若沒有從根底部把「普遍真理」的知識觀刨起，並且提出另一種知識觀，那麼就難以獲得「另一種心理學」，「本土化」則頂多只是政治行動而不是學術行動。

余德慧老師在此借道詮釋現象學來處理與回答這個問題。「人的存在『早就在文化之中了』。」（余德慧，1996：149）是余老師設想文化心理學的起點。我們可以看到，這個「早就在了」的觀察與前面所提到的語言與人的關係是相同的：人在語言之中談論語言；人在文化之中談論文化。在這裡，文化獲得了存有論上的地位，而就如同人無法以語言「是……」的方式來獲得對語言的本質瞭解，文化的本質也無法以「文化因素」、「文化變項」、「文化模式」、「文化影響」等名稱來表達的。余老師大致依循詮釋現象學思考語言的論證，奠立文化的存有論地位以及人與文化之間的關係。

把文化放到它應有的存有論地位並不是難事，困難的是接下來的本土心理學實徵研究該怎麼做？我們要特別注意到，將文化的存有性標舉出來，也就拒絕了所有將文化視為「對象物」的研究操作：它不能被定義、它不能被測量、它也不能被塞進任何理論模式中。這也是為什麼在余老師的文章會

出現像是「談論文化卻又反對文化」這樣的矛盾印象。然而我們現在可以看到，一旦要以掌握客體的方式來談論「文化」，「文化」將從我們的指縫中溜走，捏在我們手上的只有「文化物」。也就是說，只有「文化物」可以被對象化地談論，但這種談論並無法回返地邁向「文化」的本質。也就是說，余老師反對的是把「文化」化約到「文化物」的層次來思考。「文化」與「文化物」的區分，在我看來，相映了海德格著名的「存有」與「存有者」之間的區分（Heidegger, 1962）。不過，這樣的思考雖然避免了對「文化」與「文化物」的混淆，但對文化心理學者而言，這等於是刨根刨到了底部去了，還有路可以走下去嗎？

我們現在已經知道，余老師從詮釋現象學意涵下的「破裂處」尋得了接引文化心理學的另一種知識方法道路，如同他在回應畢恆達老師〈從環境災害過程中探索家的意義〉（畢恆達，2000）一文時所說的：

> 因此，我們對殘破家園本身的心理，應該也存著研究方法的思維。殘破家園意味著曾經存在的事物不再如此的存在，在現象學心理學的思維直接與此相關的是「破裂」。在海德格那裡，破裂或裂隙不僅是現象，也是認識的方法。如果將破裂予以單純的心理主義來思考，那麼它只能意味著「心理失落」之類，而使得置身的處境被化約成情緒的範疇，並進一步取消置身的脈絡，也就是取消知識的先見。對海德格來說，破裂不僅意味著基礎的失去或基礎的缺乏，也昭示著「另一底部的顯露」，……。（余德慧，2001a：17）

這段引文清楚顯示余德慧老師的「殘破家園的心理學方法」，其中的「基礎」或「底部」正是要在失去功能時才得以顯露其自身，而瞭解這點的心理學家才能將「破裂」不僅視為現象，也視為認識的方法。「文化」正是日常時提供人們各種理解行事之支持的「基礎」或「底部」，而且隱匿其自身。唯有日常行事崩解時，人們才獲得對「文化」的凝視。

在〈文化心理學的詮釋之道〉（1996）這篇文章中，余老師就說明了「破裂法」在處理人們某一特定經驗之敘說資料時的做法。首先，我們要認識到，說出來的（the said）總已是「可作為被看到的對象」（the known object，底下簡示為 KO；余德慧，1996：161），而不是支持事物被如此看見、說出的基礎（background knowing，底下簡示為 BK）。其次，分析者要進行

的是由 KO 到 BK 的「詮釋循環」，而不是將 KO 視爲事實或實體並加以歸納分類，因此它不同於一般的內容分析質性方法，也與以 KO 爲目標的紮根理論方法不同。此外，BK 也不能被看成是人們腦中的「認知基模」，因爲它不是由人掌握的，而是讓行事之人如此這般行事的脈絡。行事之人，稍後我們會看到余老師將之稱爲「者」，是在脈絡的「局戲」中才成其所是，因此行事之人不是最後的依據而是產品。

上面由 KO 返回 BK 的分析目標，可以被看成是由所說（the said）到能說（the saying）還原閱讀，[2] 而一般人對於余老師這樣的分析方法常產生的疑問在於：那個能說者，怎麼可能不是那個說話的人呢？要回應這個問題，正好可以引出余老師在這裡所提出的「局、者、情、事」四項概念。

華人熟悉的話語「當局者迷」透露出了「局」與「者」之間的關係。「者」是一個作爲者（agent），而且總是在「局」（contextual surrounding; relational involvement）之中；「局」是「者」的行事理路。「者」不是自足的個體，也不能以「自我」、「角色」、或「性格」等西方心理學概念來比賦。如果眞要以「自我」這個語詞來說，那麼我們必須說，「自我」是「外造的」（余德慧，2007b）；意即「自我」是來自「外邊所造」，由「局」的支持而成的。如此一來，能動者可以指向「局」及其流變，不必是在「局」中的當局者。至於「者」，當然也是能動者，但更好是稱之爲受動者，受之而後動。

「局」是「者」的行事理路，是以「情」作爲底蘊。「事情本身就是『事』與『情』的現身：事依情而織，情依事成相」（余德慧，1996：157）。「事」是我們看得到、處理得到的對象，即前述的 KO；「情」無形無體，也無法以實體的方式來爲人所掌握。然而行「事」成「事」，都有賴「情」所織結的底蘊脈絡而得到它的意涵。「情」一詞在華語中，有關聯、聯繫（relatedness）之義，如親情、友情、物情，也有身體性感受經驗（embodied experience）的意涵，如情緒、情感。以「情」來作爲「局」的底蘊、「者」的行爲依止，兼具了事物之間關聯的「理路」以及「體感情受」的兩個意涵，相當完整且精確地表達了「當局者」的意涵。

在這裡我們可以看到，以華人熟悉的「局、者、情、事」等語詞來概

---

2 這個現象學還原並不是胡塞爾構想的現象學心理學還原。要釐清胡賽爾的還原方法與實徵的現象學心理學研究之間的關係，請參考 Lee（2014）。

念化人們在生活中的經驗現象，已經是為華人心理學建立了一套具本土親近性的理論工具。也就是說，余德慧老師的詮釋現象學之路不但了生產知識的分析方法，也以華語語彙重新定義了華人心理生活的重要核心概念。我甚至認為，「局、者、情、事」已具備理論知識的普遍性，它們可以用來重新檢視西方心理學中規定的「自我」、「人格」、「動機」、「情緒」等核心概念，並且提供另一個心理學的普遍架構。我們稍後的論述中也會看到，余德慧老師已運用「局」與「者」的概念來建構與本土文化契合的心理病理學（余德慧，1998）。「因此，「局、者、情、事」並非僅是「華人的」，而是屬於人類普同心理現象的另一種概念化方式。余德慧老師在本土心理學思考上所進行的詮釋現象學之路，不僅進到了心理學知識的根底，也取到了人類心理生活的源頭活水。

文化心理學方法論與現象學路線的轉進

在奠立了文化與心理學研究的關係後，我們可以從余老師接續發表的相關論文中觀察到，他一方面更自由地進行本土心理學與文化心理學研究的相關論述，另一方面沿著現象學的路徑，進入時間、空間、與身體現象學的探究地帶。

首先，我們可以看到，1997 年的〈本土心理學的現代處境〉（余德慧，1997）主張的「『破、立、建』三個程序，包括：（1）與傳統論述決裂；（2）進入現象，停留在心理學概念尚未給出之處思考；（3）重新提出具有本土社會感的心理學概念」，即是余老師企圖在心理學學術領域上打破「概念」的覆蓋，返回到現象發生處的手法。這是呼籲本土心理學者對自己的學科進行「破裂法」的操作，即反思其使用的理論概念。2002 年的〈本土心理學的基礎問題探問〉（余德慧，2002）中，余老師將〈文化心理學的詮釋之道〉的問題重新問一遍：「本土心理學是區域文化的心理學，還是另一種知識典論的心理學？」（頁 155）後，余老師接著以「現代心理學的現代理性知識典範」與「以歷史文化作為縱深意義的所在」兩項論述，來談本土心理學在實證知識論底下的知識論困難，從而顯示本土心理學必須更細緻地思考「文化」的本質。在該文中，余老師進一步主張以「文化間際的交互參引」來「陌生化」研究者所置身的本土文化，同樣可看做是「破裂法」的延伸。

「文化間際的交互參引」概念在 2007 年的〈文化的生成性與個人的

生成性：一個非實體化的文化心理學論述〉（李維倫、林耀盛、余德慧，2007）中進一步發展出「雙差異折射理論」。這個理論的大意是，文化中的研究者並不保證能夠透解出其文化的意涵結構，反而可能因太過黏附於其中而自我遮蔽，因此要經過一種偏移的視角或由外邊來看，但又不被外來視野給強加解釋掉的做法。不同的文化區，如華人文化與西方文化，應各自在其中展現出內部的差異邏輯，這是文化內部解釋系統的運作結果。然後再將兩者相互比較，並非求同也非存異，而是藉此去看到文化之「化」，即生成的歷程。余老師如此說：

> 文化間對話邏輯的觀點在於：將他者文化的觀點吸納於關係項，使得他者文化所顯示的內部差異系統被限定在其文化的意涵，不得溢出。然而，作爲關係項的位置會是一種移動值，其差異強度與差異方向不應該只有「同一」（「華人文化也是如此差異著」）與「對立」（「華人文化則有相反的結論」）兩個範疇，而是去探討兩種同體異形的差異（homological difference），亦即我們把兩文化都視爲獨立的相關項，他者文化所獲得的差異系統不應影射任何本土系統的差異，就如同橘子系統不介入柳丁系統，本土文化的差異體系應該被提出，拒絕將他者文化的差異做平移吸納，而是獨立獲得其自身差異的邏輯條件，然後才將兩套差異的「形式」、「邏輯條件」以及知識論做比較，這時我們才透過比較指出本土文化的邏輯生成。這個知識生產的方法，我們稱之爲「雙差異折射理論」。
> （李維倫、林耀盛、余德慧，2007：21。此處文字爲余德慧撰述）

在另一方面，我們可以觀察到，余德慧老師的詮釋現象學之路，逐漸由詮釋學滑向時間、空間、與身體現象學的動向。我認爲這或許是由 2000 年左右開始，余老師投入了臨終照顧現象研究緣故。首先，在 2007 年的〈現象學取徑的文化心理學：以「自我」爲論述核心的省思〉（余德慧，2007b）中，余老師討論了心理學研究論述使用現象學論述的問題。我們知道，過去常有人批評余老師將一些現象學論述脫離其哲學脈絡甚至誤用的情況，余老師在此提出「異業複合」與「異文融接」的概念來說明他對於現象學與心理學之間的遭逢。也就是說，現象學與心理學是兩個不同的知識事業，有其不同的論述文脈，兩者的遭逢不應是由任一方同一化另一方，而是

各自脫離其本位而獲得新的論述空間：

> 我認為，以內容為主的實徵研究，一方面接受現象學的基本立場，
> 但又需往非後設的層面發展，最後還需抵達現象學的論述空間，因
> 此，我的論述策略先從我個人在文化心理學的研究出發，懸置我的
> 心理學實質內容，慢慢脫離有關心理學內容的論述，而搭上現象學
> 的論述，當現象學的論述空間抵達之後，我將在那裡停留，用現象
> 學的語言討論文化心理學研究的形上學意義，但是最終還是回到文
> 化心理學的論述空間。這個詮釋弧的意義，一在於避免心理學與現
> 象學分離成一邊一國，各說各話，也避免兩個學科過度融合，造成
> 知識層次的混淆。（余德慧，2007b：49）

其次，我們也看到，心理學家由個人經驗敘述或描述的資料為起點，不
得不由詮釋學觀點開始，但將進入現象學空間：

> 根據我個人的經驗，就資料層面而言，這首先碰到詮釋學的方法，
> 然後才有現象學的問題。由於大部分的心理資料多數是語言資料，
> 無論訪談、參與觀察，都涉及事實性的語言再現，研究者必須先對
> 語言資料的說話者「說出的話」（the said）如何設定的問題加以探
> 討（余德慧、呂俐安，1993），讓語言資料出現脫離事實性的詮釋
> 空間，這時，我們不僅無法論及存有，我們還需以存有者的事實性
> 為對象，使我們得以認清「說出的話」（the Said）與「話說」（the
> Saying）之間的共構機制：包括如何共構、共構的範疇如何釐清，
> 以及存有者現在事實性處境的種種勾連。在澄清以及生成詮釋空間
> 之後，我們才會逐漸罷手詮釋學，以存有者的生存論來進行還原。
> （余德慧，2007b：48）

從余德慧老師研究議題的變化也可以看到相映於上述引言中，從詮釋
學到現象學的滑動。2000 年前後余老師開始進行臨終現象與臨終照顧的研
究。在這現象地帶，除了病人與家屬的經驗敘說外，更多的是沉默的時刻。
這個情況是：在臨終時刻，話語（the said）已難以行事，此間「情事」由
世間收束到自我的根本面向中。沉默，不提供話語來作為詮釋方法通達存有

的進入點，但卻將生命的底景直接現出，等待研究者的直接面對。因此，這樣的沉默，對余老師來說，並非研究的終點，反而是探究人類存在與自我生成的重要時刻。時間、空間、身體、他者等現象學核心議題躍居爲探究的前景。余老師從臨終、陪病，乃至於 2007 年以後提出的「柔適照顧」（Anima Care）（余德慧，2007a；余德慧、李維倫、林蒔慧、夏淑怡，2008），一直到生前最後一個國科會研究計畫〈身念住身體技術的現象學研究〉，都是對人存在之根本經驗的現象學研究工作。

本土臨床心理學的起點

詮釋現象學的思路也顯現在余德慧老師對於本土臨床心理學的討論。回到生活經驗，余老師認爲臨床心理學的起點在於面對受苦者，而受苦者早已「在受苦之中」。讓我們回到上面論述所奠立的「人在語言之中」、「人在文化之中」的理解，並且發問，這樣的「在受苦之中」又是如何？余德慧老師對這個問題的回答顯示了其取道詮釋現象學所發展出來的本土臨床心理學。

「在……之中」（being-in）首先是由海德格在《存有與時間》（Heidegger, 1962）一書中提出來進行專題討論，作爲此有（Dasien，即人這種存在者）之寓居於世（Being-in-the-world）的存有學結構（the ontological structure）的一環。不若海德格的存有學論述，余德慧老師在 1998 年的〈生活受苦經驗的心理病理：本土文化的探索〉（余德慧，1998）一文中以心理病理學知識的形成來具體展現人作爲語言的存有、文化的存有，如何「在其之中」。這樣對心理病理學知識的構成基礎進行探問，也正是以詮釋現象學的思路說明了「受苦」與「面對受苦」的根本處境。這種思考有別於過去台灣心理學家直接移植美國臨床心理學知識內容的做法，其探索結果也奠定了臨床心理學本土化的合法基礎，使得台灣本土臨床心理學有了穩固的起點。

在帶領四年的「卓越第五分項計畫（2000-2004）」之後，2004 年余德慧老師進一步領銜爲文〈倫理療癒作爲建構臨床心理學本土化的起點〉（余德慧等，2004），指出華人世界中的生活秩序，即「倫理」，是發展台灣臨床心理療癒不可忽視的核心。不過由於此一生活倫理的關注並非在於修補陷

落的人情倫理，反而是要去靠近「倫理的不及處」，意即：強調的不是「規範倫理」而是在其之外的「現場倫理」，因此余德慧老師在本土臨床心理學的推展上逐漸轉向生活之「非」處的情感性與感受性經驗，也逐漸脫離了詮釋現象學的道路。這與前面提到的現象學路線的轉向是同時展開的。2008年的〈倫理化的可能—臨床心理學本土化進路的重探〉（余德慧、林耀盛、李維倫，2008）一文就更顯示了余老師進入「域外」，即先於語言或語言之外的存在經驗，探究療癒與照顧的可能性。

本章在此將以上述文獻為材料，描述余德慧老師由詮釋現象學開出的本土臨床心理學奠基之路。這雖沒有完全涵蓋余老師關於心理療癒的思考（例如：余德慧，2005a，2005b），但讀者應可在此一理路上掌握余老師其他的相關論著。至於余老師晚期所發展的「柔適照顧」，由於其關心的經驗現象與說明理路已逸出詮釋現象學之外，我將以另文討論之（李維倫，2015）。

心理病理學的知識論

當我們談論心理病理學時，我們早已在既與的（given）生物醫學實在（bio-medical reality）知識體系內。因此，為了清理出本土臨床心理學的入手點，余德慧老師首先思考心理病理學知識的形成，避免太快落入現有概念架構，即生物醫學實在的遮蔽。

> 精神疾病一開始，人就參與了心理病理的指認與照顧的活動。（余德慧，1998：70）

這裡，我們要指出真正的關鍵在於分辨這個「一開始」到底指的是什麼。我們以一個問題來說明這個分辨的意涵，即，生病的第一因是什麼？是生物醫學實在下的身體內部病變，還是「我不舒服」？如果我們將生病的第一因指向身體生理的病變，那麼意謂著我們接受生物醫學的實在論，而經驗只是身體實在狀態的不完全顯現。也就是說，我們認為在意識範圍之外的身體內部過程是我直接經驗到的「我不舒服」的先在原因。如此一來我必須依賴外部來源來告訴我自己身體的消息，如醫學儀器產生的數據與醫生的說明，這雖然讓我們獲得了一種對經驗的明白，但卻從而遺失了對自己身體的親近感與言說權力。

然而現象學觀點質疑這種實在的信仰，因為這是以我們沒有直接經驗到的理論性解釋來說明我們的直接經驗；我們因此並未忠實於自己的經驗，而是以對身體內在的想像來籠罩直接的經驗。

如果我們從新審視生病的經驗過程，我們會發現，「我不舒服」才是所有生病經驗的第一因。這裡經驗者本身的感受是源頭；接續著這個不適感，人們將嘗試「做些什麼來消除不適」。此時，理解不是必要的，直接的「消病」行動才是最優先的項目，如感到身體某處皮膚癢，直接伸手抓以便止癢是一例。當直接的消病行動無法奏效，或是不適感難以獲得直接相應的緩解行動，人們就會開始想要知道「發生了什麼事？」。不論是「昨晚吃壞了」、「可能受了風寒」、「血壓高了」、甚至是「祖靈不滿意」，都可能成為，且可以並列為，人們理解自身經驗的論述。

我們因此可以看到，當人們對「我不舒服」發出「發生了什麼事？」的問號時，文化就滲入了身體經驗過程之中；或者說，身體不適經驗也正是一種文化歷程。這裡，「生物醫學論述」跟「祖靈論述」功能上是並列的、一致的，都是人們啟動「消病」、「護生」、與「解厄」等的理解與行動中的一環（余德慧，1998：74），都是文化下的運作，沒有一個比另一個更加真實。如此，我們也就可以明白，重病者與家屬既會相信尖端醫學科技的解釋與醫治，也會求神問卜。這不是科學與迷信的不一致，而是表明了「醫學實在」與「神靈實在」同樣從屬於「實在的多重構作現象」（頁 86）中的一分子。

進一步來說，「實在的多重構作現象」發源於，身體對人自身來說，是一大暗黑的區域，人們無從知道自己身體運作的真相。因此，即便有種種儀器似乎可以穿透身體表面，即便我們可以從種種顯示器上「看到」身體內部狀態，但我們還是難以宣稱我們掌握了「真相」。也因此，儀器所生產出來的數據與圖像仍是「發生了什麼事？」的文化歷程中的一個步驟形式，不是文化之外的真相。從「我不舒服」開始，文化裡的話語將身體感受客體化或物項化，使其成為得以進入語言的運作形式，繼之以知識系統生產出某種「違『常』」，如「內分泌失調」或是「違反天理」，來回答「發生了什麼事？」的發問。

如此來認識生理或心理的病理論述也正是余德慧老師所指出的「語言的轉向」：

人對精神病理的理解乃是基於論述的語言，也就是以論述的語言發現了實在。在這關鍵性的「語言轉向」，把語言放在原生的位置，我們才能接受一項事實：病人主體世界是以不同型態的論述語言而形成多重構的世界；換言之，病理的實在不是對某預存的真實予以重現或再現，而是人的語言建構了可以理解的實在。（余德慧，1998：70）

這裡可以看到詮釋現象學論述的要點，其重點在於藉由考察心理病理學知識的形成，看到語言論述的功能，解除對語言論述內容的陷溺，讓我們返回生病事件的源頭，即經驗者的直接經驗。我們因此得以看到語言涉入生病經驗的歷程。

這樣的討論也讓我們看到，「正常」其實是文化語言的產物。不同話語建構的不同實在，也就建構了「常態」與「常態之外」的分別，其間就會產生了權力的問題。也就說，「正常／健康」其實也是文化話語下的規定，規定了某些「生活樣貌」、「行為舉止」是正常的、健康的。此外，權力的問題也顯現在理解與選擇消病護生的行動中，即：哪一個處置是合法的？當實證科學被視為標準，它就定義了合法性，並且以自己為標準來審度其他話語所建構的實在，將其打入「不科學」，也就是「不合法」的地位。我們可以看到，合法性的問題並非事實問題，而是權力問題。

但就社會現象的觀察而言，我們發現合法性並無法排除生活實踐性，實證科學也無法在人們消病、護生、解厄的行動上獨占鰲頭。現今台灣社會中各種消病、護生、解厄的活動與事業可說蓬勃興盛，顯然科學實證的合法性無法取消「實在是多重構作」的狀態。實證科學取向的心理學雖靠攏了當代學術知識的權力主流，但卻難以親近人們的受苦經驗，如同余德慧老師早就指出的：

心理學的表述幾乎無法脫離它「早就在文化之中」，它使用文化裡所有可能的語詞，展現語詞自身的內涵，而完成所謂「心理（學）的意義」。西方心理病理的語言製造了一個被拒斥的病位，並將之轉軸到被檢查、監督的客體，取消了病者的主體經驗，使得「變態」的標籤瘢痕日深。這並不是普遍的心理（學）表述，而是病者的經驗被文化語言提取的特例。人們在文化語言中建構本土文化的

自我感，以及人們用文化語言自身經驗他們的感受及理解自己的處境；同時，人們也採用文化語言去安置他人的病體位置。在文化語言主導之下的安置／被安置的雙重性之下，病者的位置就社會性地建構著——弱勢的病者將會被安置在何種關係與對待，就俱在文化歷史的脈絡之中。（余德慧，1998：78-79）

在這裡，余德慧老師特別指出了生物醫學及其從屬的西方心理病理學「製造了一個被拒斥的病位，並將之轉軸到被檢查、監督的客體」。在數多文化中，「生病」並非要被排斥，而是要被照顧。本文無法在此詳盡梳理此一議題，但前者的極端形式可以用「預防」這個概念來說明。在生物醫學對「生病」經驗的統治下，現在人們不需「不適」來啟動對身體的注視，而是透過「定期檢查」、「早發現早治療」的「預防」觀念，以儀器數據來鏡映、想像自己的身體。只不過，這種鏡映的結果早已註定，因為系統及其注視方式早已註定：它的指向是偵查、管理「非常」。這正是「病位」的製造，但卻以維護「正常」來作為其合法理由。如此一來，生物醫學就不需要人的「不適」來參與到「生病經驗」中，而得以直接以檢驗數據來指定「生病事件」了。

在這樣的分析下，我們得以清理了當代具支配性的西方心理病理學在知識生產與實在建構上的活動，進而瞭解它們皆是文化的產物。以此看來，西方心理病理學看似擴充生物醫學實在到「生物—心理—社會」模式，也僅是增加變項，其實仍沒有反思到論述並非實在的知識論層次（余德慧，1998）。然而，本文前面已說明，社會文化脈絡不是變項，而是產出「生物觀點」、「醫學觀點」、與「心理觀點」等的源頭。此外，上述的說明給出了這樣的看法：反思心理病理學的知識也就是在「處理語言與受苦經驗之間的關係」（余德慧，1998：91）。如此看來我們可以把各種心理病理論述恢復其知識地位，放在一起討論，而不是進行權力鬥爭，爭執其真假。

敘病的詮釋現象學方法論

不同於生物醫學所定義的生理疾病病理學，心理病理學大量依賴人們對自己病情的敘說，余德慧老師將之稱為「敘病」。即使臨床心理學的主流內，心理衡鑑報告仍需中大量關於病人成長史、家庭史、學校史的訊息，以

及病人對自己身上發生之事的理解（Groth-Marnat, 2009）。這顯示了病人訴說心理之苦的「敘病」必然涉及其生活整體，不僅僅是疼痛與不適。

病人「敘病」的語言，多是文化中早已具備的「心理語言」，「心理語言是指所有論及心理狀態存在的語言表述」（余德慧，1998：87）。「心理語言」與「心理學語言」必須被加以區分；它們是兩套不同的論述形式。前者是人們存在處境的展現，後者是科學範疇化的操作。進一步來說，「心理語言」的說出立即涉及了社會實踐，即使只是說出感覺，必然開啟了生活的場域，即華人生活的人間系統。而「心理學語言」作爲科學語言是一種標定編碼，它必須是單義的收束。

余德慧老師對於「心理語言」與「心理學語言」的區分讓我們得以看到「敘病」可以被「聽取」爲存在樣態的展現（presentation），也可以被「聽取」爲「心理成因」的再現（representation）。後者將使我們降服於特定文化所生產之生物醫學觀點的統治，因此余老師指出：

> 我們認爲精神疾病的心理過程是無法從診察過程中的敘病資料獲得，但並不意味著病者的敘病資料是毫無價值的，而是我們必須擺脫所謂「心理成因」或「心理機制」的問話，把病者的「敘病」代表某種「實在的宣稱」驅逐，而重新將之安置在詮釋模式（hermeneutic mode）裡，我們才能重新發現「敘病」的新視域。（余德慧，1998：100）

然而由於「心理機制」早已籠罩台灣的心理學界，爲了獲得本土心理學的立足點，這裡有必要再次提問：如何來思考盤據臨床心理學已久的「心理機制」作爲致病的來源？它與「敘病」的關係又是什麼？

「心理機制」概念的運作是建立在將病人的「敘病」當成再現（representation），所再現者當然就是如實體般的「病因」，即「心理機制」。余德慧老師進一步指出，「病因」的指認其實是來自於科學計畫的「處遇」（treatment）意識。近代以來，「處遇瘋癲」是科學理性計畫的目標之一，而「心理機制」的因果關係設定與指認提供了「處遇」行動的基礎。這裡我們看到了「心理機制」概念的另一個依靠，即以因果關係爲形式的知識系統。「換言之，因果關係提供『心理機制』的智能，一種敘述心理病理的敘說；而敘說在以因果關係作爲其情節化的視框之下，完成了故事。」（余德慧，

1998：97）人對自己病處的敘說，敘病，從而被轉譯到一個「症狀─因果」的論述系統中。

事實上「心理機制」作為病因的存在是一個從未被正面目睹的「假定」。或許正是因為「心理機制」從未被目睹，因此科學心理學傾向往神經科學取經，認為可以藉由種種儀器「看見」生理狀態的內容，因此可以擺脫「假定的病因」這樣的困窘。難而，這些種種儀器真的是讓我們「目睹」了「病因」了嗎？其實，這「種種儀器」大都建立在種種計算模型上，我們看到的多數是被選取的模型所計算出來的結果。此外，即便我們從機器的提供的「影像」上「看到」了身體內部的影像，但這些影像的意義也必須靠著一個早已建立的知識系統來賦予。如此看來，「心理機制」是建立在把「因果處遇」視為價值的特定文化之中，它不必然是華人生活人間系統中的事實。

> 敘病不是去再現病「者」的心理機制，而是把生活世界的主體展現；敘「病」的後設訊息才是病者的生活訊息，即不只是把事情、某種狀態或某種改變組成敘說的結構，而是病「者」以「現在」的理解重新撿拾「過去」的生活碎片，用時間性（人的時間）將之排序，而呈現出敘說的有頭有尾的結構裡。（余德慧，1998：100）

經過余德慧老師詮釋現象學的解明，敘病不是再現心理疾病的內在機制，而是一種有所置身的行動。這樣的理解讓我們接軌了本文先前討論的「局、者、情、事」概念工具。而透過了對生病與敘病的考察，我們更能明白「局、者、情、事」作為概念工具如何引導我們理解生病的心理歷程。

首先我們來看「病者」如何說話。病者說話，並非再現（represent）他的不適與受苦經驗：「受苦經驗在多數的情況之下只是默識，十分不穩定的漂浮著，而經驗抓取到的語言，猶如黑暗之中，火炬照到的事物，…… 」（余德慧，1998：90）也就是說，「不適感」猶如在暗黑之中的突現經驗，但也仍是無以成形。在受苦之人發話說出後，「不適感」現了身，進入了世界。要注意的是，要如何理解這樣的「照亮」而不陷入前面已批判過的「再現」論？余老師說：

> 語言既不代表事物，也不代表經驗，它是把事物變成世界與把經驗入於世界的居停者，它既不在事物自身（命名／稱名），也不在經

驗自身（靜默），而在兩者之間以不同向度的知識現身。……受苦
經驗所抓取的語言是主體的語言，處在受苦者位置，把身體與心
神的經驗抓取於語言，然而任何「抓取」本身都是社會實踐的過
程……。（余德慧，1998：91）

如此一來，我們可以說，說話緣著「不適感」，將其織就進入世界事物
之中，也就是進入世界之中，有了一個說法。相應於病的敘說與其所依止的
世界，此一織就同時也給予了一個說話者的位置，病者的位置；病者的位置
緣此而生。

我們因此不需訴諸「生理—症狀」的因果關係，而是循著經驗與話語的
發展歷程，從敘病中看到病者現身。余德慧老師進一步指出這個「病者」的
意涵：

這樣的立場是防止我們錯誤地在病人的行事或話語中尋找病因的線
索。從而回溯一個叫做病體的成因；這樣的立場在於把行事與話語
都作為病者自身展露「病」自身，行事的實踐與話語的說出都被安
置在病「者」的原生位置，即「病者」自身。這樣的觀點也在防止
把病「者」的位置取消，而認為病「者」的背後還含有潛在的性格
或「病體因素」，以為是「潛在性格」或「病體因素」在作用……。
（余德慧，1998：92）

接下來，「病者」之局是什麼？病者的話語不是再現作為病因的心理機
制，甚至不僅是關於「不適感」，而是將自己與周遭世界編織起來、使之成
形的「苦之訴」。這所訴之苦，則是人所依靠之世界的「破局」：

病「者」的位置提供與周遭環境的碰觸，但是，正如前面所說的，
病「者」的位置早與環境在「依恃」的關係中，……在「依恃關係」
的「交契」與「斷裂」之間梭巡。（余德慧，1998：93）

在這裡，苦之訴所指向的「病苦者」經驗結構可以這樣來表明：人與
周遭世界「交契」時，是立於常觀的位置，「斷裂」時則是移至「異觀」的
位置。當一切如常，人在局中，沒有訴苦之語；「斷裂」則意謂著「局之

破」。病人在「病裡」時，沒有「回首常觀」，仍以自己身陷之中的經驗爲「常」，因此並不受苦。「只有他在常觀與異觀之間的來回，他才開始知道自己正在受苦」（余德慧，1998：94）。

通過上述的討論，余德慧老師爲我們提供了敘病的分析方法論。我們可以從底下的例子看到具體的說明：

> 例如：當病「者」說：「在發病的時候，我好像自己進入一個著魔的狀態，自己好像活在別人的裡頭，自己又知道自己不在那裡」，這是說話者完成了某種明白，這個明白是在她的「過去」被「現在」的回顧而完成的，她才明白「爲什麼我是精神分裂」。她知道這是她的「病」：「我很擔心，到底什麼時候我又會發作……我住院時鄰床的小海是第二次發病，高中發一次，然後上大學又發病……我很害怕像他一樣，會覺得自己生活在恐懼當中。」第一次的受苦經驗在「現在」是在敘說結構裡，指認是「那是病」，而當下是面對生活裡的「可能性」，她的害怕是一種當下的「懸置」——找不到確實牢靠的「立足處」（grounding）。「懸置」是心理實在的本質，在話語中，它以「擔憂」、「害怕」等詞句出現。我們把心理實在放在雙重性來考量，「懸置在病的可能性」即體現心理的實在，而不單純是傳統心理語詞指認的情緒（害怕）。「懸置」是在雙重性的交織之後被看出的現象知識，它是在生活的脈絡裡頭；它不能被客觀化成抽象的心理學語詞，也不能被主題經驗的模糊化塗消爲瞬息即變的肉體活動；它既是訊息也是後設訊息，它既是過去知識（史性）的揭露，也是本體的狀態，我們把這種雙重性都納到病「者」的位置——心理實在是病者的位置在說話——以前述案例而言，「懸置」在說話。（余德慧，1998：100）

在以因果關係爲基礎的心理病理學眼光下，上述病人的話語可能會被直接指認爲是焦慮或是憂鬱的徵候。使用種種情緒量表甚至可以「確定」其「嚴重程度」是否抵達了「診斷標準」，意即症狀的「確實存在」。當症狀被認定確實存在後，種種的心理機制理論就接手論述其前因後果，處遇的方法也就同時可以被選擇或設計出來。臨床心理學家就可以開始對這話語透露出來的焦慮或憂鬱採取行動，使其消除。

然而「懸置在病的可能性」的瞭解來自於不同的認識方法論。它來自於理解敘病話語的由來，洞見病者的位置。其中的開展顯現於病者對「事情」的陳述，如「遇見第二次發病的小海，然後很擔心自己」。住院會遇見誰是偶然的，不具有本質性；但在「很擔心自己」的說出後，「事情」呈現為織就在病者的生活之局裡。說話者知道「事情」，但不知道這「情蘊、語言關係與生活實踐的匯合之處」的生活之局（余德慧，1998：103）。位置與生活情蘊背景之局的現身來自於由「過去」指認「現在」，由「現在」織就「過去」，這兩者之間並非因果關係，而病者在其間的差異中巡迴。

進一步來說，某事可能是偶然的，但被說出說成為某一特定事件則有其必然性的理解。「事出有因」（頁 105）是病者將其不適編織進入一個可理解狀態的軸向，但我們不能只是執取這話語中的必然性就將之當真，繼之從這個「事出有因」的常民因果觀（natural causality）編造出自然科學因果觀（natural-scientific causality）。而是要考慮到病者發聲是來自於過去、現在的位置之間的相互參照鏡映，從而揭露出默會中的病者之局。余德慧老師如此說：

> 因位置之間的差異而形成的參照視框本身，正是病者對位置之間的裂隙說話的背景之知（background knowing）；參照視框與參照整體所呈現的主題意義……最後它成為對目前病者位置的認定及眼前位置有所指向的未來。……所有主題意義於是有了轉向：病者的敘病主題在本體論的說明底下，它展露了病者從其特定的方式來與某人或某些事物的關聯，而轉向病者以其特定方式與所有的人或事物關聯起來，形成本質上的「生活形貌」（life form）；在此，偶發性與必要性的知識條件被統一起來，對某一病者的具相的瞭解（內容性的）與病「者」的形貌瞭解同時俱現，以雙重論述的方式展現病者生活世界的本質特徵。（余德慧，1998：107-108）

至此，余德慧老師建立了與生活世界聯繫在一起的心理病理學路徑，也就奠立了本土臨床心理學發展的起點。建立本土臨床心理學的工程一方面排除對西方主流心理病理學未加批判的接受，另一方面解除常觀的桎梏，將異常者從被規定的位置中解脫出來，還回其本身的「生活形貌」。

如此建構出來的本土臨床心理學也得以回應本土文化的常觀對於異常者

的權力問題。本土臨床心理學並非要去擁戴本土文化中的常觀，並不是從本土的常觀中去定義正常與不正常，而是要去看到常觀如何參與了心理受苦的經驗。這樣的路徑也不能被誤解爲忽視受苦者的問題，或是將受苦歸咎於常觀的壓迫。唯有認識到本土的常觀並且將其認定爲一個觀點而不是事實，我們才能接近受苦者的經驗。本土臨床心理學因此顯現出其更深刻的普遍性。以人的存在處境作爲依歸，本土臨床心理心理學的追求也就顯現爲指向人類存在樣貌的在地顯現（Lee, 2016）。

余老師的詮釋現象學取向之本土臨床心理學所顯露出來的其實是一種對受苦者的人文關懷。終極來看，余老師的學術道路並非只是尋求更加優越的論述，更不是爲了與自然科學心理學對抗，而是要讓受苦經驗在我們的社會中得以顯現，讓我們因著面對受苦經驗而進入原初的倫理性之中。在〈生活受苦經驗的心理病理：本土文化的探索〉（余德慧，1998）的結語，余老師對精神分裂者的存在形貌做了簡要的綜述，即顯現了他對人文處境的原初倫理性關懷。

> 精神分裂者在被秩序化的世界裡，出現了碎片的話語，時間忽然停頓，事情不再以連續的方式給出，拒絕或被拒絕同時存在，世界的進出開始有了障礙，互爲主體的行爲、自主意願的意向，乃至時空的整合，都在切割狀態。在我們還沒被急切地想進入治療之前，就得先行避開一個正在等待的陷阱：認爲有某種內在病因正等著去解答。以這樣的病體現身在生活世界，就足以讓我們重新審視心理病理學的知識領域了。……更確切地說，心理病理的知識乃是有關於病體被拋擲在世界的知識，是有關病體在世界裡現身的知識。世界不能被化約爲家庭因素或生活壓力，世界是人存在的本質。……病者在世界被給出了位置，一個被常觀裡建構的位置：一個被語言秩序視爲無序的位置，一個被「有正事」給出「無事」的位置，一個被「在關係裡」視爲沉重負擔的位置，一個被常態排除在外的位置。……人置身於世，他對自身是不透明的（opaque to himself），人對他的心智內容相當陌生，他只是模糊地把自身的未思（unthought）投向語言的可知；未思從來沒有完全找到可理解的領域，而人在這樣的處境之下，總是不斷地尋找依靠之所。例如：精神分裂者聽到自己的思想被別人說出來，他尋找到的任何理由都

成了他要重新依附世界的安置手段。病人在幻聽之中驚恐著，他直接用攻擊他人的方式解決了置身於世的不安。病人一開始就是以這樣的起始狀態置身於世，然後透過社會的實踐才顯現自身。（余德慧，1998：109-110）

回到本章一開始所提出的，臨床心理學的核心在於面對受苦者，在於看到人如何「在受苦之中」。余老師的論述中所呈現的，即是如此面對、看見的成果示範。而當台灣的臨床心理學工作者能夠如此看見受苦的人，他們之間即成就了療遇（healing encounter）的遭逢。[3]

從心理病理到心理療癒：倫理療癒的提出

上節最後呈現出來的原初的倫理性，在 2004 年後成為余德慧老師設想本土臨床心理學的主軸。這裡的原初倫理指的是「一種源起性的人際遭逢時刻」（余德慧等，2004：253）。從本章前面的說明中我們已經知道，「源起性」是越過常觀的道德倫理，回到人與人遭逢的底部。如此的還原是要通達人間生活秩序之前的存在經驗，以便揭示心理療癒的可能道路，但這卻也是對常觀的破壞。從此開始，人世間之「有序」與「失序」間的動力過程成了余老師建構本土臨床心理學的主要議題，他也由此步入理性實在之「域外」或「非」處（the otherwise）的探索。

綜觀余德慧老師在臨床心理療癒上的思考，倫理療癒可說是他後來提出柔適照顧的前置作業。為了說明余老師在本土臨床心理學之心理療癒面向上的思路，並接引讀者理解柔適照顧的完整構想，這裡將說明余老師倫理療癒的理路。

2000 年余德慧老師帶領的「卓越第五分項計畫」，擱置了現行精神醫學與臨床心理學對心理疾病的概念系統，將人的受苦還原到生活苦惱，也就回到了華人生活的人間系統，意圖從本土現象中獲得契合於本土性的心理治療型態。這樣的努力釐清了華人生活中「受苦─循環」的結構，但尚未能夠掌握到「受苦─轉化」的現象（余德慧等，2004）。怎麼說呢？所謂的「受

---

[3] 依余德慧、林耀盛、李維倫（2008）之註一記載，「療遇」（healing encounter）是由宋文里老師於 2005 年提出。參見宋文里（2005）。

苦—循環」指的是，華人生活中極為顯著的是人與人之間的行事秩序，而生活苦惱的核心即是人際失序的狀態，如憂鬱症患者與親人之間的對立、創傷者生活的片斷化、以及新寡婦女與婆家、娘家間的人情倫理糾結等。這些現象呈現的倫理陷落不是沒有倫理，而是原本生活所依的倫理秩序不再能夠給出依靠，形成了一種「倫理黑洞」或是「倫理不及處」的狀態，因此余老師提出了「受苦總是倫理的受苦」（余德慧等，2004：260）的理解。余老師稱一般的社會常觀倫理為正面倫理，而當人處於倫理的斷裂處，個人與周遭他人會傾向進行倫理的修補，希望消彌裂隙，回到從前。然而陷落於倫理裂縫之人與周遭他人並未處於同一經驗平面，各式各樣的「倫理修補術」不但難以解除倫理的受苦，甚而經常產生維持受苦局面的循環狀態。

> 最根本的倫理療癒問題涉及生活秩序的邊緣處境，亦即任何生活世界的苦難本身都可能是倫理之破裂或秩序無力承擔的處境。受苦的「苦味」可能正好是倫理秩序的「不堪聞問」之處，亦即在倫理秩序出軌的地方，在生活中倫理秩序無法照見的裂口。倫理秩序向來只照顧生活的普遍常態，能夠變通的早在長久演化的倫理權變裡發展開來，並已返回自身重新編織。我們過去所主張的「倫理修補術」式的治療是屬於非常有限的處置，它只能在倫理破碎的地方進行修補，卻在日常生活中缺乏療癒的動力：因為所有在生活中所發現的痛苦只要一進入倫理的世界，人就得默默承受倫理所給予的秩序與價值，原本倫理所給的秩序或價值是多端緒的，但外部的倫理秩序往往會宰制主觀的、流動的倫理，……。所謂倫理的黑洞指的是「正面倫理秩序所編織之殘餘」，亦即為倫理無法顧及的暗處，在倫理的黑洞裡，所有受苦經驗的語言表達都被取消，因為這些隙縫本身的經驗從未被登錄在語言領域，殊少從語言中獲得其完全的顯在性。（余德慧等，2004：277）

上述的引言進一步指出，倫理裂縫經驗難以進入語言，這是因為正面倫理主宰了大眾所接受的話語，排拒了可能動搖正面倫理作為合法常觀的任何發聲。倫理裂隙經驗也就成為「域外」，語言難以捕捉，或說此時的語言是沉默。要如何掌握這樣的經驗呢？余德慧老師指出，身體性的感受是在「關係之非處」的主要經驗內容。這裡的身體感受不應解釋為生理反應的產物，

而是要留在存在形貌的層次上，理解爲常觀價值框架之前的身體感，如同德勒茲與瓜達里所稱的「無器官身體」（body without organs）（Deleuze & Guattari, 1983）。

倫理修補術無法接引置身裂隙中的身體感經驗，從而形成了「受苦—循環」的結構；而所謂的「受苦—轉化」則是正視此一身體性經驗，承認其「域外」的能量狀態是療癒的潛在條件，創造轉化受苦的可能性。若能如此，「本土臨床心理學總是存在著反常，總是某種澈底的逆轉，使我們領悟到非凡的療癒時刻。」（余德慧等，2004：298）

但這種反轉的徑路何在？余德慧老師的回答是藝術過程。這裡的意思是，由於洞悉了常觀的支配與遮蔽作用，本土臨床心理學不必然要將常觀所指稱的「異端」與「殘疾」視爲要矯正與管治的對象，反而是要以「殘缺」作爲生命美學的必要性，還回個體的獨異性（singularity）。「生活倫理作爲一種藝術，也可能會是本土臨床心理學倫理化的迴旋能量資源。」（余德慧、林耀盛、李維倫，2008）余老師進一步指出：

> 在這大方向重新釐定所謂的「本土化」，則在於重新將本土生活世界的情感以及複雜心緒編碼進來，以便本土化的臨床心理使精神病主體的生活經驗獲得合法性。更重要的，讓精神病主體的「心靈療遇」時刻是自由靈魂的時刻，能以己身病理的複雜心緒自由表達，並以藝術的自我技術，生產自身價值的倫理，越過人間社會的規範與倫常，讓精神病主體有機會以病體來體悟自身的藝術過程，毋須被外在社會完全控制管治。（余德慧、林耀盛、李維倫，2008：155）

這裡我們可以看到余德慧老師所建構的本土臨床心理學關注存在樣態的自由時刻。他指出常觀的人性假設篡奪了深遠的人性本身，以正面倫理統治了人間社會，讓存在的種種樣貌失聲暗啞。本土臨床心理學的心理療癒因此必須是「倫理療癒／遇」，擱置常觀的管治意識，回到人與人遭逢的原初性締結。

> 心理療遇必須要越過社會的管治意識，即不向社會宣戰，卻又必須能有力的存在，就必須爲其心理療遇時刻奠定爲「撤退時刻」。心

靈療遇的入口就是「撤退」時刻的進駐，「會遇」的時光是受苦的人們退出社會，讓生命全然自治的時刻。（余德慧、林耀盛、李維倫，2008：187）

此時，本土臨床心理學並非對立於西方心理學，也非對立於實證科學，而是面臨存在之秩序與無序之間的動力關係，人類生活中的宿命斷裂，此即余德慧老師所指之「缺口動力學」（余德慧、林耀盛、李維倫，2008）。意即，缺口即是域外，正是突破既定形式的動能所在。如此，原本臨床心理學中的「缺陷—治療」被轉換為「缺口—生產」的生存美學；「受苦—轉化」的探索指出了藝術過程可以作為臨床心理治療的新典範，而在治療中會遇的雙方將同獲自由。

「生存美學作為臨床心理的終極視野，倫理療癒作為一種藝術過程」是余德慧老師為台灣本土臨床心理學設下的指引。余老師後來的提出的「柔適照顧」（余德慧、李維倫、林蒔慧、夏淑怡，2008），可視為此一「藝術過程」的深入論述與操作說明。

結語

余德慧老師的詮釋現象學之路是他結合了本土心理學的志業，走出「另一種心理學」的奮鬥。在這條路上，本土心理學可以承認「東西之別」但從相對主義的陷阱中有脫身，並且深入人類存在經驗的根源處。在這過程中，余老師也啟發、帶領了許多的師友學生走上了本土心理學與詮釋現象學之路。而就我在國際上人文心理學與現象學心理學領域中的瞭解，余老師所揭示的心理學見解是突出的，所取得的源頭活水是新鮮的。

要特別指出的是，雖然余德慧老師顯示出，詮釋現象學在心理學本土化的開展上有具體且深遠的貢獻，但此一思路並非余老師學術志業的全部。如前章所述，探索語言之先的域外經驗地帶不是詮釋現象學擅場之處。余老師得魚忘筌，在接續的研究探索中轉向經驗的現象學描述。此外，余老師的著作中也呈現出他吸納了當代眾多思想家對人存在現象的洞見，不論中外，使得其所發展的本土心理學不外於世界思潮，且獨樹一格。

　　我們可以說，余老師在 1996 年所提出，關於華人生活行事的「局、者、情、事」理論架構（余德慧，1996），2004 年提出的「倫理療癒／遇」，以及 2007 年爲本土心理照顧工作所建造的理論論述與實踐行動之「柔適照顧」（余德慧，2007a；余德慧、李維倫、林蒔慧、夏淑怡，2008），皆是本土心理學的重要發展。有別於西方醫療系統中的機制觀與效益觀，「柔適照顧」主張了一種具生活實踐深度的「療遇」（healing encounter），其中身體的膚慰與心靈的撫慰俱現於病者與照顧者的經驗之中。我還記得哈佛大學醫療人類學家 Arthur Kleinman 教授於 2007 年 9 月來訪時，聽聞余老師說明何謂「柔適照顧」後轉向顧瑜君教授說：「您的丈夫是我最近十年來唯一可以向之學習的心理學家！」我想，2007 年這位來自哈佛大學的學者，已經不會懷疑，也根本不會提出這樣的問題：去掉西方心理學後，台灣的心理學還剩下什麼？[4]

　　余德慧老師的學術研究路線與成果影響更是超出了學術領域之外，讓他成爲台灣社會廣爲人知的心理學家；他同時也讓心理學進入社會大眾的生活中。許多人並不瞭解余老師的學術路數，但卻有被他的文字話語擊中的深刻體驗。如同我在余老師紀念部落格「生命夢屋」中的文章所說的：「余老師描述了經驗，他是現象學家，他抵達了經驗的核心。他也就如此，說出了我們自己，那個我們尚未認識的自己。」楊國樞先生曾爲本土心理學研究下了個本土契合性的判準，認爲本土性的研究是可以「有效反映、顯露、展現或重構所探討的心理行爲及其脈絡。」（楊國樞，1997）。那麼，余德慧老師所做的，或許可以說是楊先生本土契合性理想的見證吧！

4　此一問題是 1988 年楊國樞先生應 Arthur Kleinman 之邀至哈佛大學發表關於華人心理學發展的演講時，一位心理學者對楊先生提出的。見楊國樞，1993，頁64。

參考文獻

朱瑞玲（1993）：〈台灣心理學研究之本土化的回顧與展望〉。《本土心理學研究》，1 期，頁 89-119。

余安邦（1996）：〈文化心理學的歷史發展與研究進路：兼論其與心態史學的關係〉。《本土心理學研究》，6 期，頁 75-120。

余德慧（1996）：〈文化心理學的詮釋之道〉。《本土心理學研究》，6 期，頁 146-202。

余德慧（1997）：〈本土心理學的現代處境〉。《本土心理學研究》，8 期，頁 241-283。

余德慧（1998）：〈生活受苦經驗的心理病理：本土文化的探索〉。《本土心理學研究》，10 期，頁 69-115。（出版日期爲 2000 年，刊期爲 1998 年）

余德慧（2000）：〈臨終病人的事實處境：臨終的開顯〉。《安寧療護》，5 卷，2 期，頁 29-32。

余德慧（2001a）：〈殘破家園的心理學方法〉。《應用心理研究》，9 期，頁 16-20。

余德慧（2001b）：《詮釋現象心理學》。台北市：心靈工坊（增訂再版）。

余德慧（2002）：〈本土心理學的基礎問題探問〉。刊於葉啟政編著，《從現在到本土——慶賀楊國樞教授七秩華誕論文集》（頁 155-183）。台北市：遠流。

余德慧（2005a）：〈本土化的心理療法〉。刊於楊國樞、黃光國、楊中芳編著，《華人本土心理學》（頁 905-939）。台北市：遠流。

余德慧（2005b）：〈華人心性與倫理的複合式療法——華人文化心理治療的探原〉。《本土心理學研究》，24 期，頁 7-48。

余德慧（2007a）：〈柔適照顧典式的導言〉。《東海岸評論》，210 期，頁 98-103。

余德慧（2007b）：〈現象學取徑的文化心理學：以「自我」爲論述核心的省

思〉。《應用心理研究》，34 期，頁 45-73。

余德慧、石世明（2001）：〈臨終處境所顯現的具體倫理現象〉。《哲學雜誌》，37 期，頁 60-86。

余德慧、石世明、夏淑怡（2005）：〈縱深時間與沉默皺摺〉。《安寧療護》，10 卷，1 期，頁 54-64。

余德慧、石世明、夏淑怡（2006）：〈探討癌末處境「聖世界」的形成〉。《生死學研究》，3 期，頁 1-58。

余德慧、石世明、夏淑怡、王英偉（2006）：〈病床陪伴的心理機制：一個二元複合模式的提出〉。《應用心理研究》，29 期，頁 71-100。

余德慧、呂俐安（1992）：〈敘說資料的意義：生命視框的完成與進行〉。刊於楊國樞、余安邦編著，《中國人的心理與行為——理念與方法篇》（頁 441-475）。台北市：桂冠。

余德慧、李雪菱、李維倫（2001）：〈臨終過程與宗教施為〉。《生死學通訊》，5 期，頁 4-21。

余德慧、李維倫、李雪菱、彭榮邦、石世明（2007）：An Inquiry into the Cultus of Living and Dying of Chinese People。《慈濟大學人文社會科學學刊》，6 期，頁 1-34。

余德慧、李維倫、林蒔慧、夏淑怡（2008）：〈心靈療遇之非技術探討：貼近病人的柔適照顧配置研究〉。《生死學研究》，8 期，頁 1-39。

余德慧、李維倫、林耀盛、余安邦、陳淑惠、許敏桃（2004）：〈倫理療癒作為建構臨床心理學本土化的起點〉。《本土心理學研究》，22 期，頁 253-325。

余德慧、林耀盛、李維倫（2007）：〈東方心靈的內在織錦〉。《應用心理研究》，35 期，頁 11-14。

余德慧、林耀盛、李維倫（2008）：〈倫理化的可能——臨床心理學本土化進路的重探〉，刊於《本土心理與文化療癒——倫理化的可能探問》（頁 149-206）。台北市：中央研究院民族學研究所。

余德慧、釋道興、夏淑怡（2004）：〈道在肉身——信徒於臨終前對其信仰之追求探微〉。《新世紀宗教研究》，2 卷，4 期，頁 119-146。

宋文里（2005）：〈我的哥兒們施瑞博：創真之實，不然是什麼？〉發表於「真實與倫理之間：精神分析與文化理論學術研討會」。國科會人文學研究中心、交通大學社會與文化研究所、交通大學新興文化研究中心主

辦。台北，3 月 5-6 日。

李美枝、王鎮華（1997）：〈發現、詮釋與感通──心理學知識旨趣與實踐旨趣的融合〉。《本土心理學研究》，8 期，頁 3-36。

李維倫（2015）：〈柔適照顧的時間與空間：余德慧教授的最後追索〉。《本土心理學研究》。43 期，175-220。

李維倫、林耀盛、余德慧（2007）：〈文化的生成性與個人的生成性：一個非實體化的文化心理學論述〉。《應用心理研究》，34 期，頁 145-194。

畢恆達（2000）：〈從環境災害過程中探索家的意義：民生別墅與林肯大郡的個案分析〉。《應用心理研究》，8 期，頁 57-82。

黃光國（1993）：〈互動論與社會交易：社會心理學本土化的方法論問題〉。《本土心理學研究》，2 期，頁 94-142。

黃光國（1999）：〈多元典範的研究取向：論社會心理學的本土化〉。《社會理論學報》，2 卷，1 期，頁 1-51。

黃光國（2000）：〈現代性的不連續假說與建構實在論：論本土心理學的哲學基礎〉。《香港社會科學學報》，18 期，頁 1-32。

黃光國（2011）：〈論「含攝文化的心理學」〉。《本土心理學研究》，36 期，頁 79-110。

楊中芳（1993）：〈試論如何深化本土心理學研究：兼評現階段之研究成果〉。《本土心理學研究》，1 期，頁 75-120。

楊國樞（1993）：〈我們為什麼要建立中國人的本土心理學？〉。《本土心理學研究》，1 期，頁 75-120。

楊國樞（1997）：〈心理學研究的本土性契合及其相關問題〉。《本土心理學研究》，8 期，頁 75-120。

楊國樞（1999）：Towards an Indigenous Chinese Psychology: A Selective Review of Methodological, Theoretical, and Empirical Accomplishments（邁向華人本土心理學的新紀元：方法、理論及實徵研究成果的重點回顧與分析）。《中華心理學刊》，41 卷，2 期，頁 181-211。

楊國樞（2012）：Indigenous Psychology, Westernized Psychology, and Indigenized Psychology: A Non-Western Psychologist's View.《長庚人文社會學報》，5 卷，1 期，頁 1-32。

Deleuze, G., & Guattari, P. (1983). *Anti-oedipus: Capitalism and schizophrenia.*

Minneapolis: University of Minnesota Press.

Groth-Marnat, G. (2009). *Handbook of Psychological Assessment* (5th ed.). Hoboken, NJ: John Wiley & Sons.

Heidegger, M. (1962). *Being and Time*. (J. Macquarrie & E. Robinson, Trans.). New York: Harper & Row.

Heidegger, M. (1982). The nature of language. (P. D. Hertz, Trans.). In *On the Way to Language*, pp. 57-108. New York: Harper & Row.

Lee, W. L. (2014). Bracketing into Face-to-Face Encounters: The Conjunction of the Epistemological and Existential Dimensions of Phenomenological Methodology. In G. Y. Lau & C. C. Yu (eds.) *Border-Crossing: Phenomenology, Interculturality and Interdisciplinarity*. Würzburg: Königshausen & Neumann.

Lee, W. L. (2016). Phenomenology as a method for indigenous psychology. In C. T. Fischer, L. Laubscher, & R. Brooke (eds.) *The Qualitative Vision for Psychology: An Invitation to a Human Science Approach*, pp. 156-172. Pittsburgh: Duquesne University Press.

6 身體情緒與身體現象學

王心運、林慧如

摘要

　　本文是關於余德慧老師團隊身體情緒與身體現象學的簡單報告。時間上所整理的文獻從 2007 年柔適照顧開始，直至 2012 年身念住身體技術的國科會研究計畫書。議題上則從累積了十年經驗的「柔適照顧」開始，發展至「冥視空間」的臨終現象、技術上的「頌缽療癒」，以至於結合兩者而進行的「身體內景」和理論技術並重的「身念住身體技術」之研究。至於方法學，除了廣大的心理學、實證與田野工作之外，在身體現象學方面，余德慧老師所應用的當代哲學理論從海德格的存有學、胡塞爾的心理學現象學、柏格森虛擬與影像的時間理論、許密茲身體的情緒現象學、德勒茲三層內在性理論、畢來德對莊子書的人文身體解釋，以至於張良維先生屬於東方身體修煉的氣機導引術，都是余德慧老師所援引的主要理論。無論是東西方哲學或傳統身體修行的技術或理論，最終的核心關懷則是爲了發現人文身體的重要領域，在這項基礎上探討人文療癒技術的可能性，而這也是余德慧老師最深刻的人道關懷之展現。

前言

　　2009 年忙碌的夏季裡，在辦公室轟轟作響的冷氣聲中接到了余德慧老師的電話：「心運，我是余德慧，想請你做國科會計畫的共同主持」。當下心裡一驚，但馬上靜下來繼續細細聆聽老師平和的聲音：「我們閱讀了你關於許密茲的身體現象學的文章，認為很有發展的必要，希望你有時間到花蓮來玩。」對剛出茅廬的我來說，余德慧老師的話語既是威嚴，又有魅力。老師對那篇文章侃侃而談，彷彿隻言片語間，就將許密茲這位當時還不為台灣學界所認識的德國現象學家，轉變成了台灣本土的現象學家，特別的是，這位在我心裡早被遺忘了四年之久的德國學人，透過余德慧老師的介紹，又像個老朋友般重新活絡了起來。

　　至此展開了三年花蓮之旅，雖不密集，但總是我們每年重要的期待。關於這些經歷，其實心內早有想像，在真正認識了余德慧老師的團隊與生活後，只是更加確認了之前的想法，正如同《碧巖錄》（1993: 67）第三十五則公案〈文殊前三三〉所描述：無著遊五台山，見了文殊問道：「此間如何住持？殊云：凡聖同居龍蛇雜混。著云：多少眾？殊云：前三三，後三三。」我自己認為這段公案是對余德慧老師團隊之英雄豪傑氣概的描述。團隊的師父與研究生一會兒是龍，一會兒是蛇，此時前頭盤踞著幾位，後頭又風塵僕僕地趕來了幾位；但繞來繞去，總圍繞著沉思與生活的邊界或進或退，探索著各自的真實心性；每個人都有著可以嗅得出自信的獨特性，更難能可貴的是，余德慧老師的氣度完全能包容得這「凡聖同居龍蛇雜處」間，人人不同的獨特性，讓師生同儕們悠遊其中自由生長。其實余德慧老師思想裡早已超越了這位德國現象學家，早已得了魚且忘了筌。2011 年歲末在花蓮圍爐之時，余德慧老師也笑著向我們幾個誤入醫院的哲學人說：「你們就像油蔴菜籽，飄到哪裡卡在哪裡，就在那兒生根了。但我相信你們會是第一批真正走入『人文臨床』的人。」這樣的期許似乎也為我們這些徘徊在人文與臨床缺口中的漫遊者指出了一個方向，一個重要而必須堅持的方向。因此，當余安邦老師電話中指示，希望我能為這幾年余德慧老師關於身體現象學研究做個簡單報告的任務時，一方面覺得能為老師做點事情真是義不容辭，但另一方面內心著實惶恐。惶恐的是我這稀釋與平直的腦袋根本無法將老師作品裡層層緊實、充滿意象與力度的人文景觀表達出來。

那麼，以下報告裡若有說明不足或是令讀者難解之處，不要懷疑，那是報告者仍力有未逮，也請讀者們見諒。可本文本來就僅限於引介的性質，爲了尋找和余德慧老師眞正的對話，如果可以的話，就請讀者們忘了這張不成樣的草圖，直接進入余德慧老師豐富多樣的境界與景觀之中吧！

本事

這是關於余德慧老師團隊身體情緒與身體現象學的簡單報告。老師團隊研究的範圍廣泛，時間也長久。爲了較清楚地呈現身體現象學的發展，我們引用余德慧老師自己簡單說明此一研究的發展歷程：「十年來我們持續關注陪病經驗的研究，直到 2008 年我們正式提出柔適照顧的模式，直接探討病人身體的舒適感。在這些系列研究，我們逐漸碰觸到身體感受的現象描述問題，而出現有關人文身體的議題」（2011b: 6）。[1] 此外於文獻閱讀上，林耕宇也指出大致方向：「余德慧老師一點一滴轉動問題意識的痕跡。如從柔適照顧轉向冥視空間，從身體內景描述轉向身念住修行的探討；一者是從臨終陪伴轉向對身體內在性的探討，一者是從身體內在性的空間轉向時間的探討。若從閱讀上，大抵順序著閱讀〈心靈療遇之非技術探討：貼近病人的柔適照顧配置研究〉、〈頌缽者療遇初探（一）：頌缽之音與心靈冥視關聯之探討〉及〈身體內景的知覺現象與身體情緒〉，就會看到余德慧老師近幾年來從臨終陪伴轉向發展身體現象學的發展脈絡性」（林耕宇：2012）。[2] 循著以上兩條線索，我們希望能在余德慧老師浩瀚與精深的研究裡整理出一些梗概。

一切意義與慈悲心願起源於余德慧老師團隊因緣下所關注的臨終照護。[3] 面對臨終病人我們往往不知所措——那是病人與家屬在身體、心理及家庭脈絡間的種種痛苦糾結，而人們往往只能以力有未逮、空留遺憾等的

---

[1] 所引資料年代如文後參考書目所列。有些文獻爲國科會計畫或未出版文稿，原文未標示正式頁碼時，頁碼以檔案頁數註明。

[2] 由與林耕宇的書信討論所擷。

[3] 余德慧老師與許禮安醫師於署立花蓮醫院安寧病房的因緣，請見許禮安醫師「紀念恩師余德慧教授」一文。

情緒告終。在情緒與精神的破裂狀態下，團隊們發展以較為平實地身體作為照顧技藝展開的所在地。柔適照顧（Anima-care）就是這種身體／靈性的技藝學，然而，它首先是來自生活世界非功能性、非意義性的「非技術」（2008c: 1）。在安寧臨終照顧上不僅施以解除肉體疼痛的醫療技術，更需進一步以「非技術的技術」引導病人迎納「返回原點運動」（2008c: 5）的身體／靈性需求。在這個意義下，以身體／靈性需求為主的柔適照顧是非意義性、非概念性、非頭腦性的，因為認知並無法真正接近死亡，而死亡帶來的是「抵達邊界或落入深淵的掉落經驗」，同時「在破裂之處，人真切地體會到存有的狀態」（許禮安：64），臨終者與充斥著意義的世界分離，慢慢沉入死亡的深淵。此時陪伴者必須理解，透露給臨終者的是存有的訊息，而非世界的訊息（2008c: 27）。因此，柔適照顧在「確保臨終伴行者如潛夜暗行，與臨終者在背景底下潛行，不讓某些正面的意義成為可以捕捉的對象」（2007a: 24）。

往深淵的掉落經驗也是返回原點的運動，或者說，接收原初柔適（Anima）的存有訊息。陪伴者透過阿尼瑪（Anima）領域的運動而使死亡獲得迎納（2007a: 25），於這領域的運動是非技術的技術，此技藝學必須去除人工強制，並藉著一種中介來進行匯集的運動（2007b: 23）。於是，尋找中介運動的技術，開展了此後余德慧老師關於「身體技藝－體位－頌缽－身體的解離思想團塊－身體情緒－身體內景－身念住修行」等一系列身體現象學之研究。

不談論技術的細節，[4] 我們將由以上脈絡的分明，以及余德慧老師的各種研究的不同面向，嘗試歸納起始於柔適照顧的研究，隨後發展至身體現象學的幾項「人文臨床與療癒」研究的發展環節。

中介的追尋

在研究團隊 2007 年柔適照顧的技藝學裡，主要藉著中介的運動來達成返回原點的運動。這種運動並非精神或心理上所要達到之思想團塊的完成，而是貼著阿尼瑪領域的匍匐運動。此運動也不是毫無方向性的運動；因為要

---

[4] 余德慧老師的研究是實作與理論並重的，然作者自知無能力可深入技術的實際操作，而且時間關係還無法詳細閱讀團隊每週的田野報告心得，在此謹表達作者僭越的不安。

讓死亡獲得迎納，首先必須有「緩慢轉身，背立轉向」（2007a: 2）的動作，而在死亡面前轉向的這個動作應屬「肉體」（或是身之心理：Psyche）而非「精神」動作。雖然傳統總將「精神」視為「形式」，而「肉體」屬於「物質」的領域。沒有「形式」所主宰的「物質」則是一團不可辨視的混亂。然在死亡面前的轉向絕非胡塞爾式的意向變樣，一種純粹精神性的轉向，而是受到存有論的黏滯力（煩）所摩擦，受到物質的慣性所牽引，而非精神毫無限制的穿越時空的能力。然由身體自身帶出的存有論又是什麼樣的運動？身體存有論又將如何成為身體現象學的「語言」呢？

想必這是一種獨特的語言，它橫跨存有論與現象學的基本元素，並結合在身體柔適照顧的技術裡。於臨終世界裡，一般理性的話語並無法承擔隨著肉體崩壞而帶來的存有破裂。照顧者往往仍處於生活世界的表面憂煩裡，卻無法認識「人只能在底世界裡相遇相知」（2007b: 29）的這層內在性的關係。但因長久以來我們將意識比喻為白日的清明，比喻成語言與符碼的表達，於是在無法言語與思考的臨終處境下，「底世界的相知相遇」只能以暗夜潛行的姿態出現。余德慧老師捉緊了暗夜潛行的「姿態現象學」，遵守讓臨終現象本身呈現的現象學原則，以及柔適照顧之身體／物質的倫理技藝學，開展了「冥視空間」至「身體空間」的研究歷程。

因而，轉向內在性的同時，經歷了 2009 年後定義的「冥視空間」，也產生了一種新的「身體空間」（2008 年的術語）感受。「身體與其近接的心智意象之間的空間，本研究稱之為『冥視空間』的現象描述與理論的梳理」（2009a: 6），我們從「深沉的陽性走向深沉的陰性」，也從意義的表象性走向「物質的原初性」（2007a: 23）。這種走向是種斷裂的踰越，因之分離了舊有的世界，走向原點的世界；從既有的力學與重視視覺外觀的物理對象關係，走向新的「身之心理」（the Psyche）與依賴著冥視而成的物質原初領域。這領域必須是物質性的，因為它承受著力的關係（膚慰、體位、頌缽的技藝）；相較於此，心理或意識的運動則無以產生「力」的作用。另外，它是原初的，因為中介的意義並不在於尋找類比的普遍性，而在於媒合個體性（2012b: 9）的生成。然而技藝的可能性又在於身體自己的素樸性，身體忠於自身的現象學，它並不需心理或意識的人為突起，不需要人為俗世的噓寒問暖。由此得知，找尋中介的意義有二：例如頌缽，它是作為中介的、非技術的運動，「同時頌缽與泛音……完全以其素樸的物質性——波動與震動——在身體裡產生一個空間」（2008b: 1）；這是居於不同界面的

生產性中介。此外，身體裡的「聲音空間」又可以作為其他內在性的「中介層」（2012b: 12），讓純然內在性和外在的符碼世界之間取得聯繫，此則屬於發生場域的中介概念。

經由突出物質性（肉體性）的概念，有助於臨床心理學擺脫觀念論的作祟，「直接攻入身體所直接生產的心理事實」（2009a: 21），因而「身之心理」成為柔適照顧的施作場域。當然這兒的物質性並非物理的物質性，然這已預示了「身體空間」概念的出現，因為「身體」與「空間」俱與物質性相生相連。[5]

聲音空間與身體空間

在上述 2007 年左右之相關研究裡，身體空間或身體現象學的術語並未成為正式概念。直至 2008 年因柔適照顧技術的成熟，特別是通過頌缽與泛音的實踐研究以及「聲音空間」的發現，將身體空間與柔適照顧聯繫了起來。[6]

頌缽是經由簡單的缽聲所傳遞的聲音空間，它不需要過多人為的技藝，但反而能達成更多非技藝的技藝。關於缽聲的奇特性，我們可以做以下理解。打從一開始，物質性是由缽聲所承載的，而身體作為缽聲所感知的場域，或者缽聲在身體場域內打開一個「聲音空間」；[7]「聲音空間的奇特之處在於：它是經過身體感官對缽聲的物質性進行搓合而產生超越物質性的空間」（2008b: 8）。但是，聲音空間與身體的關係究竟是什麼？一開始物質性是由缽聲承受的，然而一般受動的身體感官又如何承接缽聲的物質性，又如何進行搓合並產生超越物質性的空間？

余德慧老師的做法是援引德勒茲（Gilles Deleuze）關於三層內在性的理論。「德勒茲在《千台原》（或譯千高原）（Mille Plateaux）提到內在性的三個層面，其中最內層是完全無註標的『混亂空間』（chaosmos），它的外

---

[5] 2012 年開始「身體時間」的概念。由「身體空間」轉至「身體時間」尚依賴進一步的研究，如 2009-2012 年關於影像、虛擬與自我感的流動性的研究。

[6] 關於頌缽的詳細說明與研究，請見余德慧老師「頌缽之音與心靈冥視關聯之探討」一文，2012 年。

[7] 「在進入深層的頌缽經驗時，我會開展或進入一個『聲音空間』……。我的身體就是環境，而環境就是我的身體。所以我會覺得那些聲音都是在我的『身體』」（2008b：9）。

層則是由器官註標的感覺，如觸覺、聽覺、痛覺，在這些器官的註標往往形成點的受納器，所以可以獲得有界限的感覺，再往外則是以平面的形式感受，註標是在平面游動的，而非固定的點狀，因此無法追蹤其確切的位置。聲音空間應該就是德勒茲的這個中介層，其外則是通往文字符號所構成的概念、想法，完全以意義來標註」（2008b: 8）。在德勒茲三層內在性的想法裡實現了物質、身體、符碼（精神性）的混成可能性，同時也預示了未來人文身體空間的研究道路。我們可以說，由物質至身體的聯繫是第一階段身體技藝所要努力的工作，而第二階段身體與符碼的混成性則形成身體人文內景的主題，它直接從身體談論人文的傳統與生起，以傳統身體修煉與語彙談論人文的身體。當然，最後兩個方向都朝向著人文療癒與技術的最終關懷前進。

因而在第一階段是物質與身體的聯繫，於頌缽的經驗裡，缽聲開展了某種獨特的聲音空間，這「聲音空間視爲無器官身體的身體空間的一部分」（2008b: 8），而聲音空間被視爲整體身體空間的中介層部分，亦即「到了身體空間這個部位，頌缽聲、催眠者的聲音會在此空間發生作用，並使得意識的觀察者與身體空間脫離，以至於觀察者不去控制、引導身體空間的作爲，任憑聲音的牽引」（2008b: 10）。缽聲帶著其質樸的物質性引入身體空間自身的律動，尋找自身療癒的渠道。這裡顯然有著現象學裡所謂被動裡的主動性質：缽聲的感官知覺，必須先經由身體的原初物質性的指引與流動，而不由通常的感官知覺直接聯繫至意識、精神或心理的解釋作用。因爲一般意識作用會立刻用符碼的方式消解、稀釋了物質性的傳遞，或將物質性的體驗轉換成「能意—所意」的二元對立，其實這剛剛好是解消了我們對物質性原初經驗的認識機會。

於是缽聲物質性的搓合發生在身體空間裡的聲音空間，[8] 它主要使得意識的觀察者與身體空間脫離，產生了超越物質性的空間，帶來的影響包括實現「無主體的自己的漫遊」（2008b: 10），或如同夢境一般，肉體肢節於夢中的虛擬仍得到行動的滿足感（2008b: 11）。因此，作爲柔適照顧的非技術，頌缽或泛音到達意識所不達的身體空間，而成就具主導性的聲音空間，並以其物質力量引導身體空間成爲超越物質性的空間。「開啟另一空

---

[8] 「聲音空間是屬於身體空間，它有身體的物質性，但卻不是一般所謂的生理機制」（2008b: 19）。

間」（2008b: 11），隔絕心智，淡化固定的自我。雖然聲音空間以物質性碰撞進入並開啟另一空間，但既然是物質或超物質的空間就必須有其「動力性質」，或者力與力之間的作用。雖然在 2008 年的研究裡，聲音空間與身體空間之間力（物質）的作用似乎仍不明顯，彼此搓合的機制也未明確，因為身體與聲音空間自此似仍分屬兩個領域，而缽聲與其產生的身體感仍缺乏人文療癒所需要的「人文空間」。缽聲與身體的連結雖然是「非技術」的開端，然而作為「非技術的技術」仍需人文符碼的介入以成為身體的人文空間；或者，缽聲作為開闢身體空間的「人文性」仍未出現，因為物質的身體仍待借由人文符碼的介入以成為人文的身體。亦即上文所提到「中介性」的兩種意義，缽聲與身體因其物質因素而成為具備生產性的東西，它是「非技術」的階段。然另一中介的意義在於聯絡純然內在性與人文符碼，此時則是「非技術的技術」階段。因此，第一階段時，缽聲雖因其非技術的展開而得到如自我脫離的被動感、阻絕心智以至於「自我反歸」等等人文符碼（修煉者的練功、練氣報告，甚至天主教冥想的修煉者、佛教禪宗的坐禪者），但這種解釋的概念仍過於著重現象的個別描述，仍有待於現象學方法的介入。職此之故，於 2009 年之研究開始，經由一些重要概念，如冥視空間裡的半物理論、間隙理論、內爆理論、中介理論等動力性的導入，物質性本身的人文性才於身體空間中得到更深遠的接引，直至身體情緒的現象學描述後，人文與物質性才得其混成的根據，[9] 以進入第二階段的中介性。

冥視空間與身體現象學

於 2009 年國科會計畫余德慧老師提出「冥視空間」的概念：「本研究結合臨床心理與哲學的身體現象學，試圖探討身體與其近接的心智意象之間的空間，本研究稱之為『冥視空間』的現象描述與理論的梳理。冥視空間可以視為現實之外的潛在空間，它的實現必須沿著某些特殊的中介狀態所引出的實在。這個另類空間被看做一般現實反思的世界的前沿，在意象尚未完全形成，而符號意義尚未接應，以致對意識來說是『冥性』的感知，意義尚未被察覺，而身體性的運動現象在進入此空間則獲得迥異於肉體感官的效果」

---

9 物質性之所以重要，基本上是為了柔適技藝，「基礎存有論」必須轉換為「技藝的存有論」。同時身體較心理更為「公道」，如同列維納斯所引「吃飯的人是最公道的」一段話，意謂著物質性有其最為平實的一面。

（2009a: 6）。

　　然而如前所示，冥視空間於意象尚未完成、而符號意義尚未接應之時，缽的物質性如何能於此時之際，在身體空間內達到開闔與引導療癒的效果？缽與身體如何進行物質性的搓合，並做好迎合身體本俱的人文性的準備？對這些問題的反省，余德慧老師是從兩個方向進入的：一是從德勒茲關於身體三層內在性的虛擬作用著手，二是以許密茲身體現象學關於半物與身體團塊動力性的理論著手。

　　關於第一個進路，如果我們從「聲音空間」發展到「身體空間」，而後從「冥視空間」做進一步觀察，似乎可以發現一定的軌跡，而與之平行發展的是轉化「物質性」的變化軌跡。身體或缽聲的物質性在於其質樸與平實的特性，它將過度的符號詮釋「放入括弧」，或者說是向著物質的還原。也因此還原，物質反而被開放出更多的意義：因為物質不再只是存在於力場的被動客體，相反地，由缽聲的空間與動力性，由身體應合所開展與詮釋的內在景觀是有其內在理數的。[10] 關於這種平實的物質性的還原（轉化），余德慧老師援引的是德勒茲關於虛擬的想法，一種「根植於經驗又超越經驗」（2009a: 19）的想法。

　　現在虛擬不再被視為物質性的對立面；反之，因為身體空間是這種另類現實，使得虛擬與現實（物質性已在術語上被「虛擬」現實所取代）不再是對立的東西：虛擬與現實本來就是身體性的流變模式。這一點可以從許密茲半物的觀念得到印證；身體感受，例如：痛楚本身就是現實與虛擬的混成物。擴大這種想法，余德慧老師從德勒茲〈論休謨〉引了以下一段話：「關係的關聯項必須是外在於自身（relations are external to their term），亦即作為「關聯」操作的，且是將異質、多層次的、非論理的外在事物結合，而非透過任何預先構作的觀念論的結合，亦即讓關係真實發生者乃在於我們無法從既有的觀念論所推出者，而真實力量則在於這些真實關係的配置效果，而不是傳統觀念論的關係（如連結論 associationism，關聯 contiguity，拼湊 resemblance 與因果 causality），而是當下的身體現實與虛擬想像的交相撮合」（2009a: 19-20）。

---

10 不像胡塞爾現象學還原的操作，由意識向著意識自身操作而產生超越自我的這種踰越性的預設。缽聲向著身體性的還原是平實、簡單的操作。它開啟的並不是意向結構，而是身體深層的感覺性結構。在傳統身體訓練與修行裡，這種結構也同樣為人文的結構。

因為身體與空間交相撮合的方式，使我們不再固著於（身體—現實感知）/（思想—想像空間）的二分法；也因為身體交相撮合的方式，身體感官對缽聲的物質性進行搓合而產生超越物質性的空間。於是，人文性正式通過身體空間的轉換成為物質的存在方式與配置的效果，也對身體的感知或修煉開展出實際的力道。如氣、脈、靈氣等成為身體修煉的對象，冥視空間成為遊移於思想團塊間的裂隙，而身體空間也因為傳統身體修煉的人文符碼之接引而成為「人文空間」。總之，「設定『身體空間』是揭開感覺與概念之間的不相容性的緩衝空間。身體空間並不是物質性的空間，而是一個可以被人文圈圍的身體感知與符碼混成的人文空間」（2009b: 2），或者，「身體質地建構出的身體空間」（2012b: 17）。原來身體的平直性並不表示它是個蒼白而待解釋的對象；相反，身體空間本身充滿著力度與其「拓樸」關係，也是人文身體修煉的基礎。身體修煉的親身實證與體證就是在刻劃出身體內具的「拓樸」關係，刻劃出身體空間的種種可能性。這就像海德格爾（Heidegger）對身體性（Leiblichkeit）的描述為「讓出一個空間」（Einräumen），而非將身體「置於一個空間」。

轉化與擺脫物質性的概念，成為身體裡虛擬的現實，由非意義性的「聲音空間」、「身體空間」、「冥視空間」，最後到達「人文空間」，成為身體感知與符碼混成與流動生成的虛擬現實。肉身的、物質性的本體以及符碼間的混成運作的機制，是依德勒茲所描述「分化與組合」（2009b: 4）等真實關係的配置效果。空間被視為依配置、間隙作用產生效果的力場，[11] 那麼物質運動的軌跡將被釋放成更原始的時間—影像運動，或經由內爆以將虛擬影像取代現實影像。「德勒茲在電影二書裡從光符（opsigne）、聲符（sonsigne）的運動下手，從物質運動轉化為時間—影像，這個可能性的關鍵在於柏格森時間（記憶）的虛擬生產，亦即一種人為的連結參與了物質的運動，這個使影像獲得綿延的效果指向了符碼參與身體感覺的資質」（2009b: 2-3）。至此，「時間—影像」正式成為人文空間的內容（2009b: 3）而得到操作的可能性，這可能性基於此時已可約略得到掌握的特殊動力性質。這種動力性並不能以傳統的物理或精神觀點加以分析，「因此，夢境分析的錯誤在於將畫面的內容作過度解讀，反而忽略影像運動的參數，如速度、折射

---

[11] 「冥視空間可以視為諸思想團塊的裂隙」（2009a: 16），依裂隙配置而生成的配置是較思想、符碼等精神活動更為原始的精神領域。

等，這些參數直接與身體的緊縮－舒張、幻化生成的來回折疊、皺褶生成有關。唯有後者才是我們所論列的身體影像，它保持與物質性身體相應，並由此揭露其訊息。此訊息並非意識能直接捕捉，亦即，生成依舊是無感知的，人文空間是以身體影像的運動參數獲得訊息，如恐懼、緊悶、歡愉、舒暢等情緒」（2009b: 4-5）。

現在，身體影像不是再現的重製，不是概念的重新捕捉；它展現在身體歸零所蘊含的正負力度與由配置而來的多維空間裡。人文空間以身體影像的運動參數獲得如恐懼、舒暢等情緒，那麼當然我們也可經由情緒（身體情緒）獲得身體影像運動的訊息。那麼，一種關於身體的療癒技藝應是可行的。基於第一種進路所開出的可能性，進一步關於身體情緒與身體動力的說明，余德慧老師援引了許密茲身體現象學作為另一種操作式的進路。

身體情緒與身體內景的描述

釋放觀念論的束縛，並對其動力性質的探討，逐漸可由人文的身體性質產生出更多不同的身體技術，例如：2010 年國科會計畫裡膚慰技術的探討，即奠基在新的身體空間之上。不單立於物質或符碼一邊，強調身體空間物質與符碼的混成的人文身體空間，膚慰的技術更能深入臨終者的冥視世界，得到較為可靠的觸摸與身體情緒的安撫。

站在人文空間混成的想法，如果我們認為，冥視空間是諸思想團塊的裂隙（2009a: 16），而「思想團塊」也同時以「身體團塊」（身體島）而被感受，那麼「身體情緒」的說法就可獲得進一步的理解。前述身體影像、虛擬影像的運動參數，如速度、折射等，這些參數直接與身體的緊縮－舒張、幻化生成的來回折疊、皺褶生成有關。這些動力關係不僅具虛擬的現實性，也與物質性的身體相應，其思想團塊、身體團塊的裂隙與其配置的效果，其於空間（時間）裡質性的配置研究，我們可將其相關研究稱為身體的拓樸學（地型學），或如 2011 年國科會身體內景之現象學描述研究的相關計畫。

另一方面，除身體動力學等配置的拓樸學研究外，對於身體內景的描述尚需被接引至傳統中國的人文技術。此時余德慧老師認為可以從瑞士學者畢來德的莊子書中找到些許契機：「瑞士學者畢來德（Jean Francois Billeter）重新詮釋《莊子》的核心概念：觀、遊、坐忘、心齋等，畢來德獨到之處是他從身體下手，把觀、遊、坐忘、心齋等核心概念從中國文人的手中解放

開來，使以第一次能安心地提出身體的人文空間」（2010c: 9）。事實上，莊子內七篇向來是道家談論工夫論的重要典籍，如今我們談身體現象及人文技術，或許比西方思想家擁有更豐富的文化資產，因爲除了精神分析和變態心理學的反面例證之外，東方文化裡更孕育了各種各樣身體的修行技術，正面豐富了人們平常日用的生活。因此，動力學研究與傳統修行技術的結合將是此內景的大致風光。身體動力學部分則採用德國現象學家許密茲的身體理論，特別是與身體團塊（身體島）相關的半物（Halbding）理論，因爲身體情緒在許密茲的理解其實就是具有動力性質的一種半物存在。

在繼續身體情緒之前，我們似可先做個小結：經由身體空間的發現，德勒茲內在性三層身體觀以及虛擬的說法解釋了人文身體空間混成的內在理由，隨後許密茲身體團塊的動力理論則提供了某種身體技藝操作的可能性（有關身體情緒）。然而個人認爲余德慧老師最艱深，也最深刻的貢獻則在於身體人文景觀的發現，它實際體現在道家、佛家、武術等人文身體的修煉上。如今這些實修的技術反而需要透過身體現象學的語言來加以轉譯，才能被當代學界所理解。但事實上，人文空間的理解並不同於感受性身體的一般認識，因爲人文技術實踐才打開了身體中的人文內景，這是無法光說不練而在意義符號系統中被認識的。這種人文身體可能比感受的身體還要幽微，甚至我們可以進一步認爲，身體人文性的混成狀態更在身體的感受性與意識的符碼接引之前即存在的某種質樸的（身體的、物質的）人文性。

接下來余德慧老師談到身體情緒的概念。傳統的情緒仍被誤認爲情感或心理的範疇，然從許密茲的身體現象學看來，所謂的「情緒」其實都有著身體的「半物」（Halbding）支撐著，亦即，有一部分是身體本己的感覺，有一部分是異於身體的「異物」。我們瞭解到對身體的理解非僅指五感器官的知覺，而是以布滿全身的綜合感知來形成「我可知悉的這一半」，在上面的經驗中，可以看見對於「我」的感受並不是走向聚攏、化約的認識方向；相反的，個體所經驗到的是「我」的邊界消融，與外邊的物質性之間有了共同的質地，此刻意識再也無法維持它本有的符碼形狀，無法反身指稱自我。在半物理論中，身體也可能感受到卻無法指認出的非我經驗（令人無法掌握的另一半）（2011b: 14）。

身體情緒其實也是發生於最內在的「自我感觸」（2010c: 12），或所謂的「身體感」、「身體經驗」的整體感受，它們是蘊含著人文初始狀態的體感（2010c: 11），通過我們一般對生理身體的解釋，人文世界很難進入現實

的身體當中。但經由「許密茲的身體（人文）空間與現實平行的概念使我們得以主張：固然生理的異感有其急迫性與直接性，但並不意味它會擠壓身體的人文空間，而是人必須能在生理反應的同步發展與之平行的人文空間，其作用並不在於改變生理結構，而是微調他的內在性（immanence）」（2010c: 12）。至於微調內在性的可能則依靠如膚慰等身體技術才能得到進一步的發展。

此外，情緒往往有受觸動的性質，在身體情緒的網絡裡，它就是自我邊界與世界邊界的共同觸動，因而具有共同的質地，也是人文符碼與純然內在共振的回響。那麼通過以上的理解，我們是否可以利用肉身的物質性，觸摸在意識裡永遠達不到的他人，甚至通過一種技術，讓陪伴的共鳴回傳至臨終者的內在空間，讓臨終者與陪伴者都能得到某種被包覆與被撐托著的臨終感受？如是爲「透過對身體情緒的現象學理論，具體發展各種微情緒與身體膚慰的技術。『身體情緒』……，用來解釋許多身體舒緩的現象，例如：在觸摸方面，有許多輕微的觸摸可能帶來舒適微情緒（如輕按摩、美足護理、靈氣、洗浴等），在體位方面，也有各種不同的體位姿勢帶來舒適的微情緒（如太極導引、輕瑜珈、入睡體位的調整），在聲音方面，自古就有聽濤、風吹葉聲、夜半鐘聲、雨聲等聽的感覺形象的報導，以及近代的音樂治療，在綜合方面有寵物治療，透過與寵物的觸摸、無語、相對、玩耍而獲得舒適的微情緒」（2010c: 6），進而微調當下身體情緒。

透過身體半物性質，物質性與人文符碼在不同身體島的半物裡，成爲可操作與具體的身體微型「虛擬晶體」（2011b: 12），而身體散布著不同身體團塊與思想團塊的結合、轉換、設置及裂縫間的種種聚合狀態，同時也因其物質性的基礎，各種團塊所處的力量與強度也各個不同。身體情緒正反映了當下設置的整體狀況，並可爲適合的技術次第提供以資判斷的依據。通過身體情緒的碰撞訊息，臨終者與陪伴者共同進入彼此共鳴與「取代運動」（2012a: 38）的身體空間，使得膚慰等技術得以針對身體當下的配置提供不同的操作方式。雖然這種技術仍屬待開發的領域，然這些動力關係不僅具虛擬的現實性，也與物質性的身體相應，其思想團塊、身體團塊的裂隙暨其配置的效果、於空間（時間）裡質性的配置、各種人文技術的修煉方式等等，這些研究共同組合而被稱之爲身體的拓樸學（地型學），或是身體內景之現

象學的描述。[12]

身念住身體技術與身體時間

相對於以上膚慰等身體技術，傳統身體修行技術有著更悠久的發展與傳承。雖然傳統身體修行技術構成中華文化很大部分的人文思想，但通過學者畢來德的人文身體解釋，以及身體現象學的匯通，身體修行技術在某種程度上獲得了身體現象學的支持。「我們把修行界定爲『轉向內在的運動』：透過與自身關係建立生活型態，修行法門被視爲轉動內在性的操作平台」。而此內在性的中介層，可以是「聲音空間」，也可以是「身體島」生成的所在空間（2011a: 9）。因此，「身體性或身體空間恰好在現象學意義的中介，一方面它感觸著純粹內在性的混亂，也接應具有智能的意識。修行的操作平台恰好是作用在身體空間，其療癒的意義則在於身體空間的質變。非修行者意味著全然以外觸爲入處，其身體空間被外觸壓縮到接近生理性而失去調節的能力，只能以調節生理的外觸作用（藥物、物理治療等）來醫療，而非透過『道成肉身』的途徑來發展療癒」（2011a: 10）。

「道成肉身」意謂著身體空間的質變，通過身體情緒與膚慰技術的研究，身體性的虛擬晶體具備不同質的變化以及空間自身的幾何力度。「這身體性的不同質的多樣性，人類在混亂之餘，逐漸在人文空間試圖殺出一條生路，如許密茲採用狹密化與舒展化的不同混合配置，而這與台灣氣機導引（張良維）採用『肢體符號』有異曲同工之妙，但張良維將之外化得更清楚：每個肢體符號都是對身體關鍵體位與動感的標註，這標註可以將幾個不同身體部位的狹密與舒展做出的變化加以標籤，訓練的動功則是要求行動者體察不同部位之螺旋、延伸、開闔與絞轉，訓練的靜功則包含靜心、旋轉、壓縮與共振」（2010c: 13）。

然而，透過身體技術的修行以及身體情緒的控制，「道成肉身」勢必走向更爲純粹內在性的方向。特別是身體情緒的共振不只沿著身體間隙擴展，而是循著時間－影像的方式成爲往內旋的動作：「其意義是內轉的（involu-

---

[12] 有關身體內景的定義：「本研究將身體內景界定爲一種主觀的身體感受，此感受是肉身知覺與人文覺察共謀的混成體，對身體的零度影像是其表徵。零度影像是直接將體感加以捕捉的爲成形的感覺，比明確的感官刺激如疼痛、癢還曖昧，並興起模糊的非我感」（2011b: 13）。

tion），裡頭充滿的是生命感自身，所以也必須是綿延的，任何外邊的智識都無法入侵，或說即使入侵也會發現完全的空城，智識一無所獲」（2012c: 9）。特別是，這裡的身體情緒所依的時間—影像序列與心理情緒是截然不同的，因為例如：「焦慮作為心理焦慮並非來自它具有身體感受，而是有著非常明確的意向意識，時間的方向性非常清楚是指向未來，但身體情緒卻是非時序的時間，換言之，它的時序是交互折疊，而且以非人格（impersonal）的體覺綜合在綿延（duration）裡自行完成知覺，換言之，身體情緒是接近零度影像模式，以迴圈生成的方式在拓樸空間運行」（2012c: 13）。得以容納半物的空間是身體性的空間，甚至時間也拓樸化（空間化）了。每個身體島，或身體團塊所聚集前的引力源，足以吸引情緒的東西進入，形成不同的身體島式的內旋空間，而空間得以物質化，且總是以身體現象的方式物質化的，因此身體外並沒有任何抽象的空間概念。身體島具不同的空間性質，能容納與引蘊情緒物成為物質性的東西，某種情緒得以本質化，或物化的座落點。情緒之半物化之所以可能，是因身體空間所造成的場勢使然。身體場勢不僅物化，並形成個別情緒的物化場，更被刻劃成可能的動力渠道。情緒不斷地在適合的空間裡落腳與執著，以形成黏滯的多重空間。

　　若情緒經由身體現象學的解釋可以得到某種理論上的說明，不過真正的操作則需要不同的身體技術，而身體技術則需更深的人文符碼之接引。在這我們可從東方深厚的身體修煉裡得到印證。身體技術是指「利用一些身體的體位變化、觸摸或聲音，開啟了病人對安適情緒的迎納」（2010c: 8）。儘管身體技術中西皆是自古有之，但是古希臘的認識是從「脫離營養與生長的人類功能」而成就客觀理性，[13] 華人則是「自覺地對於能量和生命力的背離有所損害的認識活動，專注於保存賦予每一個人的生命潛能」。[14] 如《莊子・養生主》：「緣督以為經，可以保身，可以全生，可以養親，可以盡年」，在王夫之氣化論身體技術觀下，便把「督」認為是主呼吸之息的任督兩脈而居其間，「督者居靜而不倚於左右，有脈之位而無形質」，[15] 而「緣督」是

---

[13] 傅柯（Michel Foucault）：《主體詮釋學》，佘碧平譯。上海：人民出版社。

[14] 何乏筆：〈調節生命的能量經濟學：于連（François Jullien）莊子研究及其政治意涵〉。第十一屆儒佛會通暨文化哲學學術研討會——東西政治哲學的交談。2008，新北市：華梵大學。

[15] 這裡的「無形質」相當於許密茲所謂的「無維度」，指的是身體的人文空間，而非肉體。

「以清微纖妙之氣，尋虛行，止於所不可行，而行自順，以適得其中」，[16]
這便是身體技術的說明：呼吸要細、要清，沿中脈而下，直到無法繼續下
去之時自動上升，而形成一個能量的循環。身體的迎納術是以身體進行手藝
般的工夫，使得身體開啟迎納的竅門，但這開啟並非經由意識的導引，而是
身體在「身體工夫」的技藝引導，無意識地開啟，如趺坐、調息、閉目、關
耳、絕外緣等。華人養生從來就是從身體技術下手。道家的修煉無論理論或
操作幾乎都涉及身體技術。（2010c: 10）

　　「人文空間」是「背離肉身的黏性平面而出現的『前符碼』──影像與
其幻化生成的機制」（2011b: 12）。華人對身體並不傾向分析性的思維，而
是透過對身體的高度綜合而獲得的某種對身體的渾然一體，這渾然感非單純
的肉體感受，亦非認知意義可總攝的，而是混合兩者而成。這個混成體在中
醫系統亦視為理所當然。在近代的身體現象學的脈絡底下，華人的混成身體
觀與柏格森以降的哲學家的論點不謀而合，包括法國的梅洛‧龐蒂、米歇‧
翁希、德勒茲，以及德國的身體現象學家許密茲等學者（2011b: 11）。

　　余德慧老師 2011 年的研究由研究生參加頌缽、冥想、動態靜心、太極
心法、做靈氣，偶而做梵唱、真實動作。後來有病人、志工等有興趣之參
與者加入。研究生每週繳交身體描述報告或訪談資料，並於每週進行團體討
論。（2011b: 16）如經驗者可依照自己曾確實經驗到的身體感，進行差異性
的描述，以及知覺運動狀態的辨別，如此，對於既成的體感說法（中醫論述
等）將有機會進行經驗上的對照，排除屬於概念上的制式描述。

　　這些都是余德慧老師團隊近年發展身體內景的現象學論述的嘗試。由
於現代身心學的發展，許多有待發展的身體技術研究都需要對人文身體進行
深描。近代身體現象學的發展使我們得以深化這方面的探討。研究從事的基
礎工作，將有益投石問路之功。培養研究生的知覺洞察能力、現象學描述能
力，讓研究生有機會放下概念優先的意識現象學哲思，能實際在具體處境從
事現象學洞察（2011b: 17）。

　　行文至此，如果我們順著余德慧老師的思想發展脈絡看來，從一開始身
體、物質性、聲音空間以至於虛擬的人文身體看來，人文身體的混成以及其
技術一直是余德慧老師關於身體現象學研究的焦點，而主旨則一貫以人文療
癒的可能性為目的。但是我們絕然不可認為這些都是概念或知識體系上的工

---

[16]（清）王夫之：《船山全集》，第 13 冊，頁 121。

作，否則，這就僅僅成為語言或概念之間的遊戲，成為一種戲論。前述提出了質樸的人文身體，它是一系列地從物質、虛擬、影像，經過內爆、斷裂與皺褶等方式自我完成的，或如習武者的一種說法：身體不到位，勁亦不發。人文身體有著質樸的人文性質（或是零度的身體），因其質樸性而有著與符碼、文化系統得到擴充的人文系統不一樣。人文身體裡的人文性不像是種創作或翻釋，也不談論某種超越出自身的「超級存有論」，反而像是種實在功夫的出離論，或是身體空間「幻化生成」的修行論（2011a: 16），轉向身體空間的非意向、非意識的內在性運動（2011a: 16），甚至是意識被置放的物質基礎。因此，「療癒的發生就是將肉體引渡到身體空間，讓身體空間的幻化生成主宰精神的作用，另一方面，透過修行的操作平台使身體空間逐漸與修行行為發生聯繫」（2011a: 16）。至於在柔適照顧的對待上，「我們設想一種接近主體感覺形象的語詞，可以使主體在意識上接近身體感覺，並發展平行關係，有助於身體技術的迎納程度」（2010c: 17）。

另外，從 2012 年的國科會計畫看來，余德慧老師對身體時間與念住的研究有了更多不同的進展。在我們看來，余德慧老師由身體空間向著身體時間的發展，與身體空間的「幻化生成」之修行相關，同時也由身體空間裡的人文性質，往身體與心的關係進一步發展。關於幻化生成與心的關係，我們已認識到身體修行的目的並不在於達到某種超級存有論或是境界論，而是一種樸實的內在出離論。然而，樸實的出離如何與幻化生成相關？如同痛楚與閒散無事，我們都認識到它們與身體的幻化生成相關，但是在療癒的目的上，這些身體經驗卻大是不同。如同痛楚的苦，如果它本身即是附著在身體空間裡，那麼如何透過身心分離的技術來達到出離的療癒效果？如何能在身苦的當下，依舊能心無惱病（2012d: 6）？如此看來，人文的身體除了空間性的遠近親疏的差別外，是否可能由身體時間性的引入，由時間相位的隱蔽與差別，尋找截然不同的療癒技術？

首先是身體的空間拓樸轉由以時間來生成、以迴圈方式生成的時間拓樸學。對於新的時間拓樸之生成，余德慧老師以胡塞爾時間意識現象學來做說明。對胡塞爾而言，事件 A–B 之間前後關係由「–」所聯繫，然而這是意識對象化的造作。真正「–」所表示的當下縫隙，或從 A–B 相位差縫隙不斷下墜的縱向意向性，已被意識橫向意向性的客觀對象化的相位所遮蔽（2012d: 15）。相位差的客體化是意識對時間的拓樸化，它是由時間流的「回墜過程（A 為當下之前的相位，B 為當下之後的相位），回墜過程發生在 A-B 的

當下縫隙『–』……相位再造（re-modification）（即隨著時間在己影像 image en soi 的演化），相位疊層（相位在時間發展之後返回當下，與當下影像疊起來或組構）」（2012d: 15）所組成，而時間相位的墜回形成虛幻意念駐守的迴圈，而形成對象化的橫向意向，或對象化意向的持續綿延，使得真正的內時間流被意識的客體化相位所遮蔽（2012d: 15）。

　　時間相位差之客體化後，形成純然由時間所製造的迴圈是種不斷地勾連，形成虛幻對象的生起與持存（Verhalt），或聚集之處。如何觀時間相位差而不讓身體時間迴圈依「由時間相位差所空間化的拓樸結構形成」，不讓念駐足於空間化的微型拓樸結構裡，而是持存於縱向的意向之流裡，以接近零度影像的「心」之所在，是為念住修行的根據。

　　念的持存或所謂的執著，似乎在於時間相位差所形成的拓樸結構裡，雖然空間性的身體感受難以理解，但我們仍可用空間的意象來做對比。如果身體團塊是由空間的高低差所形成的凹陷，感覺之流自然迴流在這一局部範圍裡，形成像身體島般暫時穩定的駐留。同樣，即使像意念的幻化生成是不斷生滅的過程，但是它並不真正消滅，而是陷於時間相位差的客體化裡所造成的迴圈，形成念念相續的結構，並以這種念念相續支持著身體團塊的持存。但是這已經是種時間意識的造作，並視各種意念為真實。在這種造作下，苦痛反而無法真正成為苦痛而得以消解，反而是苦痛以虛偽再造的方式不斷持存，而無法讓心苦與身苦和心相分離。

　　不駐足於時間相位差之心相與念的幻化生成，念住修行使得肉身與心的苦受脫離，使「身心訓練到某種程度，人類有能力將身體的苦痛與心分離，使心有能力不隨身苦而苦」（2012d: 11）。從身體時間現象學看來，持駐於時間相位差中的縱向意向性，不讓意識的對象化作用生起，念住於「如實從 A-B 之流，未經過再變異與合成加工。所以，念住可以使痛如實地痛，而非『以為』的痛」（2012d: 11）。因此，「念住訓練是對迎面而來的對象化傾向的消解，而不是一直停留在空茫的空間，所以會往內轉動，而出現各種念頭。這時，身體空間的描述模式已經不夠用，而有內時間描述的模式」（2012d: 14）。

　　「修行」是持續的鍛鍊，與被動的授予「技術」（膚慰）不同。修行以念住的方式直接調理身體的布置，是為體證（2012d: 10）。然而拓樸空間已轉進為時間性的空間（2012d: 10）。畢竟空間仍有內外之分，無法轉向純然內在性。比照於身體空間的技術，若身體空間的技術是轉換身體情緒的現實

基礎，強調的是擴延與力學等「類物理」（2012d: 15）的描述；身體時間則是以拓樸迴圈的方式，直指「念」的幻化生成（2012d: 15），是以時間彼此相位層疊、相位差所組成的念之對象化。而零度影像的模式爲純然的承接、純然的「虛擬」，而它剛好可以對治也是由身體時間本身的相位層疊、相位差所組成的「虛幻」。

　　由身體空間幻化生成的如實虛擬，平實的身體人文性，進一步回到身體時間的如實之心，正視念的生起而不做作，不再尋找中介與迴圈，於念與念的隙縫中自由行走，取消念的虛假性，而讓念成爲念的眞實的祝福時間－空間，或許也是一種稱爲「縈繞空間」的時間吧（2012a: 47）！

　　然而眞正遺憾的是，余德慧老師雖然爲我們開啓了身體情緒及現象的內景序幕，關於余德慧老師和團隊們身體時間之運作與其精進的歷程，我們卻因世事無常的阻隔無從親身體驗並更進一步窺其堂奧。在整理本篇文字時，隨著專心閱讀的過程，卻一直被余德慧老師帶得漸行漸遠，分歧也愈來愈多，恍若置身於波赫士所描繪的歧路花園裡。老是耽於余德慧老師所描述的種種身體風光，一旦想到必須開始工作時，卻發現已無法回到原來的地方再走同樣的道路了。因爲在余德慧老師的文字裡，總是一瞥老師所看到，並允諾的更多前景，在每個瞬間的各處裡閃閃發亮。請原諒學生的愚鈍，並無限感念老師寫下這些文字時的容光……。

結語

　　余德慧老師關於身體情緒與身體現象學的研究，最早始於對陪病經驗研究持續十年的關注，2008 年正式提出柔適照顧的研究，又因柔適照顧技術逐漸成熟，特別是通過頌缽與梵音實踐對聲音空間的發現，逐步發展出身體現象學中關於「人文臨床與療癒」的各項環節。其中包括 2009 年所提出的「冥視空間」概念，結合臨床心理與哲學身體現象學。2010 年國科會計畫關於膚慰技術的探討，即奠基在此新的基礎。從物質與符碼混成的人文身體空間切入，膚慰的技術更能深入臨終者的冥視世界，進行更爲貼近身體情緒的安撫。

　　2011 年研究加入頌缽、冥想、動態靜心、太極心法、靈氣、梵唱等各

項實踐。研究團隊每週的身體描述報告與團體討論，都是依照實際體驗的身體感進行個別性描述，如此，既能與傳統體感學說（中醫論述等）相互對照；卻又不同於純知識概念的描述。

「修行」是持續的鍛鍊，與被動的授予「技術」（膚慰）不同。余德慧老師關於身體情緒與身體現象學的研究最早從上述的陪病、柔適照顧、膚慰技術等慈愛授予之道出發，逐步轉入內在修行，以助人者自身念住之方式直接調理身體的布置，這已不僅僅是個人體證的研究興趣，余老師為我們揭櫫了助人專業者所應當努力的方向：「自助」與「助他」本是同樣的道理，「法尚應捨，何況非法」，在精進修行與慈愛施予的轉角處，自性乍現，療癒便悄悄地發生了。

本文所引余德慧老師著作：

2007a　柔適照顧典式的導言（上）。

2007b　柔適照顧典式的導言（下）。

2008a　相遇與凝視。

2008b　柔適照顧研究成果報告（民國 97 年國家科學委員會）。

2008c　心靈療遇之非技術探討：貼近病人的柔適照顧配置研究。

2009a　冥視空間的探討計畫申請書（民國 98 年國家科學委員會）。

2009b　冥視空間的探討精簡合併版（民國 98 年國家科學委員會）。

2010a　宗教學——余德慧老師『苦痛與療癒』筆記版。

2010b　人文的身體怎麼說？（2010/7/4 發表於「人文臨床與療癒研究發展研討會（第八場次報告）」講稿）。

2010c　身體情緒研究計畫書（民國 99 年國家科學委員會科會）。

2011a　修行療癒的迷思及其進路（修稿）。

2011b　身體內景的現象學描述研究（民國 100 年國家科學委員會）。

2012a　轉向臨終者主體樣態。

2012b　頌缽之音與心靈冥視關聯之探討。

2012c　身體內景的知覺現象與身體情緒。

2012d　身念住身體技術的現象學研究（民國 101 年國家科學委員會）。

參考文獻

石世明、張譯心、夏淑怡、余德慧（2005）：〈陪病伴行：癌末病房志工的良心照路〉。《安寧療護雜誌》，10（4），395-411。

古芳禪師標注（1993）：《標註碧巖錄》。台北：天華。

余德慧（2007a）：〈柔適照顧典式的導言（上）〉。《東海岸安寧季刊》，創刊號（96 年 2 月），頁 21-26。

余德慧（2007b）：〈柔適照顧典式的導言（下）〉。《東海岸安寧季刊》，2 期（96 年 5 月），頁 22-32。

余德慧（2007c）：〈柔適照顧典式的導言〉。《東海岸評論》，210 期，頁 98-103。

余德慧（2008）：〈相遇與凝視〉。《東海岸安寧季刊》，4 期（97 年 3 月），頁 16-21。

余德慧（2011）：〈修行療癒的迷思及其進路〉。《慈濟大學人文社會科學學刊》，11 期，頁 86-108。

余德慧、石世明、夏淑怡（2005）：〈縱深時間與沉默皺摺〉。《安寧療護雜誌》，10 卷（1 期），頁 54-64。

余德慧、石世明、夏淑怡（2006）：〈探討癌末處境「聖世界」的形〉。《生死學研究》，3 期，頁 1-58。

余德慧、石世明、夏淑怡、王英偉（2006）：〈病床陪伴的心理機制：一個二元複合模式的提出〉。《應用心理研究》，29 期，頁 71-100。

余德慧、余安邦、李維倫（2010）：〈人文臨床學的探究〉。《哲學與文化月刊》，37 卷（1 期），頁 63-84。

余德慧、李維倫、林蒔慧、99 頌缽團（2012）：〈頌缽者療遇初探（1）：頌缽之音與心靈冥視關聯之探討〉。《應用心理研究》，54 期，頁 105-131。

余德慧、李維倫、林蒔慧、夏淑怡（2008）：〈心靈療遇之非技術探討：貼近病人的柔適照顧配置研究〉。《生死學研究》，8 期，頁 1-39。

林耀盛、李弘毅、余德慧（2007c）:〈生病作爲一種倫理事件:洗腎者病程經驗的現象詮釋〉。《本土心理學研究》,28 期,頁 79-139。

許敏桃、余德慧、李維倫（2005）:〈哀悼傷逝的文化模式:由連結到療癒〉。《本土心理學研究》,24 期,頁 49-83。

許禮安（2006）:〈病情世界的多重現象分析〉。花蓮:國立東華大學族群關係與文化研究所,碩士論文。

釋宗演（2012）:〈體膚之慰──觸摸陪伴之反身性理解的探討〉。花蓮:慈濟大學宗教與人文研究所,碩士論文。

丙篇
臨終柔適照顧與宗教療癒

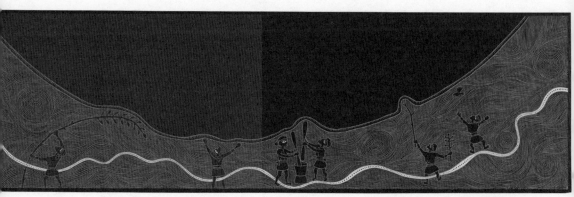

《太陽好低哦》

7 余德慧的臨終心理研究與應用

從心理質變到聖世界

石世明

摘要

　　本文回顧余德慧於 2001 到 2005 年，在安寧病房進行五年的研究計畫成果，主題從臨終過程心理質變，到病床陪伴的心理機制與歷程，再到陪伴療癒的探討及臨終聖世界。這五年的研究爲臨終者的心理靈性轉化（psycho-spiritual transformation）現象做出基本描述，並提出陪伴者／照顧者如何透過陪伴經驗，促發其內心轉化的理論架構，最後發現在生死邊際的照顧場域，蘊含著超越個人的深廣力量。

　　本文也說明，余德慧從實際臨終現場所精鍊出的論述，穿越身心受苦的表象和心理病理的窠臼，不僅爲臨終心理照顧實務，開拓新的理論和視域，彌補傳統心理學對臨終心理領域認識的匱乏，也爲臨終病人和家屬的心理照顧，甚至醫療專業人員的成長，提供具體可尋之方向。依此而形成的照顧行動，有機會爲臨終者和照顧者本身，帶來轉化與療癒的可能。

臨終研究背景

余德慧對臨終現象研究，最早始於崔國瑜的碩士論文研究（1996年）。當時崔國瑜在台北一家安寧病房蒐集資料，余德慧援引 Levinas 的論述：存有者（existents）、存有（existence）、另一種存有（otherwise than being）、他人面容的恩典……觀念，在〈從臨終照顧的領域對生命時光的考察〉一文中，提出當健康者切近臨終者時，產生世界性的轉換，健康者感受到原來逃離存有的距離消失，進入**瀕臨**（proximity）狀態，進而感受到異樣的生命時光。

1996年余德慧移居花蓮，1998年石世明進入花蓮慈濟心蓮病房擔任志工，余德慧受邀進入病房參加讀書會和討論，開始接觸到第一手的病人資料。1999年石世明完成碩士論文，後發表為〈對臨終照顧的靈性現象考察〉，描述臨終過程自我現實崩解所引出的意識轉化現象，臨終者重新與他人及世界產生的締結（re-connection）關係和臨終過程開顯出的「**靈性實相**」（spiritual reality）。

2000年余德慧首度將研究計畫——「臨終照顧與宗教施為」，放入心蓮病房的現象場域，李雪菱（當時之研究助理）隨臨終病人進入佛寺，進一步瞭解宗教施為和宗教存有經驗，如何引領病人進入斷、轉、行的生命轉化歷程，同時也觀察到心智與身體分裂的消解，身心融合所引發的迴旋時間，以及過去和未來歸返至當下，構成具有「**在場性**」（presence）的本真存有。

2001年余德慧開始將整個研究重心轉移到安寧病房的臨終現象，開啟從2001到2005年具有連貫主題的研究計畫。

臨終過程心理質變論述的探討（2001）

理論背景

多數的心理學理論建立在身體狀態良好的前提上，其所衍生之心理議題，經常沒有考慮到身體健康與否對心理造成的影響。臨終處境顯露的事實是：原本支撐自我意識的身體不斷敗壞，在這樣的歷程中，自我意識如何變

化？在身體功能不斷改變、衰弱的處境下，人的心理如何轉變？人和自己、他人和世界的關係如何變化？

若將健康世界中自我意識所構築的一切視爲常態，那麼臨終病人則是進入「非常態」，看似紛雜的臨終心理現象，亦顯露出非「常」樣貌，如：病人的語言無法與指涉的現實對象相連；看著親人，卻不認得親人，內在影像不自主地流瀉出來……。但根本的問題在於：心理學如何能跳脫精神病理學（如：譫妄等診斷），來理解臨終的心理、靈性樣貌，使得涉入此現象中的人，能獲得安慰？

2001 年計畫開始之初，余德慧接觸到 Kathleen D. Singh 在 1998 年所發表的 *The Grace in Dying: How We are Transformed Spiritually as We Die* 一書（中文譯名《好走——臨終時刻的心靈轉化》）。Singh 受超個人心理學啟發，將長期修行的經驗和第一線的臨終陪伴經驗結合，提出臨終心靈轉化觀點，將臨終心識轉化歷程視爲**歸返之道**（the path of return），並提出「死亡是安全的」。余德慧深受此觀點啟發，在長期記錄和分析十二位癌症末期病人的臨終心理現象後，提出臨終四階段的心理質變論述。

論點提出

兩斷階：自我非轉化模型

臨終心理歷程分爲兩個不連續的狀態：一爲以自我意識爲基礎的存在模式，稱之爲「**知病模式**」（mode of knowing）；二爲隨著身體繼續敗壞，在接近死亡前，進入以超個體意識爲主的「**死覺模式**」（mode of awareness）（參見圖 1）。兩種存在模式之間具有斷裂非連續的質性。圖 1 以左右不同兩區域來表示這兩種不同模式，但這很容易讓人誤會，認爲兩者在時間上是對等的。事實上，知病模式占了從重病到臨終絕大部分的時間，僅僅在臨終前才進入死覺模式。

余德慧認爲兩種意識狀態之差異，最重要的是在基本後設機制（meta-mechanism）的不同，自我意識採用鏡相反思，有能力客化外在現實，進而將世界組織起來。然而，心智運作所保有的自我，隨著身體的衰敗而逐漸消融。自我意識經過此斷階，質變進入超個體意識。超個體意識則被假定爲本體反身機制，無法將外界訊息對象化，使人轉入內心領域。事實上，若將死

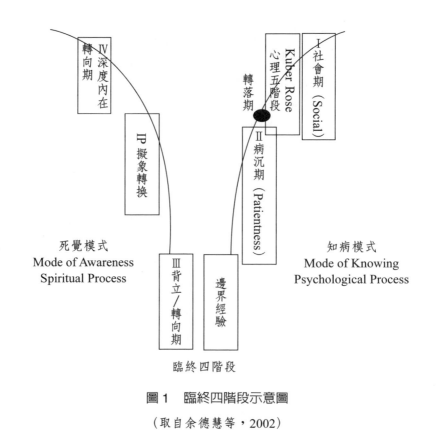

圖 1　臨終四階段示意圖

（取自余德慧等，2002）

覺稱為「不知死」或許更恰當，因在死覺模式中，自我意識消失殆盡，人尚活著卻無法區辨出是生、還是死。

臨終心理之四階段與三轉換

整個臨終心理歷程被分為四個階段，每兩階段中各有一轉換階段。進入重病狀態稱之為**社會期**（I），這時期病人心智自我運作方式和健康人一樣，但身體進入受限處境，失去角色功能而被推到社會邊緣，產生活著的難處。心智自我的運作仍使病人希望保有對他人的倫理性，在認知層面則易將死亡對象化，需透過在世界建構意義，以獲得心理安置與舒適感（不同階段之比較，參見表 1）。對於身體衰敗所引發的自我毀壞，心智自我以防衛、修補或求福佑的方式因應。

表 1　臨終心理四階段在不同面向之特性

面向	社會期	病沉期	肯立／轉向期	深度內轉期
身體功能	受限處境，尚有自我照顧能力	多數的需求都要他人照料	有維繫生存所需之生理功能	無法與外界互動，近似昏迷。剩下身體基本功能與需要
心智運作	·能維持與世界之關係 ·透過語言和意義接世界 ·心智銜接 ·心智推理的邏輯系統	·無法踏實對象化世界 ·不計算	放棄自我，迎向世界前結構被取消，接應外在刺激消制機能。取消意圖·視覺遷要不要活的意識·物與物系統的意義（符碼）關係消失	·萬物流轉 ·自然臨終狀態
意義向度	維持、鞏固自我現實	放棄社會現實、順服·意義要·意義回到身體身體	取消經驗外在世界的心理歷程，進入內在意向（外人不理解）	·心智系統解除殆盡 ·安全過世
時間（感）	世界時間，投入事情	身體時間·本體感受未來性無意義	依賴內在視覺，不自主的生命回顧	如流水一般
空間（感）	想保有社會空間	世界縮小到病床邊	本體反身·參照點移至內在環境	如流水一般
關係維繫	無法履行角色，被推到社會邊緣	放棄社會、咫尺的親近，少數床邊親近者	內轉機制·內心工作，以心象表達一生最深刻經驗	退出世界

各階段之間轉換：社會期→病沉期「轉沓」；病沉期→肯立／轉向期「邊界經驗」；肯立／轉向期→深度內轉期「擬象轉換」

轉落期是社會期和病沉期之間的過渡，主要特徵是當身體整體變差時，心智自我想要把握世界的習性仍存在，看著世界，卻無法參與；想擺脫自我，脫離世界，卻也脫離不了，好像被卡在要上不上、要下不下的懸置狀態。此時，身體失去整體的感受，語言難以描述（認知無法把握）這樣的經驗，身、心、靈處在整體的難受。明顯可見的現象，包括：心智自我顯得脆弱，對身體無以名之的負面感受顯得無所適從，勉強只能用累、沉重來形容；睡眠時間逐漸混亂，時間感從世界時間慢慢回到病體時間。心智難以在此狀態下捕捉到意義，常見的是病人會經歷到時間的空乏，求死的語言（如：希望可以早一點走，不要拖累、受折磨）經常會出現。

　　病沉期（II）和社會期最重要的不同，在於心智自我的轉換，原先想緊抓住世界的自我習性逐漸鬆手。雖然身體功能持續變差，但心智自我能對世界操煩的強度逐漸減弱，放棄對意義的造作，身體和心理逐漸朝向融合，尚保有微薄心智功能的病人，可安住在以病爲主的生活狀態中。整體來說，此階段病人的世界縮限到病床邊，本眞存在模式也逐漸顯露，病人不再使用認知算計來面對現狀，此時所需的是咫尺的親近，如何與他人產生新的締結關係（re-connectedness），換言之透過具有存在感的相伴，病人與他人產生親近的感受，對當下活著本身，體現本眞的面貌。

　　臨床經驗發現，當身體的整體狀態衰弱到一定程度時，有些病人會經歷與死亡鄰近的直接身體經驗，同時伴隨強烈的情緒反應，甚至陷入無法控制的恐慌，此即所謂的**邊界經驗**。此時，對病人而言死亡已成爲一種眞實的身體感受，不再依靠想像而存在。邊界經驗似乎是病人躍入死覺存在模式的橋引，之後的身體敗壞，讓病人身心發展，開始背離世界朝向自然臨終（active dying）進行。

　　當身體持續朝向解組，身體功能開始無法繼續支撐心智與世界之間細緻的對應關係時，意謂著世界之物與個人心智意識之間的聯繫斷裂，人開始**背立（世界）／轉向**（III）另一種存在模式，即從能夠對象化死亡的知病存有，轉向萬物流轉，活著但彷若不在世界（不知死）的自然臨終狀態。此時，對著病人迎面而來的世界，無法在病人身上產生既有的反應，病人無法維持向外溝通的外在意向，而朝**內在轉向**（inward turning）（IV），只對身體的內在意向或心象回應，同時病人顯露於外的語言變得破碎，語言並不帶領行動，語言和對象之間不相對應，時間感也轉爲回應身體經驗的內在時間。此刻，陪病者具體感受到與病人難以溝通，彷如病人一息尚存，但卻不活在世

界裡頭，病人自此顯露出迥異於心智自我的另一種存在樣態。余德慧將背立／轉向之前的存在模式稱爲心理階段，之後爲靈性階段，轉向前心智自我運作能維持心理內容的存在，而轉向後維持心理運作的能力消失，在這裡的「靈性」指稱，與一般在安寧照顧領域的指稱差異甚大，易產生誤解或不瞭解。

臨床現象發現，進入背立／轉向後，病人會不自覺地和內在浮現出的影像（擬象）互動，好像所見之擬象，對病人來說是如實存在。**擬象轉換**（imagery playing）的心理意義在於：心智使用清晰語言來捕捉外界意義的能力已經退位，擬象的來來去去，讓病人不再以自我習慣的方式認識世界，而透過視覺邏輯（不相續）參與內在環境的擬象，讓病人不受外在世界刺激之影響，安全進入心智毀壞過程，而不會驚恐萬分。

在生命最後短暫的**深度內在轉向**（IV）階段，病人的能力已經無法理會外界世界，進入完全的內在環境（類似昏迷狀況），臨床上已經無法獲得報告資料，因此這個階段屬於假設性的推定。病人自我與非自我之間的間隔已不存在，內在意識可能進入類似萬物流轉的自然臨終狀態。人在世界所建立的自我心智系統，走到此已被解除，人在不知死的狀態，離開這個世界。

理論意涵

多數論述將從重病、失能到臨終，視爲自我瓦解的歷程，整個過程自我失落不斷發生。無論是病人、家屬或是專業照顧者，若採用「復健」心態，或想盡辦法要「護住」或「抵抗」自我衰敗的歷程，往往帶來無盡的挫折，最後總以悲劇收場。在此脈絡下，一旦在生命最後，病人意識開始進入與世界不接續，和正常人的難以溝通時，這樣的現象往往被精神病理化，如：被視爲譫妄症狀，並試圖透過藥物矯正。但從心理陪伴角度來看，將生命自然歷程病理化的結果，讓家屬持續經歷失落，同時難以產生有效陪伴。

余德慧採用自我非轉化的兩斷階模式，將病人進入死覺模式的狀態，視爲臨終者和世界的聯繫狀態被解除，形成人尚活著，但不在世界中，進入萬物流轉的宇宙意識。換言之，病人一路接受醫療協助，心智自我渴求人爲保護，但在接近臨終時分，人爲的保護失去作用，自然運作的機制接手，透過身體衰敗，所帶來的心智解構，讓病人透過認知能力與世界產生的連結斷裂，進而回歸到宇宙意識保護的恩寵之中。此外，照顧者透過切近的陪伴，

有機會認識到：臨終不是自我消解的悲劇，而是進入更為深刻的存有經驗。

臨床應用

建立臨終病人身、心、靈發展的理論視框

臨終心理現象看起來紛雜無章，透過對實際現場的深入觀察與現象分析，余德慧等人所提出的理論視框，要指明的並不是現象的事實本身，而是提供照顧者一個觀看之道（a way of seeing），以對臨終身、心、靈發展產生新的態度和理解。

建立照顧者對臨終照顧的基本態度

臨終歷程「不只是」自我功能的喪失和心智自我的瓦解。在身體和心理共同變化的過程中，從社會期到病沉期，自我逐步被消除之外，也帶動本真我（authentic self）的顯露，最後進入不知死的解脫狀態。這是臨終者透過身體的衰敗，協助照顧者認識生命的另一種存在狀態。從而照顧者有機會認識：死亡是安全的，臨終者最後活在沒有世界的萬物流轉狀態，融入宇宙大我，這是臨終者留給在世之人最大的禮物。

建立臨終心理照顧的基本架構

雖然每個臨終病人最後的生命旅程，因疾病種類、家庭背景、個性和準備狀態不同，都有其個別性，但大致上身心靈發展的趨勢，可由本研究所提供的階段歷程，獲得一定程度的理解。經過適當的引導，家屬能夠從病人具體的身心變化過程，更深入瞭解臨終心靈歷程，在認識上能脫離失落和悲劇的眼光，從體會（另一種存有）開始，朝向與生命學習，並朝向以感恩和祝福的心陪伴。

為專業醫療人員找到照顧的意義

雖然醫療人員努力照顧病人，但受照顧的身體卻是「愈來愈糟」，病人也愈來愈難溝通，離健康狀態愈遠。這樣的處境下，照顧的意義在哪裡？臨

終心理質變歷程所揭露的是：在有形的身體敗壞過程中，也孕生出較抽象、難被具象化的心理靈性轉化。如果將臨終歷程比喻爲毛毛蟲蛻變爲蝴蝶，臨終照顧的意義在於照顧有形的身體，進而促發與見證心靈的蛻變。

病床陪伴的心理機制：一個二元複合模式的提出（2002）

理論背景

當病人從健康生活的常態，逐漸往重病和臨終的「非常態」移動時，家屬陪伴的難處日益明顯。在整個身心共同變化的歷程中，家屬內在陪伴狀態有沒有辦法跟隨病人身心改變而做調整？尤其當病人進入另一種存有狀態——「死覺模式」時，置身在以自我現實爲基礎的照顧者，即便內心滿懷陪伴意圖，和病人的物理距離雖近在咫尺，但彼此的心理狀態，卻遠若天涯。照顧者與病人之間深層的情感聯繫，是否有可能發生？家屬在僅有的生命時光，能否能和病人有「在一起」（togetherness）的感受？

論點提出

知病存在模式下的陪伴特性

病人處於不同臨終心理階段，需要不同陪伴方法，使得病人和陪伴者之間的交流得以產生。當病人從社會期往病沉期移動，雖然病人還保留可與他人溝通的心智能力，但原來以外部世界爲中心的意向，逐步轉變到以症狀環繞的身體需求爲中心的意向，病人整個注意力，慢慢由外部回歸到身體（參見表2）。在這個歷程中，病人的自我逐漸消融，另一方面較屬於本眞我的部分，也逐漸顯露。病人和他人的關係，則由對世界／他人的操煩，收縮到病床邊咫尺的親近。此刻，病人有可能和身邊共命、共苦的他人，發展出一種新的締結關係。如果此時家屬在自我狀態下的社會習氣過於濃厚，則會難以接近病人。

此外，病人心智可明確把握時間的確定感，也會逐漸喪失，時間感從對世界投入的線性時間，逐漸回到病體的本體感受。在病體時間中，時間不再

被病人的意識所造作，每個當下就成了活著本身。病人不對外在世界進行認知計算，對事物的操控成分降低，好像不再抓取什麼意義。對於死亡，也不再透過對象化的方式，產生有距離的觀看，而是活在病體的時間中，不問死亡爲何。

表2　從社會期到病沉期心智自我之改變

	社會期	病沉期
意向	以外部世界爲中心	以身體爲中心
自我	自我逐漸消融	本真我逐漸展開
心智自我	認知計算與控制	不控制、不計算、放下
關係維繫	社會操煩、倫理完滿	·咫尺親近、新的締結關係 ·同命共苦（非社會關係）
時間感	·世界時間，過去—現在—未來 ·把握某事，對世界有具體真實感	·病體時間，本體感受 ·當下爲活著本身
空間感	感到受限	安處在病床
死亡	對象化，產生距離，恐懼	難以對象化，不問死

死覺存在模式下的陪伴特性

　　進入背立／轉向心理階段的病人，不再對從世界而來的刺激做太多反應，重病的身體逐漸構成不同於心智自我運作的內在環境，經常病人所發出的話語，是對自己內在環境所做的回應，而無法清楚參照到外在的客觀環境。此刻，若照顧者依舊將病人的話語，與外界事物做對應連結，往往會出現問題，因爲病人和照顧者的話語參照到不同環境，形成各說各話的狀態。顯然，當照顧者無從知道病人的內在環境爲何，就難以接應病人的反應，這也造成陪伴的困境（參見表3）。

　　此外，在「死覺存在」模式下，造成陪伴困境的狀態還包括：病人使用的語言顯得破碎，無嚴謹邏輯，多半剩下和身體需求相關的必要語言，語言和外在世界的指涉對象是解離的（對應不上），語言也不必然對應到對外的

真實行動，通常是對內在心象的回應。對病人來說，時間感回到每一瞬間身體流動的感受，當病人進入此種狀態，一旁陪伴的家屬不僅難以參與，也對病人整體的心智變化感到陌生。

表 3　死覺模式的陪伴特性

存在特性	進入死覺模式之臨終者	陪伴困境
參照點不同	・語言參照到個人內在環境，不具世界意義。進入存有的臨在	・病人回歸內在世界 ・照顧者難捕捉內在意向
話語與行動解離	・語言只達到心象 ・行為回應內在變動	・語言與行動扣連不上關係 ・話語與世界相應的程度少
話語與對象解離	・所視之物與物的意義脱離	・説話的意圖減少 ・病人對世界產生陌生反應
語言破碎	・不採用語言與世界互動 ・只剩下與生理需求相關的語言（必要語言），以反射式回音來回應	・病人和照顧者之間無法通達，照顧者無法從語言上接應病人
內在時間	・內在時間，純粹的時間，身體所經歷到的破碎感覺，時間的每一個瞬間返回到身體的內在流動	・病人的時間無法參照到外界環境，病人活在其中而不自知 ・照顧者對病人感到全然陌生

陪伴者的心理特性

「宿緣照顧者」指的是和病人有歷史關係的照顧者，照顧者和病人有共同生活的歷史背景、相互倫理關係與責任及相互依靠的方式。重病發生後，病人慢慢失去原有角色，進入「病人」角色；而家屬則逐漸被推向「照顧者」的角色。從家屬變成照顧者需經適應，像是：扛起病人身體照顧之勞務工作（如：幫病人洗澡），進行不熟悉的醫療決策和面對病人各種不同情緒等。

此外，在不同病程階段，照顧者需因應病人身體改變而不斷產生的陪伴挑戰。對病人過去的歷史記憶，或對未來可能要獨自生活的想像，也會不自主地來到照顧者面前。整體來說，疾病雖發生在病人身上，但其影響卻延伸到照顧者的社會和心理層面。醫療人員若要瞭解照顧者的臨終陪伴處境，則

必須將以上的種種因素考慮進來，進而看到：陪伴是相當複雜的動態心理歷程。

二元複合陪伴模式

以兩斷階心理質變理論為基礎，從病人和照顧者處於同一心智自我的運作模式，到病人進入「死覺存在」模式後，不再使用在世邏輯與外界互動，余德慧進而提出：當病人進入死覺的存有後，照顧者要發展出「在世陪伴」和「存有相隨」的二元複合陪伴模式（如圖 2 所示）。

在世陪伴模式指的是：照顧者依舊保持在自我現實狀態的陪伴，維持以處理事情為主要基調的自我模式。在心理層面，照顧者需適度脫離和病人的共病感（comorbidity），和病人的衰弱狀態維持距離。如此一來，照顧者才能確保自己的心理健康和自我強度，以維持陪伴所需要的現實功能。

存有相隨模式指的是：照顧者自我狀態經過適度轉化，能夠脫離面對疾病的無助，超越照顧所需的事務處理，而進到類似宗教經驗的存有狀態，暫時解除心智自我，由內而外孕生出親密柔軟和慈悲的存有經驗，使照顧者有機會和眼前的病人產生深度締結（deep connectedness）。

整個臨終陪伴行動是對病人盡責任的常規倫理行動，但在病人進入死覺模式後，照顧者無法透過原來的方式和病人連結，因此需要調整自己的狀態，向病人的存有層面靠近；而在另一方面，照顧者的自我現實並不因與病人在存有層面上的相隨而被取消。

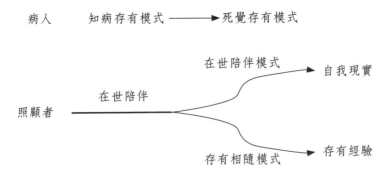

病人　　知病存有模式 ⟶ 死覺存有模式

照顧者　　在世陪伴　　　在世陪伴模式 ⟶ 自我現實

存有相隨模式 ⟶ 存有經驗

圖 2　臨終陪伴的二元複合模式

理論意涵

　　此研究以臨終病人身心共變的動態臨終歷程為基礎，指出在病人兩種不同存在狀態下，照顧者在陪伴上應有不同方向，使得照顧者在心理層面有接近病人的機會。在臨終照顧領域，過往雖強調全家照顧和全人照顧的重要性，意即將家屬的心理需求與整個臨終歷程中病人的身心靈需要，合法地納入醫療照顧領域，但在實際上，向來並沒有足夠的理論論述，來說明家屬的內在心理歷程和需要為何？隨著臨終心靈的動態發展，照顧者在陪伴上所面臨到的課題和困難在什麼地方？也沒有足夠的論述協助專業照顧者，對此現象給予概念化，以引導家屬提供適切陪伴。本研究可說是為此踏出了重要的一步。

　　然而，存有相隨模式的實質內容為何？病人因身體瓦解，心智狀態才進入存有模式，但身體狀態並沒有瓦解的健康照顧者，能夠透過什麼方式，要如何調整，才能夠跟病人存在相隨？這個實際的問題，有待未來進一步澄清。

臨床運用

充實臨終心理照顧內涵

　　臨終心理照顧的主要工作之一，即是在病人不同臨終心理階段，引導照顧者提供適切的照顧，使得照顧者和被照顧者能透過照顧行動而獲得安慰與交流。此研究提出不同心理階段的定性特質描述，讓專業醫療者或心理師能夠給予家屬具體的引導，例如：當心理師評估病人已經進入病沉期，可引導家屬減少具濃厚社會價值的語言，增加具膚慰性質的肢體語言，調整家屬對病人呈顯的品質（presence），引導家屬感受咫尺親近的具體意義。整體來說，具體目標在於促進陪伴的深度與品質。

豐富照顧者對死覺存在模式的理解

　　當病人進入死覺模式後，對於此時所顯露出的臨終心理現象，從不同觀看的角度出發，往往產生不同的詮釋和方法。例如：精神醫療以病理角度出發，透過藥物介入來對治病人的意識混亂。而在民俗心理層次，更有許多歧

異紛雜的看法，例如：病人中邪，或受到過去的業報……。此研究所提出的臨終心靈轉化模式，從病人失去對象化外界事物的能力，和世界脫勾，進而朝向解脫，來解釋此現象。這個解釋模式能引導家屬和醫療人員，產生正向行動來進行陪伴。

以「陪伴能力」取代問題解決

在臨終照顧的實務現場，病人心理靈性需求常被專業照顧者化約爲各種不同形式的問題，再試圖透過問題解決方式，幫病人「解決」問題。例如：當病人將進入病沉期時，習慣操控的心智無法繼續掌控身體變化時，會出現極度害怕的現象。照顧者若將此化約爲「死亡恐懼」，並試圖採取各種手段來消弭死亡恐懼。事實上，是在處理一個「假問題」，因爲這是身體瓦解過程中，心智的必然反應。反之，如果我們接納這是必然的歷程，並將焦點放在如何提升陪伴能力，一方面有自覺地回應病人不同階段的心理需求，另一方面不會被假問題，弄得團團轉。

初探陪伴療癒的型態及其可能（2003）

理論背景

在臨終陪伴處境下，廣義的陪伴者或照顧者，包含病人的至親、好友、志工及醫療專業人員。過往多數研究關注的焦點是：照顧者的壓力、焦慮、憂鬱、無助感、無望感等情緒或因應模式。然而，實際照顧現場卻經常顯露另外一種狀態，有些家屬或志工在陪伴過程中，自己的內在卻意外地經歷了一場驚天動地的改變；病人邁向臨終，陪伴者彷彿也脫胎換骨，對生命產生新的體悟。

余德慧等人在臨終病房實地參與過程中發現這個現象：陪伴者並沒有預期會有內在經驗的變動，也沒有設定什麼樣的陪伴目標；同時，被陪伴的病人也從來沒有要改變陪伴者的意圖。基於此，**陪伴療癒**指的是：陪伴者「不因爲病人的任何意圖，而是以自己的變化爲主體，病人只是被動的中介體，所有陪伴者的內心改變皆源於自身。」有的陪伴者在病人面前懺悔，有的對

過去痛加悔悟，有的則發現生命另一個實在（真實）（reality）。經歷陪伴療癒的陪伴／照顧者，將自我轉換到更大的視框或深廣意識裡，擴大、轉化自己原先對生命的狹隘視野。

論點提出

余德慧將陪伴者進入深度陪伴所產生的療癒現象，歸納為三種類型：

健康陪伴模式

健康模式的產生，首先陪伴者要能適度擺脫**宿緣關係**的束縛，不受沉重倫理張力的拉扯，才能使雙方之間維持最適當的距離。在彼此相伴中，病人不感到內疚，陪伴者也沒有感到被拖累。彼此保持適當距離所創造出的轉圜空間，讓兩者可發展出相互的回饋，如：陪伴者感到自己也有成長，或對原來的宗教教義有更深入的體會。又如：陪伴者試圖用語言建構陪伴所產生的意義，覺得有所收穫，發展能夠讓自己充電的「自我迴路系統」。換言之，從病人端而來的有效回饋，成為陪伴的基本動力，陪伴者和病人之間形成互有作為的邏輯關係。病人得到所需的照顧，陪伴者取得精神回報，兩者保持共同成長。

在此，宿緣關係指的是：病人和家屬在過去的生命歷史中，所累積的角色互動經驗。即便當病人的身體已經虛弱到無法負擔得起原來的社會角色（如：嚴父）時，家屬和病人間的互動，仍受到宿緣關係的規約，受限於原先的角色對待。尤其到了生命末期，宿緣關係常構成陪伴的障礙。

共轉與共現模式

病人不可逆轉的身體衰敗，摧毀健康世界所建構起來的自我現實（ego reality），例如：傷口愈照顧，卻愈破愈大。當病人透過身體衰敗的帶領，進入另一種現實時，如果陪伴者無法離開原先的自我現實，會造成陪伴的空洞；身體實際的發展，總是牴觸陪伴者的意志。共轉與共現模式假設：若陪伴者進入另一個現實，有可能與病人親近。若能穿梭在兩個不同現實中的意義平面，則有機會能脫離自我現實底下的困境。

此研究也發現：陪伴者若進入宿緣關係逆轉（reverse）的現實，像是：陪伴的兒子決意扛起照顧的責任，將自己的角色逆轉為父親，而生病的父親則變成兒子的角色；此時，透過實際陪伴行動，彼此在關係中重新對待，陪伴者和病人一開始對逆轉的關係可能感到陌生，但也因此進入生命未曾有過的嶄新經驗，進而衍生出從未體驗過的**存有親近**（intimacy），兩者的關係於是超越了宿緣結構之限定。

此外，病人和家屬也有可能彼此共築一個**新現實**（new reality），這個現實底下的邏輯，迥異於原先的自我現實邏輯，例如：「人只要感恩，周圍氣場就會好」，「你（病人）專心念佛，得道後，將來可渡我（家屬）。」透過家屬具體的陪伴行動和論述語言，一個新的現實彷彿在臨終陪伴的生活世界中，具體而微地被建構出來，使得原先在自我現實底下的種種困境能被突破。以「得道後來渡我」為例，病人從拖累、沒有未來的人，變成有能力、有未來的人。臨終者和陪伴者進入一個新的意義平面，得以從內在對世界產生新的感知，得以看見以前看不見的事物，甚至理解以前無法理解的意義。

非對象性的自我轉化（他者）模式

當病人接近臨終，原來的社會我將逐漸消融殆盡，如果陪伴者還用舊有宿緣關係來指認病人，其作為只不過在捕捉一個虛幻的影子，原來的熟悉性成了接近臨終病人的障礙，眼前陪伴的臨終者，儼然已經是個全然陌生的他者。於是，陌生成為宿緣關係的解構器，若陪伴者採用宿緣關係的慣性姿態迎向病人，必定會「撲了個空」，因為臨終者早已不在此關係當中。本研究對臨床現象觀察發現，過去生命共同交集了三十、四十年的夫妻宿緣、母女宿緣，在病人成為臨終陌生的他者時，在原來宿緣關係底下的連續性早已不在，取而代之的是臨終者朝著陪伴者迎面而來的裸露容顏。此種對象性的不存在，讓陪伴者對臨終者所投出的慣性失去阻抗，進而促發陪伴者的自我轉化。

陪伴療癒

余德慧指出，從陪伴者與臨終者的關係向度上來看，以上三類陪伴模式

分別在理論上的對照為：對象化（objectified）—鏡象化（mirroring）—他者性（Alterity）。（1）在健康模式中，陪伴者畫出自己和病人之間的界線，保強（護）陪伴者的自我，強調我「能夠為你……」，並和病人之間達到有效的回饋。此療癒之觀念為「自我成長」。（2）在共轉模式中，陪伴者和病人進入共同想像的意義平面，兩人在精神上形成相契合的交流。這樣的陪伴，使得陪伴者更改了他的主體意義，但主體自身仍未改變。（3）在非對象性的自我轉化模式中，陪伴者在宿緣的盡頭徬徨無依，陪伴者受到病人的面容所召喚，進入陌生之地，不再做自己。而此非對象性的自我轉化，將引領陪伴者進入更深層、富有內心療癒的陪伴。

理論意涵

　　一直以來，多數論述將病人這一端所經歷的臨終過程，視為一個不斷失落的過程，也因此在陪伴者這一端，著重的是面對失落所造成各種形式的哀傷。而這樣的論述，將面對臨終所引起的種種失落視為病態或缺陷，進而透過問題解決來加以矯正，以期回復到常態。

　　余德慧等人從實務現象中卻揭露了迥然不同的視角，來看待整個臨終陪伴歷程。此研究具體展演了透過臨終陪伴，照顧者有機會獲得不同層次的療癒經驗。換言之，在種種自我失落的表象底下，深層的人性共振能激盪出提升的力量。像是在健康模式中，病人和陪伴者能在維持適切的距離下，透過意義建構產生精神迴路，提升自我。在共轉模式中，透過創造另一個現實，培養不同觀看生命的眼光，來疏通自我現實的困境。

臨床運用

健康模式：促發病人和家屬（陪伴者）共同成長

　　健康模式指出，家屬常受制於過去宿緣關係，採用慣性角色對待的方式與病人互動，以至於當病人逐漸遠離健康狀態時，家屬無法給出病人所需的陪伴品質。因而，專業照顧者在評估照顧方案時，需考慮當病人一步步受到疾病的威脅與改變時，家屬在既有的宿緣關係底下所給出的照顧行動，能否和病人維持一個適當的轉圜空間，並協助家屬覺察：家屬情緒涉入的深度，自我感的維持，以及陪伴照顧經驗如何與家屬本身的生命經驗對話。進而，

引導家屬在和病人共同交集的自我現實底下，發展彼此可相互接應的精神性迴路；協助家屬透過語言的敘說和指認，肯定家屬的付出能夠從病人端獲得有效的回應；在家屬端，也能從照顧行動中體會照顧的意義，提升對生命的認識。整個來說，陪伴的過程即是家屬和病人共同成長的歷程。

共轉模式：開拓意識領域之多重現實（multiple realities）

共轉模式旨在協助專業照顧者瞭解到：在面對臨終處境時，自我現實的有限性。因此，如何能夠發展出不同的現實，建構另外可能的意義平面，使得家屬和病人之間發展出一種新的連繫關係（re-connection），彼此能夠蘊生新的對待方式。余德慧認為：開拓意識領域的多重現實並非容易的事，可說是專業照顧者的一個挑戰。本研究提供逆轉宿緣關係的觀點，透過病人家屬的機緣性條件和信仰，以及由照顧行動充實新的現實等例證，可為專業照顧者指出此模式的方向。

他者模式：認出超越的力量

在臨終照顧場域，專業照顧者偶而會發現：家屬似乎在突然間就經歷了極為深刻的改變，或者在一陣折磨之後，和病人的關係突然發生一種跳躍式的質性差異。然而這些改變，對每天在病房進出的專業照顧者來說，似乎難以釐清原因。本研究提出的**他者模式**，以病人自我消融作為起點，使得家屬失去了病人作為宿緣的對象性。此時，臨終病人對家屬來說是個陌生的他者，進而促使家屬進入深度的轉化。這個理論觀點能夠引導專業照顧者進一步覺察到：在臨終狀態下，陌生他者性之存在，可能帶來具有轉化的超越力量。

臨終病床陪伴的倫理／心性之間轉圜機制的探討（2004）

理論背景

當生命往臨終的「非常態」移動時，病人的自我透過衰敗身體的帶領，

逐漸朝向自然消融。余德慧等人（2002）的研究指出：當病人進入背立世界，轉向存有的狀態時，照顧者若能暫時性地解除自我，就有可能趨向內在柔軟慈悲，產生與病人相隨的存在經驗，或開啟照顧者的內在本心。但後來兩年的臨床資料顯示，宿緣結構一直限制陪伴者的轉化，加上陪伴者「沒有」身體崩解作為基礎，那麼，處於自我現實底下的陪伴者，如何透過在旁陪伴而能促發內在深刻的轉化？既有的宿緣結構，有沒有解構的可能，使得陪伴者有機會對進入存在經驗的臨終者產生接應的可能？這些皆是重要而有待回答的問題。

論點提出

自我倫理與惻隱倫理

自我倫理指的是：以自我為基礎所建立的倫理秩序，其根本來自自我的本體性。從自我倫理出發，人際間的對待具有相互性、互惠性，以形成必要的社會（人際）秩序，如：對父母盡孝心、對配偶負責任。然而，到臨終前，病人的自我消融，處在人活著卻「不在」世界的狀態時，置身在自我倫理下的陪伴者，清楚感受到和病人的陌生、彼此的距離遙遠。

於是，余德慧提出了**惻隱倫理**（**應答倫理**）。**惻隱倫理**來自列維納斯（E. Levinas）對**他者性**的構想。當陪伴者面對眼前「陌生」的病人時，切近的產生是來自對衰弱他者臉孔的應答，使得那保護自我的內裡直接往外翻，貼向病人的臉孔。誠如列維納斯（1991）指出的：你臉孔的來到，永遠比我的應答早到。陪伴者受到臨終者臉孔的召喚，「無法反思」，透過和他者臉孔的直接照面產生直接的接應行動。這樣的行動不依循自我意識底下的倫理法則，卻是實現「為你……」的要求。在惻隱倫理當中，我（陪伴者）與他者（臨終者）之間的關係是不對稱的，也沒有相互性和互惠成分。

陪伴者本心開顯之存疑

余德慧（2001）認為，陪伴者經由本心開顯，或依靠心性存有的善，有機會與病人產生深度的關係。他也反省到：病人和病人之間，因著身體衰敗，比較可能透過彼此本心開顯而產生深度的締結關係。然而，健康的陪伴

者之身體條件並未改變，大都只能在認知範疇中設想死亡，難以透過在認知層面的改變而開啟本心。臨床現象顯示，多數陪伴者與臨終者之間的隔閡甚深，雖然少數案例有明顯轉化，但其中的動力並不清楚。如果要對陌生狀態下的臨終者產生切近感，陪伴者的心理歷程很可能需要經過必要的質變。

陪伴者經歷「背立轉向」

余德慧指出，陪伴者的心理質變始於背立自我意識，透過直接照面，轉向無限的他者。應答倫理（惻隱倫理）超越了個人所存在的本體性，即「超過自我本體的倫理」（Goodness beyond Being），此應答倫理的發生，始於來到陪伴者眼前的病人面貌，陪伴者產生了「非得接受它召喚不可的義務性」，因為自我的**易毀性**，無法抵擋他者面容的來到，與他者的照見使我的最內層往外翻，讓我不得不對臨終者應答。

如此的背立轉向，使陪伴者突破了作為存在者的身分和自我的限制，而讓時間回到當下，甚至叩向無垠的宇宙。因此，余德慧在理論上做了一個轉折：並非臨終者的悲慘處境，引導陪伴者的本心開顯，而是陪伴者在與「無法被概念化之陌生他者」直接照面的當下，對臨終者進行接應，使得惻隱倫理得以現身。

理論意涵

承認自我意識的侷限性

我們認為自我意識能把握心理變化，想透過心理治療技術的精細操作，來改善、提升陪伴者心理品質。在此脈絡中，我們似乎預設了，自我意識有辦法掌握整個臨終的全局。然而，此研究所揭露的是，朝向死亡本身，具有一種全然的異己性，健康的陪伴者只能「思考」死亡，但死亡本身卻不是意識所能夠體認和覺知。即便陪伴者對臨終者能夠有近距離的陪伴，但我們充其量也只能夠獲得對死亡的某種認識。對陪伴者而言，死亡總是一個外在於我的「對象」，而不是在自我意識之內，能被把握的經驗。

打開一扇超越自我意識的門窗

余德慧所提出之惻隱倫理或應答倫理，提示了從面對他者性，所產生的一股超越自我本體的轉化力量。雖然，此力量難以被自我意識清楚把握，卻又在臨終片刻，具體展現在陪伴者對於臨終者的應答行動中。因此，當陪伴者有機會能夠背立於自我意識，並轉向無限的他者，也就是不要輕易地採用自我意識，去化約陪伴當中所見的現象，或企求獲得某種有限的理解，同時透過真切的陪伴，讓病人的臉孔、聲息和陪伴者無法掌握與理解的一切，跟陪伴者的存有經驗交流，如此一來，陪伴者有機會超越自我意識的範疇，從臨終陪伴中獲得不同經驗，進而對生命產生不同的理解。

臨床運用

從認知思考到具體體驗

臨終照顧專業人員經常引導陪伴者尋找或創造「陪伴的意義」，希望透過尋找意義，使得對受苦的陪伴行動得以繼續。獲取行動意義是心理照顧重要的一環，透過思考死亡，或陪伴中的種種感動，有可能讓陪伴者對生命有新的領會，或對陪伴者未來的哀傷適應有所幫助。由此態度而生的心理照顧，將心理介入放在陪伴者的認知層面，透過思考死亡或陪伴歷程，協助陪伴者獲得新的理解。

然而本研究所揭示的是，透過某些機緣性的產生，陪伴者有機會進入應答倫理之中。在面對受苦他者的當下，陪伴者無法以認知思考，或採取有距離的方式，觀看自己和病人的互動，而是透過直接體驗，去領受他人對陪伴者存在狀態的衝擊，並產生立即接應。臨床經驗發現，陪伴者往往需要經過一段時間，才能逐漸反思這樣的經驗，或者需引導才能慢慢釐清此經驗的意義，而惻隱倫理的顯現，似乎能導致陪伴者產生深刻的改變。

看見模糊的他者性

本研究提出的應答倫理與他者性，使我們能進一步細緻化對臨床現象的理解。當應答倫理時刻發生時，在病床邊可見的現象，可能是陪伴者受到

巨大衝擊，或有強烈的情緒反應，或有是一種難以言說的深廣經驗。感受到強烈的情緒經驗，陪伴者可能希望對此經驗產生理解，也可能希望逃避此經驗。惻隱倫理的提出，讓專業照顧者能進一步思考和辨識模糊的他者性對陪伴者的影響，以及惻隱倫理的顯現，對陪伴者可能導致的深度改變。然而，要透過語言來接近個人的存在經驗，本來就不是件容易的事，這部分則需更多的經驗描述，才能夠更具體化他者性和應答倫理的內涵。

探討癌末處境「聖世界」的形成（2005）

理論背景

當研究進行到 2005 年，臨床現場出現了一個難以規避的現象：醫療團隊照顧一位 30 幾歲的癌症末期病人 —— 金浩，在他住院過程中，醫師、護理師、心理師、神父和許多志工，都因爲陪伴金浩而各自經歷不同層次的改變：哭泣、懺悔、啟悟、沉默、成長、感動，志工們甚至組成「金浩團」。接觸過金浩的人，內心莫不受到深刻的引動。金浩是位原住民，淋巴癌末期病人，雙腿因故被切除，需坐輪椅。他既並非聖者，也不是高尚的道德者，更無意改變任何人，但陪伴金浩卻讓整個安寧病房進入一種奇妙，具有神聖感的氛圍。

整個金浩現象促使余德慧研究團隊對臨終現象，進行更進一步的統整。在心理質變的研究，余德慧（2001）發現：臨終身心共變的過程中，身體衰敗引領病人產生良善的開顯和心理的質變。接續幾年的研究則發現，陪伴者切近他人的死亡，有機會獲得精神轉化和療癒。金浩現象則是結合：病人良善的開顯和陪伴者的療癒爲一體。這也讓我們看到：在癌末病房的生死交際處，從病人身體衰敗和照顧者的切近陪伴，透露出一股具有超越的力量。

論點提出

宗教經驗始於視域之外

余德慧同意宗教人類學家 Thomas Csordas 的觀點，認爲：保留在經驗之

中的宗教經驗，具有不受掌控的他者性徵，主體得承受來自視域以外的異己性衝擊。宗教經驗的超越是由「**視域之外**」（outside of horizon）的「**非主體**」（the otherwise subject）所發動，而獲得一種不自主流露的宗教神聖情操。

對於神聖經驗，余德慧採用巴塔耶的論點，指明神聖經驗本身，無法被語言所框限，而是從內在淋漓盡致地活出的體驗，這樣的體驗本身，無法透過理性來思考，也不存在我們的視域之內（域內）。因此，宗教經驗被認為來自「全然的他者」，使自我進入「不識」的狀態。在經驗發生之後，人想透過語言來捕捉神聖經驗，但事實上，這反而遠離了原初的真切體驗。亦即透過知性的認識，「否定」真切的終極體驗。雖然，這是俗世世界運作的必然，但卻遮掩了我們對神聖經驗的認識。

「非……」：經驗之外的力量

金浩的處境使得接近他的人，得以觸碰到自己的存有層面中，被理性剔除的部分。當「金浩領域」讓進入此領域的人直接勾連到自己存在的渾體空間，此時語言退位，個人過去習慣依靠的處理和控制機制，也突然地崩解了。進入此領域的人在理性與語言失效的靜默中，深度情緒獲得抒發，讓人有種「寧靜清澈」的感受，原本被理性隔開的經驗，似乎重新被體驗到，彷彿人與人之間有個祕密通道，也被打開。

金浩現象具體地展露出：語言之「非」，社會性之「非」，作為之「非」，自我之「非」，使得接近金浩的陪伴者，能夠脫離自我意識的計畫與籌謀，進入「非知」的體驗，領受到另一種存在經驗中的盎然活力。

癌末處境是無法規避的聖世界

從自我意識的角度來看，癌末的處境是種「非」常態，所有人生在世所建立起來的東西，都得一一剝落，超越意識的存在狀態，不斷裸露出來。在健康狀態下，理性所忽略的「非知」變得明顯而難以規避。在癌末處境下，「邏輯的籌謀路線必須斷裂，目的論的踐行必須拆毀，只有這樣，神聖的內心體驗才能流溢而出……。」

理論意涵

放棄人造與控制

本研究透過對臨終場域聖世界現象的分析指出：神聖的發生來自於域外的作用，人無法透過「設想」來把握域外。這樣的論述，似乎澈底地放棄了透過人為的造作，對末期生命樣態產生控制。相較之下，在臨終照顧的醫療領域，靈性平安、心理成長經常是專業人員提供照顧的主要目標，在實務的照顧行動中，專業照顧者往往提供許多不同的教育方案、治療技術，希望透過專業的引導誘發，提升病人的種種內在品質。醫療照顧行動的產生，有其場域與情境的需要，雖然專業者願意承認，有形的生命會自然走向終點，人為操作對身體的干擾與控制，應該要減低，但在心理、靈性層面，我們仍須有積極作為，以協助病人平安無憾地走向生命終點。然而從更大的聖世界架構來看，專業者在自我意識底下所進行的操作，是否具有足夠的力量，引領病人進入靈性的深度，抑或是反而因為在自我意識底下的引導與控制，卻削弱了域外經驗？本研究所提出的域外論述，提供專業者從另一個角度來思考人為介入的意義。

真正臣服於生命流轉

在臨終照顧的實際場域中，常看到有些病人在前一天，還對許多事情充滿執著，但卻在隔一天，病人的內在似乎產生了巨大的改變。類似的狀態往往讓專業照顧者和家屬難以理解。本研究透過對金浩現象的分析，提出有許多超越意識層面的經驗，在語言之「非」，社會性之「非」，作為之「非」，自我之「非」……的經驗層次中發生，而既有的語言和概念，往往無法捕捉這樣的體驗。一旦生命更接近末期，域外經驗的降臨，意識無法清楚捕捉的經驗，似乎變得更加明顯。

本研究的另一個意涵在於，照顧者是否能清楚認識到：真正臣服於生命流轉的重要性。我們是否深刻體認到：從人為的介入意識中抽離出來，從求取靈性平安、心靈成長的介入行動中退一步，認出可能的域外經驗之發生，觀看此經驗對整體生命流變的影響。換言之，照顧者真正地臣服於生命的流轉，才能夠有機會見證、欣賞臨終者心靈在自然狀態下所產生的改變。

臨床運用

重新省思「開放」與「接納」的態度

余德慧對癌末處境聖世界的描述與理論提出，讓我們重新思考末期生命照顧應具備的基本觀念與醫療介入態度。在心理照顧中，開放和接納的態度，對於引導病人的改變很重要。但真正的開放與接納，是否也能夠包括將「域外」的經驗給含括進來？換言之，照顧者是否願意在自我意識底下讓出一些空間和時間，使得超越語言之外，超越概念和社會價值的域外經驗，能被我們看見。

在實務上的做法，像是覺察到對照顧者和病人未知的經驗開放，並接納病人在表象上的受苦。多數狀態下，專業照顧者希望很快能夠將病人的當下處境，概念化成為種種可理解的問題，然後再一一加以處理和解決。這麼一來，域外經驗、神聖經驗不是被化約、收攏到我們既有的理解架構，就是被我們所遺漏或視而不見。特別是在臨終心理靈性層面，專業照顧者強大的介入意識，一方面將病人的經驗問題化，另一方面也取消了臨終者所經歷到的神聖經驗。於是，儘管專業照顧者能從病人的表達中捕捉到看似靈性的片段話語，但卻難以觸及病人內在豐富壯闊的實質體驗。

重視人與人「之間」非語言層面的交流

以臨終病人金浩為中心的聖世界描述，也讓我們瞭解到：營造一個具有轉化能力的臨床場域之重要性，這樣的做法是將心理介入，從個別病人的心理處置中脫離出來，進入人與人之間基本的交流關係，以及充滿愛、開放與接納的環境。整個聖世界雖然以病人的受苦經驗和域外經驗作為動力中心，但病人的遭遇與改變，卻也構成了在旁陪伴的專業人員、家屬或志工的「域外」經驗。而在病人與陪伴者之間，許多沒有目的性、不落入預設狀態，以及缺乏行事邏輯的非語言經驗交流，往往將病人和陪伴者帶領到另一個經驗深度，進而讓人對原來的存有狀態或問題產生不同的理解。然而，對於非語言經驗的捕捉，因為缺乏一致的準則而容易落入個人的主觀評價，這也構成了醫療專業理解神聖經驗的難題。而對心理專業來說，如何能夠對臨終的聖世界現象，先不予以概念化，使得之後對非語言的經驗能保有更豐富的理

解，在進行的方法上也同樣存在著挑戰。

結語

　　本文回顧余德慧及其研究團隊從 2001 到 2005 年在安寧病房中所執行的研究計畫，從以病人心理質變爲開始的研究，提出病人在整個臨終過程，心理靈性狀態隨著身體的衰敗，而進行動態改變；到陪伴者可能的陪伴模式之提出，陪伴者經驗到的療癒型態和可能機制；一直到探討臨終病房聖世界的形成。這五年的研究主題可說是相當連貫，含括臨終照顧現場不同角色（病人、家屬、志工、醫療專業照顧者）的經驗，試圖從不同理論的援引，爲臨終照顧現象打開一個更大的理解空間。本文也嘗試提出這五年研究成果所延伸的意涵，及其對臨床心理照顧的實務工作所能夠給予的實質引導和應用。余德慧這五年的研究，無疑爲臨終現象做了整體描述，也提供了相當具有開創性的視框和理論架構。往後如何在此基礎上，對臨終心理靈性轉化有更細緻的論述見解，並在實務現場發展具體的照顧方法，深化臨終心靈陪伴的品質，就有待後人的努力了。

參考文獻

石世明（2004）：〈臨終陪伴的基本觀念〉。《安寧療護會訊》，53，17-23。

石世明、余德慧（2001）：〈對臨終照顧的靈性現象考察〉。《中華心理衛生學刊》，14（1），1-36。

余德慧、石世明、李維倫、王英偉（2002）：〈臨終過程心理質變論述的探討〉，宣讀於第二屆「現代生死學理論建構」學術研討會。嘉義：南華大學。

余德慧、石世明、夏淑怡（2006）：〈探討癌末處境「聖世界」的形成〉。《生死學研究》，3，1-58。

余德慧、石世明、夏淑怡、王英偉（2006）：〈病床陪伴的心理機制：一個二元複合模式的提出〉。《應用心理研究》，29，71-100。

余德慧、石世明、夏淑怡、張譯心（2004）：〈初探陪伴療癒的型態及其可能性〉。宣讀於第四屆「現代生死學理論建構」學術研討會。嘉義：南華大學。

余德慧、石世明、夏淑怡、張譯心、釋道興（2006）：〈臨終病床陪伴的倫理／心性之間轉圜機制的探討〉。刊於余德慧編著：《臨終心理與陪伴研究》。台北：心靈工坊。

余德慧、李雪菱、李維倫（2001）：〈臨終過程與宗教施為〉。《生死學通訊》，5，4-21。

崔國瑜、余德慧（1998）：〈從臨終照顧的領域對生命時光的考察〉。《中華心理衛生學刊》，11（3），27-48。

Kathleen D. Singh (1998). *The Grace in Dying: How we are Transformed Spiritually as We Die.* New York: Harper Collins.（中譯本：《好走——臨終時刻的心靈轉化》。台北：心靈工坊）

8 對安寧療護臨床心態的現象考察

安寧療護的本土化模式

許禮安

前言

這篇論文延續我在民國 100 年（2011 年）10 月 1 日到國立台灣大學參加「生命教育學術研討會」的會議報告論文：「對安寧療護臨床心態的現象考察」，變成「對安寧療護臨床心態的現象考察之二──安寧療護的本土化模式」，本來想訂題目為「泥土化的安寧療護思考」。我曾聽說有兩岸三地的中國人參加「亞太安寧療護國際會議」用英文在辯論，當年安寧療護界還在崇洋媚外的時候，我就已經開始思考「安寧療護的本土化模式」。

民國 101 年（2012 年）文建會改制升格為文化部，第一任部長龍應台女士宣布「四大綱領」：首先就是「泥土化」，於是我所思考的「安寧療護的本土化模式」就變成文化正確而且還是政治正確！台灣安寧界大老之一的台大醫院陳慶餘教授在民國 101 年安寧年會中發言指出：「不要每年的安寧年會都找國外或香港的專家來演講，我們必須發展本土化的安寧療護！」

十年前我寫下這段「後記」：「92 年 10 月 24 日 15:10-17:00 高雄小港醫院『安寧療護進階課程』，演講題目『打造本土模式的安寧緩和醫療模式』。本篇文章是為這場演講而寫，但確實是多年胡思亂想所產生的一點心得，希望藉此帶來一些刺激與辯論，讓安寧療護的本土化可以得到真正的開展。」

這幾件事讓我確定自己走在前方的「遠見」，於是決定以自己十年前這篇「安寧療護的本土化模式」文章作為骨架，重新思考並且改寫細節，紀念恩師余德慧教授多年來的帶領，讓我走在安寧療護的路上一直與眾不同。不

學無術且不才如我，連寫學術論文都不想按照學術規則或慣例來寫，希望大家在紀念余德慧教授之餘，也學會余老師對我的寬容大度。

余德慧教授多年來打破學術規範，指導出許多風格特異的碩士、博士論文。余老師曾經跟研究生們說：「學術不能一直躲在象牙塔裡面，一定要進行『學術雜交』（產業界稱為『異業結盟』）才能開展出新的道路。」而我這個家醫科與安寧緩和醫學專科醫師，決意如此奉行余老師給我們的指導與傳承他的精神。

思考安寧療護的本土化模式

在年輕生命的轉彎之處，在絕大多數醫師避之唯恐不及的死亡陰影之中，我從事安寧療護二十多年來，偶而的欣慰與經常的挫折都只是命運的必然。心裡的困惑卻一直揮之不去，總是在面對所有處置時都如影隨形：既然安寧療護強調尊重病人的自主權與個別差異，我們憑什麼會以為只要根據歐美的經驗，就可以直接對台灣的末期病人派上用場？

換句話說：什麼才是安寧緩和醫療的本土化模式？我們又該如何打造這樣的本土化模式？或者，我們該如何打破西醫「崇洋媚外」的全盤移植或殖民模式？以我的觀點看來，台灣的西醫師基本上只是帝國主義西方醫學的殖民地「走狗」，因為台灣的醫師竟然可以不用自己的語言來執行醫業！據說我「腦後有反骨」屬於天生的反對派，因此所有的原則與規定都可能被我質疑，安寧療護本身「沒有標準答案」的特性，正好被我用來當做護身符。

因著高雄醫學大學許敏桃教授的推薦，高雄小港醫院簡淑媛督導的邀約，要我在台灣光復 58 週年的前一天（民國 92 年 10 月 24 日）回去故鄉高雄演講「打造本土模式的安寧緩和醫療模式」，於是藉機整理思緒寫下文章當講稿。經由我十多年來超過千場以上，在台灣各地有關安寧療護、臨終關懷與生死學的演講當中，所有對於「安寧療護的本土化模式」的思考逐漸成形，轉眼之間十二年過後再重新改寫成這篇論文。

依我過往的寫作習慣，凡是談論「死亡」有關的文章，我都儘量分成「四」個部分，我把它當做「減敏感法」，而不是像醫院明明充滿著「生、老、病、死」苦的氛圍，多數醫院裡面卻把「四」隱藏變成不可見。例如：

某佛教慈善醫院沒有四樓，四人健保房卻沒有第四床，我常開玩笑說：「第四床死去叨位去？（台語）」如果佛教醫院都有此忌諱，其他醫院就更不用說了。

本篇依序區分為四大部分：身體照顧、心理照顧、靈性陪伴、基本人性，每一個大部分又再細分為四小部分。我希望藉由安寧緩和醫療臨床實務的反省檢討，以及對安寧療護臨床心態的現象考察，讓我們看到初次露出線頭的「安寧療護本土化模式」，或許可以藉此交織成一片、甚至是一整套對末期病人而言算是剪裁合身的「泥土化」安寧療護服務。

身體照顧

症狀控制的本土化

安寧療護強調第一步是疼痛控制與症狀控制，我舉雙手贊同，但是對少數自誇疼痛控制做得很好的安寧團隊，我相當不以為然，因為疼痛控制只是基本分數。因此我們非常不客氣的用藥，努力追上歐美的西醫水準，讓病人可以得到最適當的疼痛控制與症狀控制，這是無庸置疑的。

但是疼痛控制做得再好，頂多只有六十分，因為疼痛控制沒辦法治病救命，病人終究會走向死亡，我們必須進入心理、社會、靈性層面的陪伴，才可以往上加分。當然，假如任由病人一直處在極度的疼痛之中，絕對沒有辦法進行心理、社會、靈性等相關議題的探詢。

我們自英國引進「淋巴水腫護理」，以區別本土發展的美足、美手護理，讓不同型式的水腫都有機會得到改善。我們引進芳香治療與芳香按摩，發展護理人員的第二專長，並且讓病人得到最舒適的身體照顧。護理長學習美國的「靈氣」（Reiki）護理與「治療接觸」（Healing Touch），護理人員學習音樂治療、藝術治療、腳底按摩等，志工學習長生學、法輪功、大愛手等。不論西醫或中醫、正統或另類，只要可以改善病人症狀的都是好方法。

我們結合傳統中醫，會診醫院內的中醫師，使用中藥與針灸進行症狀控制，此外適當應用艾條燻蒸、穴位按摩，並且製造出「通便茶包」（在該醫院私下銷售頗受喜愛，據說多半是護理人員買去當做「減肥茶包」使用）、

腫瘤外敷藥膏、紫雲膏紗布（採用中藥紫雲膏收斂傷口的效用，試圖取代西醫慣用的優碘紗布）等，這是中醫可以發展而且有機會超越西醫的部分。

另類醫療的迷思

其實傳統中醫才是中國人的正統醫療體系，不料西醫全盤移植之後，蠻夷番邦自以為是正統，中醫與針灸反而成為歐美西醫「另類醫療」（Alternative Medicine）教科書的一章，歐洲數百年正統的芳香治療同樣淪落此一下場。

姑且不論何者才是正統或旁門左道，所謂「不管黑貓白貓，會抓老鼠的就是好貓」，讓病人覺得有效才是好的醫療。假如西醫治療有效，我們就繼續承認它的正統地位倒也無可厚非，可是對這些西醫已經承認無能為力的末期病人，所有的東西不論再怎麼離譜，對病人與家屬而言，似乎都值得一試。

很多人誤以為西醫是很科學的醫療模式，卻不知道在西方醫學史上，西醫進化成為科學並沒有很久。早在兩百多年前，當時西醫可以治療的疾病還不多，對所有疑難雜症一律採「放血治療」方式，據說美國開國總統華盛頓生病未癒，御醫幫他放血治療沒有改善，換另一位御醫仍幫他放血治療，現在看來華盛頓很可能是死於失血過多。

安寧療護的服務對象起先只有癌症末期，民國 92 年（西元 2003 年）9月增加運動神經元萎縮症（俗稱「漸凍人」）末期，民國 98 年（西元 2009年）9月健保局公告增加八大類非癌症疾病末期，包含腦、心、肺、肝、腎五大器官疾病末期的病人，也適用安寧療護服務。

既然對象是末期病人，那麼這群被西醫宣判無效與沒救的病人，請問病人與家屬憑什麼要繼續相信西醫的治療方式？我們又憑什麼否決任何病人與家屬覺得有效的偏方、祕方、草藥、密醫呢？或許傳統中醫、民俗醫療與另類醫療在末期病人與家屬眼中，才是此時此刻唯一可以依靠的醫療！

音樂治療的真相

我常說：「百萬元音響和一萬元音響在我耳朵聽起來差不多！」雖然自知沒什麼音樂素養，也沒有高品味的耳朵，但我可以確定外國人的音樂治療

對我起不了作用，因為我這人向來聽不懂貝多芬與莫札特，更不會附庸風雅假裝喜歡聽古典音樂。也許當我臨終，我要聽的可能是「月光邊境」、霹靂布袋戲、伍佰、動力火車的歌。

末期病人需要的也不是歐美有研究成果的音樂治療，他們要聽的或許是鄧麗君、梁祝、歌仔戲、客家山歌、原住民的豐年祭歌謠等。我們要的不是音樂真的有治療末期疾病的效果，當病人聽著熟悉或喜愛的音樂，眼神露出光芒、嘴角展現笑容、身體得到放鬆、心靈回歸自在，這樣也就夠了。

可是某些去歐美學習音樂治療的專家，回到台灣還繼續研究貝多芬與莫札特的古典音樂對病人的療效。為何音樂治療專家不去研究台灣的末期病人需要或喜愛何種音樂呢？為何不敢或不願意去研究與探討鄧麗君、梁祝、歌仔戲、客家山歌、原住民的豐年祭等音樂對末期病人的影響呢？

藝術治療、芳香治療、靈氣護理、長生學、法輪功、大愛手，這些事情的真相都和音樂治療一樣：只要對病人有用，管它科不科學，都會繼續流傳。我不是在推廣，也不想反對這些所謂的另類療法，我反對的是那些想要藉此斂財或博得宣傳名聲的人。我更反對的是某些去國外學點皮毛回來就自以為是的專家學者，站在安寧療護尊重「自主權」與「個別差異」的原則下，請記得我們的病人並不是外國人！

茶或咖啡

安寧療護既然尊重病人的自主權與個別差異，當然要先問病人：「想喝茶或咖啡？」可是我曾經踢到鐵板而印象深刻。話說我曾服務的醫院安寧病房有下午茶「咖啡時間」，某日下午師兄來泡咖啡，剛好新病人入住，我問病人：「要不要來一杯免費的咖啡？」病人冷冷的回我：「咖啡是我拿來灌腸用的！」當場咖啡在我心底、腦裡出現另一種異味。

可見，我們必須顧及病人身體的照顧需要，而不是單一標準，更不是完全根據老外怎麼說我們就照單全收！我們一定可以趕上外國的症狀控制水準，只要勤讀期刊、積極用藥，但是不要忘記：有些症狀（例如疼痛）是極主觀的感覺。當我心情沮喪時自然就會食慾不振，心理的焦慮絕對可以影響身體的痛苦。

某些醫學中心的醫師會誇耀他們安寧療護的疼痛控制做得很好，其實是一種虛張聲勢或是退而求其次，因為對末期病人無法治病與救命，只好降

低標準去追求醫療的第三任務：「解除痛苦」。然而身體照顧有其必然的極限，如我常說的：「疼痛控制與症狀控制做得再好，病人最終命運依舊不變！」

　　我最近三、四年來，每年都應高雄醫學大學王心運教授與林慧如教授「生命倫理」課程的邀約，回母校高醫對各系大一的學弟妹們，演講兩堂「安寧療護的倫理議題」。記得有一年，有位醫學系大一的男生舉手起來說：「請問許醫師：我的阿公是醫師，我的爸爸也是醫師，現在我又來讀醫學系。可是我阿公快死的時候，我爸爸只能站在旁邊，什麼事情都不能做，請問我幹嘛還要繼續讀醫學系呢？」這位學生所提的問題才是問題的核心所在！

心理照顧

本土化的心理照顧

　　曾有位昏迷而奄奄一息的乳癌末期病人，腫瘤科主治醫師和我們都一致判斷不會超過七天，轉到安寧病房後卻逐漸好轉，清醒而後可以下床，然後可以請假到處去求神問卜、算命改運，最後出院又過了兩年半四處雲遊的日子，才又回到安寧病房死亡。家屬認為是因為當時有去找算命仙幫病人改名因而改運，才有這樣神奇的效果，病人與家屬不一定會感謝我們。

　　另一位舌癌末期的大哥同樣去算命改名，算命仙鐵口直斷：「只要過得了農曆7月，就可以遇到貴人。」可惜病人沒這個命，偏偏就是在農曆7月中旬死亡，當然就遇不到貴人而可以扭轉乾坤。算命仙其實沒說錯，是因為我們聽錯，只用自己想要的方式來解讀。所以我都說：「算命的會告訴你：『只要沒有意外，你就可以活到100歲！』這句話一定對，因為生病和各種突發狀況都可以算是意外！」

　　如果我們把卜卦、算命、改名、改運等都只當作迷信，那就是台灣西化教育的失敗。身為中國人，當現實無路可走，當病無可醫、命救不回，自然就會朝向這些民俗，當成指引方向的明燈。恐龍電影「侏羅紀公園」裡面有句名言：「生命自然會找到出路！」當西方的醫療科技告訴病人死路一條，

唯有這些本土化的心理照顧，讓病人及家屬的心理有落腳之處，可以有所期待與作為，至死方休。

本土化的悲傷關懷

我有一位紅粉知己小安，十年前（SARS來的那一年）的8月底死於白血病時才28歲，她姊姊認識一位通靈的師父，那位師父在頭七時看見小安在海邊，小安對師父說要來花蓮找我。小安生前最喜歡花蓮的七星潭海邊，雖然住在北部，卻多次來花蓮聽海浪。

當我告訴護理朋友這個故事時，她們的反應只有兩種：「許醫師，你在編故事喔？」「許醫師，你以為你在演偶像劇喔！」可是當我告訴花蓮一位認識的師父時，她卻說：「許醫師，難怪你身邊有另外一種味道！」出家人不打誑語，所以我相信這位師父說的是真的。可是就算所有人都不相信我說的故事，我寧願相信小安確實已經來到花蓮陪在我身邊，因為唯有如此才可以安慰我那悲傷的心思。

有些家屬在病人死後，會去「牽亡」或「觀落陰」，以解決未了的家務事或心願。如果我們醫護人員以為科學至上，不信這些邪門或認為只是騙局，只相信外國人寫的「悲傷輔導與悲傷治療」，那是自以為高尚，卻從來不曾貼近家屬的悲傷心思，那麼這些悲傷的家屬大可以不要理會這種缺乏人性的專業人員。而其實「牽亡」或「觀落陰」正是本土化悲傷關懷儀式的其中一、二。

接納民俗療法

每個小兒科護理人員都曾經覺得：那些父母親帶著高燒不退小孩去收驚是迷信與無知的行為；等到自己當了媽媽，遇到自己的小孩高燒不退，卻還是會帶去給人家收驚。我在花蓮慈濟醫院心蓮病房有位護理人員曾經這樣對我說：「收驚真的有效耶！我的小孩帶去收驚之後一星期就退燒了。」

我說：「第一、我懷疑你真的是護理系畢業的！醫護人員都知道：九成的發燒就算沒有治療，都會在一週內自然痊癒（反正不是好了就是死了，死了也就燒不起來了）。第二、我為小兒科醫師抱不平，幫你兒子治療好了，你卻感謝收驚的！第三、我決定將來如果不當醫生，一定要去學收驚！因為

比當醫師更有效、更有成就感。」

俗話說：「也要人，也要神。」當小孩高燒不退，大人一定會帶小孩去看醫生，但是假如仍然不退燒，這時就必須採用民俗療法來雙管齊下，因為該做的都做了，大人接下來就只能耐心等待小孩退燒。所以收驚其實真的有效，但不是治療「小孩得驚」，收驚真正的作用其實是「收大人得驚」，也就是對大人進行心理照顧。

過去我們的教育把這些民俗「汙名化」為「迷信」，卻不去探究其根本效應，我認為這才是教育失敗。收驚、斬皮蛇、求藥籤、吃香灰、戴香符、過火、蓋紅印、祭解、放生，這些我們以為是無知或迷信的民俗療法，曾經安慰了多少父母親的憂慮心情。我們何時才肯放下身段去瞭解並接納這些民俗？難道真的要等事情臨到自己或家人身上才會不擇手段？在別人身上我們都覺得那些都只是一點都不科學的迷信？

信心治療法

記得上述那位舌癌末期的大哥，起先西醫說要開刀切舌頭，他就跑掉了，等過了一年半再回到西醫這裡，已經無藥可救。當他的舌頭爛得一塌糊塗，有位江湖郎中對他太太說：「你先生的舌頭爛掉表示快要好了，因為舊的舌頭爛了，就會再長新的舌頭出來。」你可曾聽說哪種動物舌頭爛了還會再長新的舌頭？而他太太卻深信不疑。

當時我們很想去控告這個可惡的江湖郎中，同時覺得怎麼會有這麼笨、這麼容易受騙上當的家屬，可是當我們再細想：當你掉落海裡，就算漂過來的只是一根稻草，明知道一點用處都沒有，你可能也會死命的抓住。因此，當全世界的醫生都對她說先生沒救了，她也只能相信那是唯一的希望。

你說那江湖郎中害人匪淺，他其實給病人家屬的是心理照顧，稍有理智的人都會知道那是不可能的保證。就像許多人會去買樂透，希望那極不可能的好運就落在自己身上一樣。其實所有的心理照顧都只是「信心治療法」！國父孫中山說過：「吾心信其可行，則移山倒海之難，亦如反掌折枝之易。」只可惜台灣已經很久不教三民主義與國父精神了。

靈性陪伴

註定是要下地獄

國外的「靈性照顧」（spiritual care）一詞與做法，移植到台灣是必須重新檢討的。歐美因爲是基督文化，信奉的基督教、天主教或東正教，從小就要去教會，用餐前要禱告、說阿門，所謂靈性跳脫不出「信我者得永生」、全然信靠基督或上帝之類的文化模式。而且「照顧」一詞隱含著被照顧者的失能，因此我改稱其爲「靈性陪伴」。

台灣的老百姓相信什麼？我們的安寧療護「宗教師」知道多少內容與意義？很多人誤以爲有宗教信仰的末期病人比較不怕死，一方面是太看得起這些「平」信徒，另一方面則是瞧不起民俗信仰，不把民俗信仰當成一種宗教。根據余德慧教授的說法：「平」信徒是一般「拜拜求保佑」的，「虔」信徒才是虔誠信靠的宗教者。

「平」信徒就是那些以爲有拿香拜拜就自認爲是佛教徒，或者禱告時希望上帝如我所願的基督徒與天主教徒。我常說：「才拜那一點點東西，就希望讓我老公賺大錢、讓我兒子考狀元。假如有效，投資報酬率這麼高，我們就都可以不用努力工作與讀書，只要去拜拜就好了啊！」另外，假如禱告時只會要求上帝賜我所想要的，而且還真的能如我所願，那上帝就變成我的僕人，按照我的吩咐指示，信徒於是變成上帝的主人，這樣的信仰上帝不就等於崇拜外勞一樣了嗎？

有位深信民俗信仰的阿公，當他住進花蓮慈濟醫院心蓮病房，志工師姊對他說：「你臨終時會看到菩薩來接引。」阿公很篤定的回答：「像我這款的哪有可能菩薩來接引？當然嘛是牛頭馬面來帶路（台語）。」民俗信仰讓他相信所有人都要去地獄見閻羅王，而且當然要有牛頭馬面來帶路，生命與死亡的劇本既然是這樣寫的，當然就沒有害怕與擔憂。當時阿公的神情非常自在安詳，勝過衆多自以爲有宗教信仰的末期病人。

深入瞭解民俗信仰

台灣的基督教徒與天主教信徒總共還不到3%，佛教徒約超過五成，但真正占絕大多數的民衆其實是民俗信仰者。因此只靠「宗教師」就想做好

「靈性照顧」，那是自欺欺人。我們的善良老百姓看到佛教師父多半都會恭敬對待，而有些佛教師父會誤以為：病人經過他們的佛法開示就可以提升靈性的評分。

有些人誤以為我反對「宗教師」，其實我是反對把宗教師的「神聖領域」拉下來，在「世俗領域」裡面判斷其功能！宗教師一出現就在「神聖領域」裡面起作用，但是現在在台北某醫學中心安寧病房設計「靈性評分量表」，宗教師必須對病人進行前測、後測，以證明自己有用：「對病人進行靈性照顧後，病人的靈性分數有提升。」這就是把宗教師矮化到「世俗領域」進行評比。

有位混跡黑白兩道的大哥病人，健康時他一直都在關帝廟裡服務信眾，為人海派、不拘小節。他在得到癌症末期時很不甘願，大哥說：「我又沒做什麼壞事，為什麼會癌症末期？」住進安寧病房時非常暴躁不安定，後來我們讓他請假回去關帝廟，廟祝在乩童扶鸞時傳關帝君聖旨說：「你是我的好弟子，所以我要收回來身邊隨侍。」這位大哥從此心情篤定，因為他知道事已天定不可違令。

可見我們不只要認識宗教，還要深入瞭解民俗信仰。請問這時候誰是這位大哥的「宗教師」呢？台灣安寧療護界沒人敢提出「乩童」也是宗教師，只有我敢講！我認為：站在「安寧療護尊重自主權與個別差異」的標準，我們必須重新檢討看待民俗信仰的態度。

隨病人病情而位移

宗教儀式與真正的宗教信仰是有一段距離的，有些人會把宗教儀式當作「保護傘」。例如：有位乳癌合併骨轉移的師姊，因為學佛多年，住院時把自己的病房布置成佛堂，每天念佛四小時以上。她對於母親早年的某些行為一直不諒解，要求志工協助去開導她母親，我們深入瞭解才發現其實是她需要被開導。

這位師姊其實是因為相信「念佛十萬聲，就可以往生西方極樂世界」，於是努力念佛，但是更努力計算次數。但是，假如把念佛次數當做交換條件或是購買通行證的費用，這樣的信仰就變成商業行為。就像西方歐洲當年曾經盛行宗教「贖罪券」，有錢人只要花錢買贖罪券就可以贖掉所有罪惡直接上天堂，那天堂就會變成有錢人才可以進得去的高級俱樂部了。

阿昌班長是口腔癌末期的虔誠佛教徒，當一次疑似病危臨終時，念佛機助念聲不斷，兩三天後神奇的又清醒過來，他只記得當時身心輕鬆，唯一不滿意的是念佛的聲音太吵了！乳癌末期的君姊原是虔誠的基督徒，住院常有教友來探視並一起禱告，後來病情變化，她開始不要教友來看，來的則被她質問：你們信仰的到底是什麼？

當病人還在「社會期」，腦袋（心智）盤算某些宗教儀式是可以抓取作為保護及交換條件，例如：相信念佛愈虔誠愈能保證去西方極樂世界。等到落入「病沉期」或真正病危時才發現念佛太吵了，而虔誠的基督徒卻開始質問教友們。隨著病人病情的變化，宗教有不同的呈現方式，我們的「靈性陪伴」當然必須跟著位移。

自以為是「靈性照顧」

我曾寫了一篇「靈性照顧與靈性陪伴的探討」，提出目前台灣的安寧療護體系中，有關靈性照顧的某些迷思，並且希望正名為「靈性陪伴」。我提到有些專業人士自以為是在做「靈性照顧」：用自己以為本身具有的高尚靈性，來照顧被他們誤以為是靈性較為低下的病人。

事實上恰好相反，病人的靈性層次通常高深莫測，身體的崩壞正好是靈性開顯的時機。我們健康的人其實都在社會打滾，沒幾個會經常出現靈性時刻。如果我們自身不加強靈性修煉，卻妄想對病人進行靈性照顧，或者學了一些宗教儀式的皮毛，就覺得自身功力高強或靈性充滿，那是會被識者所恥笑的。

末期病人因為身體崩毀而靈性自然開顯，其實是末期病人在對所謂健康者進行靈性照顧。健康的陪伴者想要對末期病人進行靈性陪伴，必須自身先開始靈性修煉。我覺得健康者想要出現靈性開顯，除非讓自己一無所有（例如破產）。因此我經常開玩笑對學員說：「就是把你的財產通通捐給我們『張啟華文化藝術基金會』，然後你就會開始有靈性了。」

基本人性

生病以後都成凡人

身體還算健康的時候，每個人有他的社會地位，但是不論他是什麼階級與身分，不管他有多少功名利祿、孝子賢孫（或不肖子孫），一旦生病以後都會變成凡人，所有的基本人性都一定會出現，所需要的親情與照顧都是必然，所有絕望失落的心情與期待奇蹟出現的念頭也都一樣。我們必須先看到「人」的本質，而不是只看到身分和外表。

我常說：「因為『孝順』不是基本人性，因此才需要教育與提倡。按照生物本能傳宗接代的需求，『孝順父母』不是基本人性，『孝順子女』才是基本人性。」因此在醫院常看到：當年輕子女生病，父母一定會請假陪同看病；當年老父母生病，卻是外勞陪同看病，而就算有子女陪來，子女對父母的病況經常一問三不知。我們必須先認清並且接納這些基本人性，才有辦法不帶批判的去陪伴末期病人與家屬。

此外，台灣在「病情告知」的程序是有問題的，先告訴家屬，然後由家屬決定能不能告訴病人。美國恰好相反，要先告知病人，病人有完全的自主權與絕對的隱私權，可以要求醫護人員不能告訴家屬。以台灣的民情而言，這種兩極化的差異方式其實都不太適當。

我曾在《安寧療護雜誌》第八卷第二期（2003 年 5 月）寫了一篇「病情世界分析之二：人活在關係之中」，談的就是本土化的病情告知模式。我們每個人是被包含在家庭之中，個人的醫療決定被當成家庭事務，所以不是單獨個人可以決定，必須調適各種家庭互動模式，以家庭為單位來進行病情的溝通。

科技始終來自人性

同樣的視訊電話，可以在 SARS 期間被政府當成監視居家隔離者的工具，卻讓那些死於 SARS 的病人與他們的親人見不到最後一面。但視訊電話也可以被安寧病房拿來借給家屬，當彼此打電話時，就成了病人與遠方家屬見面的溫馨時光。所以高科技想要有高度人性化的使用，必須要看使用者有沒有人性。

症狀控制不一定只能吃藥打針，只要病人覺得有效，不論是針灸、按摩、音樂、書法、畫畫，即使有些方法只是轉移病人的注意力。照顧病人其實不一定要高科技的裝備，原子彈可以殺人，土製炸彈照樣可以炸死人。有些家屬照顧病人的一點巧思，算是本土創意，就可以讓病人過得更有品質。

末期病人和家屬所需要的不是高科技、機械化與機構化的收容照顧，而是人性化的對待與陪伴。安寧病房不是看硬體好壞來進行醫療軍備競賽，而是硬體背後軟體設計的用心。我們不只是需要在醫學中心設立一個人性化照顧的安寧病房，我們更需要的是：所有醫院的所有病房都能比照安寧病房，一同來進行醫療照護體系的人性化改革！

根據最新版的「安寧緩和醫療條例」（民國102年1月9日第三次修法後公告）第三條「本條例專用名詞定義如下：一、安寧緩和醫療：指為減輕或免除末期病人之生理、心理及靈性痛苦，施予緩解性、支持性之醫療照護，以增進其生活品質。」法律已經明定「安寧緩和醫療」是增進末期病人生活品質的醫療，現在只差是否能夠確實執行。

活著必然會有痛苦

我承認：安寧療護未必能減輕末期病人的痛苦！以我的經驗，只能解決九成的身體痛苦，還有約半數的心理、靈性痛苦是旁人無法解決的。但我不同意：最能減輕的方式只有安樂死。這只是解決人，根本是避重就輕或捨本逐末！避開難以解決的痛苦，乾脆把人直接解決掉。但是別忘了還有「未亡人」獨留人世間受苦。

何況，依此見解，我也可以說解決失業問題最好的方法，就是把這些承受失業痛苦的、弱勢的族群予以安樂死。當初希特勒就是這樣認為：卑劣的猶太人會稀釋高貴的亞利安人的純種血統，解決此問題的最好辦法當然就是給予猶太人安樂死！真正的問題點在於：為什麼我們會認為「人可以活著而沒有痛苦」？

人世間苦樂相伴而生，活在人間本身就是一種苦，佛教稱此世間為「娑婆世界」，其意就是充滿痛苦但仍堪以忍受的世界，因此佛教徒希望能「離苦得樂」。有些末期病人與家屬會問我：「人生為何如此痛苦？」我有時開玩笑回答：「你出生的時候不是早就知道了，不然你為什麼會哭著出來？」如果世間只有快樂而沒有任何痛苦，那我們都應該要笑著被生出來。

我演講時對學員說：「假如你現在家庭幸福、婚姻美滿，將來有一天生離死別，你一定會很痛苦。但是，如果你現在家庭不幸福、婚姻不美滿，那恭喜你，因為將來另一半死掉的時候，你應該會很快樂。現在的快樂可能導致你將來的痛苦，現在的痛苦卻可以造就你未來的快樂。既然苦樂是相對而言，而且相伴而生，那麼人怎麼可以活著而沒有任何痛苦！」

我從事安寧療護二十年，才稍微理解到：身體的痛苦正是靈性開展的起點！如果身體全然無恙，人通常會活得有如行屍走肉，忘記靈性的所在。因為身體有無法解除的痛苦，於是靈性有了起點，生命有了新的出路。人類憑什麼妄想把上天賜予的房子（生命）毀掉，然後說這是最好的辦法？

過往我所服務的安寧病房曾有一位胰臟癌末期的修女住院，每天對我們醫護人員進行「靈性照顧」。她曾經有一段時間堅持不肯打止痛針，因為她說：「痛苦是上帝給我的試煉！」人的行事必定有老天爺的某種旨意，為什麼想要逆天行事？「上帝每關掉一扇門，必會開啟另一扇窗。」痛苦當中有大自然的美意！

死亡才是必然命運

對於安樂死與解決痛苦一事，我沒有答案。我只相信：人如果只因為活得痛苦，就必須接受安樂死，那麼上自總統、院長、部長、縣市長，下至販夫走卒，通通無法倖免，而且根本就不需要醫師、護理師、社工師、心理師、神父、牧師、修女、法師等（治療身體、心理或靈性的）專業人員了！

余德慧教授推薦的《好走》一書，提出最重要的論點之一是：「死亡是安全的」，而且，「一千萬人就有一千萬種死法」（我的用語是：「每個人自成一種死法」）！大自然的運轉可能有它的基本設計，就算設計師（最高主宰）始終不現身，我們知道死亡是任何生物無法改變的必然終點，宗教則將之解釋為另一個起點。但是，孔子說過：「四時行焉，萬物生焉，天何言哉？」

在安寧療護領域，我們要問：「誰需要臨終關懷？」有人回答：「臨終者需要。」再請問：「誰是臨終者？」天災人禍如：台灣九二一地震、美國九一一恐怖攻擊、日本三一一地震海嘯，當中有數千到數萬的罹難者，在事件發生的前一天都還活得好好的，有誰知道自己隔天就需要臨終關懷？真相是：所有的健康者隨時可能變成臨終者，因此，所有人都需要臨終關懷。

佛教有段話：「我看他人死，我心熱如火，不是熱他人，漸漸輪到我。」這段話說錯了！讓多數人都誤以為死亡是用「輪」的：有錢人都覺得窮人死光了才輪到他，官員都覺得老百姓死光了才輪到他，一般人都覺得別人家死光了才會輪到我。這段話應該改成「我看他人死，我心熱如火，不是熱他人，忽然就是我。」死亡會跳過其他所有人，忽然直接就來到我面前！

　　既然死亡才是必然的命運，而且必須是單獨面對的，沒有人會陪我們一起走上黃泉之路。當我們在照顧末期病人的同時，或許都該回頭想想自身，病人需要的服務可能也就是我們將來想要的，如果現在我們不提供，將來我們自己可能也得不到，這就是我的「現世報」與我們身為人的「共命」！

參考文獻

許禮安有關安寧療護的相關專書

《心蓮心語——安寧療護與生死學》。慈濟道侶，1998 年 8 月。

《行職業展望》，第 13 輯「醫護保健業」單元。院勞委會職訓局編印。
　　2000 年 11 月。

《在心蓮病房的故事》。海鴿，2001 年 3 月。

《一個安寧醫生的手札——在心蓮病房的故事 2》。海鴿，2002 年 5 月。

《我還活著——在心蓮病房的故事 3》。海鴿，2003 年 4 月。

《蓮心安在——在安寧病房的故事 4》。海鴿，2004 年 11 月。

《病情世界的多重現象分析》。國立東華大學族群關係與文化研究所，碩士
　　論文。2005 年 6 月。

《醫院的大小事——許禮安醫師的手記》。海鴿，2005 年 12 月。

《許禮安醫師的家醫講座》。海鴿，2006 年 3 月。

《橫跨生死長河》。高雄市張啟華文化藝術基金會。2007 年 1 月。

《安寧緩和療護》。華杏出版社。2012 年 1 月。

《人生，求個安寧並不難》。華成圖書。2013 年 8 月。
　　（簡體版。馬來西亞，大眾書局。2013 年 11 月星馬發行）。

《那些菩薩給我們的故事——安寧療護故事集》。海鴿，2013 年 9 月。

許禮安有關安寧療護的相關論文

《臨終關懷之我見》。應用倫理研究通訊，第 8 期（1998 年 10 月），8-12。

《安寧居家療護經驗談》。安寧療護，2000，5（1）：16-20。

《安寧療護碩士論文試評——兼論安寧療護論文之品質與價值》。安寧療
　　護，2000，5（2）：3-10。

《靈性照顧之我見》。安寧療護，2000，5（2）：11-13。

《從社區營造觀點看心蓮病房》。安寧療護，2001，6（2）：46-49。

《臨終關懷觀念澄清》。生死學通訊第 5 期（2001 年 7 月），26-28。

《安寧緩和醫療條例之我見》。安寧療護，2001，6（3）：27-30。

《從心蓮經驗談病醫關係》。安寧療護，2001，6（4）：50-51。

《病情世界初探——由病情告知談起》。安寧療護，2002，7（3）：239-251。

《建構而成的病情世界》。安寧療護，2002，7（4）：342-354。

《病情世界分析之一：控制與失控》。安寧療護，2003，8（1）：83-91。

《病情世界分析之二：人活在關係之中》。安寧療護，2003，8（2）：210-22。

《病情世界分析之三：在死亡面前，進退維谷》。安寧療護，2003，8（3）：318-34。

《病情世界分析之四：醫生在想什麼？》安寧療護，2003，8（4）：433-49。

《病情世界分析：帶病生活與基本人性》。南華大學「第四屆現代生死學理論建構學術研討會」會議論文，2004 年 10 月 15-16 日。

《安寧療護的管轄術與反省》。慈濟大學「生死學臨床學術研討會」會議論文，2005 年 4 月 15 日。

《病情世界分析：人活著眞是苦》。南華大學「第五屆現代生死學理論建構學術研討會」會議論文，2005 年 12 月 10-11 日。

《對安寧療護臨床心態的現象考察》。台灣大學「2011 第七屆生命教育學術研討會」會議論文，2011 年 9 月 30 日至 10 月 2 日。

9 在非現實母體中悠晃

余德慧教授的本土宗教療遇之道

蔡怡佳

前言

在回顧余德慧老師關於宗教療遇（癒）的論著時，我想先指出兩個相關的脈絡，一個是余老師作為生長於台灣的臨床心理學家，對於心理治療本土化持續不輟的耕耘；另一個是作為心理學家，對於宗教現象的探索，或者可以稱之為宗教心理學的脈絡。[1] 余德慧老師在 34 歲那一年（1985），將其自28 歲以來，陸續發表在張老師月刊中關於心理治療的文章，集結在《台灣民俗心理輔導》中，其中包括討論乩童辦事、行天宮宗教服務等主題之「台灣民俗心理輔導篇」，以及討論程明道與王陽明等心學工夫的「中國人寬心之道」。這兩個主題後來在2005 年所出版的〈本土化的心理療法〉一文中，[2]被置放在作為心理治療之文化過程的「喻明系統」之中進一步地討論，並以「體、道、術」的框架進行理解。[3] 收錄於《台灣民俗心理輔導》中的文章，

---

[1] 余德慧老師曾經任教於幾個屬性迴異的學術機構（台灣大學心理學系、東華大學族群關係與文化研究所以及臨床與諮商心理學系、慈濟大學宗教與人文研究所），在學門界線逕渭分明的學術場域中，這幾乎是獨一無二的。余德慧老師的學術工作早已跨越了學門的分界，本文以這兩個脈絡來整理余老師在宗教療遇（癒）方面的論著，只是閱讀余老師相關著作的方式之一。

[2] 本文收錄於楊國樞、黃光國與楊中芳主編之《華人本土心理學》（下）。台北：遠流。

[3] 心學的部分，余老師亦曾於 2001 年出版之〈心學：中國本我心理學的開展〉一文中繼續進行討論，將心學視為中國士人對本我之安身立命所開展出來的心理學論述。對照於西方的自我心理學，余老師主張：本土之本我心理學對於本體本我之涵養與鍛鍊，其所立基之倫理性與超越性可以提供本土心理學接枝之土壤。民俗輔導的部分，後來在余老師以及余老師所指導之學生共同的開展之下，成為余老師學術工作的重要研究主題。這方面的成果，在陸續出版後，共同收錄於心靈工坊 2006 年所出版的《台灣巫宗教的心靈療遇》一書，此書與《臨終心理與陪伴研究》都是紀念余老師 2006 年從東華大學退休的作品集。

記錄著余德慧老師在博士班階段一方面接受西方臨床心理學訓練，另一方面在台灣乩童的身影與中國心學傳統論述中悠悠晃盪，尋覓本土心理治療之道的思考足跡。後來發表於本土心理學研究以及宗教類學術期刊中的相關論著，則是彼時種子在逐漸開展之本土心理學與新興之宗教研究的學術場域中落土，自成一格的青鬱山林。

余德慧老師對於宗教療遇（癒）的關注，除了上述學術探尋的理由，還有更為切身的原因。在〈巫者的意義生成〉中，余老師自述幼童時期如何跟著祖母到女乩童家，在一群受苦婦女圍著女乩童辦事的桌邊，目睹神祇附身，以款款話語與濟世法術，為婦女們提供寬解的出口。在祖母身旁打轉、置身於祖母的生活軌跡與神祇慈恩光暈之中的幼時身軀，成了長大之後晃盪於廟堂、思索民間宗教辦事與心理治療關係的前景。在理解余老師對於宗教療遇，特別是巫療遇的思考時，這個童年時期伴隨祖母而與乩相遇的經驗，讓我比較了解為什麼余老師在談宗教時，會從生命憂苦的底蘊出發，以及為什麼在宗教種種可見的線索之外，要另闢蹊徑，思索那不可見的、宗教行事的母體，那是幼年時期透過巫而初認，永遠忘不了的冥冥之識。在下面的討論中，我將從心理治療本土化的脈絡與宗教現象之心理學探究的兩個脈絡，來整理余德慧老師在宗教療癒方面的論著，特別是巫療遇與修行療遇的部分。[4]

心理治療的本土化

「心理治療」是余德慧老師在臨床心理學中所受之專業訓練的稱名，在台灣本土心理學運動興發的過程中，也成為余老師終生不輟的本土化工作對象。在這個本土化的工作中，余老師首先將心理治療從西方所設定之身心健康的醫療領域移至生活世界：生活世界是任何文化領域培育心理治療的溫床：[5]

[4] 余老師在宗教療遇的相關論著書目資料置於文末，我將這些論著分為五類，包括：(1) 從本土臨床心理學到人文臨床；(2) 巫療遇的研究；(3) 修行療遇；(4) 佛學心理學；(5) 臨終與靈性；(6) 心靈療遇。

[5] 〈本土化的心理療法〉，頁 906。將精神疾病放到生活世界來研究，余老師在

本土臨床心理學的發展，必須轉回生活世界，讓華人的生活世界的行事理路說話，讓華人自行建構的人間系統說話；在華人生活世界的秩序與失序之間發現苦痛的因子，並進一步瞭解華人的療癒之道。[6]

　　生活世界是一個實踐的場域，是日常生活的構成歷程（constituting process of everyday life）。此構成歷程是事物得以顯現的基礎，是接近存在的混沌領域，因此是「自明的」，被視爲理所當然的、不容易揭露的。[7]若能不停留在事物的顯現面，才能夠將原本透明的構成歷程揭露出來。這個隨著事物顯現而來的自明，放在臨床心理學的脈絡來看，是一套看待「心理疾病」的指引聯繫系統。這個指引聯繫系統必須被擱置，才有能力退回生活世界的層次來考察。余德慧老師（與研究團隊）分別揭露了「疾病化」與「倫理修補術」的自明性後，「受苦總是倫理的受苦」這個作爲思考本土心理療癒的基礎，才開始下降至經驗發生處，抵達受苦處境與療癒的邊界。余老師與研究團隊提出以「接近現象的發生處」作爲本土化的內涵，[8]因此，自然態度的擱置與生活世界的回返是心理治療本土化的第一個工作。[9]

　　以在世受苦作爲理解心病的出發點，余德慧老師把社會文化中所提供的種種來自心靈啟發或是悟性覺察而來的寬慰視爲心理治療的施行所在。余老師透過社會過程所積澱的學說文本或論述——文化過程的「喻明系統」，將之理解爲文化與心理治療的中界。[10]喻明系統的生產有其特定的社會過程，無法從傳統文類（如宗教、哲學、道學）的範疇指認，生活世界才是其源生之處。從掌握文字的士人階級到廣大民眾均透過不同社會處境的需求而產生相應的知識系譜。余老師以體、道、術三層來解析喻明系統，並討論如何將

1998年出版的〈生活受苦經驗的心理病理：本土文化的探索〉一文中即有討論，本文刊載於《本土心理學研究》第 10 期，頁 69-115。

[6] 〈倫理療癒作爲建構臨床心理學本土化的起點〉，頁 1。

[7] 〈倫理療癒作爲建構臨床心理學本土化的起點〉，頁 5。

[8] 〈倫理療癒作爲建構臨床心理學本土化的起點〉，頁 6-7。

[9] 自然態度（natural attitude）爲現象學的用語，指稱一種日常素樸地、不假思索地將事物視爲直接就在彼處，客觀地獨立於主體之外。現象學的反思則指企圖回到事物呈現的視域與意義結構。

[10] 〈本土化的心理療法〉，頁 909-910。

之接枝於本土心理治療的三個步驟，包括破、解、立。[11] 余老師將中國文化的喻明系統分爲追求終極關照的「心性療法」與積極介入社會的「倫理療法」。在這個分類中，廟祈、乩童辦事、靈療與算命都被理解爲源於個人受苦經驗，尋找象徵治療的民俗社會的「象徵療法」，倫理修補的意涵大於對超越的追求。心性療法與「背立反轉的治療技術」（例如禪機、道家養心、虛靜之道）則是從社會自我脫落，詢問生命的「終極關照」，反轉至另一個面向。這個社會自我消解的過程，若從文化心理學中「自我」的論述來談，余老師也指出自我領域的消解是臨終過程與宗教療癒獲得圓滿的基礎。[12]

余老師將喻明系統分爲倫理與心性兩種治療之道，亦指出二者有同體異面的關係：雖然從內容賦義的層面來看，二者是對立的，但從本體來看，「華人心理治療的倫理與心性只是一個自我本體的兩面性」，[13] 以「仁體」正面面對社會，接應社會秩序與人間關係，以「道體」背對社會，尋求終極的關照。將兩種治療之道視爲一個本體，一方面可以看到喻明系統中種種接應受苦處境的論述與方法在靠近本體層次的類同，另一方面，就本文所關注的宗教療遇來說，也獲得一個較爲根本的關照，而不只停留在技術或現象的表層。宗教療遇是由人間的殘酷境遇所引出，用來減低人間殘酷的療遇（healing encountering）。[14] 底下將由余老師對於巫療遇的討論來說明。

巫現象與文化療癒

2006 年，余德慧老師爲收錄 1998 到 2005 年以來關於巫研究的專書《台灣巫宗教的心靈療遇》撰寫了〈巫者的意義生成〉一文，作爲前言，這篇前

---

[11] 「破」是將喻明系統從原先之脈絡解放出來，使之貼近當代的理解；「解」是重新詮解，讓喻明系統成爲可以重新對生命經驗有所啟發的泉脈，「立」則是西方心理學治療知識與華人心理治療文化的彼此接枝。見〈本土化的心理療法〉，頁 914-15。

[12] 參見〈現象學取徑的的文化心理學：以「自我」爲論述核心的省思〉，《應用心理研究》，第 34 期，頁 45-73。

[13] 〈本土化的心理療法〉，頁 916。

[14] 「療遇」一詞是由宋文里教授所提出，余德慧老師在提到這個用詞時，說道：「人間不一定有療癒，我們的苦痛不一定能抒解，但卻不斷出現療遇，爲了有一絲希望而彼此用療傷的心情來見面。」〈巫者的意義生成〉，頁 8。

言可以視為余老師當時對於巫研究的一個總結性的導言。2012 年余老師所發表的〈巫作為心理文化原初本體的形構論〉，是關於巫研究的另一個成果，在這篇論文中，余老師用了這幾年在柔適照顧團隊中所開展的一些概念，例如「冥視空間」來進行對於巫的討論。以下我將從現象學還原的取徑、巫者的生成，以及非現實空間的生產等面向來整理余老師關於巫療遇的論述。

　　巫、薩滿或是乩童的研究是宗教人類學、宗教歷史以及宗教心理學的傳統研究議題，人類學家致力於挖掘巫現象所反映的社會文化過程，心理學家對於巫的意識狀態感到興趣，歷史學家則看重巫在人類歷史中所扮演的種種角色。對余老師來說，這些對於巫現象的學術探究著重的是巫的外部性，是巫的「現相」，而非「現象」。[15] 余老師所提出的現象學還原的取徑，企圖將巫從歷史巫與文化巫等人為造做的層次還原，抵達巫的生成源頭，從巫現象的底層重新闡釋有關巫的認識。[16] 巫的生成源頭是人的受苦經驗，[17] 無論那是巫者成巫前經歷的苦，或是求助者的苦。以牽亡的田野來說，現象學還原的工作即在於將世俗說明（附身理論、地獄、天堂、神祇等）括弧起來，還原「生死場」作為其第一現場的位置；面對親人死亡所直墜的深淵才是牽亡的人類動力。[18] 因此，巫即作為人在受苦之際，以「情」為基底所發出的各式文化生產，包括「聲（歌吟唱奏）」、「動作（儀式）」、「符碼（象徵符號、書寫）」、「話語（祈禱）」。[19] 巫的身體性優先於文字性，其自我生產保留在身體的直接性，[20] 聲音、詩歌與夢境才是巫現象生成的源初之地，從文本或經典的論述回返至身體的直接性，是現象學還原工作的另一個步驟。[21]

　　巫者如何成為受苦的寬解者？巫者由於缺乏經典宗教或士人傳統在教理

---

[15] 〈台灣巫宗教的田野反思〉，頁 22。（註：此處所標示的頁碼為本文收錄於《台灣巫宗教的心靈療遇》一書中的頁碼，以下皆然。）

[16] 〈巫作為心理文化原初本體的形構論〉，頁 7。

[17] 〈從巫現象考察牽亡的社會情懷〉一文中，對於日常生活的殘酷與日常行事理性對苦境的棄置，有很深刻的討論，參見頁 112-118。

[18] 〈台灣巫宗教的田野反思〉，頁 22-25。（註：此處所標示的頁碼為本文收錄於《台灣巫宗教的心靈療遇》一書中的頁碼，以下皆然。）

[19] 〈巫作為心理文化原初本體的形構論〉，頁 7。

[20] 〈巫者的意義生成〉，頁 9。

[21] 〈從巫現象考察牽亡的社會情懷〉，頁 120-122。

或心性論述所發展出來的深度，通常被理解爲功利性的服務提供者。只有當巫的行事現場轉置到人受苦的經驗底層，以及看見巫在成巫過程所經歷的啟蒙，才能理解巫者何以成爲寬解殘酷的慈悲中介。巫者在成巫之前，幾乎都經歷過種種磨難或是巫病。余德慧老師認爲，巫病可能是抵達內在性的一個機會，[22] 或是對非意志性的象徵順服的契機。這種非出於自我意志的轉向與順服，稱爲「巫者的受信」（receptiveity），也就是巫者將自己安置在一個隱約可見的未來，由非自願的冥冥所支配。[23] 巫的迷離（dissociation）狀態，是一種溢出現實的狀態，「潛在」（the virtual）不再被現實遮蔽，甚至其顯現之眞實勝過現實，而使人恍若脫離現實或對現實無視。[24] 入乩的啟蒙經常透過夢境的天啟完成，在夢境中，社會自我被轉換爲本我（Self），本我與神聖他者照面，因而開啟了「新存有」。[25] 夢在精神分析的脈絡被視爲現實意識的扭曲與移位，余老師認爲，這種看法基本上還是從意識主體出發，否定了夢作爲「獨自的主體」（solitude of the subject）。[26] 巫夢是無法被客體化的主體型態，以其原初意向（proto-intention）成就其自身準主體的狀態。與現實主體相較，夢主體有一種脫離現實黏滯的自由，童乩即是在這個陌生又自由的空間中，進行主體的轉換。成巫是一個「馴服」的過程，從社會自我的迷霧中清醒，然而，天啟的模糊經驗還要朝向象徵化的方向發展，才能進行文化生產。透過象徵的創造，準巫者抒解了個人的痛苦，巫者可以說是以自身的生命經驗爲基礎，來鋪陳文化象徵的道路。[27] 象徵承受了「夢身」而充滿感覺，但必須把這些千情萬種的夢思最後匯集於神聖的象徵，而獲得痛苦的寬解。[28] 在夢啟中所成就的新的主體進一步在文化設置的事物環境中給出語言，成爲具有神聖使命的濟世媒介。[29] 巫的啟蒙神學發軔於身體，而不

[22] 〈巫作爲心理文化原初本體的形構論〉，頁 8。内在性指的是背離外在世界生活的經營，由於身體的異狀而沉潛之處。

[23] 〈台灣巫宗教的田野反思〉，頁 30。

[24] 〈巫作爲心理文化原初本體的形構論〉，頁 8-9。

[25] 〈台灣民間宗教虔信者的「啟蒙神學」〉，頁 66-68。（註：此處所標示的頁碼爲本文收錄於《台灣巫宗教的心靈療遇》一書中的頁碼，以下皆然。）

[26] 〈巫作爲心理文化原初本體的形構論〉，頁 9。

[27] 〈台灣民間宗教虔信者的「啟蒙神學」〉，頁 69-72。

[28] 〈台灣民間宗教虔信者的「啟蒙神學」〉，頁 73。

[29] 〈台灣民間宗教虔信者的「啟蒙神學」〉，頁 84。

是依靠知識，這個起點也構成巫之非現實空間生產的重要源頭。

余德慧老師認為，非現實是宗教最核心的素質：

> 宗教是與人類苦難相伴相生的東西，其源頭是「冥識」，也就是在昏暗意識、不明所以的狀態，而「冥識」的出身是「非現實」的區域，在那裡，身體的千頭萬緒依舊以無序的方式亂竄，連意象都呈現混亂的流動。這個源頭在一些高度制度化的宗教已然被遺忘，但是對巫宗教卻依然還是一個重要的初始狀態。非現實一直是宗教最核心的素質，所有的虔信、順服與大愛皆在非現實裡實現。……非現實一直是原初的，靈知的神話正是在非現實開展的語言，若過度被引申到現實裡，非現實即遭取消。[30]

非現實在高度符號化的制度宗教中已被遮掩，非現實符號化的過程也早已灰飛湮滅。然而，巫從身體的冥識到符號生產的過程還依稀可辨：

> 從符號意義生產的觀點，巫者是母體殘片的追索者，暗示的消息來自陰影與曖昧，來自某種隱晦的歧義，這些殘片都等著求者某種意義生成事件的啟動，可能是某個受難的刺點，可能是某種違常的警覺，而這些刺點正是使巫者產生詩歌、發出聲音、突然怒吼、瞬間流淚的情懷，當這些殘片刺點與巫者的詩意連接起來，某種人情義理或倫常的虛構就開始發揮作用。所以，我們可以從外表的顯義語言聽到巫者的「辦事語言」，聽到巫者語言充滿庶民世界的倫理道德，那絕對只是表象，在這表現的底層，有著自由的如夢空間，在那裡，人的記憶如深井的迴音，不斷去搖撼震動表象的符號，使得剛生成的符號無法站穩他所代理的意義，雖然巫者的辦事語言充滿了決疑、判斷、預言、指示的秩序，但這些明確可見的話語只是派生的生產，根本（的基底）還是冥識與身體兩者的「非符碼的真實」。[31]

---

[30] 〈巫者的意義生成〉，頁 10。
[31] 〈巫者的意義生成〉，頁 12。

非現實是原初的母體空間，是一直被否定的眞實，以裂隙的方式現身。根據余老師與研究團隊所發展的「裂隙動力學」，爲了逃出冥識的黑暗，巫者要成爲說話主體。巫者的話語不只是譬喻性的宗教用語，還必須是非語的「生命語言」。[32] 生命語言既是屬於受苦者的語言，也是巫者緩解生命憂苦的底蘊。[33] 人們在生命憂苦之境尋求巫的啟示與指點，但余老師指出，巫者在身體搖晃之間的逃逸路線，才是更需要重視的。巫者在身體搖晃之間所開啟的非現實空間讓求助者墜入非現實的時空，以牽亡爲例，在惦念空間中給出了更眞摯的感情。

> 巫宗教的療遇剛好就是巫者爲求者建立非現實作爲內心複雜心緒的舞台，而非現實剛好提供求者自由的空間，他們可以透過記憶進入惦念空間，也可以透過夢魂縈繞進入夢想空間，甚至巫者的附體也提供了虛擬的對體，讓對談的話語獲得實現。所有非現實空間的自由正是療遇（healing encounter）的元素，只要能夠引入，所謂心靈療遇的條件即已俱足。[34]

余德慧老師認爲，巫宗教對於非現實的開發可以對本土心理治療提供啟發，在〈倫理療癒作爲建構臨床心理學本土化的起點〉一文中，也提出現實限度的解除作爲「受苦—轉化」的機制，[35] 與巫療遇有相應之處。在巫所開啟的非現實空間中，巫者由眞摯本體所勾連出的文化生產，脫離了理性的宰制，抵達了建制的心理治療難以抵達的療遇。[36] 以牽亡爲例，師姑作爲活生生的象徵的體現，文化撫慰的象徵體系在求助者因失落而開啟的象徵世界作工，[37] 生者與死者的依附關係在靈象徵的領域重新締結，個人的失落得以安頓。屬於前現代以巫作爲人與靈之中介的牽亡儀式如何對後現代處境中的悲傷治療提供啟發？首先，悲傷治療在西方治療文化的脈絡要先解除，還原

---

[32] 〈巫者的意義生成〉，頁 13-14。

[33] 〈巫者的意義生成〉，頁 15。

[34] 〈巫者的意義生成〉，頁 17。

[35] 〈倫理療癒作爲建構臨床心理學本土化的起點〉，頁 15。

[36] 〈巫作爲心理文化原初本體的形構論〉，頁 7。

[37] 〈從巫現象考察牽亡的社會情懷〉，頁 145。

其生死場域的歷史空間，[38] 接著，心理學的核心論述必須重新迎接靈象徵的歸返。哀傷的主體在失落的深淵尋求關係的重建，其精神再生產（spiritual reproduction）的工作要到意識的根部作工。意識的根部是客體關係存放的處所，也就是無意識。余老師援引容格的說法，認為無意識並不是極端私密的個人意識，反而是向著世界打開的世界意識，是自己與「他界」（realm of the other）相偕之處。無意識是「大地母親的子宮」，是自己與他人締結的幽冥界。哀傷者的精神工作，即在於投向與他者締結的無意識而建立這種超越自我的主體的締結。[39] 在悲傷治療中，一方面要揭露哀傷者重返原初締結關係的渴望，另一方面要讓原初締結的基礎被發現，猶如宗教的皈依轉信，發現了非常親密的基礎地。[40] 在這個比死亡更為堅韌的締結關係之中，哀傷者的失落才得到安頓。

修行與療癒

在巫療遇的討論之中，余德慧老師以現象學還原的途徑，把巫的生成處返回身體性，並指出「內在性」才是巫療遇的生發之處。在 2010 與 2011 年兩篇討論宗教修行的文章中，余老師繼續將身體性與內在性的概念放在修行療遇的討論之中，為宗教研究之修行的傳統視域提供了前所未見的啟發。過去宗教研究對於修行的理解往往從經典或是正信入手，對於民間信徒種種以身體入道的經驗以及非成文的人神關係既不承認，也缺乏看見的能力。在〈民間宗教的「他界」修行〉一文中，余老師以一位入乩者的經驗為例，討論入乩這個一直被精神醫學領域化、或是為俗諦所覆蓋的現象。精神醫學將入乩意識視為心理病理的徵候，俗諦則充滿文化的說詞與解釋，對於精神生產的過程盲目不見。余老師將民間宗教的「靈」放在身體的人文空間進行理解。「靈」源於人類知覺，是知覺系統不斷創生的影像，而這影像是由「自身」所界定的。「靈」不可捉摸卻可感，逃脫於概念的束縛，但也不是任意

---

[38] 〈台灣巫宗教的田野反思〉，頁 23。
[39] 〈從靈知象徵領域談哀傷的抒解〉，頁 219-220。
[40] 〈從靈知象徵領域談哀傷的抒解〉，頁 223。

說說，而是在知覺的流動當中凸顯出某種力量的出現。知覺「首先是模糊而無影像，然後是團塊影像，逐漸有形貌的生產，有形貌後就開始削減其影像的威力，而增益其符號的意義。一旦『靈』進入符號，就進入社會建制的doxa論述。進入一般人所看到的說詞。」[41]

在「靈」的源初狀態，是出離到自我之外的無符碼經驗，然後身體覺受才逐漸投注於虛擬的影像，信徒從夢視瞥見他界，從靈知的虛擬參與他界的建造，最後抵達「他界的內在真實」，這是一個漫長的過程。民間宗教的虔信者不是從正信入道，而是從生命經驗的事件獲得感悟，生命事件與靈知相倚成形。[42]民間虔信者的感悟誕生於身體的人文空間，也就是介於知覺與概念之間的「質感」（percepts），屬於感覺影像與思維殘片的綜合。民間虔信者藉以入道的夢視即是開放給它（他）者的質感，這是引導他們進入自身內在性的平台，構成了民間宗教修行者的生機所在。[43]

在〈修行療癒的迷思及其進路〉一文中，余德慧老師將宗教修行的「療癒觀」進行現象學還原的探討，認為修行不只是教門約規的產物，而提出非教門修行的可能性。余老師提出「身體性空間」作為修行療癒的處所，這個觀點延續了對於巫療遇的看法。人為何要修行？余老師將修行的問題放在自我的確立與不確立之間，確立的自我在社會中發展，起於造作的勞動，當其所造作的世界成為現實的實在，「現實自我」就成為「僭主意識」。「僭主意識」之所以成為專斷的主體，是因為切斷了與自然的連結，遺忘了自己的精神母體。修行就是對此專斷主體的反動：

> 在以僭主意識為背景之下，宗教修行一開始就是反意識的，一方面修行並不以「自我」修煉為平台，反而對僭主意識不斷懷疑，而僭主意識之所以無法撲天蓋地，正是因為自我的不穩定性與有限性。……宗教修煉對待自我是多元的，可以從破除自我的無我到自我的依持，換言之，在修行領域，自我只能是對象而不能成為主體……，當我們把自我（群）作為處理的對象，我們不再依靠自我，反而希望離自我而出「別心」，以（至少）反轉的方式重新審

---

[41]〈民間宗教的「他界」修行〉，頁98-99。
[42]〈民間宗教的「他界」修行〉，頁102-104。
[43]〈民間宗教的「他界」修行〉，頁105-107。

視自身的存有，這個反轉之心往往被視爲宗教的初心。[44]

宗教的修行論述充斥著去蔽求真的種種說法，然而，所有被宣稱爲絕對真理的東西，都有可能成爲像是意識型態的東西。余老師從後現代哲學的真理觀指出修行的無可概化與不可預見，無法「針對性」地操作，也必然隱含差錯的可能性。若把修行當做內在的轉向，則其前行的風光只能展現於個人最獨異（singularity）的領域。[45] 提出非教門、非戒律修行的可能性之後，余老師將修行界定爲**「轉向內在的運動」**，以德勒茲對內在性的探討爲基礎，指出「啓悟」的所在是生命底層的純粹內在性，不再有主體，僅有無人稱的獨異性。內在性的工作與修身養性與行善積德不同，後者以世間的行動爲要件，前者卻是非現實的綿延。[46] 余老師援引柏格森的說法，將非現實的綿延放在現象學所稱的身體空間：

> 身體性或身體空間恰好在現象學意義的中介，一方面它感觸著純粹內在性的混亂，也接應具有智能的意識。修行的操作平台恰好是作用在身體空間，其療癒的意義則在於身體空間的質變。[47]

透過操作平台讓身體的生成發生是宗教療癒的正面生產模式，若從陰面來描刻療癒的生成，則稱之爲幻化生成與差錯生成，以此作爲「抵達」無人稱的可能性。幻化生成將自我作爲內在性的過渡客體，自我不是目的，只是「地址」。

因此，自我無需淬鍊，而是讓自我玩起來，有幻起，也有幻滅，就是生成的過程。幻化是讓「潛存者」與「現實者」成側異而非對立的關係，透過幻化生成一再錯認爲實相的過程，經由一再錯認，最後發生自我翻轉，而抵達無人稱的可能性，取得療癒之路。[48]

宗教修行是轉向內在的運動，從這個論點來看，臨終處境亦是修行，而

---

[44]〈修行療癒的迷思及其進路〉，頁 4。

[45]〈修行療癒的迷思及其進路〉，頁 7。

[46]〈修行療癒的迷思及其進路〉，頁 9。

[47]〈修行療癒的迷思及其進路〉，頁 10。

[48]〈修行療癒的迷思及其進路〉，頁 11-12。

臨終處境所發生的靈性現象則是轉向內在的回歸旅程。下一節我將討論臨終靈性的開展以及臨終處境中的心靈療遇。

臨終靈性與心靈療遇

死亡是是生命的必然、卻又是不可理解的黑洞，心智極力抵抗它，以求生忘死之心打造自我與文明，極大多數人是在親人或自己的臨終時刻，才被迫與死亡照面。這個與死亡直面的時刻，卻也是開啟靈性的契機。余德慧老師說：「人健康活著的時候，在社會的自我實現中尋求依靠；但在朝向臨終之際，人需要在靈性上尋求締結和依靠。」[49] 臨終生命的開顯（unfolding）是臨終時刻轉向內在的回歸旅程：自我現實崩解、轉化到超個體的整全意識；從水平與外在締結轉向垂直的內在締結；自我界限消融，轉向與他者（包括神聖領域）的親近與交融；最後，從控制的意志轉向本心臣服（self-surrender）。[50]

內在性的回歸不是自我圓滿的完成，反而是對於人性的逆反，以及對於人化（humanization）的反動。活著的大部分時候，人以社會的認可與自我的完成作爲運動的軸心，這是人化的運動。臨終主體的樣態卻是逐漸離開人化的形構。余德慧老師以德勒茲的超越—經驗論（transcendental empiricism）爲基礎，探究臨終主體，詢問：「主體如何在死亡的給定之中被構成？」[51] 臨終主體之臨終生命的開顯，首先是背離認知主體的構成根源。認知主體以常數的認知方式生產，以保持世界的恆常性。[52] 余老師以柏格森的「時間倒椎形圖」來談「人化」對於「無人稱生命」的虛構：虛構的本質即透過常數法則建立「相續連結線」。[53] 虛構企圖遮掩生命的獨異性與流動，

---

[49] 〈對臨終照顧的靈性現象考察〉，頁 5。

[50] 〈對臨終照顧的靈性現象考察〉。

[51] 〈轉向臨終者主體樣態：臨終啟悟的可能〉，頁 18。

[52] 余老師將之稱爲認知主體的魔幻作用：「它使虛構成爲現實，卻掏空虛構之外的實在，亦即，認知主體取消所有的被動，取消時間性的耐心，取消無限的它者，……這是自我的魔幻，也是認知主體的宰制。」〈轉向臨終者主體樣態：臨終啟悟的可能〉，頁 27。

[53] 〈轉向臨終者主體樣態：臨終啟悟的可能〉，頁 21。

讓生命平整化爲常數可以掌握的現實。死亡屬於認知主體所無法捕捉與料想的「域外」（the outside）。死亡的迫近使得域外得以被瞥見，作爲意識之基礎的譫妄溢出，無責任給出了責任：

> 人跌地落入無限性當中，首次見到自己的脆弱，或者在被抓傷時瞥
> 見它者，無對偶性的責任湧現，直接策反虛無主義，使虛無主義的
> 有限責任失去了準頭，就像本來是自由式的「力爭上游」，現在卻
> 一反常態爲仰游，讓身體獲得最大的被動。[54]
> 仰游是順服水的承托，將肚腹朝向天空開啟，讓生命事件穿透。

「時間」是臨終靈性開顯的重要主題。臨終向眞實敞開，迎接生命的本眞，讓生命穿透自身。就時間來說，對生命本眞的敞開就是背離支使時間的主動性，而進入被時間所動的受動性（passivity）。余德慧老師以勒維納斯的「讓人被時間過」而不是「讓人去把握時間」來詮釋臨終的非凡時刻。以朝向死亡、處於存在過程的「在⋯⋯之中」（being... in），相對於認知主體對象化的知識造作。[55] 面對死亡的認知主體以把握時間來緊抓剩餘的有限時間時，時間終究是不斷流逝的無情暴君。「受動」則以閒散打開時光的恩典。余老師在討論金浩現象時曾經提到癌末病人看到清晨陽光，宛如看見時間的感動。[56] 被「看見」的時間是生命時間，呈現的是圖像─背景的雙重性。[57] 日常生活中未將死亡置入視域，是將死亡的背景壓至看不見的地方，片面地突出活著的圖像。然而，那在生命之前止步，放下籌謀的受動時光，[58] 容讓事物的赤裸顯現自身，就像時間「有限」的臨終病人在晨光中看到時間的「永恆」；又像衰弱的病人洗完澡後，喟然而歎：「好舒服啊！」

余德慧老師也以相對於「縱向時間」的「縱深時間」來表述生命時間這種被動語態的現身。「縱向時間」是人在健康時努力掌握時間實現自我的時間，「縱深時間」則成了臨終時刻的唯一機會：「**透過內在的增生，讓我們**

---

54 〈轉向臨終者主體樣態：臨終啟悟的可能〉，頁 30。
55 〈心靈療遇之非技術探討：貼近病人的柔適照顧配置研究〉，頁 9。
56 〈探討癌末處境「聖世界」的形成〉，頁 46。
57 〈心靈療遇之非技術探討：貼近病人的柔適照顧配置研究〉，頁 27。
58 受動（passivity）是接納、承受，其字根原屬受難、受苦之意。

的內在性眞實體會本身成爲一個活著的核心，而不是用稍縱即逝的物理時間作成活著的期待。」[59] 縱深時間的出現是生命的恩典，卻是劈開意識裂口、縱身深淵、與神聖相遇的恩典，向生命的湧動開放，讓靈性生發：

> 人在縱深時間當中，時間在當下往內在性的流動沉沁，不能夠被世界收編，因此逃脫了被擠壓的縱向時間。在縱深時間理會產生一種轉向，生死不是分開的，反而是以「陌生」、「深不可測」、「黑暗」的內在性摸索。在此處，人的時間透過手工密密摺疊起來，以親歷經驗爲基礎，一方面，存在者的世界性必須被剝奪，甚至對世界進行背離，使得功能迴路完全失去運轉的機能，造成自我的癱瘓、暴力，以及將世界根本地剷除；另一方面，必須放棄前述的動機與努力，而使自己的衰頹反成爲動力源。[60]

作爲返回原點的運動，[61] 臨終生命是從現實轉向眞實的「負向開展」（developmental negativity）。負向開展是生命轉化的基本程式，無人能自外。它讓「無能、空乏、痛苦把人帶到一種質地的邊緣，使得生活空橋必須是異質的跨越」。[62] 在單面的平面邏輯中，無能與痛苦是無法認識、也不可解的對象：

> 我們在世的強行之知是爲了經營世界，所有的知識都朝向有用性，面對無功能、非功能的領域幾乎一無所知，我們看到無用之物，只能將之棄置，其實也棄置了我們與世界、與他人之間的無功能部分。我們傳統的知識系統對無功能之物不給予命名，不給予知識，這就是無知。無知剛好就是契入無功能關係的敲門磚。[63]

非技術的「柔適照顧」（non-technic Anima care）就是以無能與無知爲

---

[59] 〈縱深時間與沉默皺摺〉，頁 57-58。
[60] 〈縱深時間與沉默皺摺〉，頁 59。
[61] 〈心靈療遇之非技術探討：貼近病人的柔適照顧配置研究〉，頁 5。
[62] 〈死亡的啟蒙〉，《臨終心理與陪伴研究》，頁 9。
[63] 〈死亡的啟蒙〉，《臨終心理與陪伴研究》，頁 12。

起點，在承認一無所有的無能與無知之中，進入沉默，沉默成了最深刻的陪伴與共在。

余德慧老師在宗教療癒中所討論之非現實母體、現實之非，亦是臨終主體所回歸之處。巫在不由自主的夢境、幻視、身體的搖晃顫動之際所迎面的非現實運動，與病人在開啟臨終生命時刻自我潰散、譫妄取代意識、垂直締結萌生的轉化，彷彿是類似的，都是對於世界的顛倒，以及存在的開啟。

結語：本土宗教療遇之道

本文以余德慧老師關於宗教與療癒（療遇）的論著進行整理，耙梳余老師對巫療癒、修行療癒以及臨終靈性所提出的分析。余老師以現象學還原的方法將巫研究從文化解釋移開，從巫現象的底層探問巫的生成；將修行從教門論述移開，從人類意識發展的過程來討論修行療癒的可能。無論是巫的生成或是修行的核心，余老師都指出身體性的源初地位，這是文化層次或是經典文本層次之研究的未思之處。對臨床心理學的本土化來說，余老師不是以華人文化之特殊性作爲分析的入口，本土化意味著生活世界的回返，回到蘊生巫文化的心理人文空間。就療癒而言，余老師也不走文化心理修補術的路數，將人間圓滿或是自我實現當做底線。余老師說：「從死亡的給定來討論我們的活著。」[64] 因此，余老師對於臨終處境的探究，就不只是屬於「生死學」探究的一個主題。就臨終處境來說，臨床心理學對於人之受苦以及苦境的理解，大都仍依循自我實現的求生之道爲底線，很難回應臨終處境自我逐漸崩解的「異狀」。臨終處境是臨床心理學的不思之處，余老師對於臨終現象的探討，也因此對臨床心理學具有重新探究根底的意義。臨終處境所開啟的未思之處，是臨床心理學一直很陌生的、「存在」的生發之處。

> 原初的心靈療癒必然涉及人對待他人的存在，承認人是在比較大的超己存有狀態底下，一個較小的、被指派的主體。指派爲自己的主體的並非自己的強制命令，而是在自然的條件底下，人才得以存

---

[64]〈轉向臨終者主體樣態：臨終啟悟的可能〉，頁38。

有，所以人的主體是命運所載負的，不是強迫去製造所有人為物而進行創建的主體。[65]

　　臨終的負向開展如何提供真正的療癒處境？柔適照顧的非技術如何為人文臨床提供繼續開展的道路？余德慧老師對於本土宗教療癒的探討，為心理學本土化以及宗教心理學的開展提供了獨特的貢獻與啟發，也留下了豐富的思想遺產，就像李維倫所說的：余老師是在人類經驗根底之處探問，為我們引來活水的人；承受活水澆灌的學生，也要向活水的根源敞開，繼續老師已經開啟的活水之道。

---

[65]〈心靈療遇之非技術探討：貼近病人的柔適照顧配置研究〉，頁 17。

余德慧老師宗教療癒（療遇）相關著作

從本土臨床心理學到人文臨床

余德慧（2001）：〈心學：中國本我心理學的開展〉。《本土心理學研究》，
　　15 期，頁 271-303。

余德慧、李維倫、林耀盛、余安邦、陳淑惠、許敏桃等（2004）：〈倫理
　　療癒作爲建構臨床心理學本土化的起點〉。《本土心理學研究》，22
　　期，頁 253-325。

余德慧（2005）：〈本土化的心理療法〉。楊國樞、黃光國與楊中芳主編，
　　《華人本土心理學》（下）（頁 905-939）。台北：遠流。

余德慧（2005）：〈倫理主體作爲生活世界的療癒向度：華人臨床心理學本
　　土化的一個可能途徑〉。《本土心理學研究》，24 期，頁 3-5。

余德慧（2005）：〈華人心性與倫理的複合式療法──華人文化心理治療的
　　探原〉。《本土心理學研究》，24 期，頁 7-48。

余德慧、余安邦、李維倫（2010）：〈人文臨床學的探究〉。《哲學與文
　　化》，37 卷，1 期，頁 63-84。

巫療遇的研究

余德慧（1985）：《台灣民俗心理輔導》。台北：張老師。

余德慧、彭榮邦、石世明（1998）：〈台灣巫宗教的田野反思〉。發表於「探
　　索台灣田野的新面向」學術研討會。中央研究院民族學研究所主辦，台
　　北：南港。（收於《台灣巫宗教的心靈療遇》，2006。台北：心靈工坊）

余德慧、李宜澤（1999）：〈東昌阿美族的巫師祭儀的社會行事本體〉。發
　　表於「宗教傳統與社會實踐」學術研討會。台北，南港：中央研究院民
　　族學研究所。

余德慧、劉宏信（2003）：〈台灣民間宗教虔信者的「啟蒙神學」〉。《新
　　世紀宗教研究》，1 卷（4 期），頁 63-94。（收於《台灣巫宗教的心

靈療遇》，2006。台北：心靈工坊）

余德慧、彭榮邦（2003）：〈從巫現象考察牽亡的社會情懷〉。刊於余安邦
　　編著：《情、欲與文化》（頁 109-150）。台北：中央研究院民族學研究
　　所。（收於《台灣巫宗教的心靈療遇》，2006。台北：心靈工坊）

余德慧、彭榮邦（2003）：〈從靈象徵領域談哀傷的抒解〉。刊於胡台麗、
　　許木柱、葉光輝編著：《情感、情緒與文化：台灣社會的文化心理研究》
　　（頁 129-162）。台北，南港：中央研究院民族學研究所。（收於《台
　　灣巫宗教的心靈療遇》，2006。台北：心靈工坊）

余德慧、劉美妤（2004）：〈從俗智的啟蒙到心性與倫理的建構——以一個
　　慈惠堂虔信徒網絡療癒為例〉。《新世紀宗教研究》，2 卷（4 期），
　　頁 71-117。（收於《台灣巫宗教的心靈療遇》，2006。台北：心靈工坊）

許敏桃、余德慧、李維倫（2005）：〈哀悼傷逝的文化模式：由連結到療
　　癒〉。《本土心理學研究》，24 期，頁 49-83。

余德慧（2012）：〈巫作為心理文化原初本體的形構論〉。《哲學與文化》，
　　39 卷，6 期，頁 7-20。

修行療癒（療遇）

余德慧、許雅婷（2010）：〈民間宗教的「他界」修行〉。《台灣宗教研
　　究》，9 卷，1 期，頁 87-110。

余德慧（2011）：〈修行療癒的迷思及其進路〉。《慈濟大學人文社會科學
　　學刊》，11 期，頁 86-108。

佛學心理學

余德慧（1971）：〈禪學與心理學〉。《慧炬》，95 期，頁 102-104。台北：
　　慧炬雜誌社。

臨終與靈性

石世明、余德慧（2001）：〈對臨終照顧的靈性現象考察〉。《中華心理衛
　　生學刊》，14 卷，1 期，頁 1-36。

余德慧、釋道興、夏淑怡（2004）：〈道在肉身——信徒於臨終前對其信仰

之追求探微〉。《新世紀宗教研究》，2 卷，4 期，頁 119-146。

余德慧、石世明、夏淑怡（2005）：〈縱深時間與沉默皺摺〉。《安寧療護雜誌》，10 卷，1 期，頁 54-64。

余德慧、石世明、夏淑怡（2006）：〈探討癌末處境「聖世界」的形成〉。《生死學研究》，3 期，頁 1-58。

余德慧等（2006）：《臨終心理與陪伴研究》。台北：心靈工坊。

余德慧（2012)：〈轉向臨終者主體樣態：臨終啟悟的可能〉。《哲學與文化月刊》，39 卷，12 期，頁 17-40。

心靈療癒（療遇）

余德慧、李維倫、林蒔慧、夏淑怡（2008）：〈心靈療遇之非技術探討：貼近病人的柔適照顧配置研究〉。《生死學研究》，8 期，頁 1-39。

Der-Heuy Yee (with An-Bang Yu & Wei-Lun Lee) (2010). Bodywork in the Clinical Humanities. *Journal of Humanities Therapy 1*: 49-81. Korea: Humanities Institute, Kangwon National University.

余德慧、李維倫、林蒔慧、99 頌缽團（2012）：〈頌缽者療遇初探（1）：頌缽之音與心靈冥視關聯之探討〉。《應用心理研究》，54 期，頁 105-131。

余德慧、林耕宇、彭聲傑（2012）。〈身體內景的知覺現象與身體情緒〉。《身體、主體性與文化療遇：跨域的搓揉與交纏》。余安邦主編。台北：中央研究院。

10 生死學在台灣的文化沉思

余德慧、林耀盛

摘要

　　本文首先從台灣生死學開展脈絡探索開始，而後，由死亡的多元揭蔽之道談起，再經歷文本生產、文化（字）產業的論述，顯示台灣對於生死學若隱若現的態度。之後，再經由宗教家領導的生死學、道證生死學到臨床生死學處境的路徑，理解台灣生死學的礦脈。本文認為，台灣生死學是在全球文化潮流之下的一支文化現象，其深度不在於對生死的啟悟，而生死學的閱讀應可解釋為閱讀文化的新潮流。當然，在隱藏的死亡焦慮底下，可能是推動的巨瀾，但這是普世人類的心境，並非台灣獨有現象。

　　然而，回到生死處境，我們仍然可以見證文化沉思下台灣對於生死學的脈絡性態度。本文透過文本論述與案例顯示，逐層分解心理礦脈，最後以台灣「九二一」震災的事例，進一步凸顯死亡開啟了永遠無法把握的、永遠是不可能的、永遠充滿謎面的未來的一種關係，我們僅有以謙卑尊重生命的選擇以對。

生死學在台灣引論

　　「生死學」這個課程名稱是在二十年前才出現在台灣大學心理學系的通識課程。在此之前，美國大學的「死亡學」由傅偉勳教授引介來台灣。當時傅教授罹患癌症，來日不多，他在台大的老朋友楊國樞教授感慨於生死問題對人心的重要性，遂邀他的同事余德慧教授一起開「生死學」課程，邀請台灣的社會學家、民俗禮儀家、哲學家以專題的方式為學生上課。台灣媒體第一次報告「生死學」這個名詞，爾後二十年，台灣許多大學也開設生死學相關課程，也出現以生死學為核心的科系，如南華大學生死學系，以及研究所，如台北護理學院生死教育與輔導研究所，以及生死諮商中心。台灣諮商學會也正式將生死諮商中心視為專業輔導機構。

　　這樣的表層社會現象，並無法反映出台灣對生死學的思考。將生死的各種複雜問題搬上學術殿堂，並不反映台灣社會對生死問題的態度或文化的意義。充其量只能說明大學通識教育，也注意到生死問題值得提供年輕學生討論學習。這篇文章將以廣泛的角度探討生死學在台灣的社會文化心理層面的意義，並指出台灣文化所發展出來的生死學意義。

　　事實上，相較於日本有廣島原子彈事件的陰影，大陸有文化大革命的時代背景，因而孕育了「生死學」的脈絡生成，那麼，台灣社會在 1980 年代的「生死學」風潮，在傅教授提出「生死學」這名詞後，可以形成一個趨勢，除了「九二一」地震外，是否存在著什麼樣的文化社會礦脈，需進一步挖掘。我們認為，即使發生重大災害，還不足以孕育台灣生死學的發軔。嚴格來說，台灣生死學是在全球文化潮流之下的一支文化現象，其深度不在於對生死的啟悟，而是在少數提倡者的領導之下，使台灣閱聽群體有了新的視野，尤其是由作家所深度描繪臨死的心情，容易引起大眾的共鳴。換言之，對生死學的閱讀應可解釋為閱讀文化的新潮流。當然，在隱藏的死亡焦慮底下，可能是推動的巨瀾，但這是普世人類的心思空間，很難特別指出在台灣有何特出之處。但這不意味著台灣生死學的文化沉思，不具備脈絡發展性的處境意義。

　　回到當時的時空來看，我們無法從生死學課程第一次出現在台灣的大學課堂，獲得任何社會文化心理的意義。倒是先從其後二十多年的課程發展，我們可以推測學術界與高等教育界對生死問題的潛在意涵。假定生死學

的社會文化意義是個模糊、有待發展的課題，課程的教學內容可以說是還在摸索當中，於是我們看到：在宗教團體支持的大學所談的生死學偏向其宗教傾向，如佛教支持的大學偏向以佛學教義談論生死的意義，有基督教傾向者傾向於基督傳承的生死觀，醫學院為主的大學偏向談安寧照顧、安樂死與自殺問題，綜合大學則以各種範疇進行專題討論，包括宗教範疇的儒釋道生死觀、葬儀，哲學範疇則在生命哲學的存有，社會心理範疇談死亡文化、臨終的孤獨、社會對死亡的處置，醫學範疇談安樂死、安寧照顧（偏向醫療控制的倫理問題）、死亡生理學，護理範疇則探討臨終關懷等。

很明顯的，這些課程的發展顯示生死學作為新興課程的多元現象，並沒有一個被視為所謂「生死學核心」的脈絡，而是就當前的不同學科論述，進行拼貼。這個現象也反映台灣生死學處在「不可知其可以」的階段，但是就生死知識生產的源頭，即生死學的研究，目前幾乎毫無進展，大多的論述停留在書齋的文獻考察或哲學論述。

究其實，生死學的本質是以死亡作為活（存有）的開顯之學。存有的開顯意味著生活世界本身含有蔽障，或者說常人的活並不具有存有的意味，使得我們只能在日常生活斷裂的裂口（如災難、意外、疾病而失親，或面臨死亡的瀕臨處境等），驚恐與悲痛地承受其命運。在此意義的生死學，意謂著活著本身是必須學習自我揭蔽的旅途，使我能過安然面對「朝死而生」的活著。然而揭蔽之道既不確定也無必然途徑可以依循，可說是人生諸路途中很少被走過的荒蕪幽徑。

揭蔽之道的多元路徑

台灣社會的文化傳統對於揭蔽之道，以宗教論述的記載最多，其中以民間宗教的自我轉化最為明顯。在這裡必須區別宗教信仰與生死學的差異，前者是以宗教教義為皈依的，亦即，只要遵照教義、視其所言為真理，即是「迷途知返」，而生死學並不依據某個教義（doctrines）來決定揭蔽與否，而是把揭蔽本身作為等待解決的事項，必須開放到尚未決定的狀態做沒有盡頭的探索，而以探索本身即作為死生之鍛鍊，若不經此含霜茹苦的過程，企圖以逸待勞地依靠現成的文本，本來應該不具有生死學的本質。但是，我們

也注意到，許多依教奉行的人們在他們的實踐過程，並非只是安坐法筏，而是遭受許多苦難的過程，如親人驟逝、身罹重疾、事業破滅等人生重大事故。在台灣民間宗教信徒普遍用「魔考」來重新理解自己遭受的厄運。「魔考」就是魔鬼的折磨，那是上天要人透過災難的折磨來消除業障，透過災難的考驗，若還能不退轉道心，那麼就能一步步地朝向圓滿的生命。[1]

從這些研究經驗使我們看出，所謂「揭蔽」並非一次式到位，而是有許多層次，揭蔽只能意味著：之後的我比之前的我多一點澄明（clearing），並非澈悟。憑依某種宗教而入生死門，並非一無是處，反而是個比較輕鬆的起點。雖然沒有實際的數據調查，但可想像台灣本鄉人，在當年接受不多的教育，也在本鄉生活的中年人，是以這個路徑整理「朝死而生」的日子。許多間接證據可以支持這個論點。

其一，台灣的神佛堂增加率甚高，大多數是個人起建，規模很小，甚至許多神佛都設在自己的房子。這些個人式的神佛堂多少與這些民間宗教信徒的心性轉變有關，包括夢啟冥通、改變命運、躲避厄運、祈福或高人指點。

其次，過去我們對民間教徒的轉化多少有些看輕，以為他們只是憑著一時的感覺或「靈感」、「夢啟」而做諸多與仙佛有關的聯想、臆測的作為，可是從近年來台灣人類學研究，台灣各地群聚的宗教小團體數量很大，典型的情況是，一群信徒跟著一個師父，一起修行。例如：台灣新興宗教慈惠堂，一個總堂有兩千多個分堂，總堂與分堂沒有任何實質的關係，只是以母娘為依歸的精神歸屬。換言之，只要有人願意成立慈惠堂，或者是因為夢啟（母娘降臨夢境要求起建神壇）或是因為身邊信徒的要求。分堂堂主代替母娘，以降身附體的方式為信徒解厄消災，並形成一個療癒社群，信徒的受苦會受到堂主的指示，並獲得其他信徒的協助。事實上，無論是有宗教招牌或只是沒有名號的共修團體，裡頭都存在著試圖消解晚年的死亡恐懼。

以我們瞭解的個案來說明可以更清楚這一點。一位事業順利的中年男人，在他 50 歲的時候，突然出現類似恐慌症（panic）的現象，使他對做事業失去興趣，即使尋求醫療幫助也無法消除他對死亡的焦慮。他覺得在死亡面前，一切變得沒有意義。在一次機緣中，他遇見一位師父，師父勸他入堂修行，並施予多次的儀式治療。在他修行五年之後的訪談中，他承認自己的

---

[1] 余德慧（2010）：〈台灣民間教徒的「他界」修行〉。《台灣宗教研究》，第 9 卷，第 1 期，89-110。

人生有了基本的轉變，雖然他依舊操持著事業，但已經沒有成功的企圖，而是希望以事業力量幫助弱勢人們。他不認為他只是做善事，而是他已經瞭解自己活在世間的使命。

其三，台灣民間宗教盛傳著「歸圓」的神話胚胎，不同派別只是用自己的說法重說這個神話。這神話的基調是：人是宇宙流散的元子，從宇宙母體（母娘）流放到人間，故人必須在世間完成使命才能返回母體歸圓。死亡就是返回母體。這個神話幾乎遍布全球，而在各地的本土宗教取得操作的平台，透過信徒的精神轉化獲得其內在的充實意義。信徒以他們的真實境遇與個人的資質而有各種鍛鍊，可說是一種類型的「心靈煉金術」。將這過程歸諸於對自己生死的揭弊的一種形式，可說是本土自發的生死學。

台灣的文字媒介作為生死學的平台

台灣的主要出版社都曾經將「生死學」列為系列叢書，而對人普遍產生影響的是「臨淵之書」，也就是人在面臨死亡之前托人撰寫的經驗談。最暢銷的一本書是作家 Mitch Albom 寫他與一位多發性退化症的老師墨瑞的談話，台灣翻譯書名《最後 14 堂星期二的課》，在台灣網路有 14 萬筆心得文章。許多人承認，因為死亡太黑暗、太可怕，從來不敢閱讀這類的書籍；[2]但在朋友的影響下，開始閱讀，而出現各種不同的心得，這些心得的結論依照年齡閱歷與感應能力的差異，可說什麼反應都有，從「充滿希望活下去」、「為他人而善盡一生」，或「死了什麼都沒有」，不一而足。

暢銷書並不等於深刻的生死書。台灣在十五年前出現安寧照顧，主要的安寧照顧團體紛紛成立，其中以蓮花基金會為最具規模，它主要由醫療人員發起，結合宗教界成立，參與這些安寧照顧團體的成員有病人家屬、安寧照顧志工以及醫護人員。這些成員對生死學書籍的閱讀相當深入，也受到深刻的影響。

以一個生死學讀書會的討論為例。日本醫生山崎章郎的《一起面對生

---

2 台灣暢銷的生死學書籍：《最後 14 堂星期二的課》（Mitch Albom／白裕承譯／大塊文化）、《西藏生死書》（索甲仁波切著／鄭正煌譯／張老師文化）、《一起面對生死》（山崎章郎著／林真美譯／圓神）、庫伯羅絲的一系列作品。

死》曾經引起廣泛討論，尤其對日本人普遍面臨癌症告知的文化特性，有著亞洲文化的共鳴。日本評論家江藤淳的「妻と私」（文藝春秋，1999），台譯：「摯愛──妻與我」（麥田出版社，2000）的「生與死的時間」：江藤淳在醫院看著昏睡的妻子，突然失去了世間的時序時間，進入時間晶體的回憶共在的非時序時間，深深感動許多志工，被放進學術的探討。[3]美國安寧照顧醫師 Kübler-Ross 的影響也很大。另外，美國的索甲仁波切的「西藏生死書」也是一時的暢銷書。不過，做一些簡單的調查，多數人並不讀這些書，只是買來放在書架上。這裡有個很耐人尋味的訊息：冥冥中知道生死是大事，卻又害怕靠近。

語言既是揭露了某事的方面，卻又把其他方面關閉起來。語言這種特性對一般人是很有幫助的，一方面不做澈念的生活會比較容易舒心過活；另一方面每人都覺得死亡還很遙遠，無須遠慮。即使在安寧病房的垂死病人，也盼望能看到明天的太陽。生死問題對多數人都太沉重，對於能過輕鬆過日的心情，追求澈念可說是自找麻煩。

然而，台灣的小說家卻透過實情的文學演繹，將生死的問題從側面挑出生死學的氛圍，其中以蘇偉貞的「時光隊伍」，描述她的丈夫住在病房離世的過程，從死亡的過程反差出具體的人間條件：醫療態度、朋友關係、配偶關係，以及死亡的不可捉摸，對死亡的英雄主義等等。

若隱若現的生死學

然而，我們遇到兩種情況，令人深思。

第一個情況是，在余德慧教授生死學的公開演講，如果聽眾是大學生的年輕人，他們往往會顯得沒耐心，覺得提這麼遙遠的事情是多餘的，但是只要聽眾在 40 歲以上，都會專心聽講，有時會聽到聽眾低聲抽搐，可能觸到一些長輩過世的回憶，暗底裡的恐懼變成夜裡一條拖曳的陰影。

另一個情況是，一些大學同事告訴本文第一作者，在他們陪著至親過世

3　夏淑怡（2005）：《臨終病床陪伴者的療癒經驗探討》，第四章。慈濟大學宗教與文化研究所碩士論文。

的過程，才開始讀生死學的書，特別指出他寫的那些書籍。[4]他們提到那個時刻非常茫然，對自己的存在也感到危殆不安，深夜陪著病親，眼淚不停留。有個 40 餘歲的兒子在父親所住的加護病房等著，突然顫抖地「看見無常」（時間流逝、人生變動不居）就在眼前。**這種瞬間的洞見，可說如海德格所謂的時刻**（the Moment）。

這是個值得提醒的事。對人生澈悟本身就如烏雲裡突然閃出的陽光，很快就過去了，烏雲依然蔽日。對生命的揭蔽幾乎是薛西弗斯（Sisyphus）的山頂石頭，一項不可能抵達的工作，瞭然生死永遠在搬運石頭的過程當中，然而，這是對習慣有對象化的意識是很難接受。我們的生命經驗裡，總也會有疾苦病痛、人際往來與生涯抉擇的倫理調停時刻。只是，當我們受傷時，我們可以懂得暫停，所謂的「傷停」時間，如薛西弗斯的推滾巨石神話，雖然單調且看似徒勞無功，但「夜晚」的休息與等待「日出」的推石任務，讓枯燥無味的工作，有了喘息「生養」、「目標」方向與盼望「改變」。但有時，我們讓生命巨石的輪子滾動得太迅速，忘了休息或遺忘初衷，在隱喻上，就可能跌落深谷，而遭逢巨變，慣性於是有了裂縫。

人們一直要求有一個明確的死亡圖像或計畫，古代宗教不但提供圖像，也提供做法。然而，這種對象化的死亡圖像很快失去個人的意義，因為它缺乏將人帶入深刻體會的動力，只能是外邊性的說詞。死亡作為經驗的不可能性，所以死亡本身對自己並非最具動力的事件，而是趨近（他人）死亡才感覺到日常生活的斷裂，從那個裂口，某種恍若領悟如閃電般一閃即逝。

悟本身即是一個謎，不同文化有不同的謎樣。我們從台灣的現象出發，可以發現台灣對「化謎轉悟」的過程，有某種程度的朦朧。「啟悟」這個名詞在台灣民間宗教或新興宗教常被用來說明某種信仰的轉化，但這只是外部的語言，真正的操作則是透過夢啟與神啟，前者是由夢思帶來領悟，後者則是透過神卜當做理性的底線，不如說是把無端發生的事物當做感情的依歸。

換言之，民間的啟悟並非高明的理性或深奧的哲思，而是「我願意……」的情感，對生命的願有決斷的處置。因此，台灣文化在啟悟的理性說明極端忽略。在 1995 年台灣出版了中文版的《清貧の思想》（中野孝

4　這些著作有《生死無盡》（2006）、《生命史學》（2004）、《生死學十四講》（2005）、《觀山觀雲觀生死》（1995），都屬於寫給大眾的生死學小品。

次著，1992，日本出版），[5]這本書將精神轉化的細節描述甚為細膩，良寬和尚的描述引起台灣讀者許多共鳴，中國近代的弘一和尚非常接近良寬，但為弘一寫傳的許多華文書卻無法將弘一現象做深刻描述，而是以事件為主的外部摹寫。本來比較兩人的傳書內容並沒多大意義，但從文化來分析，卻可以明白不同文化對精神性的揭露是有不同層面的發展，在台灣的我們特別注意到情感在日本深刻描述裡占有主體的位置，文字的用詞總是要想辦法抵達那感性的流動，這點在中國的描述卻相當欠缺，倒是歷史事件性的細描卻十分豐富。

如果生死學最感性的部分才是真正的核心，那麼涉及生死的詩歌、吟唱、音樂、藝術等就是最好的表現，而非深奧的宗教經論或哲學論述。最明顯的台灣哀悼之歌幾乎都來自日本殖民年代至今，台灣民眾記得的哀歌大都來自韓、日電影，自己生產的則是悲怨之歌，那是承襲日本殖民時代的演歌。例如：今年（2011）台灣一位金控公司總座攀山失足而亡，追悼的歌是日本殖民電影的「莎韻之歌」。至於從中國大陸傳入的哀歌幾乎沒有，弘一和尚改編西方歌曲的驪歌是少數中的一首。

作為生死學的文化省思，我們並無意比較台灣與他者文化的生產差異，只是想說明，如果我們把生死學視為多方面、多層次的多元體，而生死的感性可說是它的骨髓，這部分是無法從大學通識教育的生死學獲得彰顯，而需從日常生活涉及斷裂的時刻所做的表現。台灣電影「父後七日」與日片「送行者」有個可以視為文化反差的評論。「父後七日」的表面基調是諧諧，但背後卻隱藏著悲哀，例如：在父親死後的喪禮七天裡，一些諧諧的鏡頭一直占據主要的畫面，一直到父親死後三個月，女兒從日本出差回來，在機場免稅商店看到爸爸喜歡的香菸，直覺地買了一條菸，走出機場才想起父親已經過世，忍不住傷心痛哭起來。

反之，「送行者」則一直以低沉的灰調來進行，卻慢慢地以一種象徵性的圓滿來鋪陳（如火葬爐邊的老友、父親手中的小石頭）。此次「朝往東亞的生死學研討會」大會論文發表人楊濟襄教授分析「父後七日」與「送行者」，她在結論提到前者對於死亡的態度是「敘事」的；後者則深富「哲學」。但本文認為，與其說東方（亞洲）對於死亡態度是「敘事」，不如說

5　這本書有兩個中文版本，一為1995年由台大歷史系教授翻譯，台北張老師文化公司出版，另一為1997年由邵宇達翻譯，北京三聯書店出版。

是「反哲學」。例如〈斐多篇〉提到，哲學無非就是練習死亡，但我們的日常生活，事實上是避免「練習」死亡，不去探問生死本體的哲學大問，但在實踐行動中，卻又清楚看到與死亡的內隱關係，如科儀就是一種音容宛在、雖死猶生的聯繫。但儀式結束、活動告一段落，死亡就成為封存經驗，從「非常」到「返常」，日常秩序就又回到生死兩分的世界。而當不經意的線索碰觸心思，那與往生者的幽緲關係才又被召喚出來。

於是，如果海德格的此有（Dasein）提到「朝死而生」，田邊元的「死的哲學」倡議「朝愛而死」，我們對於生死無盡的觀點，似乎難以明確倡議「生存哲學」，也無法抵達「死亡哲學」，我們對於生死大事的態度是「做，就對了」，只有實踐行動卻缺乏實踐知識（哲學）的批判反省，行動變成只是一種口語化後的行動循環而已。這樣的生死態度，終究無法成為普世性的人文深刻反省，而只是在苦難後展現布施的「大愛」身分認同，這樣的「大愛」在面對多元文化所帶來的衝突與對立時，往往缺乏以更高層次的抽象反思，哲學地思辨、理解何種才是適當的言語或行動，而非只是奉行一種默認的「反哲學」行動，對於生死大事的態度差異顯像，變成反而只是位階或身分的區隔而已，缺乏細緻、深度的省察。

本文認為這裡頭的文化意義不是偶然的。台灣近年來一直處於被斷交、歧視與島內諸多打結的內政問題，卻幾乎未曾有正面、認真的政策討論，反而以一種惡搞（kuso）的方式略去重點，其實一般國民內心暗藏著焦慮不安，偶然有國民在國際有一些表現，都會有過度的讚譽，似乎想以過度的讚譽，減低台灣自我的渺小感。

這是一種近似面對生死的態度：當年紀漸漸大了，也知道死之將至，但在無法面對之下，以一種不在乎的態度來過日子。台灣人雖然知道，日本文化美學把生命之生，從櫻花離枝那刻開始，而以落地為死亡的比喻，但這樣的美學幾乎不在台灣有任何讚聲，在台灣不是以輪迴轉世就是以科學虛無主義待之，而前者更促成經懺儀式之盛行。但是台灣人晚年對依山傍水的要求從未消失，所以晚年皈依宗教的現象居多。

最近有兩位登山迷的死亡，多少顯示出台灣屬於東亞的死亡美學。蘇文政醫師是台大醫科的入學狀元，林克孝是台大經濟系的高材生。這兩位菁英在他們生涯的巔峰時都因墜山谷而亡。蘇文政的死來自他對一位登山友在山裡失蹤的懸念，獨自上山尋找，失足落谷。林克孝則是熱愛自己開闢的蹊徑，在跨山溝時誤捉朽木而落谷。在蘇文政死後，林克孝在追念之詞中提

到：

> 「我有時也會獨自上山，也很快發現在任何再安全的地方不小心摔一跤，都可能讓自己陷在別人想找都找不到的地方。所以也會揣摩如果陷入這種困境，我會怎麼想。……我會非常想念家人，我會在山上大聲喊我愛他們。我會希望大家能堅強地原諒我的疏忽。我希望大家能把有限的生命與相聚無限延長到想像中的一生。……像爬山前的短暫分別，我出門去登一座沒爬過的山了！」

而林克孝一語成讖。最根本的問題在於人們的詮釋，多數網路之反應是難過無語，但也有人發現「死得其所」的求仁得仁美學：「我愛山，最大的幸福是死在它的懷裡。」這種美學的台灣版本是：我們在悲泣中讓哀痛反轉，而不是西方理性的意志論。

哀痛反轉是個弔詭現象，人們不是以解脫生死為念，反而以最深刻的投入而獲得解脫，是一個無法以邏輯成理的古希臘哲學家恩比多克勒斯（Empedocles）式的角度看待死亡。

宗教家領導的生死學

台灣的宗教領袖都對生死發表過看法，法鼓山的聖嚴法師的「歡喜看生死」、[6] 慈濟的證嚴法師的「生死皆自在」、[7] 佛光山的星雲法師的「佛教的生死學」、[8] 及天主教單國璽樞機主教的「生命告別之旅」等。[9] 這些宗教領袖都擁有眾多信徒，尤其單國璽在罹癌之後，到全島各處以自己面對死亡的信仰生命經驗告訴人們，影響相當廣泛。

然而，多數的生死學宗教論述偏重於將死亡對象化，運用宗教觀點做觀念性的請求，如死亡是不可怕的，只要你做……（如善事），以及指導一

---

[6] 法鼓文化，2009。

[7] 慈濟文化，2002。

[8] 星雲法師講座，2011，佛弟子網 on line。

[9] 天下文化，2008。

些儀式治療等。這些宗教論述缺乏個體化、具體化或過程性的操作,經常以某種簡單的結論作為抵達,或過早關閉探索的大門。這樣的做法對平信徒(following believers)可能就夠了,接下來只要「老實念佛」、「虔心禱告」就行了。這是最容易的途徑,人是否需要像托爾斯泰在 50 歲進入大懷疑,然後訪哲學家、神學家析辯一番,最終無功而返,只好下田做農夫,回歸田野。台灣承襲中國(如老實念佛)、日本的傳統(如念佛人),採取最簡便的論述(如輪迴、業力),而使台灣的老人在祈禱、念佛裡航向死亡。

從這簡捷的面對生死是否意味著生死學這個追求是否存在著根本的問題?對於自身存在的問題是否是一種認識論的幻念?我主張這個問題要從主體形構的樣態來研究。基本存有學的問題是:人的存有(existence)與人寓居於世(being-in-the-world)的關係是非常模糊的,作為人的意識無法確立在世的自己與存有的關係,但人卻可以從在世之中形構它的主體樣態(constellation of subjectivity)作為某時間階段草擬性的存在者(discursive existent),某段時間的自我感以及理解事物的層次。

生死學的揭蔽即涉及主體樣態的改變,最清楚的是舊主體樣態斷裂而造成新主體樣態的生成,如因災難失去依靠或在世鍵結的折斷,而就一般人來說,如何去維持主體樣態而無須改變才是關照之所在,這是所謂世俗生活的自然態度。當衰老來臨,最安適的方式就是在不改變主體樣態的前提下安度天年。入世宗教平信徒往往採取這個方便法門,而虔信徒則採取主體樣態的改變。

單國璽主教是以自身的癌症處境來闡釋他的活著。他的理性原則是:把癌症交給醫生,把性命依託給天主。他整理出許多生命領悟的法則,類似美國罹癌教授 Randy Pausch 的《最後的演講》(*The Last Lecture*)。[10]

道證生死學

儘管是如此的經驗之談,依舊是屬於外部性的主體描述,若要談到生死學的神髓,道證的生死學是近年來台灣最動人的實例。

---

[10] Randy Pausch、Jeffrey Zaslow(2008):《最後的演講》。台北:方智。

過去二十年，台灣出現道證法師顯現出其深刻虔敬的生死學。這位女法師曾是腫瘤科醫師，自己也罹患癌症，而以非常虔信阿彌陀佛過著深刻的生活，她出版許多著作，全部都是免費贈送，字裡行間充滿虔信的真摯，她的行儀也像神話般感動著人們。她的存在與遺風可說是台灣最深刻的生死學，可惜，台灣的群氓文化[11]使得道證的生死學無法傳布。道證生死學就如一滴非常濃的墨汁，無言地攤在畫布的一角。

　　這當然不能訴諸於台灣社會的無知。道證生死學作為真正的生死學，就是在任何瞬間都是存在的搏鬥，沒有成果可以總結，也沒有遠景可供遠眺，它可以被說，但所說的永遠無法抵達道證生存的片刻。道證生死學的關鍵是時間，而且不是人活多少歲數的歲月時光，而是柏格森（Henri Bergson）所指的「綿延時間」（duration），屬於精神生產的內在時間，存在者投注在眼前具體情況的奮鬥中：

> 「最後的一口氣，讓我竭誠歌詠阿彌陀佛。……最後的一抹微笑，願化入彌陀的微笑，化入那永恆召喚，無盡奧妙的微笑。最後的呼吸，願納入彌陀的鼻息，成極樂國土湧自光明，奏百千種樂的陣陣清風。」（道證：「日落之歌」）

　　「阿彌陀佛」是道證的生死學平台。從宗教的觀點，以為「阿彌陀佛」有這不可思議的力量，但是「阿彌陀佛」並非實體，祂的力量是道證的主體所帶來的，而非「阿彌陀佛」的任何經文所宣稱的特性。在道證的奧祕時間，呼一口氣：「阿彌陀佛」，吸一口氣：「阿彌陀佛」，裡頭有道證的阿彌陀佛美學，詩意的感情。

　　這裡，道證生死學的真髓即在生命（＝時間）的每一片刻所賦予時間（＝生命）的內容，就時間的形式來說，每個當下即起即落，迅速起落，問題在於起落之間的內容是真摯的給出。道證的癌症所造成身體的痛苦是存在的體質，但道證時間並不等於體質時間，道證並未以對抗疾病而努力，相反的，她把時間投入阿彌陀佛的世界裡，念佛、禮佛、畫佛、為佛勞動等體念佛的行動，她虔心在裡頭創生她的生命（＝時間）。若以柏格森的綿延時間

---

[11] 群氓文化指山頭主義，道證不屬於台灣重要宗教山門，所以，各宗門信徒殊少受道證影響，所以能深刻認識道證生死學的人僅限少數。

理論來說，道證的當下的雙重組構是：在現實裡，她是個爲佛的勞動者，也是拖著病軀的受苦者，但在她的潛在（the virtual）不是一般的回憶、記憶或歷史感，而是她一心皈依的阿彌陀佛──這樣的繫念是她的生命（＝時間）的內容。一般我們的最屬己的時間是自我的憶念與當下的現實所組構的，而道證的組構方式（念佛的現實與阿彌陀佛的潛在）使得人生回首的悲歡減少許多，而烏托邦的未來希望卻破雲而出，成爲她存在的前瞻。

道證生死學也凸顯生死的關鍵問題是「百般說法皆不中」的窘境。在台灣的悼亡反應，如誄詞、悼亡詩文都令人有空虛之感。人們讀悼亡文章，大都直接對寫作者做反應，而錯開生死瀕臨的切近性。雖然，榮格（Carl Jung）派學者指出，人類意識與潛意識之間的斷裂使人錯失他對自己的深刻認識，而多數人是無法從他人的經驗透過認知的認識而知生死，甚至任何強烈的主知主義都會將人帶離生死瀕臨感。

死亡作爲活著的不可能性，無論如何也無法經歷死亡，人只能以瀕臨死亡的心情獨自體會。雖然，身體的不斷衰敗可以提醒死亡的逼近，但依舊任何文化都跨不過活著的獨自性（existing solitude）這個存在的絕對性，亦即，任何文化層都是主體型態所建構的外在性，主體型態本身即是建立在看見他人而使主體也成爲他人，這與列維納斯（Emmanuel Levinas）的「我的活著」（my existing）做爲「無論如何都是我的絕對屬己」完全在不同的秩序，他把「存在著……」（existing）還原到存有的原生質，裡頭並不存在任何與世界勾連的關係，更抗拒任何多元性，[12]而生死學的神髓正是「唯有獨自的活著」作爲根本的基調，因此，作爲文化表現的生死學根本無法觸及其神髓，或者說，作爲文化表現的生死學必須能夠克服無法與其神髓聯繫的困難，亦即，生死學必須透過本體性的事件（ontological events），使得我們作爲主體者可以締結「存在著……」，若然，大規模的災難正賦予這個契機。

---

[12] Levinas, E. (1982). "Time and Other". Trans. Richard Cohen (Pittsburgh: Duquesne University Press), p. 43.

臨床生死學

　　台灣在 1999 年 9 月 21 日凌晨發生芮氏規模 7.3 的大地震（美國地質調查局測得矩震級 7.6），產生讓台灣進入本體的事件。那時台灣人的心靈好似分成油與水兩層的液體，浮在上面的油不斷出現捐款、送物質、悼亡與嘆息，而其下層的本體則無言地流淚，在觸目的畫面驚心，一直到次年的政治事件（總統選舉）才縫閉。縫合之後，彷彿一切沒事，只剩下一些被稱為災後創傷症候群的殘餘。

　　這種將世間時間加以截斷而露出本真時間的受苦處境，可說是人生的臨床現場，我們的生命直接面對死亡的瀕臨而感受極大的震撼，人間關係的存在並非澈底的真相，反而是那無法名之的無名存在如黑夜襲來。但災難不是唯一的驚悚，在癌症病房、安寧病房存在著許多生與死的抉擇，許多痛苦的生（插管、氣切、腸造口等）與恐懼的死之間，發生許多倫理的決斷。詹納（Richard Zaner），一位美國的現象學家，任職於醫院倫理委員會，處理了許多這些臨床倫理的問題。他有關這方面的第一本作品 *The Trouble Voices* 一出版，[13] 立刻受到台灣哲學家、醫護專家、心理學家的重視，並由時任中山大學哲學研究所所長的蔡錚雲教授與高雄醫學大學護理學院的許敏桃教授邀請，數度來台協助建立臨床倫理師的制度。

　　癌症病房是生死之地，而且沒有任何原則性的思考可以取代當事者。所謂「臨床生死學」指的是人在瀕臨死亡的獨特處境，無論是當事者或其親人都備受煎熬的痛苦。2011 年 8 月，台大醫院發生移植愛滋器官的事件，真正備受煎熬的是接受移植的病人與家屬。這內心事件無法從外在的媒體得知，而默默承受的心情已經自外於法律、醫療、社會的喧嘩。雖然，照俗例又被遮蔽的內心煎熬，但被遮蔽的事物並非無動於衷，反而有一種潛在的缺乏蓄積著的力量，讓這些無法預料的具體處境成為生死學生成之地。

　　我們對臨床生死學的概念衍生自人文臨床，但它迥異於死亡哲學。臨床生死學主張對具體死亡事件的多向度探討，並強調人文社會心理在臨床的積極多樣參與。以目前生死學低度發展的情況，似乎看不出臨床生死學的潛

---

13 李察・詹納著，蔡錚雲、龔卓軍譯：《醫院裡的危機時刻》，台北：心靈工坊，2004。氏著，譚家瑜譯：《醫院裡的哲學家》。台北：心靈工坊，2002。氏著，蔡錚雲譯：《倫理師的聲影》。台北：政大出版社，2008。

力，但是許多跡象顯示，傳統在生死問題活躍的宗教、哲學論述已經式微，許多無意之間闖入生死學領域的醫師（如 Kübler-Ross）、作家、病人、病人親友、律師等多方人士，沿著自身緊密發生的死亡事件，實事求是地探討死亡事件的不同面向，使得死亡事件進入論述的臨床現場，不談大觀念，亦不求澈念，卻在死亡事件的多層次流動著。

事實上，面對複合式災難的今日，我們都在同舟共濟的人生路途上，就算是能夠躲開這場暴風雨並不意味著就可以免於下一個颱風的侵襲；同樣地，可以避免颱風侵襲，也不擔保就可以免於海嘯的威脅。唯有走出對立衝突的泥淖，同時開發東方、亞洲，甚至就是整個「東亞」對於「死生行動知識共同體」的組織化發展，進而回歸到人性／人文意涵的深切反省，方能把全球化後陷入迷惘分歧的社會、自我與人我關係贖回來。

小結語

死亡事件的顯像，撞擊了當代個體的「阿奇里斯（Achilles）之腳跟」，死亡是健康活力徵象的威脅罩門。儘管死亡無所不在，面對死亡傷痛如何寬解這古老世界的遺留話題，晚期現代社會依舊所知不多，難有規則可循。於是，死亡在不確定的時空中，往往形成一則禁忌。本文則從台灣生死學發軔脈絡開始，而後由死亡的多元揭蔽之道談起，而後歷經文本生產、文化（字）產業相關論述，點出台灣對於生死現象的若隱若現態度。而後，由宗教家領導的生死學、道證生死學到臨床生死學的具體處境下，理解台灣生死學的礦脈。如果死亡是不可迴避的創傷面容，則當「創」傷有了「創」造的意涵，所有黑暗的災難，就打開了光。人一說話，就有了光，也就有了話語，也就有了接應、傾聽與回答。這樣的悼念往生者的後續性倫理諮詢關係，也就有了更深層的個人省察與臨床實踐。

如果死亡事件可以帶給世人啟迪，也許就是讓我們深切體會到，置身死亡創傷處境，言說是不可能的，不去言說也是不可能的。因此，拒絕言說的行動並非指涉著否認殘酷事實，而是一種逐漸認識瞭解到創傷尚未達致得以敘說的開展狀態，因此，無法以飽滿的語言詮解。對於存活者而言，創傷事件的真理，在於事件的發生，拒絕簡約的理解。

由此，死亡開啟了永遠無法掌握的、永遠是不可能的、永遠充滿謎面的未來的一種關係，我們只有謙卑尊重生命的選擇以對。本文最後以兩位「九二一」震災喪親者災後心理重建為例，進一步揭示，生命的苦痛故事，抗拒簡化的解釋，需要細膩的聽法，這卻正是當前社會所欠缺的。

　　一位丈夫不幸於九二一罹難的朋友，最近原地重建的新居落成，入厝的心境，少了喜悅，多了感恩。一進新家大廳的正面牆壁，左上方開了一個小窗口。地震前，這面牆的正後方就是樓梯，那一夜，她的先生要上樓搶救子女時，不幸爬到一半被壓死。當時，她先生罹難的位置就是現在的那扇窗。她說，留一面窗口，是一種追憶、思念，也讓先生可以探望這個新家，守護子女的成長。她清楚知道，悲傷像是一面雙面鏡，當妳目視懸崖深淵的那一端，懸崖深淵就同樣目視妳。或許，唯有將創傷視為一種介於毀滅與存活之間的弔詭，我們才有能力去指認創傷經驗裡，尚未被理解的那一部分。

　　另一位其先生不幸於震災罹難的女性，選擇易地重建家園。為了避免觸景傷情，她的新厝採用了迥異於災前的居家風格。然而，她卻保留著先生生前的泡茶桌及茶組設備，每天晚上她總會擦拭茶具。親朋好友一直擔心她無法走出陰影，或者認為她仍無法接受事實。我們很容易掉入她採取了否認的心理機制因應創痛的解釋。但她認為，維持這樣的習慣，是她與先生維持著某種幽杳聯繫的方式。倖存者會透過一些儀式，在日常生活保持某種如昔的狀態，以維持認同感。由此，倖存者與罹難者間關係的象徵轉化，反倒因為失落的事實，產生新的關係締結，音容宛在感的力量，推向個體成長的來源。

　　因此，人性苦難處境下的照妖鏡，也折射出友情、親情、倫理和記憶的糾葛，心理隔離與集體焦躁的共生回憶，往往也是歷久而珍貴的生死之謎。

　　經由本文之途，我們逐漸體會到生死學會帶領現代以及未來的人類發展新的宇宙觀。早期的宇宙觀已經殘破不堪，而在現代科學的發展下，尤其在內宇宙（微分子層）與外宇宙（地球與太陽系的關係）的研究，將深刻改變人文的思維。尤其在地質、天文的研究，我們瞭解地球的生滅愈見真實，人類的自危意識將會浮上檯面，人類在深度無助之餘，會發生何種變化，是深層改變，或者自我放棄，這將是未來的生死學需嚴肅面對的未竟課題。

（本文原載於：東京大學研究所人文社會系研究科（2012）：《朝往東亞的生死學》，台日國際研討會特集，頁46-64。日本：東京都。）

11 柔適照顧典式的導言

余德慧

柔適照顧是為了人生最後階段的生命照顧所提出的一種照顧典式，
是十餘年來我們一起走過安寧照顧的心蓮志工們，長久陪伴臨終者
所構想出來的。由我這個陪伴志工，綜合各種想法所提煉出來的一
種照顧典式。

　　首先，談談柔適照顧的意義。「柔適」這個名詞是從老子的「人之生也
柔弱，其死也堅強」來的。老子的柔弱是生機，所以「柔弱者，生之徒」。[1]
老子的想法到了後現代依舊有不少呼應，以法國哲學家列維納斯為首的心理
學者不斷提出「弱者的力量」，[2] 尤其當喬治‧昆斯（George Kunz）談到美
國心理學百科辭典居然無一詞談及「卑微」、「單純」與「耐心」這三個弱
者的現象，而只是一味鼓動人們「當自強」的文化典範現象，顯示現實社會
有一種偏向，以強為固，此與老子的柔弱哲學成為二律背反，這也讓我們注
意到臨終者或病弱者在這現實世界將有多少煎熬。如果我們把處世看成兩階
段：一是「我來」，一是「我去」；在前一階段，我們入世，使用「強者哲
學」；在後一階段，我們準備辭世，使用「柔弱哲學」，而志工的生活就在
這兩階段之間穿梭著，在強弱之間轉動著。

　　我們志工最好瞭解自己之位置的兩面性，甚至澈底地讓強弱之間交互
穿梭。我們不能有著單行道的邏輯，也就是說，我們不能故意示弱，也不能
強行怎麼樣，我們的邏輯是折疊的，會轉彎的，但是我們不會是既簡單又複
雜，而是非簡單非複雜的直接乾淨，清清朗朗。簡單─複雜這條線不能被拉
出來當主軸，否則就只能成為做事的方式，不能成為志工的心法。樋口和彥

---

[1]　老子《道德經》七十八章。

[2]　George Kunz (1998). *The Paradox of Power and Weakness: Levinas and an Alternative Paradigm for Psychology*. New York: State University of New York Press.

在他的布道集《神聖的愚者》是以經驗的基礎來談人的聰慧性。[3]

多數的宗教都有個顛倒的主張：「在神的眼中，人的聰慧不過是自作聰明」，亦即，自作的聰明在神的眼裡是甚為愚蠢。在宗教所開顯的心眼裡，某種決斷是必要的，而決斷的意義在於取得精神的自由自在，讓魂得以自由不受縛於現世。讓自己在世不得踏實並非壞事，太踏實的生活會讓我們受到遮蔽，以為那是唯一的真實，而死亡成為真實的破滅者。這樣的被綑綁於世的生活對死亡充滿恐懼，也盡一切的力量閃避。然而，自古誰無死？所有的閃避並不是生命之道，然而，所謂對死亡的澈念卻不可求，因為我們已經太沉迷在生之域裡。

夢的領域是迎納死亡之前的進駐

為了讓我們能夠逐漸進入死亡的幽谷，為了讓我們慢慢地沉入死亡的深淵，我們必須在進入幽谷之前有一個被迎入的階段，容許我們緩慢轉身，背立轉向。[4]

這背立轉向的過程極其複雜，但是對陪伴者來說，卻是個難得的機會目睹著自己的命運。除非是遮蔽極深的人，否則多少都會思及自己的死亡。死亡對我們有限的認知能力來說是深不可測的黑洞，與死亡共舞絕非我們的認知能力所及。可是，人類的認知都有著某種錯認，以為對死亡的超克可以藉諸某些作為、某些領悟。這個誤解引導了許多有識之士，以為在心智上做某種追求可以抵達對死亡的精神超越。即使將心智放下的念頭，依舊是徹頭徹尾的心智操作，人彷彿是脫離不了心智作用的如來掌心。

因此，必須有一個領域來迎納死亡之前的進駐，夢就是這個領域，對法國哲學家嘉斯東・巴舍拉（Gaston Bachelard）與美國心理學者詹姆斯・希爾曼（James Hillman）來說，這夢領域結合了「身之心理」（the Psyche）與魂性（the Soul），[5] 而被稱為 "Anima"（阿尼瑪）——它是遐想的紡織工，將

人文臨床與倫理療癒　250

---

[3]　2006，心靈工坊。

[4]　余德慧、石世明、王英偉、李維倫（2006）：〈臨終過程心理質變論述的探討〉。《臨終心理與陪伴研究》，頁108-179。台北：心靈工坊。

[5]　李清發醫師將心理的心與靈魂的心分開，本文綜合李醫師與榮格的觀點，將

所有無法被意念知悉「身之心理」儘量吸納其中，當人橫躺著睡著了，它逐漸將我們引入荒誕的暗處，如在黝黑的森林裡，光影只能隱約閃爍的深海，在那裡有一切的陰性溫柔。[6]對癌末病人來說，真正的生活品質是來自阿尼瑪的寧靜、休憩與孤獨，而不是社會領域的外部連結。我們看到許多公眾人物的臨終，他們一生經營著世界的人情、人脈，而臨終時刻這些外部的網絡卻必須避之如瘟疫，拒絕探訪的牌子幾乎拿不下來，這時內在的締結網幾乎是唯一的救贖，[7]這時刻就如黃冠閔引用巴舍（修）拉的話說：「寧靜、休憩與孤獨在巴修拉的詞彙裡並不彼此孤立，靈魂身處的陰性操控著真正的寧靜。Animus（陽魂、剛魂）／Anima（陰魂、柔魂）之間的辯證關係，巴修拉指出是『順著深度的韻律而開展。這種辯證關係從比較不深沉、總是較不深沉處（陽性）走向永遠深沉、永遠更為深沉處（陰性）……在此不定的深處中，有陰性的休憩統領著』。」[8]我們試著比較巴舍拉與希爾曼的阿尼瑪，雖然基本旨趣近似，但巴舍拉卻把「身之心理」（the Psyche）視為寧靜的騷動，因此，他認為夜眠還不是真正的阿尼瑪式的寧靜，真正的（終極的）休憩是由陰性靈魂主導的，不僅是夜夢，白日的遐想（reverie）才具有真正的寧靜，方屬於善有之域，乃是人臨終的絕美之境。

　　人將從何與死亡近接？巴舍拉認為，人類對基本物質（如火、水、土、氣）的想像往往是初始認知契機，[9]若以更早於五行生剋的「複雜認知」，物質的想像直接在語詞給出不確定的叢集而逐漸結晶寓意、隱喻（如熱情如火，沸沸揚揚），但如果我們更加還原回去，使基本物質的意象與概念脫離，又該當如何？就此層次的「意義」來說，黃冠閔則指出其獨特性：「火，不僅只是引發想像、夢想、遐思的意象，……在那個意義下，在肯定科學概念與發展的同時，這種基本元素的思維仍然起作用？乃至於更強調想像，而非思維。」[10]當我們注視著物質的運動，我們是否就「在……之中」？

　　Psyche 稱為「身之心理」，魂則屬李醫師的魂心。李醫師文章發表於第二屆「台灣本土心理治療研討會」，但未正式出版。

[6] 參見 James Hillman (1975). *Re-Visioning Psychology*. p.42；黃冠閔（2004），頁 180。

[7] 石世明、余德慧（2001）：〈臨終處境靈性現象的考察〉，《中華心理衛生學刊》，14：1，頁 1-36。

[8] 黃冠閔（2004）：〈巴修拉論火的詩意象〉。載於《揭諦》，第 6 期，163-194。

[9] 巴舍拉（2004）：《空間詩學》，龔卓軍譯。台北：張老師文化公司。

[10] 黃冠閔（2004）：〈巴修拉論火的詩意象〉。《揭諦》，第 6 期，163-194。

例如：當我們目視著「火焰扭曲了樺樹的纖細枝幹時，爐火邊的夢想就足以喚起火山與柴火，在火煙中飛揚的麥稈也足以把我們推向我們的命運」。[11] 在這裡的命運並非意指人文歷史的命運，也不是個人事實性的命運，而是我與大地存在之間有所關聯的命運，大地則為著混沌的出生地。於是，在這層脈絡之下，存有的兩層面之外，還存在著未曾顯現的精神存在，前者一為物質實在的普通真實，另一為生活經歷的心理實在，而我們與大地關聯的宇宙存有則是「兩度的逃離：離開世界的存有，也離開我們自己經歷的（心理）存有」，[12] 而朝向宇宙時刻的開啟：「遐想的宇宙將我們置於無動的時間中，幫助我們自世界中融化」，就如孤獨者面對爐火孤獨地遐想，「順著溫柔的陰性之火，世界的溫暖便成（存在的）甜蜜柔情」，[13] 越過世界存有的遮蔽，通向無處的旅程：「好好取暖，對身體而言，就是一種做夢的方式。遐想在火之前兩個運動──一個運動讓我們滑入幸福世界中，另一個運動讓我們的身體成為善有之域──波斯卡教我們既暖和了身體，也暖和了靈魂。」[14] 黃冠閔在分析巴舍拉的語彙指出，寧靜、孤獨與休憩彼此之間緊密相連，其中靈魂深處的陰性操控著真正的寧靜，這寧靜的深沉乃是從較不深沉的陽性走向深沉的陰性，這是順著深度的韻律走去的。

如果面對物質的原初性本身即是開放，那麼我們就有了處理非技術的首要原則：拒絕將直接的感受賦予符號化的意義，例如：拒絕將夢做任何翻譯，賦予任何解釋，而如傅柯的說法，將夢視為「自身自由地建構其內在的原點」，參與夢裡的「思」乃在於夢自身的宇宙演化論（cosmogony），亦即「探討其自身存在的起源，夢思在孤獨與原初性的責任裡運動，無疑就是 Heraclitus 所謂的『自己的世界』（ideos kosmos）。」[15]

換個巴舍拉的說法，在「夢之中」與「在世界中」是兩種分立狀態，就夢的原點來說，世界（外在現實）是在彼處而與夢中的此在相互構成對映的關係，亦可稱為「內／外」關係，外在世界意味著我們沉思停頓於世界的前

---

[11] 引自巴舍拉（1938/2001）：《火的精神分析》，頁 24。

[12] 黃冠閔（2004）：〈巴修拉論火的詩意象〉，《揭諦》，第 6 期，163-194。

[13] 前揭文，頁 181。

[14] 前揭文，頁 182。

[15] Foucault, M. & Binswanger, L. (1993). *Dream and Existence,* p. 51. trans. By Forrest Williams. New Jersey: Humanities Press.

面，外在地觀照世界，而詩與夢想則進入了世界裡頭，不再被拋擲於世。[16]

柔適照顧技藝的典式

因此，我們可以把希爾曼的阿尼瑪視爲臨終前期的浮現，「身之心理」與陰性的魂混合著浮現，而把巴舍拉的阿尼瑪視爲瀕臨死亡的純然陰柔，而我們把研究重點放到臨終前期甚至更早的癌症晚期。與癌末處境的心靈療遇（healing encounter）就在於尋找無數的殊途而朝向旨歸，這個旨歸就是以「無對象的洞視」爲觀照面，[17] 這種觀照的「洞視」指的是保留死亡的無底洞背景，承認死亡的晦暗如漆，無法被意識提向前來。柔適照顧則是在於確保臨終伴行者如潛夜暗行，與臨終者在背景底下潛行，不讓某些正面的意義成爲可捕捉的對象，爲了獲得這個保證，我們決定釐定一種叫做柔適技藝的照顧典式。

柔適這個詞，英文翻譯我們就採用 Anima care 這個詞。阿尼瑪相當於我們所謂的「陰柔」，有別於陽剛，所謂「陰柔」除了意味著柔軟的力量，還含有更深不可測、不可思議的感覺，那是無法被表徵的。我們曾經研究過阿尼瑪的「負性邏輯」，裡頭充滿了隱晦，無法以概念來表示。阿尼瑪的哀傷就如同低泣無助的母親，深深且幽微，含有的成分無法以單純的喜怒哀樂來表達，一方面所有的情都以殘餘方式彼此交連重疊，另一方面它的成分無一完全，全然半遮半現，希望與絕望並存，並且互相流轉，善惡、對錯皆可以相互辯證互換。

有時候，只有處在阿尼瑪領域，我們才會體會到「沒有錯誤的生活是不值得活的生活」，差錯即是恩典。人會犯錯絕少是故意犯錯，任何錯事都可能是在某種情急或痴狂底下出現的眞情，差錯永遠是事情的差錯，也就是在一組或一長串的事件脈絡底下才出現錯落，而在錯落的當下，我們猛然明白某事的眞理。然而，眞正讓我們因錯誤而悔恨本身，卻成爲阿尼瑪的恩澤，在阿尼瑪領域，罪責轉化成懺悔，懺悔產生精神的自淨與純化。任何人想以

---

[16] 黃冠閎（2004），頁 168。

[17] 黃冠閎（2005）：〈書評：Marie Cariou: Bergson et Bachelard〉。《哲學與文化月刊》，第 32 卷，第 5 期，頁 101-105。

無疚無咎無悔來獲得神聖，多少都有著自我捏造的心態，沒有轉動的情懷只能依靠人類的心智來造作。例如：宗教裡的一個「感恩」、一個「悲」，就含有多少無法言喻的成分，如果只是以掛在口頭語言的這些字眼，我們的內心毫無真實的恩與悲，但是在即將沉沒的滅頂者那裡，在被救起的剎那，其恩感浩大沛然；我們只有在與親人朋友、甚至為陌生人做臨終守夜，我們才知道「悲」是無法語言的，遠望著窗外的星星，深夜的風雲在灰色的天空流動著，我們的悲心難以抑止。

甚至，在阿尼瑪領域裡讀書讀經，其感受是非凡的。我喜歡讀文天祥在被擄之後的詩句，不僅是亡國之恨，他總是徘徊在阿尼姆斯（陽界）與阿尼瑪（陰界）之間，例如：偏陽一點的是他的《正氣歌》之類的精神聚合體，他很清楚自己在困境裡逐漸升起一股浩然之氣，「沛然塞蒼冥」，而當他自省之時，「顧此耿耿在，仰視浮雲白，悠悠我心悲，蒼天曷有極」。但是，〈過零丁洋〉則是陰陽的徘徊，「辛苦遭逢起一經，干戈落落四周星；山河破碎風拋絮，身世飄搖雨打萍。惶恐灘頭說惶恐，零丁洋裡嘆零丁；人生自古誰無死，留取丹心照汗青。」後兩句與正氣歌的最後兩句，「風顏展書讀，古道照顏色」是同樣地從「陰界」轉到「陽界」。這是文天祥的希望，那希望是寄託在「我的國人」之精神領域裡長傳，這是民胞物與的寄託，一個精神國度的烏托邦，死亡的贈禮。

所謂「柔適照顧典式」是希望讓陪伴者透過阿尼瑪領域的運動而使死亡獲得迎納。其中的緣由在於臨終病人畢竟是已經踏入阿尼瑪領域的居民，陪伴者則還在陽界的造作之中，如此的陪伴者靠近病人，病人是非常難受的，病人需要真正柔軟的人相陪，他們非常容易察覺不柔軟的人，尤其是對那些「假裝柔軟」卻十足陽界的「好心人」，病人很容易發現虛假的造作。「造作」幾乎無處不在，它可能是一種勸說（「好好休養」、「把心放下」），一種好言（「你的氣色很好」、「繼續加油」），也可能是好心的幫助（「我可以為你做什麼嗎？」），這些「好言」都可能是一些語言的空殼，進不了阿尼瑪領域。在阿尼瑪領域的人不會從字面理解事物，因為字面的是表象，一種表面的反光，阿尼瑪是底世界（underworld），那裡只有宇宙天心的蒼茫，只有夢與遐想的浮雲與語言尚未完全誕生的符碼狀態，就如深海的心，寧靜、孤寂與平和；而當阿尼瑪領域與陽界接觸之際，阿尼瑪會受到衝擊，尤其是對人心的處心積慮與盤算，更是無法承受；當阿尼瑪察覺陽界的侵入，它會捲曲起來，自行封閉自身，並以外部化器官去監控陽界的侵犯。

阿尼瑪領域若出現在極端的病苦，將會生產出複合式的弔詭，例如：巴斯卡在痛苦的疾病侵襲之下的祈禱，就一直將苦難與恩典作為交互輪轉的狀態：「請恩寵我，天主，請您為我的苦難安慰我，以便使我受基督徒之難，我並不要求解除痛苦，因為這苦是對聖徒的獎賞，……我既因罪孽遭受痛苦，又因您的恩寵感到安慰，這才是真正的教義。」[18] 巴斯卡的這種禱詞，在臨終陪伴的頃顧之間，並不乏見，虔誠的教徒所呼喊的，並非「神啊！請讓我痊癒！」，而是翻轉成「神啊！一切都在禰（祢）的手中！」這可說是澈底的柔軟、完全的順服。

當臨終者在這阿尼瑪處境底下，陽界的陪伴者往往處於極端尷尬的情況。陽界的邏輯並非如此，在陽界行事必須剛健有力、不屈不撓，必須以輕快的理性，簡約的思維，要求明快果決的結果；而當陽界陪伴者接觸到臨終者，下焉者對病人情況毫無所悉，而以自身陽界邏輯相許，乃至強求（例如：「要好好的！」），[19] 致使病人十分難受；比較好的稍知病人情況，但由於陌生，變得不知所措，言語懦懦，惶惑沉默。

我們認為，只有讓自己沁入阿尼瑪領域，才使臨終照顧成為可能。我們可以依循巴舍拉的道路，透過對基本物質的凝視，讓心靈返回水靈的世界，火光的世界。巴舍拉的四本書都有中文譯本，包括張老師文化的《空間詩學》，中國大陸版的《火的精神分析》、《水與夢：論物質的想像》與《夢想詩學》。阿尼瑪裡頭的閒散中心就是「遐想」，可以是白日夢，可以是怔忡地看著撲天蓋地的白雪，可以是對著柴火的凝視，也可以是聽著流水的淙淙，可以是朱志清的〈背影〉，也可以是夏丏尊的〈白馬湖之冬〉。遐想透過人與基本物質的接觸，自然地排除計較的心思，心靈從符碼的操縱退卻；也只有當心智退位之際，人才開始他的柔適之旅。

無為之道

如果不從巴舍拉的基本物質的凝視下手，我們對進入阿尼瑪領域是否能

---

18 巴斯卡〈論疾病——就疾病的真正好處求救上帝的祈禱〉，第 XI 節。載於《巴斯卡爾文選》，第 95 至 104 頁。桂林：廣西師範大學出版社。
19 請參見許禮安醫師的〈臨終關懷——有些話不能說，有些事不能做〉。

有其他的策略？「進入」好像是有個企圖要踏出某種步伐，想要邁開腳步往前去，好似阿尼瑪領域在前頭，我們引領前去。這個念頭恰好是一個迷障，老子的方法是「聖人無意」，莊子的辦法是「神人無功」；前者是將意念泯滅，開放而去，[20] 後者則是否定世間的功能關係，過著逍遙遊的生活。

如此抽象的「辦法」必須透過「渾然天成」的技藝，此技藝學必須去除人工強制，因此，必須藉著一種中界來運動。對重病者來說，大部分時間無法出外活動，退想成了一個深化的活動。退想的資質就在於它對人世間事物的無能為力，雖它依舊有著人為一點滴的造作，不過它從來不強占事物，它永遠只在事物的氛圍底下，在人的自然身體衰敗過程提供一種活著的方式。這種活著有著「視之不見（夷），聽之不聞（希），搏之不得（微）」三種特性。看不見的凝視、聽不到的天籟、無法行功的力道（弱），這三者並非單獨存在，而是混合為一，以恍惚的樣子呈顯：「不知，深矣；知之，淺矣；弗知，內矣；知之，外矣」，主要的原因是渾然無法以人的認知去知之，強用知則消失，故只能以渾然的「萬物」朦朧表之，保持非知的狀態，不問究竟，讓那非知之物以紛雜而動的元氣和其所伴生的場效應的「眾妙」變化自然停留，也就是莊子的「萬物云云，各復其根，各復其根而不知，混混沌沌，終生不離；若彼知之，乃是離之。無問其名，無窺其情」。這話說的意思是：這非知的紛雜力量是以「不知」的樣子各自回復到根本處，保持混沌的樣子就不會離開身體，若妄以心智的聰明去探問，它又會離開。不必探問其名，也無須探討其機制。

如果把這想法融入安寧照顧，就在於強調照顧病人是「平衡無極化」。無極就是沒有推到極致，也就是不滿出來，這種照顧就是不求至極，也就是保持閒散，病人感受到他人，並不是透過觀察，既不是對照顧者的名譽地位的社會判斷，也不是觀其言、考其行的人格判斷，而是透過直覺感知的心理排斥或共融，也就是氣場，病人排斥剛猛氣盛的各種聲音、姿態與言談，排斥由上而下的頤氣指使、盛氣凌人，而與柔弱者自然親近，如小寵物、小小孩、白癡或無心機者。「勿忘勿助」很簡約地將無極化的平衡表現出來，這裡頭才有一種「常」的因子在裡頭。「持盈保虛」是另一個說法，即不要去做催熟的動作，讓病人緩速而行，「保此道，不欲盈，夫唯不欲盈，是以能

---

20 參閱余德慧、夏淑怡（2006）：〈死亡無意念〉。刊於《東海岸安寧季刊》試刊號。2006 年 12 月。

敞之而不成」；意思是說，只有不達到某種極性，才能保持開放而不急遽地抵達成果（⇒成熟⇒掉落⇒死亡）。緩慢死亡就是以比較平衡的方式滑下坡，這是個活著的另一個看不見的一面，就如同《陽符經》提到，人只知道神智清醒之妙，卻不知不清醒也很妙（「人知其神之神，不知其不神之神」）。朝向臨終就慢慢讓「不神」之神浮現。「不神」的功夫就涉及老子所謂的「淡漠」或「平淡」，這個「淡」是非極化的狀態，沒有某些特定的味道、特徵、特性、秩序、配置、安排、設想與籌謀浮出檯面被固定下來，也就是一種界線模糊、多因子混成的狀態，無法被指出具體方向。這種「淡」對積極人世間是被鄙斥的，淡漠之人被視爲孤寒、白癡、無情等劣質品性；但是它的神卻在於一種雲淡風輕的閒散，一種平正地與外世界交往，有亦可，無有亦可的無所謂，或者接近「虛懷若谷」的幽谷，清明空朗。但「淡」最重要而被忽略的地方卻是它在知識論上的位置，「淡」的本體是一種事物發展的初始點，在這點上它具有「味」的原初形式，但尚未明顯可以區分成何種偏向。意思是說，淡本身蘊含著滋味的傾向，因爲它已經有了味的湯底，也就是它自身蘊含著關係的勾連資質，孕育著各種可能的方向，就好似骨頭湯，本身的滋味只供爲湯底，而尚未讓某種濃郁的湯味現身。這裡含有著「隱勢」，潛龍在田。勢是能量，但只是未成形而已，故爲隱之勢。當隱勢被開發之後，就抵達終點，也就是死亡，老子的「五色令人目盲」，因爲色相被開發而使人「視而不見」（盲），「五音令人聾」、「五味令人爽」皆是。

因此，淡道就是返歸的道路，返歸質樸，而不是朝向空無，雖然朝死而生的生命是步向空無，但只要人還有一口氣在，他就不可能進入空無，但是我們可以減少人工造作的干擾，也就是回到原位，進入平淡。與這平淡的過程密切相關的就是老子的「損道」，亦即「爲道日損」，也就是把人工造作減去的損，省卻繁複，直歸極簡。但是，這個「損」當如何發生？長久以來，人們已經知道不要讓意念引導一切，斷滅一切起心造作，可是卻又採用意念去壓制意念，乃至雜念叢生。意念的消弭無須意念去壓制，而是在鮮嫩的時刻，全身迎上去，去見面，去「遇」。

「遇」這個動詞具有非凡的資質。「遇」是一種直入的行動，這行動不是腦裡想與某人見面的東西，而是遭遇，也就是直接碰上了。這「碰上」有個獨異之處，就是無法預想、設想或者猜想，而是突然被對方的迎面而來的莫明所打開；這莫明帶來鮮活，好似一種從未有過的感覺泉湧而上。

「遇」若碰上非常質樸或極簡的物質，如火燭、水流、遠空青山，會出

現迷離與怔忡，例如：「空山松子落」的喀拉聲，「夜半鐘聲到客船」的鐘聲，「夜半深井擣衣」的槌聲，「夜下醉酒成三人」的衣袖聲，火苗燃燒樹枝的劈啪聲，守夜時刻仰望子夜星空的蟲鳴天籟之聲，都屬於守夜的賜予。我們在守夜的時光裡，自然地承受子夜降臨的恩典，但只要心智動念，深夜打牌、熬夜苦讀或飲酒作樂，這些極簡的、質樸的「遇」就會中斷，無法繼續保持接觸。

一生即是為死亡守夜，一切關切的關切，孤獨地在死亡之夜坐著，睜眼看著子夜的來臨。在這時刻，自己沉入自己。當夏丏尊讓孩子們在白馬湖的寒風底下，聽著紙糊的風窗聲，獨自坐在黃燈下看書寫稿，自己沉入自己，人們只能看見夏丏尊痀僂的身影，人兒呀，那晃在暈燈的身影，成了我們追索時間流動的痕跡，每當那身影在字裡行間出現，死亡守夜的時光。

守夜即是醒著

守夜是「遇」，照顧也是「遇」。「遇」不是見，「遇到」不等於「見到」，「見到」不等於「遇到」。我們在繁華的街頭充滿了見而無遇的現象，但在人兒已杳的黃鶴樓我們遇上了古人而不見。哀傷是真正的遇，是「不見的遇」。

不見而遇。「遇」是遭逢，是相會，遭逢的意義在於聽乎命運的機遇，「咿，你也在這裡？」不曾預料的出現，會驚訝到你，那是一種開啟造成的驚訝，一種悶住的東西突然被掀起蓋頭，你的出現本身即是對我的啟迪，那種突然照亮的感覺，這感覺來自某種隧道性的東西。我的存在曾經如在隧道裡摸索，我雖不知自己怎麼了，一切彷彿都平常沒事，但是，我的存在之悶如在隧道裡，或許久了，有點渾渾噩噩，直到抬頭遇見你，這遇見讓我原有的隧道之悶一掃而盡。我不知你是怎麼辦到的。我以為我是以某種方式活著的正確，使得我受限於我所見；可是我看不見我生活的左邊，也看不見我生活的右邊，看不見我生活之上的生活，也看不見我生活之下的底世界，我的生活四周的氛圍，我總是視而不見；因為我太多地承受反射光，太少的光源自身，我只習慣反射光照到表象的一切現象；於是，我熟悉的時間是那種不斷擴延的時間，年月日時分秒一直延續下去的時間，我的生活就是那種可以

持恆的日子，日常的日子，平平安安的綿延。可是這一切的可見都成了「見而不遇」，存有的深度日漸淤塞，去掉阻塞的方法不是睜大眼睛，而是閉上眼睛。

我愛你　　　　Te quiero

因爲我終有一死　porque yo soy mortal

你也一樣　　　　y tú lo eres

（奧克塔維奧‧帕斯：《信仰之信》）

　　這是擺脫了個體的尺寸，將你我之間的連通管打通。病人與醫生、健康者與不健康者都可能只是表象的差異，在我們底世界的連通管從未中斷，在那兒，生老病死的流轉本身就是我們全體的生命。

　　即使不要拉到底世界的深度的相遇，在我們生命史的「別處」，那眼睛已經無法看到的記憶，如童年也依舊在夢縈千里地纏繞在別處：「在傾聽博斯科時，[21] 我們聽見遐想的聲音在呼喚我們重新想像我們的過去。我們走進非常鄰近的另外去處，那裡遐想與現實渾然莫辨，這正是另外的家之所在，另外的童年之家，是以全部應存在的東西建造在以前未曾存在而突然開始存在、構成我們的遐想的居所的存在之上。」[22]

別處？

　　那兒是別處？一些空隙。爲何是空隙？我們無法在現實裡獲得自由，因爲世界的落實將我們沉重地壓在它所規定的網結裡頭，世界一直以系統性的勾連將生命密密地扣在現實裡，人只有尋求空隙，簡單的浮世閒，它在……別處：

　　因爲它是……碎片：不知何來，不知何去，微不足道，來去無蹤。閒適時光來自突然的無事，好像不知何處飄來的白雲，好似不知何處湧出的泉

---

[21] 亨利博斯科是個貧窮的法國神父，他的作品充滿了神聖性的遐想，成爲巴舍拉最喜愛的作家，巴氏的《燭之火》即獻給博斯科。

[22] 引自巴舍拉：《夢想的詩學》，頁153。

流，一段山中的歲月，旅程之間，與陌生人路上偶逢的寒暄，是一種生命漫步的姿態，不必尋思要看什麼，而是讓看到的什麼碰觸著我們。**無心而受動**是它的要旨。

　　因爲它是⋯⋯孤獨：沒有往來，隻影向誰去；宇宙天心，碧海夜心。我們有一條深邃的甬道，不知通往何處，在我們心裡的深處有著我們完全無知的底部，那底部充滿迷離的魔力，而通往那深淵的唯一之道就是孤獨：「孤獨沒有歷史，我的全部孤獨都包含在最初的形象之中」。[23] 這裡所謂「最初的形象」指的是初遇時的鮮活，那「就是簡單的形象，在夢幻與回憶的明─暗中的中心畫面：遐想者坐在桌前，呆在他的閣樓裡，他點著燈，點著蠟燭，我於是回憶，我找到自己，我就是他那樣的不眠者」，他是內心的烹調者。

雖然我們一道死去

同一片土地將我們埋葬

同一個謊言將我們包裹

每個人，在死的時候，都是獨自死去

（帕斯：年輕的戰士，一些疑問）

　　巴舍拉在《夢想的詩學》裡（頁 151）說：「重新獲得的想像力包容在那種有別於生活體驗的延續時間之外，在現實之外，在巨大安寧的非時間之中，這樣無任何事情發生的時光中，世界如此美麗，我們處在寧靜的宇宙中，這些非生活的偉大時刻駕臨在生活之上，並通過孤獨使人脫離與其存在不相關的瑣事之同時，深化他的過去。在駕臨於生活之上的生活中，在一種不綿延的時間中生活，這正是詩人善於爲我們恢復的魅力。」

　　因爲它在⋯⋯生活之外的深化，「面向深沉而無可救藥的煩惱，其凶猛的程度使得遐想從我的身心脫穎而出」，生活無論是煉獄或是歡樂，無論是艱辛或安逸，從來就是滋養我在世界的「遇」，無論是迎上來的或是往昔的經驗，都以心靈煉金術的方式，賦予我原本不曾在預計裡頭的東西：

---

23 巴舍拉（1961/2005）：《燭之火：獻給亨利・博斯科》（*The flame of a candle*）。收於《火的精神分析》，第 151 頁。杜小眞、顧嘉琛譯。湖南：岳麓書社。

「有時我從生活最初的奉獻中，從來自世界的某些感受中吸取養分，有時我又從一種內在物質中得到充實，這是一種罕有而稀少的物質，但它的存在全然不是由於外在提供的新東西，因爲假如在我眞實的記憶中一切都被抹去，那麼一切則相反以非凡的鮮明生活在想像的記憶裡。在被遺忘掃蕩一空的廣闊領域中，那神祇的，好像我以前曾經創造的童年，繼續放射光芒……」（亨利・博斯科《風信子》）[24]

爲何是「別處有靈」？爲何是療遇？

必須讓自身越過自身的物質性，也就是無視於表象的形貌。眼見爲眞有多少的癡迷？不見的眞實又如何得以向前？我們所謂「越過自身」並非 to overlook，而是撥遮，但是撥遮並非「去詮釋」，相反的，不去詮釋（亦即「遮詮」），對表象鮮明之處，乃至感官的敏銳都要「塞其銳、閉其門」（《道德經》，第 52 章），而是要還原，退回去，從言談退回去沉默，使沉默爲言談之母，讓沉默孕育話語；從樂曲退回去，讓節奏成爲曲的祖先，讓音成爲發聲之源。大道希音，指的是不讓聲音的物質性占據了音的孔竅，希音指的是「偉大的聲音來自微弱的、稀薄的音」，沉默之間聽到話語，這話語將如雷響。

罹患漸進肌肉神經萎縮症的佛光主播楊玉欣的腳逐漸癱瘓，有一天她坐計程車，很辛苦地將一隻腳先搬進車子裡，然後屁股坐定之後另隻腳再慢慢拖進去，司機坐在前座，一句話也不吭，等車子開動，他才問一句「是天生還是後天？」，楊玉欣就知道他一定也深知病家的人，果然，他告訴楊玉欣，自己的妻子是先天腎臟萎縮，住在病房十年。他說，他剛在家打了智障的兒子，怕他出門出亂子，讓兒子哭累了就在家睡覺。他現在要到醫院接妻子出去走走。楊玉欣內心流淚，沉默不語。臨下車之際，楊玉欣掏出一些身上僅有的零鈔，將這些小錢放在把手座上，請司機先生帶妻子吃點東西。只見一個 50 餘歲、滿臉風霜的男人坐在前座，不停地掉著眼淚，一句話也不

---

[24] 引自《夢想的詩學》，頁 153。

說。大道無言。

一個姑娘，一個小伙子
躺在草地上。
吃著橙子，交換著親吻
像波瀾交換著浪花一樣。

一個姑娘，一個小伙子
躺在沙灘上。
吃著檸檬，交換著親吻
像白雲交換著泡沫一樣。

一個姑娘，一個小伙子
躺在黃泉下。
不親吻，不說話
以沉默相報答。

（奧克塔維奧·帕斯：《情侶》）[25]

　　沉默時我們可以感受一種從未被人類注意的節奏。野生動物卻保有這份敏感。事實上，如果自古以來我們缺乏對這份節奏的引動，我們不可能有宇宙觀，就如詩人帕斯所言「人類全部的宇宙觀都是從原始的節奏來的」，我們以為宇宙的概念來自神，其實是來自那遙遠的悸動。陰陽其實是對偶的節奏，「我們文化充滿了三重奏……每種節奏都包含了一個具體的世界觀。」這是很微妙的關係，一旦這世界被落實之後，這些節奏都消退了，人們只能聽到物質的聲響，而所有的節奏都成為「遺音」。在《禮記》之〈樂記〉就提到「是故樂之隆非極音也……有遺音者大矣」，余連的解釋是「密度最大的音並不是最強烈的，因為它完全占據我們的感官，只構成純粹的感官現象，極致的音效反而叫人對它不再有任何期待，我們一聽到它，整個人就立即感到飽脹……最不完美的樂音，反而是最有發展潛能的音樂，當它尚未完全被樂器表現出來，尚未外在化時候，用『遺音』來形容它，這些樂音在聽

---

[25] 王軍（2004）：《詩與思的激情對話》，頁 101。北京大學出版社。

者的意識裡漸行漸深，因爲它們尚未被固定下來，依舊藏有某種隱密、潛在的東西扣人心弦。」[26]

靈在他處。這意味著人可以不必只是現實地活著，或者科學地活著。現實只是把人擠壓在世界的情事裡頭，人若只是新聞播報裡的人，那就注定要哀傷地死去，若人只能科學地活著，那麼人只能在限定的理性裡簡約地活著，用身體的心理活著，別無他處。人的開放乃在於他的遭遇裡浸淫在一種深深的怵動，因此，在這沁人的怵動裡，我們保持這樣的遭遇，保持著接觸，使我們得到深深的感動。因此，這是療遇而不是療癒。療癒含有一般治療性的意義，好像要把某種創傷修復起來。這是醫藥的概念，也是身體的概念，與療遇無關。療遇固然是一種復原運動，但是它並非將器官功能或心智能力加以修復的復原，而是返回原點的運動，例如：遐想是綿綿遠思的原初心靈，想像是夢境的原初力量，許多心理學家都不約而同地把夢當作某種原點，而且強調「那原點是人的意識所不認識的」，佛洛依德稱之爲「潛意識」，容格稱之爲「原型」，傅柯早期作品《夢、想像與存在》（Dream, Imagination and Existence）更是把夢視爲通往「存在」朝向原點的自由運動，這與他在博士論文《古典時代的瘋狂史》將瘋狂視爲人的本來面目同出一轍，審視傅柯的論述條件，他將死亡看做返歸的運動，這個看法頗具深意。

德國心理治療醫師 Binswanger 從現象學的「存在分析」裡指出，夢遠比精神病理化的論述還有更深刻的一層意思，即「夢揭露了我們自身的存在」。問題在於「揭露」這個動作，它從何來？爲何需要夢來揭露？它朝向何去？存在是如何被揭露的？所有 Binswanger 的問題都指歸一條通往存在的路，Binswanger 依著海德格的路徑，認爲「存有」早被人所遺忘（或者是意識的無知），「存有」將如何被意會，現代人的意識已經毫無蹤跡可循，然而透過夢，我們可以再次瞥見本原的存在。然而，這條思路是否會太浪漫？爲何與生理學論述、佛洛依德的精神慾望潛意識論述相去如此之遠？甚至與笛卡爾以來的哲學大相逕庭，不再把夢視爲幻覺，反而賦予「存在」的價值？爲何傅柯一讀到 Binswanger 的觀點，立刻啟發他對「夢通往存在之路」的興趣？爲何這塊夢土引起許多心靈學者的注意，例如希爾曼（James

---

[26] 余連（2006）：《淡之頌：論中國思想與美學》，卓立譯，頁49。新北市：桂冠圖書。

Hillman）把夢視爲心靈的詩意基地，[27] 致使他的心理學乃建基於意象的力量，而不是傳統的識知，也不像現代心理學將意象轉換爲抽象的概念或認知，因此對希爾曼來說，夢不能是被解釋的（一解釋即落入認知的圈套），反而由夢來「體－悟」我們自身的雲深不知處。這個顛倒的做法，與傅柯的立論一致，唯一要詢問的是：在何等境況之下，這條路才隱約可見？

真正的療遇境況，若依照希爾曼的說法，人只能在「底世界」裡相遇相知。整個問題的關鍵就在「底世界」這個概念。根據希爾曼的《底世界》（*Underworld*）一書來看，世界是以一條界線畫出一塊正面的意義之所在，並且透過限定的思維（一般成爲落實）來建構塵世，因此，塵世被視爲「白晝意識」（Dayworld），一種自以爲的清明，以愛羅斯（愛欲，Eros）爲主體所建立起來的，因此，一切凡是與死亡勾連的事物都會被冠予惡名，例如惡性、陰影、無意識，凡此惡名都賦予負向的價值，如病態、破壞、切割、模糊、冷漠、悲觀、自殺式的。希爾曼認爲，白晝意識的特徵是將各種明顯的意義加以拼湊合成，而使其各個內在成分都可以直接由語意顯現出來，然而，那凸顯的語意剛好遮蔽了原點，使原點保留在底世界裡。

例如：楊玉欣明知自己會繼續癱瘓下去，有一天當所有神經都沒作用了，無法進食，她只能硬生生地餓死，可是我們聽到楊玉欣說，「自己好像朝向火裡燒去的飛蛾」。解讀她的朝死的心情，這其中「活」又是何種樣態？從 19 到 29 歲的十年病史，她很清楚自己會在完全無法預料的時刻，突然失去一些能力，例如：坐在餐桌突然拿不起筷子夾菜的那時刻起，就知道從此不再能夾菜吃飯；在路上走著，突然癱了，就知道這輩子永遠站不起來。人還是活著而朝向死亡，所以楊玉欣說，「那是奔向烈火的活著」，這也是詩人賀德林的詩作「恩培多克勒斯之死」[28] 所要說的深邃心情。

恩培多克勒斯作爲智者，並不在於他看清楚世界文化不過是個愚人之物，而在於他對人世的「渾然天成」的澈底考察。一方面他視其生命的本質是天成的，只能以淡泊的自然處之，然而他的心思卻是他個體存在的凝煉者，所以他以自身人工的凝煉與自然的淡泊兩者相成，但如何相成？賀德林說，「讓凝煉者脫下他的『我』，它的特殊性的存在樣態，讓淡泊者放下它

---

[27] James Hillman (1991). The Poetic Basis of Mind. In Thomas Moore (ed.). *A Blue Fire*. pp.15-35. NY: Harper Perenial.

[28] 賀德林（1999）：《賀德林文集》，頁 295。戴暉譯。北京：商務印書館。

的無邊無盡，進入人爲的限制裡，亦即，人工的我必須不斷放虛，使自身普遍化，不斷將自身的同一拋出來，反之，淡泊者必須不斷凝聚而變成可見的特殊性，然後變成淡泊的凝聚者又返歸自身，在淡泊的個性中守著自在，而淡泊者在閒散中守著凝聚。」[29] 賀德林這種「抱元守一」的觀點，可說是在老莊道學之外另闢蹊蹺。

恩培多克勒斯在投入火山之前，他的愛徒勸他，「讓一座爲你我所築的寧靜之屋，在群山窈深的中心，一塊深藏的岩石，四下是橡樹的庇蔭，清泉湧突，滋潤著茂林秀木。」但恩培多克勒斯拒絕這種表面的安逸，說起「我不屬於你，你也不屬於我」的神性，使得愛徒悲哀地哭著「我再也不認識你了」。但是恩培多克勒斯卻認識了天命，投入火山是將己身融入自然的極致，兩個頂峰：一個是個體人工的精神所凝煉的，一個是自然的淡泊所散布的，「我不再歸屬塵世，啊，我的時間終了了，培育我們的精神，你隱祕地在光明的白晝在雲端統領我們，而你，啊，光！還有你，大地的母親！我在這裡坦然而平靜，因爲我準備已久，新的時刻等候著我。」

與恩培多克勒斯情結類似，但卻看似不似的是「戰場性的勇士」。法國哲學家德希達在他的書《死亡的贈禮》一書談到，[30] 人一到前線，就進入一個戰鬥位置，這個位置是爲他人而擔起的責任，可是在這責任之前，其實人必然要進入一種著魔般的力量，也就是說，要人只是當下一肩扛起爲他人而戰的責任之前，他必須有一股他所不知的神祕激情，就如母親護衛子女、母雞照護小雞的莫名所以，否則單純的責任之念無法承擔犧牲的決心。同樣的，面對死亡的癌末病人決心以精進之力，盡一己之心，在去世之前努力爲人服務，表面上是「珍惜生命時間」，其實那是德希達所謂「戰死沙場」的決心。表面上，既然人都要死，何必要做到死？真正的關鍵在於這些病人體會到「死亡也可以是贈禮」，我將自身獻出，並非因爲我「獻出」的貢獻有多大，有多少功德，而在於我只有獻出才能成就「療遇」，讓我的心保持與「原點」接觸。因此，「獻出自身」即是開啟自身療遇的眾妙之門的鑰匙，亦即，「獻出」本身會生產神祕魔力，而在「獻出」的行動之中，我們與此神祕魔力保持接觸。

---

[29] 前揭書，頁 291-295。

[30] Derrida, J. (1995). *The Gift of Death*, chap 1, pp.1-34. translated by David Wills. Chicago & London: The University of Chicago Press.

同樣的，在為臨終者守夜的時刻也是保持與死亡接觸，病人的一切，他的容顏、呼吸、呻吟乃至任何話語，都會深深地存入守夜者的記憶。臨終者的解脫與困頓都非常具體地在眼前，但是這樣的面對面卻非凡地讓人在死亡的提撕當中，就如戰士在前線與敵者對峙之時，他在神祕魔力之下以神性的經驗待之，所以神學家德日進說，「前線」是超凡的神性經驗；[31] 這神性經驗來自廣袤的黑暗大地，將白日意識的善惡一起吞噬，敵者不是單純的對立者，而是以對立的方式相成者，敵對雙方以對立來造就第三條路徑，表面上這是衝突論的論調，但是衝突論最大的問題是衝突的立論來自彼此對抗的利益，每個人為自己的利益而發生衝突；但是，神性經驗並無自利的問題，反而是那神祕魔力所驅使的。德希達認為，即使人類的進化史有各種變化，這神祕的魔力從未消失，它只是以不同的樣貌消融或壓抑在更深的地方。以西方的文明轉換來說，柏拉圖主義把這著魔的力量轉換成理性，而將這著魔之力推擠到邊緣，在理性主體中心豎立了人的責任，以求照顧的心與人的真摯性，而邊緣的神祕魔力則以溶解的方式滲入理性。第二次轉換則是基督教化，將愛置入主體而隱藏這魔力。德希達認為，神祕魔力被流散到心靈的各處，一面融合，一面被壓抑著，只是已經無形貌可供辨識。所以，敵者相成不是衝突論的論調，也不是一己之力的「受苦當作受補」的「好似」，而根本就是「即是」。

對現代人來說，還原的路徑已經模糊莫辨了。我們已經無法返回原初心靈的神聖戰慄，透過人工的系統化也不再能夠尋覓神的蹤跡，就如海德格所宣稱的「神性隱匿的年代」。初民的「神祕參與」也已經消失了，現代宗教的無力也在於靈魂的不可見。這個現代處境使得傳統上將靈魂提升至某種不可見的「廣袤意識」也徒然成了具文，成了無蹤可循的語言。

然而，我們只能朝向那不可見的凝視點，因為神祕魔力的「他處」就在肉眼之外、不可被感官攝受、卻被感官所蔽的凝視點。沿著肉眼知覺消失的地方，「他處」無法被主題化，無法被語言以「是什麼」的再現方式呈現，因此，我們無法說出「我們到底凝視了什麼」，只有當我們放棄造神，放棄「前行」，我們才有前行的可能性，而表面的進步恰好是積蔽之所在。「落實」剛好就是建立障礙的工程。

---

[31] Teihlard de Chardin, Pierre (1965). *Writings in the Time of War*. Teilhard; translated by Rene Hague de Chardin. New York: Harper & Row.

其實，凝視即是「遇」的內在機制。我們真正的相遇，不再是看見，而是在看不見的地方有了看見。「凝視」這概念並非新詞，早期的的宗教修行者，乃至在齊克果、海德格的著作裡，也都以 Oieblik（丹麥語）、Augenblick（德語）的延伸意義，一方面意味著人在凝視的當下一閃念，突然以獨具隻眼的看見了前所未思的東西，即使毫無物質表面，彷彿那東西直直就在眼前，與之前的視而不見迴然有別。它被海德格引申為人的完形性的轉換（gestalt switch）：「我們把保持在本真時間的『當下即是』稱為 *Augenblick*」，[32] 與此『當下即是』相對的是某種長久處心積慮的籌謀，兩者的諸多差異之間，核心之處就在前者是在不同的現實面（facticity）發生，[33] 就好像在兩層完全逆反不相容的現實面變換，令人不可思議，如從非本真轉換到本真的此在，亦即從無甚差異現實面的落差，而且持續在同質的現實面做工的非本真，轉換到發自本己深處的向來屬己（my ownmost, Jeweilig-keit），而非本真現實表象於社會公開之處；而本真的遇則以縱深的方向往內在性蔓延。

我們不得不面對人類某些如謎般的問題，有些問題也一直被世界所規避，例如人的天命──有關人對聽乎天命的無法理解，彷彿就是一部「伊底帕斯神話」；伊底帕斯王（人）能夠知道許多可見的具體事情，但是卻因為陷入在命運之中而對命運一無所悉。伊底帕斯能夠回答史芬克斯的謎，卻無法知道自己的命運，雖然他不斷從神諭知悉「弑父娶母」的亂倫罪惡，但只要他啟動所有規避神諭的「有意識」動作，他就陷入神諭的預言之中：他追查是誰殺父娶母──在具體的現實裡，伊底帕斯一直認定犯罪者為他人，經過主動追查揭曉命運之後，晴天霹靂般的發現自己就是犯罪者，人此刻才被命運擊倒。這種白日意識成為欺瞞工具的寓言，不斷在宗教領域警告著人們，我們如謎般的天命不能寄託給白日意識。

這就是為什麼「凝視」在這裡變得這麼重要。「凝視」剛好就是要把眼前白日意識所建造的堅實現實虛化，因此，凝視所朝向的是他處，是烏托

---

[32] 參見陳嘉映、王慶節（2006）譯的《存在與時間》修訂譯本，第 385 頁。

[33] 現實面（Fakatizität）是海德格的用詞，指的是「此在」在立即性的處境裡的一種「全面性的接觸面」，但這接觸面卻是瞬間的某種特定時刻（the whileness of temporal particularity）。見 Heidegger（1999）。與此意義相對的是「事實面」（factuality），指的是經過文化平庸化之後的因襲眼光所帶出的「已被解釋的現實」。

邦，是遐想，是想像，是幻，是夢，一切被現實稱爲虛構的東西，如藝術、樂音、大地、無心流水、無端夢土。我們在現實的別處相遇。

（本文原以上、下兩篇，分別刊載於《東海岸安寧季刊》創刊號，2007 年 2 月，頁 21-26，及《東海岸安寧季刊》2 期，2007 年 5 月，頁 22-32。）

丁篇

社會受苦與照護悅納

《第一次躺著看大地》

12 原愛工坊的書寫

社會受苦的在地轉化

鄭漢文

摘要

本文以涉入邊緣化之學生的「經驗意義」，進行社會受苦經歷的勾連，目的是爲了通過卑微瑣細的「沉默證據」，把我們帶入一個超越原本的知，並琢磨出一種對策，讓底層生活世界成爲一種「到根底去、取活水來」的歷史效果意識。

受苦是社會底層的生命面對，也是一部活生生的歷史，這種史性生命呈現出無法意識到其源頭的原初壓抑，以及困窘、欠債、悲傷的負數型態；在空無、匱乏、無法的負面作用下，例常的生活邏輯失去功能，只得任由權力者的「例外決斷」，進行對生命的全面控制。

在地轉化的工坊實踐，則是透過「文化緩衝」的機制，企圖在神話思維下打撈失落的傳統，將文化認同作爲具體意義的生產；也在文化間際性的交融打轉，試圖找回自然質性的情感依託；進而發展出對他者的關切，展現一種發散的行動，以開啟處於家庭關係斷裂與社會矛盾交織者的生命價值。

前言

我一切所思所爲，不過是想成爲我自己而已，爲何竟是如此艱難？

——Hesse Hermann (1966: 80)

　　從一開始，我（一位教育工作者）就站在社會位置相對的制高點，不停的否定孩子和他的父母，不停的對弱勢者肆無忌憚的指責和進入歇斯底裡的喃喃抱怨。一如 Johannes Fabian（2000: 9）的 *Out of Our Minds* 描述到異地旅行的人，常遠離合理事物的觀察，常遇到被迷幻藥、酒精、性、熱病、勞累和暴力所影響的「例外狀態」的東道主。而這些無從回應的弱勢者，即使他們進行著默聲的抵抗或對禁制的閃躲，並沒有削弱權力者持續進犯的氣勢，換來的是另一種鄙視下的責罰，或是責難下的憐憫。

> 當我們感到憐憫，指的是我們覺得自己不是製造苦痛的共犯，我們
> 的憐憫宣告我們的清白，宛如我們的無能爲力；甚至可以說，即便
> 我們懷抱所有的善意，憐憫都是不恰當，甚或隱含侮辱的反應。
>
> ——Sontag Susan (2003: 80)

　　不論是悲憫者或被憐憫者的生命歷程，都是一種無從選擇的被安排，即便所謂「不可以被遺忘」的過去，在靈魂出生前也早已被安排，因爲世界總是已經這樣寫好的。同情他人的苦痛不過是以共通或近似的感知，去「想像」他人的領受。經由想像所產生的對他人之痛的同情，必然受到想像能力的限制，就算想像的極致能逼近如實的情況，也未必能感受他人所感。因此，對於那些在受苦狀態中的人，到底是怎麼樣呢，唯有他們是他們自己的權威。

　　多年偏鄉服務的機會，學生及其家庭是我直接接觸的對象，是田野裡自行敘述也自行用身體書寫的文本。也因爲這樣，讓我得以認識和感受這些孩子的史性生命裡，有著我所不解的生存方式和別樣經驗。雖然，我試圖通過國家交待的任務，讓他們瞭解我要他們明白的東西，以及該做的事；但是，後來我反而認爲，我要敞開自己，使自己「再受教育」，努力去遺忘我所經歷的知識和改變在我身上殘留的信仰；然後再去認識自己還不知道的事，讓

他們教一些我不明白的事，使自己早點「脫離教育」，回返本然就應知曉的事務。

再受教育或脫離教育的歷程裡，難免舊習難改，慣常的在愛與慈悲的假象裡，以不對等的權力進行同情心的發散，以上對下、強對弱的姿態開展慈善事業，但近年來我漸漸意識到：

> 憐憫是個不穩定的情感，需要被轉化成行動，否則它會消亡。……
> 假如有人覺得「我們」不能有所作為，而且「他們」也不會做出什
> 麼，那麼人將開始陷入厭煩、悲觀和漠然。
>
> ——Sontag Susan (2003: 79)

在任何助人的經驗裡，憐憫多半會在一波熱情的行動後，迅速的對他者應負責任獲得救贖性的緩解，接著就是轉變成消極應付，悲觀的不作為，甚至不能有所作為的反身指責。在應付、不作為或不能有所作為之間，有時還埋藏著一種由謹慎和克制所帶來的快感。

> 我來這個學校已經二十多年了，他們以前就這樣，他們的父母就是
> 「做賣的」，[1] 我的學生畢業沒多久就跟人家跑了，有的 10 幾歲就
> 生孩子了，他們的孩子將來也是一樣。雖然，我常跟學生說：好好
> 認真讀書，長大以後不要像你的爸爸媽媽一樣。你看！他們就是這
> 樣。
>
> ——2008/03 田野訪談

在田野的現場中，不論是自身認定的哈林村，或是台灣的西西里，他們除了一無所有外，負債、負疚的社會觀感是他們最大的社會資本。這些負向資本，不斷累積、增值、轉換，這裡的人成為理當如此的存在，這裡成了「被詛咒的地方」。就如 Michael G. and David J.（1998）根據 Pierre Bourdieu 的論述延伸所說：資本包含財富的繼承，家庭以及教養所形成的文化區別。如果延續這個論斷，我們幾乎沒有為這些受苦者的矛盾籌謀，只是把我們定位成是來自遠方的證人，為這個社會事實做見證；也沒有意識到政治的無力

---

[1] 貶抑性的用語，意指用最後的身體作為本錢去賺錢。

和道義的欠缺，使得受苦者沒有足夠的手段，爲生命找尋新的出路。更令人絕望的是，即使在可能採取行動做出緊急回應的人，他們也都過於輕率的放棄對他者的照顧。

在現代化社會建構過程中，我們將受苦變成了「自然的」或「正常的」，從而模糊了「權力」在生活中的重要作用（Kleinman, 1997）。因此，我所要面對的是：這些苦痛是如何在社會中產生？作爲一種文化過程，對於受苦者的生活處境如何轉化？我試著涉入邊緣化學生的「經驗意義」，進行社會受苦經歷的勾連，目的不是爲了強調極端事件的「黑天鵝效應」，[2] 去打破學校誤把社會不平等轉變爲能力差距的認定，或是公平競爭的結果（Bonnewitz, 2002）；或是爲了通過卑微瑣細的「社會受苦」挖掘，來爲底層人民的生存作見證。而是希望透過這些經驗，把我帶入一個超越原本的知，對社會制度提出可能的質疑；進而琢磨出一種對策，讓社會受苦成爲一種「到根底去、取活水來」的實踐可能。

原初的壓抑

社會受苦每每來自莫名的失序經驗，他們早已無法意識到原初的壓抑。當面對權力及象徵系統，導致「眞實」立即逃逸，這也使得事物難以表達，更難以捕捉。如果要使那種未被闡述的話語昭然若揭，那就是置身於處境中，讓那些忠實於社會空間中特別敏感區域的受苦者，回到生活、回到經驗發生的地方說話；並通過傾聽理解社會疾苦難以明言的處境。只不過它們通常隱蔽在表層的面具下，以沉默作爲生存證據的表現形式，將觸及個人最爲私密、最說不出的部分，埋藏在他們自己的奧祕中。

但是，這種壓抑的方式，常讓人落入他們已然安定的幻覺，或斷然地將「他們」禁錮在現代性的差異或種族本質的定義中。他們本然就是如此的系統性否定，是一個將「他者」加以排除，把他者視爲物件加以觀察，在這同時也剝奪他們作爲「人」的屬性。所以，他們常處於「例外狀態」下，

---

[2] 指大多數不可預測的重大事件，發生的機率罕見，但一旦出現，就往往出人意表的帶來許多相反方向的重大影響。

一切基本權利都被懸置、被終止，他們得赤裸裸的接受任意性的例外決斷，在「排除」、「監禁」、「改造」等的知識權力下，被認定爲社會底層的瘋子、不願勞動者、流浪漢、酒精依賴者等。

被安排的史性生命

社會受苦者有著共同的裸命（bare-life）：[3] 他們受困在住屋條件差的環境，處在網路訊息末端的難民，生活陷入社會剝奪的無著，身體暴露在工傷的場所，耗盡生命在低工資的粗活，忍受各種屈辱、挫折和粗暴的對待，承擔失業、失養、失責、失親的異樣眼光。這種社會處境，體現於勞動市場的結構中，表現於學校體制毫不手軟的約束中，銘刻在經濟繼承與社會繼承的機制中（Bourdieu & Wacquarnt, 1998: 263-278）。

社會受苦家庭的孩子，往往背負著多重負面的社會身分，他們常用拳頭、髒話、偷竊、逃學、閒晃、拖延等明知故犯的方式，鞏固自己的社會性存在。這樣的行動，同時跟個案、高關懷、事件、災難等「必然地悲劇性結果」相連結。

這件事情一直到六年級，志傑才向老師說：國小一年級時，聽見父母在浴室爭吵，父親甩了大門後離家，過了一陣子，志傑看見媽媽滿身是血倒臥浴室。弟弟志懷說：從此就沒有看到媽媽。媽媽過世後，哥哥被社福機構安置到寄養家庭，但他總是在外蹓躂，成天膩著和女老師住在宿舍；老師也認爲寄養家庭已經無力照顧自己的孩子，根本也沒有能力把這個孩子照顧好。弟弟志懷則隨著爸爸到桃園打零工、搬磚頭、釘板模；在工寮的生活總是看著別家小孩有母親疼。過沒多久，哥哥也到桃園和爸爸住在一起。

志懷隔年入學，全家搬回部落裡原屬媽媽的工寮，部落多少會讓孩子聽到：你媽媽是被你爸爸害死的聲音。父親找到林班工作後，清

---

3 裸命係指個體沒有受到政治與法律保護的生命狀態，但這種生命並不是了然的生物性存在，相反的，他依然無法脫離政治的管束，也無法跳脫法律的力量在他身上發生的作用。請參閱 Agamben, Giorgio. (1998). *Homo Sacer: Sovereign Power and Bare Life.*

晨出門，中午偶而會回來，傍晚再去山上，父子難得碰上一面。志懷天真的臉龐受人喜愛，早療協會的主任對他呵護備至，還親口說要認養他，但不知何故不了了之；四年級暑期營隊結束，女大學生擁抱一群捨不得離開的小孩，弟弟哭喊著：你們不要走！隔天，哥哥說：自此弟弟經常在令人打顫的冷笑中，一次次的割腕。

志傑畢業典禮那天，典禮一結束，扶幼學園開了一部車，進到家屋迅速打包好兩兄弟的東西，來不及和同學們道別便把他們帶走。按部就班的扶幼學園，安排每一個時段的生活，不准家人探望，避免他們想家。原來的班級導師透過關係把兩兄弟帶出來，學園特別提醒不可以回部落老家，晚餐前必需返回。老師帶回她自己的家，和家人一起聊天、用餐、看電視。弟弟說：老師家有很多房間吧，我們可以當您的孩子住在這裡。這個半央求式的話語難以回應，只能放在心裡收場。畢業前考上體中的哥哥，有著教練看重的柔道專長，然而，學園以交通接送不便，讓他就近讀學區國中；原本再一年就可以在部落畢業的弟弟，也轉到另一個都會小學。入園後沒多久，哥哥逃學、中輟，弟弟也不見了，最後在報端看到弟弟偷竊、私闖民宅、搶人財物的消息。哥哥國中畢業後，還是回去和父親一起住，一起討零工。

──2012/06 田野訪談

這個被迫沉默的世代，近乎處於「內部流放」的離散處境，那是來自於「無」或「失去」所導致的負面作用。部落老家、寄養家庭、都會工地、老師宿舍及扶幼學園等一連串無從抵抗的被安排，一如 James Clifford（1994）認為：離散意識本身完全是在衝突與無奈下衍生出來的文化產物，它正是可以被理解成在不同地區、不同的居所，所依附的多元棲地，它也常被要求用來思考族群的問題，更常被用來質疑歸屬的觀念。

志傑和弟弟在母親過世以及父親生活照顧的失能下，讓制度有機會說話，也讓制度得以進行社會性場域的切割：切割失去被原有的愛包抄的生活世界。自此，他們被隔離開來了，他們被迫去社會化了，他們不再屬於社會中的任何位置。也因為這樣，我們才可以看到弱者的處境，才有更大的憐憫可以投入，才有機會將他們當做一種壯麗的社會風景。

然而，當孩子被制度性的劈分，是與內化的、隱匿的各種暴力形式致命地相吸引。它不是悲慘，而是難堪。進入扶幼學園，明明知道自己無法掙脫，卻不得不掙扎，雖然偶而在逃學、中輟獲得絕望的自由，也在偷竊、搶劫這些事進行一點反省，但總覺得一切都不值得。因此，零中輟的國家任務，強迫不同處境的人以義務的形式，完成一種「不可能的使命」，最後只是落得「制度性的自欺」（institutional bad faith）（Bourdieu, 1999: 282-296）。這種自欺是由教育體制製造的社會排斥、集體失望和制度性矛盾共同交織在一起時，所造成的家庭關係斷裂。我們可以這麼說：所有這些處於特定結構，感受到「位置性痛苦」的個體，所遭遇的苦難都是來自於社會關係的喪失和國家運作的失據（ibid: 1999）。

志傑兄弟的離散，看似父親主動的要求。然而，學園的介入成就了制度暴力的原型：不准返家的提醒與要求，在照顧的背後隱含著賤斥這個族群、這個家庭、這個父親的意識型態。在一次次暴力的驅逐行為中，賤斥提供了差異性的察覺，是一種自我認同的否斥，在差異認知下，主流文化的力量已經公然向邊緣主體的認同挑戰。

底層無從表述

> 凱明的媽媽國中一畢業就生下他，沒有婚約下的小倆口也不知道如何照顧新生命，小孩每次的哭鬧換來一次次的毒打，母親另結新歡後再也沒見過。後來父親偷採靈芝判刑入獄，交給後母照顧，後母對凱明的毆打變本加厲，在一次盛怒下將他丟給住在離部落10多公里外的山上的阿嬤，不良於行的阿嬤還要照顧她的媽媽（曾祖母）。當看到他從他口裡的「那個女人」家中，提著大包小包出來時，他反而有種解脫的竊笑，自此母親和他沒了關係，父親也不見了。就讀國小是另一個災難的開始，無以為家的阿嬤央請住在部落的女兒，就近照顧以方便就學。原本人丁已經眾多，單靠回收討生活的家庭，頓時多了一個難以承擔的「重」，[4] 這樣的重負多半轉化成一種「氣」，加諸於多出來的小孩。酗酒、爭吵、家暴、離家、

---

[4] 這種「重」夾纏了重擔、沉重、重要、負累等多重意義。

自殺，複合成了一再重複上演的戲碼。有一天清晨，大人決定離婚並分配孩子的歸屬，四個孩子分別各屬父母，唯獨多出來的這個孩子，一臉茫然孤獨的杵在那兒。

——2012/06 田野訪談

凱明口中的「那個女人」正是他的「母親」，是那個讓他愛恨交雜的曖昧狀態，也是那個撕裂割離的「推離物」。那份竊笑，很像是一種來自自由的歡悅，是推離與母體的關聯而獲得一種解脫，是賤斥自我身上與母體牽連的是非對錯，是「存在本身最暴烈、最黑暗的反抗（Kristeva, 1982: 10）。」

以社會底層生活中對苦難經歷的講述，所構建的記錄和文本，是一種「拿人的悲，說另一個事」的知識生產，在研究和詮釋形式的選擇上，都糾纏著嚴肅的倫理和認識論的問題。在倫理問題上，再怎麼化名，都難以不被推斷出是部落裡的誰。而在認識論的問題上，要有效描述實際生活中發生的事件，使獲得的知識具有實踐性，就不能作為旁觀者，以一種與生活保持距離或跳出現實之外，去認識受苦者的生活世界。偏偏事件的發生不是可以預判，而結果總是在歷史的回溯中呈現。

疾苦／勞苦／貧苦／命苦的苦難性掙扎，正是底層別無選擇的歷史創造和推動。所有這些生命，本應注定活在話語不及的底層，甚至在未被提及就銷聲匿跡。他們未曾想要與稍縱即逝的權力接觸，或未曾想要留下短促、深刻及像謎一樣的痕跡。所有這些事務，彷彿就未曾是他們生命的部分，唯一的渴求，只希望在權力制度下得以倖存，因為這個權力只希望抹除他們的痕跡。

底層的無從表述是用生活作為話語，無從宣洩的痛苦、無止盡的折磨，必然導致最普遍、最深重、最糟糕不過的怨恨形式，一一成了他們生命的文本。而這些苦難很快的被飽學的權威者加以分析，並在其理解的幻覺及回顧性的扭曲下被歸納、被簡化。這些話語或生命文本，若想要通過歷史學家的書寫發出聲音，這種想法其實只是個神話。如果有，那不過是歷史學家在頁碼間進行「表述的底層」，而不是「底層的表述」。

生命的謬誤

在生活周遭，大多數的行動是根據「真的」這樣的經驗來的。真的有人

自殺了，真的有人走了，真的……。但人們通常不會用歷史變遷和社會因素來解釋自己所忍受的煩惱；只知道美滿幸福這個祝福，早就被看透成是個騙人的東西。

自強酒後在同居人面前，喝下一瓶巴拉刈被送到醫院。醫生說這種情形只有靠求生意志才能渡過難關，意識清楚的他掩面用力揮手拒絕插管搶救，直到他的哥哥趕到後氣絕身亡。年邁的父親不發一語，母親對別人的探問，只淡淡的：他懶惰養我們。家人心痛的說：他太自私了，不顧老人家，也不顧小孩，逕自的走了。

哥哥說：自強從小就不太和人分享他心裡的事，喜憨兒的長子出世後，夫妻為了照顧孩子受盡折磨，接著家宗、家耀相繼出世，夫妻從口角、互罵到家暴，最後以離婚收場。陪伴在棺木旁的家宗，退伍後整天遊蕩，不但不聽勸，反而經常回嗆，弟弟家耀還會在旁幫腔。那晚，在山上的工寮和同居人起了口角，隨手抓起巴拉刈，回應了「你去死吧！」的最後告白。這段期間恰好是部落豐年祭，歡樂的氣氛反襯出喪家的淒涼，青少年的成年禮反襯棺木旁守靈的家宗，出殯的日子老天也不放過，蘇力颱風當天來訪。

——2011/5 田野紀錄

自殺是社會受苦最常表現的生命形式，千百個理由都不過是在回應這個社會事實罷了。個體遭遇的困難，看似主觀的緊張或衝突，但反映的往往是社會深層的結構性矛盾。也就是說，自殺不是取決於個人的內在本性，而是取決於支配著個人行為的外部環境。在文化規範裡，尋死是被禁止的，之所以會跨越禁忌的紅線，是因為他們失魂在不得好活，也在不得好死的狀態裡，或許這就是我們所謂的生不如死吧！

「你去死吧！」的吼叫，總是在盛怒下迸出。雖然，我們不必求死，也不用叫人去死，人一出生便大步邁向死亡；但是，卻有很多人找死或叫人去死。在這一切，人似乎是為死而存在。不過，像自強的死這回事通常死得失敗，死得一次次的流產，死著不死的死；即便死了，也死不乾淨，死得不真實。最悲哀的是，死者不能活在自己的位置，死也無法死在自己的位置，也就是在這個關係位置裡，活著不是為了自己，而該死的也不應該是他自己。

母親說：「他懶惰養我們」的淡淡話語，讓很想探究為何輕生的探問全然止

住，但也清楚的被捕捉到晚年喪子之痛。這種痛不完全在孤寂中，在經驗裡可以感覺到有一種從容，有一種自制，會讓別人以爲沒有想像的那麼傷心。但是，老年喪子的傷痛是在愛的關係裡被撕裂，從最炙烈、最揪心到最抽象之處，在生命最爲普遍和最爲荒謬的地方。

生命的負數

> 認同是一種結構的象徵，只能藉由看見負面性來成就它的正面性。
>
> ——Hall (1996)

從被安排的史性生命、底層無從表述，再到生命的謬誤，我們發現生命裡很多時間是處在知識的負數型態，尤其是處在制度性的認同過程中。不論是志傑兩兄弟的棄養、凱明的寄養、到自強誤把自己的死亡，弄成爲了孩子而死的針對性自殺等，很快的形成「孩子是大人的生命負數」，或「父母親沒有負責」的潛話語。因而認定受苦者對過去是極力否定，對現在沒有任何想法，對未來不抱任何希望，對當下責任的承擔完全放棄，把自身完全歸復到某種精神需要拯救的狀態。如果還有一絲理想，那就是讓處境「歸零」。

受苦者想要一切從頭來過的歸零假想，是在生活底層的負數狀態，不論是負荷、負債、負責、負疚或負氣，都成了身心無法承擔的重。然而，對於這些處態的見地，普遍隱藏著不說出，但卻背著人說出的供詞，那就是：「凡可憐之人，必有可惡之處。」如果被這種說法吸引過去，那是我們忽略思想的集體力量；也就是「我在別人的腦袋裡思考」。一旦進入別人腦袋裡思考，將傾向於只考慮證明那是正確的事，同時也愈發深信那是自己的看法。因此，在認識事物的過程中，自身預測有效的自我應驗下，會刪減掉不能應驗的材料，認爲那不過是個雜訊，而沒有意識到否定的事例，在建立眞正的知識上更有力量。

負面知識

我失敗了，但你不能說我沒有學到什麼東西。

——Hall (2010)

一般而言，個人知識的取得，主要是他在結構意義中，經驗的沉澱與積累。這些知識如果沒有和先前的知識衝突，而且可以證實有規可循，那麼個體的假設就能宣稱可行。反過來說，當知識宣稱為「反面可行」（non-viability），那它就是具有啟發價值的負面知識（negative knowledge）。

負面知識是指當我們在一情境中手邊的知識庫無法去應付，且對當前情境的解釋又背離了我們熟悉的知識庫中的類型知識，新的決定必須產生。此時這個知識不是用來理解，而是用來與有規可行的知識進行切割，而形成一種知識的裂口。這種知識的裂口，Oser（1996）把它定義為：在情境中知道「什麼不能做」，但也不一定就能實現其預設的行動目標。那是一種知識上的不足，只因為「知道不知道什麼」；也因為「尋找不清楚的東西時，意識到了這種無知」。

製鞋工廠裁員，思佳和沒有身分的印尼籍老公，一起帶著兩個孩子和一身卡債回來，以月租千元委身在一間漏雨的瓦房，妻子總是在吵架後，戴著墨鏡遮掩被打的傷痕。有一次訪客到校，看中她做的布包，不知道如何開價的她，以320元賣了出去。她含著眼淚笑著說：「真的有人喜歡我做的東西吧！等一下我要帶孩子去理頭髮，剩下的還可以買一點菜回家。」作品的精進和產品的流動，使得家的氛圍改變了，直接反映在孩子的學習，也反映在笑意的臉龐。過去我一直認為父母不負責任、不關心孩子、不繳交學雜費、不努力工作、不……，把所有的『不』加諸於他們身上。對於這樣家庭的孩子，所有輔導簿冊給出的評語是不專心、不認真、不上進、不聽話……；對家暴的部分也只能勸說、通報、隔離；殊不知這是另外一種更為暴力的極端形式。

——2008/04 田野紀錄

社會極端事件雖然以片斷化、碎沫化的記憶和書寫，但在穿透社會制度

的外衣，理解規則的誤用時，具有相當程度的功用，也因此得以在去魅的過程中找出一點歷史。然而，這些歷史話語的後面，並不是要以事件的真實撐腰，其只是作為能指的東西，讓一次次的事件重複地說：「它已經如此這般發生過了。」

發生過的事件無法在完美的確定性下被瞭解，可是，我們經常專注於我們所知的事，傾向於學習精確的細節而非整體，卻沒有同時學到「我們不知道我們的不知道」。所謂「我們知道」，在許多情況下都是幻覺——人類傾向於認為自己知道，卻缺乏穩固的基礎。在這個反省下，無法斷言「這是什麼」，但卻有能力斷言「這不是什麼」的「負面知識」，雖然僅能對正面的陳述進行否定，對無限豐富的混亂感到「不對勁」。但是，藉著否定，讓我們與知識的整體遭遇。

正是從那些離散、移位的人那裡，學到最持久的生活和思想的教訓。對我而言，這種教訓是必須把原先的知識打掉，進入知識的負數型態，站在非知或不知的角度，重回面對面的關係。因此，我必須靠著負面的例子逼近真相，迂迴地注意生命失效之處，而不是去確認何者才是人生的圭臬。

敘述謬誤

在一連串的事實中，我們很難不去對這些事實強加連結，然後透過解釋把事實綁在一起，編出一套合乎邏輯的故事。這個過程必然夾雜了過度與化約，因而造成真相的解離。這種「敘事謬誤」（narrative fallacy）傾向於為了達到目的，不自覺的建構一個圍繞事實的故事，當有人相信它的真實性時，就有可能犯錯了。這也難怪 Nassim N. Taleb（2001）說：「知道它是錯的」，那絕對是對的；而「知道它是對的」，還是有可能為錯。

> 圖書室的地板出現很多昨夜的垃圾，包括沒吃完的麵包，拆了包裝的餅乾，細問之下是：到學校協助夜間課輔的志工親切的和小朋友打了招呼，「吃飽了沒？」的例常性問話，激起敏美和偉俊的大聲回應：「還沒有」，這讓初次與他們見面的夜課志工追問下去，也激起了憐憫和同情。在這之後，小朋友經常吃到志工帶來的零食。有一天，擔任夜課的老師來學校，以悲憫的口吻說：「部落很多小孩晃來晃去，晚餐也沒吃，他們這樣來上夜課，怎麼會有效果。」

事實上（另一個角度來看），是敏美的父母給她 50 元買晚餐，她拿去買糖果和飲料，她的回答讓個子瘦小的偉俊得以隨聲附和。

——2013/05 田野紀錄

生活世界對於聽起來有道理的受苦敘事，自然容易啟動惻隱之心；對於敘說的人而言，這也是「必須要犯的罪行」；而且，愈懂得應用憐憫的人，往往會不停的把苦難經驗，訴說給慣於將苦難往身上揹的人。這種訴說不是與生俱來的本性，而是不得不的選擇，在心理上至少可以獲得當下的脫逃，但其同時也可能是「襲得」也是「習得」的技能。這種現象在校園的輔導工作上，經常從老師的表達上可以聽到：

到現在為止，我還不知道敏美的姐姐在浴室自殺這回事，到底是真還是假。她媽媽說：敏美很會騙人。我反而認為：敏美的說謊或敘述謬誤，是來自媽媽以孩子的苦，作為贏得同情的變形。

——2013/05 田野紀錄

另類的社會生產

在社會生產過程中，不論是彩券或各式博奕，總是不停的公開喧嚷：「讓我們有富人吧！（這樣我們才可以有很多窮人。）」因此，一夕致富成了貧窮者的目標，貧窮同時也成了追求財富的結果；之後，權力者再以做莊所得進行各類公益救濟。這在國家政策研究基金會（2002）的研究就明確指出：經過十幾期的公益彩券以來，在社會成本方面，好像灌輸大家一種不勞而穫的心態，買彩券多是中低收入者。執政者認為與其讓賭博地下化，不如政府作莊抽頭增加收入。可是以公益之名包裝決策者，反而將責任轉嫁給弱勢者。此時，社會受苦者進入了貧窮的再生產，在這裡社會制度反而是最大的幫凶。

不過，許多受苦者在救助的歷史，也從原本自在、自足的生活態度，學會扮演符合制度規範下的弱勢者；這些扮演成功的弱勢者，反身成為符合制度的生產者，並起身教導或嘲笑那些不懂得在其間從事「另類生產」的勞動苦力。

我們本來不符合低收入戶的資格，後來我們就辦理離婚，三個孩子分到不同的戶口，你看，我們都不用工作，比你們領得還要多。最近，還可以參加擴大就業，掃掃地簽個名就可以領到 800 塊。

——2007/10 田野訪談

不論是低收戶或所謂的八百壯士等的制度，可以以輕鬆獲得好處的生產方式被套用了。很多民意代表也用這種方式關心選民，在災後像蒼蠅聞到腐肉般蝟集，協助以戶為單位申請社會福利。這時，災戶不再是結構完整的家庭單位，「分戶」後的成員，也在「吩咐」下發展符合制度的情態；在博得同情與意欲的導引下，也從溫暖的親情到冷漠相待；原本人口遞減的社區，戶口卻不斷增加；原本三代同堂的大家庭，最先被清理門戶的是兄弟，再者是老人家，接著是夫妻離異，這種情感糾葛甚至演變成彼此間的離散與賤斥。

低收或救濟補助的方式，帶出否認自身親緣關係的賤斥傾向，任何熟悉的東西都化成陌生，連一個回憶的影子都沒有。即便這些事物早已存在——早在他們可以賦有意義之前便在那兒，但在衝動的驅使下，所有親緣關係的事物都被推拒在外。此時，「他不斷的試圖用賤斥來武裝自己，拯救自己。他並沒有瘋狂，他藉由卑賤賴以生存（Kristeva, 1982: 5-6）。」這種卑賤反映在這一代，也發生在下一代。套用 Michel Foucault（1982: 216）所說：「或許，當前的目標並不在於發現我們是誰，而是拒絕我們是誰。」

我真的想不透，為什麼我會生在這個家庭。我曾發誓，我不會回到部落，我不停的提醒自己，我不要曬到太陽，我要講很標準的國語，讓人家認不出來我是排灣族人。

——1999/05 田野訪談

生命本來就應該融合體會社會的共通感，不必忍受那種支解自身後，陷入自我異化的痛苦。這種痛苦是個人在生活目標與理想澈底崩解，伴隨著個人認同持續的毀滅性衝擊（Bettelheim, 1979）。不過，有時還會自詡為那就是脫離母體環境的客觀成就。

讓人家認不出來的否認性發誓，早已有個公認的承認存在，只是想藉由模仿、偽裝的方式，逃脫異樣的眼光。在情緒上她不只是想跟現世的人斷

結，而且也是想跟歷史上的人斷結；更確切的說，是想要跟過去流著相同血脈、相同膚色的人斷結。這時，原鄉成了再怎麼也回不去的母性空間，回不去的難處不是實質的交通，回不去的是在外打拚下對自身的賤斥，回不去的是過去情緒所承載的空間。

不過，有些權力下的「倖存者」，在親情召喚及生活無著下，滿身是傷的回家了，也有些是在不知道用什麼臉回家的心情回家了；不論是親情或是無法回應的臉，都是在不得不的情況下無可逃避的面對。在這些人裡，有很多人得依賴部落共同的「諮商師」──酒，來尋找心靈的歸宿。我真的無法想像，如果沒有這樣的「諮商師」，如何療癒文化衝擊下，那早已內化的自卑情結；如何在太陽升起時，面對心理的難處與生活的交逼；如何在午夜夢迴時，安住那不時驚起的靈魂。

工坊實踐──文化照顧的在地轉化

在歷史理性操作下的社會救濟，實際上產生隱性的離散，也產生許多負面知識中說不上來的不對勁。因此，我們不得不回頭尋找文化救濟的可能，以一種積極創造的可能性，從頭找回當時所失去的。Frantz Fanon（1967: 18）說：「最有效的療癒就是回復被壓抑的語言和文化，才能打破從外來的文化和語言，看待自己所產生的種種自我文化及環境的疏離，並根除對外來文化的依賴與自卑情結。」雖然，文化與語言的表述早已被專家取代；生活的面對得經常回應制度下不加思索的「處方知識」。[5] 無從表述的弱聲無語，唯一能做的就是生產──生產過去曾經擁有的生命文本，生產過去本來就會的事物。

實踐知識若不是由文化傳統中產生，將與在地的心理處境有所隔閡。因此，在陪伴解決面對孩子受苦經驗的同時，我們沒有接受處方知識的「離散安排」，而是透過工坊的實踐，反向拉回主要教養者。這不是為了強調社會制度思考上的盲點，而是強調個體在制度結構的限制下，具有突圍或做些改

---

[5] 請參閱 Shaffer, Leigh S. (1981). The Growth and Limits of Recipe Knowledge, in *The Journal of Mind and Behavior*, 2: 71-83.

變的能力。

　　受苦者的實踐，一如學者的實踐，是透過「做—品」進行論述，並進行自身的文化和自身的處境相互應答。當代文化創意產業主張運用符號和象徵元素開發產品的故事，使產品成為文化意義的承載者。這時文化的符號價值，遠遠超過物品的實際功用。產品的文化價值生產，以「魅力創造」的意識型態，將我們的目光導向產品的文化質性，不論是十字繡的神話思維，或是各種木材的祕思意義，這些魅力自然阻止我們問起誰是這個產品的「創造者」，以及這個創造者如何改變這些質性的神奇力量。

　　或許有人會問，為什麼原愛工坊選擇以布和木作為操作的材料，答案是它們都是生活底層的事物，是生活的必需，同時也都是烘托文化情感的關鍵元素。更確切的說，文化的發展和變化，在很大程度上是根基於具有不可替代性的族群情感，因為只有投入族群情感的文化才是族群文化。只因為人們是依附在文化母體的滋養下進行社會實踐，不自覺地依循著文化邏輯，不斷地受到文化特質的影響，重演具有歷史意義的文化生活。

　　工坊的運作，提供一個特定文化社會的既定套路。從實踐的社會學思考，其本身就是一股反固定的力量，刻意打破一成不變的壓迫感。教育訓練不是教你不會的，然後再將你推入主流社會早已生產的洪流中；而是找回生命所熟悉的，以恢復生命世界的彈性，讓它顯示出世界面貌可以大不同。不論是布工坊的十字繡，或是木工坊的漂流木製品，都是以自然質性出發的集體記憶，也都是生活普遍可見的元素。這些元素作為改變生產關係上，有助於把場域建構成一個充滿意義的世界，一個被賦予了感覺和價值，值得行動者去投入、去盡力的世界。每一件作品都是工作者用來識別自身，並獲得自身的價值；每一次的挑戰，都是重新找回自己靈魂的機會；工坊實踐的過程，也已經使個體依附於社會的機制從根本轉化了。

從「不」工作到「布」工作——打撈失落的傳統織繡

　　金梅在滂沱大雨中載著殘障幼兒幾次的來回學校，為的是把十字繡片交給主任，問明來意後 6 條繡片共計 480 元，這是她一個月的所得，我語帶憐憫的說：這樣夠生活嗎？她趕忙說：夠了夠了，有就很好了。她的老公做了六個月的擴大就業又失業了，前陣子喝酒車

禍，老人家長期生病臥床，因為有一塊抵押的山坡地，不符合低收入戶的門檻，還好可以在打理三餐後，繡一點繡片「貼補」家計。

──2009/11 田野訪談

「貼補」是在一種破裂、不完整、不足的處境，進行非期待性的拼湊。它不是原有狀態的回復，更不是多出的餘量。然而，貼補在無與缺乏的狀態產生最大的效應，讓不足的恐慌獲得舒緩，也讓生命感獲得高貴的滿足。

十字繡圖紋鑲崁到各種款式的布包作品中，總是那麼的搶眼。當每每被問及：這個圖紋到底是什麼？這對於工坊朋友一開始是一種創傷，一者是不知從何說起的說不出，二者是真的不知的說不出，但這種不安的納悶持續不了很久，她們開始進行言說，她們開始為自己的創作感到喜悅。這些作品開啟了創作者的生命意義，「通過物的言說，物本身會向我們回應，由此而安撫我們，物總是向我們提供意義，將這新的物整合到我們賴以生活的符碼系統中。」（Ricoeur, 1981: 31）。

不論是象徵子宮的陶甕或象徵祖先化身的百步蛇紋，它們都與人的生命並置在一起。在特定圖騰之間存在著一種祕密的親近關係，此親近關係亦適用於被圖騰所展現的事物。它把日常生活中的東西引進到集體的夢中，把平常事物潛在的神祕性表現出來。這種加註文化意義的產品，是一種沒有風險的冒險，是一種將傳統意義賦予新的價值：在生命意義與文化符碼的聯結有了壓倒性的穩定力量。

各種與現代生活形式結合的布包，結合傳統十字繡圖紋，使得產品得以透過神話傳說的意義，表現出一種文化事實，圖紋的「譬喻」特性，帶出神祕的啟示，恰可以繞過理智的阻礙而憾動人的心靈深處，讓人體驗事物的不可知，以便表現無法表達的存在。在這裡，傳統文化並沒有屈服，它們採取一種迂迴的方式，以自己熟悉的語言發聲，重新建構多重的歷史經驗和文化主體性。所有的文化產品，是與活生生的一群人，透過共同參與的方式加以完成，完成的是：「我參與其中的文明，通過它提供的用具，自明地為我而存在（Merleau-Ponty, 1945: 400）。」而每一件作品，也都散發出一種人性的氣息，一起通過某些「在手的」或「上手的」東西而通達他人。

在作品述說或述說作品的氛圍下，作品作為物件已經呈現其自明性，不朽的象徵圖紋便以無名的語言，談論那些只可意會、難以言傳的事物。而述說的話語實質上被神話思維下的圖紋所導引，此時任何對話就成了對話者難

以預期的自然過程，它擺脫了對話者的意願，而展示「對話」的文化邏輯。對話裡的「你」和「我」，不是簡單的人稱，它涵蓋了材料、作品、故事及文化傳統，乃至整個世界等一切需要理解的物件。當述說者以自己的母語為自己的作品發聲時，她們才又重新找回自己失去的意識透明性，並在自我塑造的過程中認識了自己。畢竟，「在母語的世界，像置身在一棵大樹的底下，才感受到人活著的根。」（余德慧、李宗燁，2003）。

從布到木的工坊──找回自然質性的情感依託

> 明光童年和玩伴遊戲，右腳盤被機具截去半截。你也知道的，拿去診所簡單的包紮就送回來，持續高燒造成身體右側神經萎縮，雙眼發炎感染成重度近視，成天躺在家裡聽音樂，等待生命的最終。後來學校需要留守人員，他一口回絕。他的叔叔強載下來，值班後再送回去；有一次忘了載，他一跛跛的走回去。當他累癱躺下來時，頓然驚覺生命可以重新來過。之後，他接受生命的安排，開始幫樹木澆水，用一根手指上網查詢樹種、製做植物名牌、進行植物解說，後來與工友一起用漂流木進行裝置藝術，做板凳、大型桌椅。他說：我喜歡木頭，我與木頭很親近，別人怎麼想我不管，但我就是喜歡。之後，一些無所事事的人來了，一些醉酒的也來了，一些曾經覺得自己也不怎麼樣的人突然說：他可以我也可以。
>
> ──2007/6 田野紀錄

工坊成員多半來自有人覺得「我們」不能有所作為，而且「他們」也不會做出什麼的底層。明光生命的翻轉，澈底撬開我以前固化的思維，破壞了我在圍牆內工作的圓滿，使我無法在教育學科的完美中達到智性的安適，更無法用自己的學術性成就炫耀自身。所以，我要感謝他，他的表現是何等的氣魄！

木工坊成員中，有很多是成天與樹木為伍的獵人。可是，當山林成了管制區，獵人從資源分享的英雄，跌入盜取山產的罪犯；在集團移駐的離散中，家鄉成了舊部落；所有遷居下來的人，不管名稱怎麼更換，都被稱為「不是平地人」。而且，這一類的稱呼，自從和其他自認為文明的族群接觸

以來，一直沿用至今，全然的失去文化對他者的回應。偏偏「失去」是所有幻想的根基，它標誌著一個回報或分享的社會傳統已被邊緣化，在這個被忽視的傳統中，生命經歷著認同的不穩定性與空間移置的適應問題。

木工坊以漂流木作爲實踐的材料，以大材大用、小材小用、化無用爲大用的實作中，找到相似性的生命感。原本生長在山上的樹材，在生命的另一個階段失去了根，隨著大水漂流入海，又隨著浪潮沖打上岸，再透過慧眼和巧思，賦予生命的重生。生命的漂泊是帶著鄉愁到處尋找家園，是受苦者最普遍的東西，也是最能清楚看得見自己處境的東西。漂流木作爲身體與心靈的延伸，是透過有意識、有目地改造，就是要將「在人類的各種歷史的範疇中，最具重要意義的就是把令人懷疑的作爲生物的東西，變爲歷史的事實。」（齊美爾，2002：113）。

廢之所惠──化無用為大用

> 以卑賤物生存的那個人是個被推離者，他自我置放、自我分離、自我定位，因此他寧願流浪漂泊，而不去忍受、不去渴望、不在乎歸屬或拒絕歸屬。與其誇稱他自身的存在，倒不如問自己身處何處？
> ──Kristeva (1982: 8)

被拋棄者或被排斥者所處的空間，從來就不是單一、也不是固定的。他們流動在既不是同質性的空間，也不是穩定性的居所。在那不斷逃逸的黑暗盡頭，無止盡的背著一無所有四處旅行；也在那厭棄的彼方，不停的向危險探索、迷失自我。他們不由自主的選擇漂泊，去逃避自己也不想照見的文明。

工坊實踐中，我們將「廢」視爲另類的恩「惠」，也就是以生命故事特豐富與精采的人員作爲主要的班底，以他們的生命再製照見黑暗盡頭的世界，讓生命益見其光明。工坊地點刻意選擇廢棄的房舍，畢竟任何的興建與新建，就已壓迫其他生命的存在，一如人只要活著，就對他人產生壓迫，這種壓迫同時讓卑賤者感受到同等的壓迫。材料的選擇，不論零碼的樣品布，過時、過氣的倉儲材料，或是他人不再用到的配件，亦或是來自大水過後的枯木、疏伐木、漂流木，都是從生命的相似性上，重啟材料的生命美感。

荒廢棄置、鬼魅聚集的房舍，即便是糞土之牆，亦可圬也；扭曲變形、千瘡百孔的漂流木，即便是朽木，亦可雕也；群居終日、言不及義，即便悔而不改的「廢人」，亦可教也。我們深信，「廢」與「惠」的差異不是本質，而是價值的認定。因此，廢而不廢在於一切價值的重估，亦即先把個體的身心問題懸擱起來，回到生命意義的世界去發現日常經驗如何被活出來。這樣的做法，不只是運用在不知如何是好的人，也運用在載浮載沈的漂流木，廢棄的班哨和學校。因為，這些負性知識下的材料、空間及人員，反而是觀念衝撞的所在，同時也是真正理想的發揮所在。這些被特別照顧的布或木，是最為貼近人類心靈的材料；廢棄的史性空間隱藏不為人知的祕密，是呼喚過往美好回憶的空間；在滄桑的史性生命打造自身理想的人，反而愈是挫敗愈見其生命的光輝和韌性。

我將如何生活

現代性在文化與生活風格上，在許多方面都是不連續的，這本來就是一種後傳統的秩序。所以，「我將如何生活」的問題，將會在日常生活瑣事的決策中找到答案，並在自我認同的暫時呈現中得到解釋。雖然，自我認同不同於被給定的論述，但 Giddens（1991）依然指出：個人依生命經歷所形成，透過反思性的回顧，把被傳遞的經驗中，有用的訊息與實際的在地生活整合起來，從而連結過去並規劃未來，以形成一致的自我概念。

我們習慣於認為每件事，都有一個一致性的、可識別的原因，並抓住最顯著的部分加以說明，包括文化認同裡最根本性的自我概念。然而，每當問題涉及我們的生存時，想法就會被嚴重弱化，我到底是誰的發問，已被現代性分歧的意義輾碎；我在什麼樣的處境，反而是生命世界的重心。日常生活所構成的生活世界，雖然由不得自己靈魂一手策劃，但在結構式的受苦底下，相信有一種更大機會，讓勇敢的靈魂與肉身來參與生活秩序的解放。

文化緩衝

出生就聽不見風的聲音，即便聲嘶力竭也沒人聽見，又聾又啞的明倫，辭去工坊工作，帶著祖父過世後留給他的 60 萬元，準備到理想的國度—台北打拚。我知道任何的勸說都擋不住夢裡的誘惑，也知道這一去包含著一定的痛苦和風險的教育過程；為了達到更大程度的共識，並賦予他想像的自由，讓他像風般的消失了。二個月後他回來了，伸出兩隻手以握拳又張開的手勢，表明一切都沒有了。然而，他比其他沒有身體障礙的朋友來得幸運，在還沒有傷害自己以前，很快的回到文化緩衝的地方。

——2011/02 田野紀錄

　　工坊實踐以社會角力下的倖存者，共同建構一個相同文化背景的安全感團體。文化在這裡沒有脫離生活的秩序，它有效地回應人的社會處境：「我」是群體的成員，「我」是意義的創作者，「我」是技藝的傳承者。過去，「穩定壓倒一切」的文化隔離，成就了族群史性生命的另一環，使得文化根脈依然生意盎然。但是，長期以往，邊緣化的人們失去與主流群體溝通，造成資訊落差及文化誤解。同時也使得被強制的弱方在開放後失去任何政治抵抗的餘地，於是形成權力全面專制化的延展：通常在政治或制度正確下，依從專家知識化約成信念的承諾，最後落入「倉促確定效應」的結局：每每誤把大範疇「屬」的概念套在小範疇「種」的事務上，把特例當做通則，把不熟悉當做熟悉，把不同部落當做相同的文化處境對待。

　　當代社會以跨越的方式進行開放性的發展，並持多元文化的大纛高聲吶喊。然而，「多元性」通常是一種弔詭的「潛話語」，具有高度抹平差異的專斷性。在此意義上，處於邊緣的族群，對於差異的焦慮已從「擔心被忽視」轉變成「恐懼被抹除」。只因為文化接觸的過程，如果缺少文化緩衝的裝置，赤裸裸地面對大社會的潮流時，挫敗與受傷者比比皆是，剩下的只有恐懼和無奈。

　　對於生活底層來說，他們各自存在跨文化置換的問題。這種置換需要文化緩衝機制，通過文化學習和文化對話的進程，對認同保持相互尊重。也就是說，文化認同是「由社會集體的歷史、記憶、幻想、敘述和神話不斷重

新建構的演變過程，總是透過種種的文化再現，而導致其定位不斷改變的過程，永遠沒有完成的一刻，它不但屬於未來，也屬於過去，且永遠在歷史、文化及權力交互運作的場域中，進行永無休止的變革（Williams and Chrisman, 1993: 392-94）。」如果一味以文化抵制現代性，可能導致文化自戕；但若將文化全面視爲過時，多少是沾染了現代性的傲慢。因此，文化緩衝使社會受苦者的遭遇形成一道屏障，得以緩和或降低文化衝擊的強度，同時避免「文化休克」。[6]

文化間際性的互動

傳統正是解釋人之所以可能的先決條件，任何想避免歷史的影響，或希望能理性做自我決定的渴望都是枉然，因爲所有的人都參與於傳統之中。個人對於意義的解釋雖然主宰了理解的觀點，然而意義則是源自於個人所處的傳統。因此，理解所要求的不是找到個體的心理結構，而是沉浸於所擁有的文化處境中。

> 文化世界實爲意義世界，而意義「隱約地顯露在我的各種經驗的交匯處，顯露在我的經驗與別人經驗的交匯處。」
>
> ——Merleau-Ponty (1945: xv)

不同的傳統存在著文化間際性（interculturality），「間際」不應該被任何單一文化給取消，也不能因爲對自我厭惡就任由他者加以取代。它所代表的是「我群」和「他群」之間的相互認定。這種認識可以消解將他人「占爲己有」，或造成「自我剝奪」的現象。全然的占爲己有，也就是穩固界線；同樣的，全然的自我剝奪，則是要把界線加以泯除。

文化的間際性一如 Merleau-Ponty（1968: 215）使用交錯（chiasm）說明我與他者、他物的關係，在其〈Working Notes〉一文中，他認爲交錯不僅是一種交換，更是一種雙重作用：「不僅是我—他者的對立，也是一種合作，而成爲一個獨特的身體。交錯不僅是我與他者的交換，我與世界的交換，也

---

[6] Oberg, Kalvero (1958) 首先提出："Culture shock might be called an occupational disease of people who have been suddenly transplanted abroad."

是現象與客觀的交換，知覺者與被知覺者的交換；源於物，而終於對物的意識，也源於意識狀態，終於物；也就是『互為主體的交換影響』。」

　　文化不只有物質成分，也有意識與經驗的部分，也就是文化是將物質世界轉換成象徵，並給予意義和附加價值的媒介。不論是布工坊、木工坊、食工坊或甚至書工坊的運作，都是透過文化的間際性，進行不同文化之間的對質和糾纏，觀看群體建立關係與交換互動時的所作所為。換言之，文化間際性意涵兩種以上不同的社會生產模式，強調不同文化互動的脈絡，暗示不同與差異是在磋商衝突與互惠的關係中形塑而成的。

　　文化間際性在工坊實踐的做法是：「把外來者拉近，又不使其喪失絲毫的奇異性，因為它允許用最隨和的親近對待外來者最大的奇異性，同時又強迫與最具個性的外來者保持一定距離，即一種真正的占有之條件（Bourdieu, 2003: 232）。」這不同於將外在事物特性吸納進自己的思想結構中，以形成我與外在統整的同化取向，而忽略他者的相異性。

他者倫理的關切

> 現代性創造了一種情境：人類就某些方面而言變成了「我們」，面
> 對的是沒有「他者」存在的問題與機遇。
>
> ——Giddens (1991)

　　任何人的生存不能沒有他者，我與他者是相伴而存在的，這種強調人的生存應當是在關係中生存，並為他者設想的生存型態，不只是代與代的血親之間，而是包含鄰人與陌異者之間，甚到更為寬廣的非人類臉譜之間。

　　在「無」與「缺乏」的社會受苦者中，那絕不會是孩子的責任，也不全然是社會受苦者的責任。我們在各方面享用制度給出的好處，重點是也接受了這個制度，所以更有責任去回應制度的不足之處。Levinas（1981）認為這種以「回應他者」的責任來把自己與他者關聯在一起，所以這種生存型態具有倫理的本質。而倫理本身是被選定的、無從拒絕的，是義務的、無條件的，為他者負責也是不求回報的、不求互惠的。一如一位工坊的朋友自己說：我們這一代和上一代都這樣了，我會希望我的下一代和我們一樣嗎！

　　不論這種說詞因何而來，至少無私的為他者設想的生存型態衍然出現，

也就是「我不只有責任要認識他者，與他者分享知識，也有責任回應他者的相異性。」（Cohen, 1987: 18）。讓下一代的生活和我們不一樣的責任意義，不就是關心（non-indifference）嗎？英文的 non-indifference 個字包含著雙重否定，也蘊含多層的轉折；它從差異（difference）演繹而來。difference 是指個體的獨特性及個體間的相異；indifference 指個體傾向自我保持，對他者的相異性冷漠不關心，或以同化方式泯除差異；non- indifference 是對 indifference 的否定與超越，朝向對他者負起責任（Levinas, 1981）。

Bernhard Waldenfels 進一步指出：「我們不僅在他人身上遇到他，事實上從我們自己身上開始就可以找到他，也就是內在於己的他者性和內在於文化中的他者性。內在於己的他者性和主體間的他者性息息相關；內在於文化的他者性和文化間的他者性也是息息相關。」（游淙琪，2006：125-126）。然而，他者並非「等著去認識的什麼」，而是一種「活現的不在」。他者就像是過去，只能在它的後續作用，亦即所留下的回憶中找尋。

結語：向著未來後退

你往前走卻意味著回到原處，是的，向著本源前進，也就是向著未來後退。

——Hrabal (2011: 62)

現代性處境的社會活動，本質上具有許多「反事實」的生活品質。如果當時我怎麼樣，就不會怎樣的種種虛擬假設，成了理解生活的例常冥想和臆測；也由於是虛擬的前提，所以一切都得當真。這也意謂著「朝向過去」作為傳統文化特徵，向著「朝向未來」轉變（Giddens, 1991: 29）。然而，在生活底層讓人無法一直透過冥想臆測來面對「多層次的現實」，工坊實踐因而以「多層次的實現」，逐步向著未來後退，一路撿拾或回憶過去的方式前進。

這種倒著走向前看的方式，讓我們更清楚看到社會結構的巨牆，也更能看清腳下所走過的痕跡。這不意謂沉淪或超越，而是當我們對未來過於在

乎，反而是對當下的犧牲及忽視，同時也是對過去的鄙夷與離棄。在實踐活動中，時間從過去經由現在，再沒入過去的循環性，使得人在文化的包抄下產生「自在感」，有更多的時間駐足靜觀，品嚐回味。因此，當距離本源愈近，更容易看見自己，同時也看見當下該為他者負責的意義與目的。

傳統的生活世界，內在於己的持續性控制，影響著絕大多數人的生活。但在現代社會，這樣的控制已交給外部機構。因此，自身的無力感成了生活的主要形式，這方面固然可以交由心理學回應，但相應於社會制度的包容性則微不足道。在培力計畫的制度運作下，工坊成為文化緩衝的所在，朝著「記憶」與「技藝」二個方向潛行，前者是為了改變生產關係，讓文化認同成為自身在群體的價值先行建立，也讓產品的文化特性成為為他者設計的基調；後者是為了改變生產工具和生產技術，不斷依著主體的能力，進行各種不同的試鍊，並思考外來元素如何轉變成內部文化的有機成分，實現文化間際性的良性置換。

工坊牆壁上「少喝多一點」的掙扎與提醒，或「浪子回頭金不換！」「只要努力、就有希望！」的激勵用語，道出工作者自我肯定的心情。這種生命感很大的部分來自生命自身的歷史，過去失序的時光由現在所召喚，意義才得以呈現。因此，生命的意義不一定是在事情發生的當下，而是後來發生的事情開啟了當時的意義。它讓失去的信仰、失去的傳統的人，得以重新找回一種與過去相連結的根脈，同時可以以更開闊的視角與未來連結。

參考文獻

余德慧、李宗燁（2003）：《生命史學》。台北：心靈工坊。

游淙琪（2003）：〈當代現象學的文化論述：瓦登菲爾斯論文化間際性與文化交融性〉，第七屆儒佛會通暨文化哲學學術研討會論文集，頁 123-135。華梵大學哲學系主辦，2003 年 9 月。

國家政策研究基金會（2002）：「公益彩券對社會的影響」社會安全組座談會會議實錄。

齊美爾‧蓋奧爾格著，林榮遠編譯（2002）：《社會是如何可能的——齊美爾社會學文選》。桂林：廣西師範大學出版社。

Bonnewitz, Patrice 著，孫智綺譯（2002）：《布赫迪厄社會學第一課》。台北：麥田。

Bourdieu, Pierre 著，蔣梓驊譯（2003）：《實踐感》。南京：譯林出版社。

Bourdieu, Pierre & Wacquarnt, Loic J. D. 著，李猛、李康譯（1998）：《實踐與反思——反思社會學導引》。北京：中央編譯出版社。

Hrabal, Bohumil 著，楊樂雲譯（2011）：《過於喧囂的孤獨》。北京：十月文藝出版社。

Agamben, Giorgio. (1998). *Homo Sacer: Sovereign Power and Bare Life*. trans. by Daniel Heller- roazen. Stanford, CA: Stanford University Press.

Berger, Peter L. (1963). *Invitation to Sociology: A Humanistic Perspective*. UK: Pengin Books.

Bettelheim, Bruno. (1979). *Surviving and Other Essays*. London: Thames and Hudson.

Bourdieu, Pierre. (1996). *The Rules of Art: Genesis and Structure of the Literary Field.* trans. by Emanuel, S., Oxford, UK: Polity Press.

Bourdieu, Pierre. (1999). The Weight of the World: Social Suffering, *in Contemporary Society.* Cambridge: Polity Press.

Clifford, James. (1994). "Diasporas.", in *Cultural Anthropology,* 9(3): 302-338.

Cohen, R. A. (1987). Translator's introduction. In E. Levinas, *Time and the Other* (R. A. Cohen, trans. pp. 1-27). Pittsburgh, PA: Duquesne University Press.

Fabian, Johannes. (2000). Out of Our Minds: Reason and Madness, *in the Exploration of Central Africa*. California: University of California Press.

Fanon, Frantz. (1967). *Black Skin, White Masks*. trans. by Charles Lam Markmann, New York: Grove Press.

Foucault, M. (1982). The Subject and Power, in *Michel Foucault: Beyond Structuralism and Hermeneutics*. eds. by H. Dreyfus & P. Rabinow. Chicaga: The Chicago University Press, 208-226.

Giddens, Anthony. (1991). Modernity and Self-Identity: Self and Society. *in The Late Modern Age*. Stanford, CA: Stanford University Press.

Grenfell, Michael and James, David. (1998). *Bourdieu and Education: Acts of Practical Theory*. London: Falmer Press.

Guha, Ranajit & Gayatri C. Spivak. (1988). *Selected Subaltern Studies*. New York Oxford: Oxford University Press.

Hall, Leigh A. (2010). The Negative Consequences of Becoming a Good Reader: Identity Theory as a Lens for Understanding Struggling Readers, Teachers, and Reading Instruction. *Teachers Collage Record*, 112: 1792-1829.

Hall, Stuart. (1996). Introduction: Who Needs 'Identity'?, in Stuart Hall and Philip du Gay, eds., *Questions of Cultural Identity*. London: Sage.

Hesse, Hermann. (1966). *Demian*. trans. Michael Roloff and Michael Lebeck. N.Y.: Bantam.

Kleinman, Arthur. (1997). *Social Suffering*. eds. by Veena Das & Margaret Lock, London: University of California Press.

Kristeva, Julia. (1982). *Powers of Horror: An Essay on Abjection*. trans. by Leon S. Roudiez, N.Y.: Columbia University Press.

Lévinas, Emmanuel. (1981). *Otherwise than Being or Beyond Essence*. trans. by A. Lingis. London: Kluwer Academic.

Merleau-Ponty, Maurice. (1968). Working Notes, in *The Visible and the Invisible: Followed by Working Notes*, ed. by Claude Lefort Evanston. Northwestern University Press.

Mills, C. Wright. (1959). *The Sociological Imagination*. Oxford: Oxford University

Press.

Nassim N. Taleb. (2001). *Fooled by Randomness: The Hidden Role of Chance, in Life and in the Markets*. UK: Penguin Press.

Oberg, Kalvero. (1960). Culture Shock and the Problem of Adjustment in New Cultural Environments. In: Weaver, Gary R. (Ed.)(1998). *Culture, Communication and Conflict*. Readings in Intercultural Relations. Needham Heights, MA: Simon & Schuster Publishing.

Oser, E. (1996). Learning from Negative Morality. *Journal Moral Education*. 25: 67-74.

Ricoeur, Paul. (1981). *Hermeneutics and the Human Sciences*, New York: Cambridge University Press.

Sontag, Susan. (2003). *Regarding the Pain of Others*. London : Hamish Hamilton.

Welsch, Wolfgang. (1999). Transculturality: The Puzzling Form of Cultures Today, in *Spaces of Culture: City, Nation, World*. London: Sage.

Williams, Patrick and Chrisman, Laura. (1993). *Colonial Discourse and Post-Colonial Theory: A Reader*. New York: Columbia University Press.

13 走入環境人文森林

有機環境的情緒勞務與照護悅納

李宜澤

摘要

　　這篇文章將以花蓮縣富里鄉阿美族達蘭埠部落的有機金針轉型為例，討論有機種植行動裡的環境人文思維，同時回應余德慧老師在人文療癒方面的思維路徑。從社區動力、農務有機轉向環境照護經驗——這篇論文嘗試探索在思考環境與照護所引發的人文問題取向中，兩個層面的交會。其一是在社會行動中的情緒勞務與表現，或者是情緒所代表的文化生產觀點。這部分我試圖探究的是情緒如何回應因機構治理以及地景變動所形成的多重想像。另一部分是人的行動如何與其他物種之間形成多物種或非人類中心的環境政治關係，由此重新看人文觀點的生成或再現。這些層面與當代人類學的趨向有密切關係。如何讓人回到自然的多重物種與悅納活動中，而不只是把自然以象徵的方式再現。從這個世界的寓居（Dwelling），走向款待與悅納異己（Hospitality）的再思考。

　　在實際操作中，達蘭埠部落有機生產面臨兩個問題，一方面台灣的有機認證門檻與土地所有權勾連，無法對尚未轉換為原住民集體使用權的土地進行認證；另一方面對外銷售市場仍受到在地農會以及經銷平台的限制，有機種植的轉型讓阿美族農人反思部落內換工合作與出外工作的差距。在當地的農產推銷活動中，將有機觀光化的操作同時也把原住民農戶放入被觀看的對象。轉型過程中投注的情緒在表演場合被呈現為有機種植的辛勞收穫之淚。本文討論在原住民耕種區域有機種植的轉型過程中，地方管理機構與種植者呈現在生態觀點上的不同理解。而達蘭埠農人的情緒表達，轉化成勞務的自我認同，也開展社區內照護的行動，形成對自然環境與傳統知識重新再脈絡化的過程。本文最後也以農務轉型的環境觀點，討論照護與行動主體的開放意義。

前言

　　余德慧老師遠行。家人們、學生們、故舊們、及讀者們失落的感受能夠用言語形容的部分，只能是眾人痛失良師悵然心情的一小部分。在余德慧老師身後，幾個學生們固定進行每月一次的集會，稱之爲「余居於世」與談活動。第一次的與談，我寫了簡短的分享大綱，題目是：「情緒主體，照護技術，與環境人文——余老師學術遺產的另一種可能」。我的第一個問題是，這三個議題與余老師思想的關係爲何？受余德慧老師啟蒙進行宗教人類學研究，但後來轉向環境人類學與技術研究，我在這段論述中嘗試做的，是如何把現在的研究興趣和余老師曾經給我的啟發，開過的路線，與當代議題相關的延伸放在一起思考。本篇文章中，我嘗試討論，余德慧老師的思想中，如何和當代「環境人文」的關切接合，並且如何以行動主體的開顯，看到環境作爲照顧的另一種場域。余老師留下了許多讓我們咀嚼的思路。他離開之前最主要的研究成果，在於臨終時光的自我技術探討，臨終聖世界的開顯，以及在主體即將喪失對身體的控制能力時，對於身體膚慰感的索求和轉變。雖然沒有直接討論環境中的人文取向，余老師的論述和敘說文字，對於環境人文的探求一直以迂迴探問的方式，在臨終看似已然寂靜的環節中，回返早期他在張老師月刊刊頭文章中時常引用的阿保美代的心靈環境，在周遭崩落和寂靜中尋找在環境中的位置。如果生病與臨終受苦是對於生活世界的決然斷裂，發現意識和主體經驗是多麼需要外在關係的恩賜；那麼改變生計模式，重新連結新的農作模式，就是把慣行的農業活動當做需要被打破的熟悉世界，回頭看到人與環境之間的恩賜，也就是「悅納異己」的理解。[1] 我順著博士論文部分的案例討論，試圖與余老師的關切接壤的同時，探問什麼樣的路線可以在環境與技術研究裡面，開展出與人文關懷關聯的部分。因此這篇文章大部分仍然是另一個研究的延伸，但嘗試以這個例子出發，思索何者是農務經驗中的照顧，並思索如何以此發展環境照護的觀點。

　　1998 年前後，我在余老師的指導下進行阿美族巫信仰的研究，[2] 如今回看當時似乎就在爲環境人文的思維鋪路。阿美族的巫信仰和巫思維是從社

---

[1]　感謝林耀盛教授對這個詞彙的提醒。

[2]　李宜澤（1998）：「祭儀行動下的神話思維：花蓮東昌阿美族巫信仰的喪禮研究」。未出版，國立東華大學族群關係與文化研究所碩士論文。

會走入環境照顧的過程，包含個人的袪病、招回靈魂（以消除在野外或者喪家拜訪過程中，魂魄飛散的致病狀態），到宣告收穀入倉、喪禮、過世先祖的祭拜；或者由整個村落進行的農耕祭儀、小米播種宣告、除蟲季、稻米抽穗後祭拜土地公儀式中象徵地捉放野鳥等。當時的論文重點放在從神話思維中尋找巫信仰在未經文化前的行動本體以及社會自我修復的關係。我針對這些祭儀中社會整體和生命力的再生產，討論阿美族巫師在整個村落裡的祭儀活動，如何和家族喪禮後漸進除穢行動，有著類似的社會恢復型態和象徵意義。然而當時我並不在意這些儀式是在「野外」做或者「室內」做；這些活動會在不同的背景進行，比方從家屋到村落邊界，到最靠近村子的某個海邊、某個田地、過世長輩曾經造訪過的醫院或者工廠，以及遠方的親戚家裡。在儀式過程的不同空間中活動，是轉移死亡對家族以及部落帶來生命力的傷害，必須以「逐漸走向田野」的方式，來消除因為死亡事件帶來的「汙穢狀態」，並且透過儀式來連結因為死亡中斷的「社會行事」（余老師的用語）。但彼時我對儀式中的「環境」並沒有太多的討論，即便是阿美族人在儀式中，已經非常明確地表達他們與自然和其他物種間的親密——在巫師家屋中出現各種呼喚鷹神、猴神、獸腳之神的情境，其實正是不斷地把人與野地的關係轉移到室內；或者是在喪家附近的道路上，以鋤頭清脆地敲打著柏油地，「模擬」在田間勞作的行動，來召喚參與喪禮的人離開喪事的悲傷，重拾農作的愉快。這種情境只有和環境關係這麼親密的阿美族人，才能夠如此「自然」。喪禮過後走在先人走過的路上，身體和心靈的重新劃位，重新回到前人開拓的路徑上，是多麼令人感激又溫暖的過程。

我後來進行的研究方向，從儀式與宗教經驗轉向身體展演，又轉向更遠的環境與農業議題。然而放大環境觀點或者生態知識的思維關聯，卻讓我在思考環境與余老師所引發的人文問題取向中，有兩個層面回到余老師的路線上。其一是關切在社會行動中的「情緒行動」，或者是情緒所代表的文化生產觀點，這部分我試圖探究的是情緒如何回應因環境治理、地景記憶，或是新自由主義下環境與社區，甚至未來的想像。另一部分是從人的行動與生活，如何與其他物種形成多物種的環境和符號網路，並且由此重新看人文觀點的生成或再現。如何讓人回到自然的活動中？即使是人本身把自然用象徵的方式再現了。我們必須要看的是人在環境中，被環境所照護出來的主體，而不是由人透過語意文字所衍生出來的意義。

接下來我以達蘭埠阿美族的有機金針種植農務活動為實際參與例子，討

論有機行動與培力政治如何轉變成情緒表達上的自我照護。在有機農業的生產與消費者關係中，自我與土地認同的觀點轉變是否可以看做是情緒性勞動的一種？本文希望對於情緒與勞務之間的關係，在農作模式與環境治理的轉變過程產生何種關聯做進一步討論。情緒的轉移可以改變勞動過程的感受，不過情緒與勞動之間卻非簡單的心理學替換關係。以 Hardt 與 Negri（2001）轉換勞動的非物質層面而言，是把服務與情緒的操作連結勞務活動，界定衍生出來的情緒勞動模式，進而對資本主義的非物質生產與資本累積的批判與重新定義。這其中，或者勞動成為認同政治行動之外情緒投注方式，或者將情緒視為勞動的另類表達，對於理解廣義而言的勞動有什麼差別，對於原住民社區裡的農務活動又有何特殊意義？以情緒為勞動或者抗議的一部分在原住民的當代行動中並不少見；在生存困境和災難復原的過程中，情緒的理解以及轉變更是改變與凝聚行動的重要因素。本文重視情緒活動的結構性背景，以及對於勞務情緒化做作為理解個體能動性差異的可能途徑。最後我將討論，以「塊莖式能動主體」（rhizomic agency）來理解原住民與漢人農戶之間的交互關係，用來回應新自由主義中市場治理與環境治理的雙重需求，也因此把農務活動在傳統的勞力活動上疊加了情緒勞動（affective labor），進而從環境地景生成辨識行動差異的認同。

黑暗部落金針種植背景與技術轉變

達蘭埠部落位在花蓮縣富里鄉最北側的新興村，居民四個主要的居住地為：（1）戶籍設立的新興村東興一帶（Talampo），耕作地包括居住地旁的緩山坡地（Cikailinan）（種植水稻，慣行緩坡金針、蔬菜、玉米）；（2）沿著竹田村到秀姑巒溪河岸兩側的河川局承租稻田地（種植水稻）；（3）六十石山往萬寧方向的國有財產署所有地（竹田村雲閩區，傳統地名 Dafdaf，種植有機金針）；以及（4）俗稱「黑暗部落」的九岸溪山谷與成廣澳山系西側一帶的「吉哈拉艾」谷地（傳統地名 Ciharaay，行政區域為竹田村的雲閩區，種植有機金針）。1959 年八七水災後移居此地的西部移民，帶來金針嘗試種植後，開始成為六十石山地區的重要經濟作物。傳統慣習金針的種植需要使用大量除草劑，並且在採收後以二氧化硫或硫酸鹽浸泡花苞作為防腐

與上色之用。然而台灣加入 WTO 後大量中國金針進口，連帶因為市場檢測的金針殘留藥物過高，金針的價格從每公斤 300 元跌到 90 元不到。基督教長老教會是達蘭埠唯一的宗教組織，現任女牧師 Padah 大約就在 2001 年金針價最低的時候調到當地，面對部落經濟狀況不佳，同時許多金針農都是她的小學同學，以及對於產業宣教與社區發展的需求，她急切地想要幫部落尋找解決辦法。因緣際會認識了在原鄉地區教導有機轉型的吳老師，開始認識有機種植，吳老師評估了 Ciharaay 地區後，對當地具有區隔的地理環境非常欣賞，認為進行有機農業一定可行。同時引介了世界展望會做社區培力，以及社團法人台灣原住民族學院促進會的銷售管道為通路端，自己教導製作有機肥，製作生物防治劑，鼓勵農民不使用除草劑而回到過去傳統的「換工」（malapaliw）方式拔草，來進行有機轉型。達蘭埠的阿美族農戶組織起來之後成立自己的產業協會，以便與平地稻作農戶為主體的農會體系區分，並且由年輕的社區人力成立工班（以近年已經不彰顯的年齡組織層為主要成員，加以混合編組），為協會和農戶處理需要大量勞力的事情，日薪由展望會的協力計畫支付。整個部落的有機金針產品，在 2008 年通過瑞士「生態市場研究所」IMO（Institute for Market Ecology）的認證，[3] 取得有機產品的國際標章。

　　達蘭埠以教會帶領工班的內部管理，成為吳老師輔導的幾個原住民社區有機產業轉型裡最成功的一個（鄭桂芳，2008）。不過達成這個令人鼓舞的成績需要整合社區並且改變二十幾年的農作模式，然而這樣也挑戰了部落原有種植的運作模式：比如一位長老不認同有機種植法的「緩慢費工」，在工班整理其金針園工寮以符合認證規則的過程時，拒斥「工班無聊」！這個評論在部落裡傳開，反而由大部分支持的農戶和社區成員把批評加上「工班無聊，厲害他們」！意思是，工班無聊到要做吃力不討好的事，去「招惹」意見不同的長老；另一方面部落種植者當中對換工的模式並不完全認同；這個問題來自於農戶在金針業外的收入差異。工班為公平起見只輪留在每個協會農戶拔草一天，但有些農戶土地較大，一天的工作量只能涵蓋農地的一部分（最大的農戶有三甲多）。土地大的金針農戶在過去的資本累積上比較成功，因此通常還有不同於金針的收入（比如水稻）或者在外地的雇工工作

3　http://www.imo.ch/logicio/pmws/indexDOM.php?client_id=imo&page_id=home&lang_iso639=en

（例如水電小包工程），使她們無法及時參與集體農務，或者有資本可以自行僱工處理除草施肥事宜。也有農戶認為，雖然有機金針種植的收穫單價較高（一公斤從之前慣行種植的 150 元，經過與加工商的獨家代理議價之後，目前已經有 600 元的價格），但是在六十石山上的「部落展售中心」的獲利，農戶並沒有辦法因為展售中心的銷售直接得到補助；而由教會和協會取走主要利潤，主要參與的解說與煮食人員取走小部分薪資。這些都成為社區有機種植模式之後，內在情緒認同轉變潛因。林務局在 2012 年之前仍然是吉哈拉艾谷地國有林班地的土地所有者，也是達蘭埠金針農戶進行任何種植與工寮改建更新活動時，主要的監管公部門。在檯面上的土地使用監督者林務局環境治理模式，與檯面下的漢人金針農戶換工與資訊資材交換的親密政治之間，有機種植轉型讓達蘭埠發展出脫離既有政治經濟結構的橫向能動性。接下來我要說明，這樣的能動是透過情緒勞務與身體經驗所完成。

有機轉型的「情緒勞務」與身體經驗

有機種植對於參與者的影響，在分工模式之外，還有信仰層面。信仰面除了相信非慣行生產模式可行之外，還包括對環境的認識與想像（Compell & Leipins, 2001; Vos, 2000）、身體經驗的需求（Guthman, 2003；林淑蓉，2008），或是追求公平模式的社會正義觀點（Egri, 1994; Shrek et al., 2005）。輔助達蘭埠的生物技術中心開發技術員吳老師，因為自身得過癌症的實際經驗，積極投入有機農法的推展。也因為達蘭埠在販賣傳統金針碰到的種種困難，讓有機農務轉型，帶來打破不公平生產銷售環節行動的「交互認同」。在六十石山的產區一帶，因為其他的慣行金針農已經透過就地合法模式，讓群聚於山頂的民宿業帶來觀光收益，收入較高而無意願改做有機模式。在地農會體系對於原住民特有農產品有興趣，但卻對原住民農戶刻意忽略，慣行的模式下達蘭埠社區無從尋找可行的加值出路。即使是想要申請國內有機認證，也在因為國內認證規定需要有土地所有權或者承租證明才能申請的情況下，繞過國內認證機制而走向國際認證。達蘭埠在黑暗部落種植區的林相保持遠優於在六十石山山頂的金針民宿區，卻因林務局法規而無法得

到種植區的認可，[4] 爲符合有機認證的烘乾炭焙要求，甚至必須偷偷摸摸地改建在山區工寮裡原來較小型的金針烘焙室，擔心林務局的空照圖會讓他們的工寮改建吃上罰單並且遭到拆除。

意識到這樣不友善的地區（族群）政治氛圍，達蘭埠的有機轉型成爲一種「辨異他人」（differentiating others）的政治行動，而這種辨異的效果使得認證過程成爲自我實現的機會。實際上種植的身體活動中，與身分認同的政治實踐也有關係。以在有機種植谷地黑暗部落的工寮改建來說，即使是林班地已經多次宣告將要解編爲原住民保留地，但不斷拖延的政策，讓達蘭埠農民必須對林務局不時來檢查忍氣吞聲。也正是這種搖擺不定的政策，「壓抑並延緩了原住民對國家不義的反抗，或者當原住民集結並起而反抗時，被主流社會作爲指摘原住民『不知感恩』的藉口」（鄭桂芳，2008：29）。[5] 達蘭埠的有機認證活動，不只是爲了提高經濟效益，更是在過程中以認證去證明不同於在地農產結構分類的政治行動。這似乎是達蘭埠身爲原住民社區的特例，如果對照以不走認證體系的有機農民所做的研究（葉虹靈，2007），以及國家在有機認證過程中制訂的標準，常常成爲企業重新設立門檻的管道（DeLind, 2000），有機農業的身體操作，本身就帶有強烈的政治意涵。如同在印度的社區林業所帶來的環境治理自我論述（Agrawal, 2005），以及在殖民地建立的大吉嶺茶園女工因爲季節移動以及莊園時間的身體規訓（Chatterjee, 2001）等皆然。在認證活動之後，部落裡的許多慶祝活動仍然以認證時的表演模式或者裝飾進行，並且開始出現許多部落公約、表單填寫、部落教室使用紀錄等規範性的活動。這些雖然不是認證裡面需要的，但延伸爲因爲有機認證的身體操作之後，對自身規訓和身分取得所進行的不斷確認。

而有機種植技術，也因爲象徵資本的運作，有不同的意義。葉虹靈提

4　在赤科山一帶，針農已經多次請求花蓮縣政府以森林法第八條的「特殊遊憩使用目的」一項來爲緩坡農地解套，縣政府也承諾進行，但到 2014 年爲止仍未正式公告。而六十石山則沒有任何相關法令鬆綁的要求。

5　達蘭埠社區也曾多次請教地區的農政與配銷體系關於有機（或者在花蓮地區稱爲「無毒」）產業的參與機會，卻被單位主管認爲有機認證需要極高的管理技術，原住民社區「根本不可能」做到。許多富里地區的漢人有機農戶也不曾跟達蘭埠的阿美族農戶往來，反而是附近的慣行農戶常常與達蘭埠人換工。對於漢人有機農戶而言，地方農業輔助體系的力量往往要在達到外來的肯定之後才會出現。這與達蘭埠有機轉型的經驗是相符的，但因爲畢竟在族群社會網絡上的差異，能夠達成漢人農戶般的外在成就而得到地方農政單位重新肯認的，遠遠少於一般漢人農戶的機會。

到不走認證系統的農人以「訴諸良心的象徵資本」來區隔與慣行農法的不同（2007: 114）。技術指認和心態變化成爲主要的「觀察點」。雖然長期使用慣行農法，達蘭埠部落的轉型並沒有與農改單位重新建立吸收知識與產銷的脈絡，靠的是由輔導老師與世界展望會所合作的幾個社區之間互相討論，以及不斷尋找技術相關開發者的試誤學習來逐漸改變（例如：請來茶品烘焙的老師教導以製茶方式烘焙金針，卻發現溫度與烘焙時間不合容易形成花苞粉碎，反而多花了時間測試才成功）。改變過程中的困難成爲重新結合部落內部看法的情緒動機。吳老師的參與和陪伴不只給予技術協助，同時是把社區的有機認證困境轉化成爲「情緒認同」：在身體勞動的過程之餘尋找社區產銷與資源延續的運作方式，吳老師不只十數次與領導牧師以及工班人員暢談心事，甚至爲彼此的家庭遭遇一起禱告痛哭。讓有機耕種的操作成爲自我情緒投注。藉由對克服困難的投注，有機耕作的原住民農戶試圖跳脫具有敵意的地方產銷體系，並極力想要得到外在認同。象徵性的情緒資本（包括換工活動的傳統價值，在通過認證時的工班表演後的「男兒淚」，以及在「黑暗部落」中辛苦務農的點滴），都成爲部落有機產品的附加價值。

Negri 與 Hardt 把情感性質的勞動分成三類：「第一是工業生產中大量資訊化以溝通作爲主要模式的服務；第二是以象徵性的分析活動，主要涉及創意和智慧類型的操作；第三則是製造或者操作情感的服務勞動，並且在其中涉及接觸、勞務，以及身體的運用」（Negri & Hardt, 2001: 293）。對農作勞動而言，農作者的情感投入相較於服務性勞動，情緒對於生產結果並不會被直接消費。然而對於將生產過程重新組織，不斷回返生產步驟中的某些困難以及所經歷的情緒變化，卻可以將情緒對於農作者，尤其是弱勢的原住民小農的生產階段與經歷，重新轉化成自我認同以及體驗消費的可能。於是如何製作有機堆肥，如何徒手除草（而不被割傷或覺得腰酸疲累），如何在只有煤油燈的山谷小屋裡準備短行的狩獵，如何學習使用柴燒的炭焙金針烘乾機等「身體知識」，成爲另一種把情緒結合農作勞務，以及將有機農作轉型過程，重新訴說爲地景認同以及對於環境觀察的日常之愛，使得最有訴說「價值」的「產品」，不是農產品本身，而是情緒性的勞動過程。也使得這個過程的體驗，比喝到炭焙味道的有機金針花茶香，或者在山林環境裡真的看到自然生態或者景觀，來得更有吸引力，也更能夠「成爲消費品」。

塊莖能動性的邊緣親密政治

　　六十石山臨近成廣澳山系九岸溪谷的「黑暗部落」區域，作為達蘭埠有機金針生產區，許久以來一直是部落開墾的獵場與農地混和區。為了六十石山金針民宿用水需求，從九岸溪谷一路設置了 102 支電線杆與六個加壓抽水站送到六十石山頂。這些電力設施以縣政府原住民建設專用款完成，卻完全沒有運用在山谷達蘭埠阿美族的農業生產活動；許多針對把電線杆遷到溪谷囤墾區但沒有讓電力進入的在地爭議因此出現，另一方面，政府也有數個針對此地的生態調查委請研究單位進行調查報告，「證明」此地無電力介入的原始性。這些從生產與生態模式不同而引發的爭議，可以發現在地社區藉由「環境治理」（environmentality）進行認同與抵抗的雙重性。「環境治理」的操作包括：「新專家知識規範的形成；規律相關社會活動的權力基礎；歷史性的環節下形成的機構與調節機制，對既存的生態與社會活動產生交互作用；以及在專家以及權威基礎間掙扎的自我改變行動」（Agrawal, 2005: 229）。這四個部分交織成為對環境認識的知識系統以及如何運用的動力背景。達蘭埠有機金針的生產園區，在認證進行的同時，引發「黑暗部落」的生態與社區自主議題。台灣被稱為黑暗部落的地方不只成廣澳山與六十石山間的九岸溪谷，[6] 但是「黑暗部落」意象的想像，同樣都是微弱的政治照護力量與觀光獵奇想像交互下所生產的邊緣能動性。有機種植成為維持與強化這個環境治理的自我認同模式。這個自我認同延伸了之前討論的身體政治：族人對於報導黑暗部落的文章放大「部落不想要電」的爭議不以為然，然而在生態旅遊的規劃上仍然以無電力生活的體驗為主要訴求，消費模式同時包裝了農作生活中的身體感受以及環境倡議的想像認同。在達蘭埠有機轉型之後，農務類型的培力團體加入政治議題的討論，慢慢將農務的知識轉型轉變為在地政治議題的對外傳播與參與。有機轉型之後，NGO 培力團體帶領背包客進一步認識農作之外的政治經濟議題。他們不只是學習如何以有機的模式看待山林環境，更包括對於在地原住民權益問題的討論，國家威權對土地

6　另一個也是知名的原住民部落司馬庫斯。這種特殊名號的轉移和重複特性無疑也是台灣原鄉觀光化的一個必然景象。對照於台灣不斷使用的「小瑞士」、「小野柳」、「小台東」、「東方夏威夷」等稱號，也有相對但類似的想像空間。

所有權以及在地資源分配的操作等問題。地方脈絡裡的親密政治（地方政府單位以及林務局的監管態度），逐漸爲自我認同的社區環境治理性所取代。

環境治理是透過「主體想像」和進入「體制抵抗」這兩個互相生成的觀點來進行，用以區分政治和社會面向在環境倡議上的不同。在實際的互動中，治理的策略以軟性的關切或者親近說詞更爲常見。比如林務局巡邏員的出現，並不直接以清算土地上的造林數目或者工寮大小爲名目來進行土地環境治理，而是告知並「授權」進行種植的部落族人，幫忙注意上山盜獵和盜採藍寶石礦的「陌生人」；另一方面，鄉公所工務課也常進入囤墾區巡視，檢查抽水站的功能以及要求部落族人回報加壓站的運作異常狀況。即使是輔導有機種植的世界展望會規劃的溯溪生態遊程，也是一種針對環境治理的軟性發展模式—以地景的體驗與連結加強族人對行動的認同。這些模式，隨著族人經由有機種植對環境變動以及觀察的主體運作，成爲日常生活中社區成員「想像歸屬」（imagined belongingness）（Agrawal, 2005: 168, also cf. Anderson, 1991）的操作。認同於被規約的有機認證農務活動的同時，環境治理技術以親密的方式疊架在黑暗部落區域的生活世界裡。這種想像的歸屬其實會因爲培力團體的介入而讓差距擴大。轉型有機前漢人種植慣行金針的農戶與達蘭埠農戶之間，有許多互相僱傭的互動關係。在金針除草或者採收的農忙時節，對於誰是漢人或者原住民農戶並不在意，甚至農忙時原住民農戶也可能成爲雇主，在需要大量採收的時候許多沒有土地資本的漢人雇工，反而成爲原住民「地主」的暫時僱傭對象。在農會中原住民只有唯一席次以致利害關係無法傳遞的氛圍下，地方政治與農會利益的口耳訊息其實就在交替的僱傭關係中傳達。但是當有機轉型將地方政治議題凸顯之後，外來培力團體的介入反而將原有的口耳訊息模式以及互通有無的連動推向比較極端的兩造，一方是在地的漢人農民團體組織，而另一方爲原住民社區的培力團體網絡。這樣的推展固然可以讓達蘭埠站上原住民農業社區在環境倡議以及新型態部落產業旅遊模式上的示範角色，卻可能削弱原住民與漢人農戶間的交流關係，反而形成與地方政治互動推行上的困境和脫節。

德勒茲與瓜達理在「千高原」（Deleuze & Guattari, 1987）中，以塊莖（rhizome）的狀態對比於樹枝狀的知識體系。塊莖的概念不再是找尋體系的起點或者終點，而是「介於中間」（in the middle/au milieu）。樹狀體系以二元論的對立出發，發展從上到下，或者逐漸二分之後形成枝狀體系；但是塊莖本身是永遠與域外產生連結，「所有的多元體／繁殖都是平展的，因

為他們填充或占據的所有的維度——多元體是被外部限定的，被抽象路線，逃亡路線，或者解域路線限定，並據此改變性質，與其他多元體相關聯。」（Deleuze & Guattari, 1987）。也因此行動的發生依靠「偶遇」（encounter）的機會。在農事當中，現場與照護的多樣性遠比可以遵循的規則要多；樹狀知識有標準規則，卻不容易「轉譯」（以 Bruno Latour 的用語 translation）成為實際行動。如同德勒茲與瓜達理所舉的例子，游泳學習者被要求「請你跟我這樣做」，但是這樣做沒辦法真的學會游泳，而是身體與水、與波動韻律之間的相遇，在差異性的重複（repetition of the difference）當中，才能夠不斷形成此時行動的「胚胎式主體」（sujet larvaire）（ibid, 12）。對原住民農戶來說，取得樹枝結構上層的知識或者理解科層公務體系，並沒辦法幫助他們取得在地生活必需的訊息，或者回應生活所需。塊莖式的能動性（rhizomic agency），才能表現在邊緣的角色中形成日常的結盟方式。農人的親密政治，以日常慣習間的互相幫助，但也互相取笑並且分享口耳相傳的訊息，成為對地方認同的身體性實踐。新的有機種植模式固然讓農人與「自然土地」之間的關係形成改變，但是也必須由原來慣習幫工的互助關係中來探索塊莖式能動的新型態，與漢人交換雇工的時間長度比以前更久（因為不使用單人操作的除草劑），並且仍然維持在以不同收穫的時間區分「平地金針」（每年 3 到 5 月採收，以鮮品販賣或者浸泡二氧化硫溶液後製）以及「谷地金針」（每年 8 到 10 月採收，以烘培的方式進行最後的乾燥保存）。這些從「全有機」的角度來看都是「不完全改宗成功」的行動，卻正是原住民農人們能夠維持塊莖能動性的能力與機遇操作。

「自憐主體」與柔順的原住民有機操作

而農事的照護起點不只在於跟他人的合作關係，同時還包括如何「看待自己」行動的反身性。在農務勞動過程中，我嘗試尋問達蘭埠農人，採摘野菜、種植金針和種稻米，何者比較辛苦？不同類型的農作勞動（ma'umah）有什麼差別？比如：「為什麼上山都是 marulai（疲累）？拔草和採金針都會 marulai！」得到的回答是：「因為是身體上的工作阿，沒有辦法逃避，但是又需要做。」「那為什麼採野菜可以很輕鬆，但是割稻就會 marulai？」答：

「採野菜可以慢慢來，割稻要配合人家的收割機！」

　　從這些回應發現，阿美族農人對於疲累（marulai）的感受來自於身體的自由度，以及時間的認知。這個自由度又是跟隨情緒上的表現和認同而出現的。Tanya Luhrmann（2006）討論主體性（subjectivity）時提到：「主體性意指的，正是『政治主體』的『情緒經驗』。這個主體在世界暴力、國家主權與痛苦中被擄獲。主體是在他者的主權操作中看到痛苦。」她同時引用 Sherry Ortner 討論主體性所言：「主體性指的是關於知覺、情緒、思想、慾望、恐懼等生存模式的總和；但同時也包括提供這些模式的社會規範、組織等」（Luhrman, 2006: 346）。在富里鄉達蘭埠的阿美族人，因為是移居與綜合不同氏族的新聚落，沒有傳統阿美族大部落的文化資產得以宣稱；在富里鄉復興部落 Cilagesai 成長的達蘭埠教會牧師甚至會說，「北邊的阿美族都叫我們 "mapipicuai"，意思是好像『長得不完整的』那種感覺！」除了前述所提的地方農會以及漢人銷售體系對於阿美族人的排擠，即使是阿美族群自身之間，南部的阿美族人也很明顯地對自身政治組織上的弱小以及缺乏文化資本，感到強烈「自憐」。這種自憐一方面轉換成對於自身工作的認定以及持續專注上，另一方面表達了「既然必須（只能）在這裡，就應該好好做眼前的工作」，這樣的潛在自我認同模式。而時間感對於身體的規訓，以至於柔順主體的形成，也很明顯地在達蘭埠的有機農務操作中發現。經濟作物之外的「非農務」生活時光，例如採野菜和打獵，就可以逸出現代市場性對於生產模式的規範。每個金針農戶多少都在金針田邊或者家屋附近留有一點小菜園，而這些野菜的生長就以自然時節的發生與有機農戶「相遇」，農戶並不會特別預期這次要採到多少野菜，比如山苦瓜（galilin）、龍葵（dadukem）、野薊菜（sa'ma）等。採集的行動成為與僱傭時間以及機具租用時間對比的自由時光。

　　更進一步，自憐主體的出現與柔順的原住民行動，是以交互辯證的方式形成。前面提到達蘭埠部落因為土地權的問題，只能先進行國際有機認證。2010 年，當國際認證已經完成兩年之後，有機協會試圖以當時已經在富里鄉公所轉移報備的原住民保留地認定條文，向台灣本地的「慈心有機農業發展基金會」申請有機認證。我和前來檢查土壤與作物採樣的兩位查驗員先生一起到黑暗部落地帶，採集土壤和金針植栽之後，在展售中心裡休息閒聊。其中一位查驗員先生顯然有多次到原住民社區進行有機查驗的經驗，他趁牧師和其他達蘭埠農人都還在準備午餐時，跟我用台語「分享」他的心得：

「我喜歡到原住民地區來做有機查驗，你看，這裡環境多好！很適合做有機。更重要的是，他們都很『聽話』！只要你跟他們說什麼地方要改要改，不改不能上架，他們一定乖乖的聽你的建議。不像一般的漢人農戶做認證，跟你討價還價，或者是要求你把標準放寬。原住民農友聽話多了！我很喜歡跟他們『合作』！」

有機認證的查驗者，不必然瞭解原住民生活的文化內涵，甚至會說出這種帶有些微沙文主義意涵的評論。不過這樣的對話中我們發現，即使是有機農務對於原住民知識或者生活環境的想望，最主要的規則仍然是原住民行動的「柔順主體」。這樣的柔順主體一方面便於外來的資源投注者，將原住民行動主體「客體化」，易於用外來的標準程序甚至結合「科學」觀點，重新模塑有機農務行動上的階級與主動性。另一方面，柔順的操作者也搭配了不受文明「汙染」（比如沒有電力的黑暗部落，或是野菜文化的生活風味）的「自然」環境，使得在原住民地區操作的有機農業，帶有同時可被外來程序操作，又可以傳統知識自主修補的能動性。這種能動性其實正是當代討論「原住民特性」（indigeneity）的論述中，試圖將被文化資產所束縛的論述，以及被殖民政治規範後的自我指認中進一步解放出來的部分（de la Cadena & Starn, 2007; Merlan, 2009; Tsing, 2005）。自憐的主體性在過去的慣行市場化壓迫中，對達蘭埠阿美族人而言是一種自我防禦的安慰，以及形成我群與他人（不管是相對於漢人，或者相對於其他阿美族人）差異界限的方式。而在形成有機行動的過程中，回顧政治資源不足以及不如其他地區方便富足的「自憐」，反而成了當代形成勤奮論述的主要動機。為了自憐的特殊性，而時時提醒自己需要「勤奮」（即使疲勞（marulai）也是一種對他人所形成的時間認知的自我解釋）以達成和別人不同的效果！這樣的轉變使得外來的培力政治轉變為在地認同的情緒地景（emotional landscape）。

情緒地景的勤奮論述

「一日不辛勤，不日即成花」。這個標語打印在達蘭埠有機金針的包裝上，搭配著鮮豔的金黃色炭焙金針以及特別繪製的早期部落茅草建築，整

個包裝呈現特殊的原住民風味。標語其實正是把藉由情緒勞務產生的特殊情緒、山區偏遠的「不便」，以及原住民的「純眞」勞動，加以商品化之後成爲消費的商品指標。雖然金針花的品質不會直接受到是否一天內採收完畢的工期所決定，但是辛勤的勞動想像成了美麗花朵的土壤。作爲農產品而非觀賞用的金針而言，美麗的花朵並無法得到足夠的附加價值，需要在開花之前的花苞才有經濟價值。達蘭埠阿美族人以這句標語當作鼓勵自己的精神承載物，這樣的標語卻也成爲外來培力團體與觀光客對於原住民社區的想像動機。一句激勵「勤勞精神」的標語，對照於原住民在都市雇工處境下常常被汙名爲不如外勞勤勞，或者在農業專業工作者的眼中並不具有足夠的技術能力；「自發性的勤奮」（voluntary diligence）成了轉換情緒勞務（affective labor）的基本框架。如同人類學者 Andrea Muelebach 對義大利的義工團體所呈現的情緒勞務的研究所說，許多自發性的義工活動對參與者而言，不是爲了得到勞動的結果，而是爲了表現自己在後福特主義的工業僱傭環境中，仍然有能力對自己在新自由經濟體系下的工作價值得到肯定的一種表現。然而弔詭的是，這種自我價值其實是在福特主義的量化生產模式裡就已經鑲嵌於其中的「工作倫理」，卻在否定僱傭模式的義工活動裡得到最明顯的發揮（Muelebach, 2011: 63-65）。從認證系統所強調的工作標準化模式來看，倫理關係已被限定在由測量工具所標定的內容裡面，無法重新自我定義。也因此在第一次國際有機認證完成的三年之後，當達蘭埠阿美族老農人們聽說還要再重新進行認證的時候，都紛紛不解地表示：「不是已經通過認證了嗎？爲什麼還要再一次？難道覺得我們做得不夠努力？」新自由主義中主體對於慾望的達成往往不斷地被延遲，以造成個人歸因的最大效益，在有機認證的不斷「再」要求當中，我們很清楚地看到這種「以規訓替代倫理」的關係。

　　類似的意義出現在標榜原住民風味的有機農務勞動中：對於原住民務農者而言，這樣的集體勞動其實如同回到舊時的農務活動，卻不得不加上「辛勤」的標籤；而這個標籤是由漢人社會中發展出來，被觀看的立場。當辛勤得到肯認的時候，在有機種植轉型過程中所投注的心血以及相應的培力政治活動，諸如世界展望會或者原鄉購物平台所呈現出來的「勤奮」原住民形象，剛好使得轉型中所表現的「原味差異」得以成爲附加價值，重新回到商品鏈裡繼續販賣。作爲重新商品化的「附加價值」——情緒勞務——當然也有具有自我認同的一面。如同 Paul Manning 在品牌的符號學分析裡所說的，

以勞動過程作為品牌的內容，「不只是掩蓋了在資本主義底下任何勞動的過程，同時也將口語以及肢體的自我表達方式進行改造與風格化，藉以表現在顧客面前」（Manning, 2010: 43）。對達蘭埠來說，作為商標的「辛勤工作」不只是一種克服困難之後出現的自我解釋過程，更是在資本主義邏輯下使用的情緒投資以及細緻的身體部屬（body deployment）。借用 Michael Polanyi 的說法，一種新的資本邏輯的參與，勞動者在大轉變之中必然構築新的政治經濟體制下的身體參與，也就是所謂的「默會之知」（tacit knowledge）。William Mazzarella 更進一步闡釋，在經濟轉型過程中，「任何的社會工程必須要先是情緒性的（投入），才能發揮效果（Any great transformation must be affective in order to be effective）」（Mazzarella, 2009: 299）。對於達蘭埠阿美族的有機農人而言，他們所參與的不只是有機種植型態的成功，在培力政治下的勤奮成果，更是一種對於自我投身於資本邏輯統御模式的必然後果。在前面所提到的轉變過程中，不只是參與的原住民農戶，乃至於上山來體驗有機種植與山區生活的年輕背包客，都在「情緒勞務」的專注投入過程中，感同身受的發現自己置身於這個新的「大轉變」（Great Transformation）之中。

從農務倫理到環境人文

余德慧老師在「從心理學的面向討論後現代倫理的實踐」（2000）一文中，借用 Z. Bauman 的觀點區分了「整體性倫理觀」與「無限性倫理觀」。為尋求脫離現代性倫理走向總體監控的路線，余老師借用「他者」這個觀念指出：未知的他者可以是倫理行動中被制度僵化的解救者。當倫理成為「綱常」，我們反而需要打破綱常的桎梏，尋求面對面他者「無路可循」的承應（responsible）照面開顯的倫理源頭。在環境倫理的論題中，我們如何看到解放的可能？近來以讓環境休息或者永續發展的說法，來偷渡環境治理的聲音，大大掩蓋過對於環境倫理的深層思維。原住民的環境觀點給了當代台灣山林救贖，還是為了在市場機制下生存形成的困境？余德慧從臨床思維所看到的倫理觀，正好對於人與環境對立的「兩造」觀點加以修補和開展。在達蘭埠的農作生活裡，我們看到倫理和治理交錯的狀態。一方面作為部落基底

的倫理生活、教會信仰、工班留忙、各家換工「幫做人」等模式，層層疊疊支撐著經濟生活上處於谷底的慣行農作模式；即使是慣行農作的網絡活動也同樣滋養著這些日常倫理的活動，例如：與漢人農戶的雇工關係或者地方政治的派系爭奪。反過來說，作為有機轉型契機的操作，反而成為另一種新的環境治理：固定季節施肥，除草，選擇種植位置與環境，規範收穫堆放的方式，烘乾金針的時間和技巧，和有機驗證單位的互動等。這些治理的行動是為了堆疊成為「有機」的倫理綱常，但實際的操作卻成了治理的片段組合。

　　而交錯的治理和倫理，余德慧稱為倫理的三重領域（ibid: 161），包括：（1）倫理的原初狀態，對他人的承應；（2）倫理的行事領域，日常的器用部分；（3）倫理的社會建制思維法則等。他以中國心學來接引從原初狀態到社會建制的轉折。環境倫理如何看到這些轉折的類比？在達蘭埠看到的有機轉換行動之外，我在上文末討論「情緒勞務」，試圖看到環境治理與環境倫理的對應。身為花蓮縣最南端最小的阿美族部落社區，達蘭埠的行政資源非常匱乏，傳統儀式內容以及傳統地景也不如更南邊的吉拉米代部落豐富（後者更有農業單位以「里山倡議」角度來分析背書）。因為資源的不足，治理成為掩蓋環境倫理的論述。但對於達蘭埠族人來說，環境倫理的發展是在行事倫理之中出現的，而達蘭埠族人展現行事倫理主體性的方式，表現在不同場合的情緒表現與勞務認同。黑暗部落沒有電力環境的一點一滴，如同自己生命轉變的歷程，卻是偏遠地區的敝帚自珍。原本完全不被重視的有機農務行動，如同在族人經過基督宗教信仰的轉化，這個信仰救贖了原來在偏遠環境的孤單生命（每位老人家在家庭禮拜還有禁食禱告對上帝的高聲呼求！），宣教事工因而產生極大的效力。每每在教會的聚會場合，呼喊、祈求、懺悔的聲音，不論有沒有參與有機種植的轉型村人，一同在產業宣教的呼喊裡形成倫理中的照面。進一步的有機種植，轉變的行動和規範，走入治理的人為模式中。但是對於勞動身體最初始的情緒模式，達蘭埠人以此成為與環境活動、與自然規律、與價值感受的聯繫。Annamarie Mol 提到，對於照顧環境的打造（tinker）是在給予照顧和接受照顧之間，重新翻轉公共與私密的經驗（Mol, 2010: 9）。我們可以從過程中看到，農務作為照顧的行事，是從私密的、部落的倫理過渡到公共的、治理的行動過程。

小結：打造有機環境——
照顧裡的非人自然（inhuman nature）與倫理

　　「靈性照顧」是余老師思想和實作探討的主要方向，這裡面包括從臨床到臨終的許多層面。余老師在照顧研究中最接近人類學味道的，是討論作為「膚慰」的照護給予和接受。這篇文章過於簡單地把我個人的研究案例，與余老師的紀念討論連結在一起。不過這一切是為了朝向更長遠的目標前進。如果余老師給予的路徑活水是倫理觀點，那麼我如何在倫理的思考之中走向環境人文的開展？情緒是其中之一，如上所述，我們從情緒之中看到主體性對於自身政治治理效益的反射。除了情緒的遺產之外，另一個可以和余老師對話的方向是「技術研究」。雖然余老師很久以前就表明他不是「社會工程者」，因此對於照護「技術」，他比較像是把大環節的鐘錶拆開擦拭的工匠，而不是個提供建築照護技術藍圖的工程師。然而從海德格處理技術問題的立場以來，並且借助傅柯在技術倫理的路線，如何把技術作為一種寓居於世的介面，並且探究介面對於人的境遇感觸的影響，是現象學延伸出來的產業。在題為 *Care in Practice: On Tinkering in Clinics, Homes and Farms* 的書裡，Annemarie Mol 討論把農業／農場環境也和照護環境，以及家庭照顧做相互比較和延伸的可能。其中特別強調「病人」並非「取得（或者購買）」照顧，而是「完成」照顧這個觀點，可以對於照護主體的討論有些幫助，至少文中對於集體照顧計畫中，patient、customer 和 citizen 這三者交錯的問題也有反思。

　　我覺得有意思的是在農場或者獸醫場域中人與動物之關係的描述反省。在有歷史的家庭農場中，農場主人會決定對哪隻畜養的動物取名，而其他的不取（即使都是同一種的羊或者牛）；哪些對待更像是同伴，而其他是牲畜。農夫和動物的「照顧」可以是互相的。我想這種狀況在台灣集約式的養殖場裡很難出現，但是對於當代關切的有機環境的打造，哪些田間物種的出現可以作為「有機」環境的指標，可以作為另一種對比。然而如同照顧有制式程序，有機的認證從來都不以物種的多樣性，而是化肥材料無殘留或無施用為判準。在形成有機環境的過程中，有些物種可能在某期間有害、某時卻有益，有些物種可以讓人觀賞，卻常常與人爭食而受到農藥危害。物種在有機環境裡的打造與被打造，更進一步形成人與環境照顧關係的網絡當中，不斷投注意義的承載體。

最後，我想回歸到「環境人文」這個新學科的關切，來看重新閱讀傳統知識、物種互動、環境敘說、與技術介入，如何將人從中心移走，走向與物種和環境交流的對應而非對立面。禽流感或口蹄疫時，原來要照顧的動物必須要被撲殺；放生時應該留在原棲地（或沒有特定棲地）的物種被大量繁殖而任其在野外吃食或被吃，但放生者卻不注視這個被短暫破壞的食物鏈中的混沌。余老師的知識路線遺產不只是照顧人，更要照顧因為人與環境衍生的技術、道德、情緒等議題。借用 Nigel Clark 在 Inhuman Nature 書中反省環境災害與治理心態的問題，我們應該從在這個世界的 Dwelling（寓居），走向 Hospitality（款待，悅納異己）的重新思考（Clark, 2011: 12）。從達蘭埠農人觀看自身農務有機轉型以及情緒勞動的例子裡面，我嘗試討論余德慧老師如何為我們開出了一條思考環境倫理的道路，除了讓我們寓居之外，也要我們開放地款待，在山林間、在自然裡、在農務中照顧他者。

參考文獻

余德慧（2000）：〈從心理學的面向討論後現代倫理的實踐〉。《本土心理學研究》，第 14 期，第 157-196 頁。

林淑蓉（2008）：〈身體、實踐與自我修養：以有機食物的生產為例〉。2008 年台灣人類學與民族學年會會議論文。

葉虹靈（2007）：〈異端的生存之道——台灣另類有機生產者的實作策略〉。國立清華大學社會學研究所碩士論文，未出版。

德勒茲、加塔利著，姜宇輝譯（2011[1987]）：〈資本主義與精神分裂（卷二）：千高原〉。上海：上海書店出版社。

鄭貴芳（2008）：〈非營利組織協力部落發展之探討——以一個社會福利機構協力梅嘎浪與谷立部落為例〉。東吳大學社會工作研究所碩士論文，未出版。

Agrawal, Arun (2005). Environmentality: Technologies of Government and the Making of Subjects. Durham: Duke University Press.

Campbell H, Liepins R. (2001). Naming Organics: Understanding Organic Standards in New Zealand as a Discursive Field. Sociol, in Rural, 41(l):21-39.

Chayanov, AV. (1986). The Theory of Peasant Economy: With a New Introduction by Theodor Shanin. Madison: University of Wisconsin Press.

De la Cadena, Marisol & Starn, Orin. eds. (2007). Indigenous Experiences Today. New York: Berg Publisher.

Deleuze, Gilles and Felix Guattari. (1987). A Thousand Plateaus: Capitalism and Schizophrenia, translated by Brian Massumi. Minneapolis: University of Minnesota Press.

DeLind, Laura (2000). "Transforming Organic Agriculture into Industrial Organic Product: Reconsidering National Organic Standard.", in Human Organization, 59(2): 198-208.

Egri, Carolyn (1994). "Working with Nature: Organic Farming and Other Forms of

Resistance to the Industrialized Agriculture" in Resistance and Power in Organizations eds. by J. Jermier, D. Knights, and Walter Nord. London: Routledge.

Foucault, Michel (1991). Governmentality. In Foucault Effect: Studies in Governmentality, ed. By Graham Bruchell, C. Gordon, and Peter Miller. 87-104. Chicago: University of Chicago Press.

Guthman, Julie (2003). Fast Food/Organic Food: Reflexive Tastes and the Making of 'Yuppie Chow,' in Social & Cultural Geography, 4(1): 45-58.

Hardt, Michael (1999). "Affective Labor", in Boundary, 2(2): 89-100.

Li, Tania M. (2010). "Indigeneity, Capitalism and the Management of Dispossession", in Current Anthropology, 51(3): 385-414.

Luhrman, Tanya (2006). "Subjectivity", in Anthropological Theory, 6(3): 345-361.

Manning, Paul (2010). "The Semiotics of Brand," Annual Review of Anthropology, 39: 33-49.

Mazzarella, William (2009). "Affect: What is it Good for?" in Enchantment of Modernity: Empire, Nation, Globalization, Saurabh Dube, ed. pp. 291-309. London: Routledge.

Merlan, Francesca (2009). "Indigeneity: Global and Local", in Current Anthropology, 50(3): 303-33.

Mol, Annemarie (2010). "Care: putting practice into theory", in *Care in Practice: On Tinkering in Clinics, Homes and Farms*. Annemarie Mol, Inguenn Moser, and Jeannette Pol eds. pp.7-26. London: Transcript-Verlag.

Muehlebach, Andrea (2011). "On Affective Labor in Post-Fordist Italy", Cultural Anthropology, 26(1): 59-82.

Negel, Clark (2011). Inhuman Nature: Sociable Life on a Dynamic Planet. Lodon: Sage Publisher.

Negri, Antonio and Michael Hardt (2001). Empire. Cambridge: Harvard University Press.

Netting, Robert (1993). Smallholders, Householders: Farm Families and the Ecology of Intensive, Sustainable Agriculture. Stanford: Stanford University Press.

Shreck, A, C. Getz, and G. Freestra (2006). "Social Sustainability, Farm Labor, and Organic Agriculture: Findings from an Exploratory Analysis" in Agriculture and Human Value, 23: 439-449.

Tsing, Anna. (2005). Friction: An Ethnography of Global Connection. Princeton: Princeton University Press.

Vos, Timothy (2000). "Visions of the Middle Landscape: Organic Farming and the Politics of Nature", in Agriculture and Human Value, 17: 245-256.

West, Paige (2006). Conservation is Our Government Now: The Politics of Ecology in Papua New Guinea. Durham: Duke University Press.

戊篇

人文凝視與倫理諮商

《鳥語又花香》

14 思念的遇望

作爲生命存有的缺口動力學

林徐達

摘要

　　本文試圖彰顯余德慧老師在台灣人文臨床研究中對存有倫理的現象學詮釋，以及在散文修辭上獨具一格的表述美感，並且依循此種雙軌文類寫作範式，探討「思念」如何通過敘說主體「活著的生命感」的經驗敘說，開展獨特的「生存美學」論述。本文一方面表達思念的遇望如何提領出拉岡式存在匱乏與欲望引力，依此朝往生命存有的缺口予以發展，以及最終有關生活經驗的啟蒙認識。於是，本文透過思念作爲「生存形式」、「遇望」和「缺口」等三段進程，分別或是交錯呼應余德慧老師的「沉默皺摺」、「不見之遇」、「拉岡式精神動力」等主題論述。另一方面又以普魯斯特《追憶逝水年華》中有關「瑪德萊娜的狂喜」作爲並置理解，企圖再現余德慧的「偶然遭逢」、「慾望消亡」及「臨界處境」等存有概念。

通過一種臨床民族誌的觀看角度，余德慧老師終身對於本土心理學發展之根柢，我以爲是廣義華人儒家文化下所開展的主體倫理存有學。就此來說，余德慧老師關注的「倫理」議題——至少在 2004 年提出「倫理修補術」之前——是一項有關主體存有的初始秩序。此一秩序卻因爲科學概念的建制被賦予了「常態」與「病態」的劃分，而連帶地病者的主體經驗和生活世界也受醫學知識（也是制式）體系所錯置、越位、侵犯或消解：「科學的病理知識的本質在於化約人的主體性，把病人的生活世界取消，或轉譯成科學的語言」。[1]在這種科學語言之下，病者囈語的內容與位置或交予刪除或是以「妄想」、「幻覺」等臨床疾患覆蓋不視，接著賦予病理症狀描述。於是，（心理治療的）首要工作便是對於「病態」機制的剝除以及對常態的還原。

> 病的經驗知識已經不再是生物機制所建構的知識，而是投擲到社會區裡，病人置身在關切或不關切的對待，作爲「病人」的生活時間自身開始形成經驗；他的症狀不再是精神科語言的症狀學，而是生活的症狀學——生活裡的悲泣或憂苦，羞恥或罪惡感，失望或絕望。[2]

> 所謂倫理的黑洞指的是「正面倫理秩序所編織之殘餘」，亦即爲倫理無法顧及的暗處，在倫理的黑洞裡，所有受苦經驗的語言表達都被取消，因爲這些隙縫本身的經驗從未被登錄在語言領域，殊少從語言中獲得其完全的顯在性。[3]

這正是余老師強調的「人文臨床」[4]就受苦現場向科學理性所給出的挑戰，包括行動主體的自我揭露、知識現場的生產條件，和精神力量的流動與匯置（或者是余老師所謂的「聖世界」）。這類著眼於受苦經驗與倫理安置

---

1 余德慧：〈生活受苦經驗的心理病理：本土文化的探索〉。《本土心理學研究》第 10 期（1998），頁 70-72。

2 同前註，頁 84-85。

3 余德慧等：〈倫理療癒作爲建構臨床心理學本土化的起點〉。《本土心理學研究》第 22 期（2004），頁 277。

4 余德慧、余安邦、李維倫：〈人文臨床學的探究〉。《哲學與文化月刊》第 428 期（2010），頁 63-84。

之努力，將既有學科的研究領域推向一個界限邊緣，使之與未知區域接壤，於是在余老師文章中，至少依我的見解，有幾項聚焦於主體存在姿勢之重要概念，並且這些看似玄奧卻又極為根本的論述要點，既是有關臨終病人的身體現象學演繹，也是陪病經驗的澄清、甚至拓展。這些論點包括：（一）透過「常觀／異觀」的並置，指認外部社會的異觀位置正是精神疾患病人生活世界的常觀——「病是在常觀位置的人指出來的」[5]——於是，「斷裂主體」便從異觀的位置釋出，但其形式並非作為對立面的批判，而是進入到受苦經驗的裂隙之中，指認二者的並存；[6]或是（二）臨終病人通過病苦身體的破敗感，逐漸離開原先與外在世界的連結意義，轉向一種內在深層經驗的存有領悟。依此，稱之為「背立轉向」；[7]再者（三）離開原先想要平撫在世依存的操煩害怕，轉而「打從心底」細緻地承認內在摺疊起伏的真實體驗，成為一種縱向時間內的沉浸與拾得，就此作為自身活著的依據之「沉默皺摺」；[8]最後（四）「缺口動力學」領悟了拉岡式「人的欲望總是他者的欲望」，因而理解「主體的匱乏」所再現慾物之缺口，正是作為生活想要的一切動力來源。[9]

　　這十餘年間除了上述有關「斷裂主體」、「背立轉向」、「沉默皺摺」、「缺口動力學」等諸多觀點外，從 2006 年的〈退休演講稿〉開始，余老師挪借了宋文里老師的詞彙「療遇」（therapeutic encounter）作為主體

5　余德慧：〈生活受苦經驗的心理病理：本土文化的探索〉。《本土心理學研究》第 10 期，頁 84。

6　同前註。余德慧、石世明、夏淑怡：〈縱深時間與沉默皺摺〉。《安寧療護》第 10 期第 1 卷（2005），頁 54-64。

7　余德慧、李維倫、林耀盛、余安邦、陳淑惠、許敏桃：〈倫理療癒作為建構臨床心理學本土化的起點〉。《本土心理學研究》第 22 期（2004），頁 253-325。同時見余德慧、石世明、夏淑怡、王英偉：〈病床陪伴的心理機制：一個二元複合模式的提出〉。《應用心理研究》第 29 期（2006），頁 71-100。同時見余德慧、夏淑怡、邱宗怡：〈對臨終啟悟之自我技術的探討——以癌末處境為實徵依據的哲學人類學取向〉。宣讀於第五屆生死學理論建構學術研討會。2005 年 10 月 14-15 日。嘉義大林：南華大學。

8　余德慧、石世明、夏淑怡：〈縱深時間與沉默皺摺〉。《安寧療護》第 10 期第 1 卷，頁 54-64。同時見余德慧、石世明、夏淑怡：〈探討癌末處境「聖世界」的形成〉，《生死學研究》第 3 期（2006），頁 1-58。

9　余德慧、夏淑怡、邱宗怡：〈對臨終啟悟之自我技術的探討——以癌末處境為實徵依據的哲學人類學取向〉。同時見余德慧：〈不經心的現象學療癒心理學〉，國立東華大學退休演講稿，2006 年 6 月 22 日。

的遭逢姿態，於是在 2007 年〈柔適照顧典式的導言〉[10]、2008 年〈心靈療遇的非技術性探討〉[11]、2010 年〈人文臨床學的探究〉[12]，以及 2012 年〈頌缽者療遇初探〉[13] 等文章中陸續討論了「療遇／會遇」的遭逢經驗。余老師的療遇（healing encounter）則作為一種「面對毀滅因而解放」的藝術過程，[14] 錯落而獲得某種啟示。因此，晚年余老師強調的柔適照顧（anima care），阿尼瑪的負性邏輯充滿了隱晦，「一如低泣無助的哀傷母親，深而幽微，希望與絕望並存，時而流轉時而辯證。」

如此一來，「哀傷是真正的遇，是『不見的遇』。」這種「不見之遇」先是通過伊底帕斯悲劇核心所獲得的啟悟：「某種『知道』本身彷彿是追求真相的手段，但最終卻是以『誤識』（mis-recognition）而成為遮蔽真理的障礙；任何啟動神諭的人，正是從『知道』神諭這自以為是的對『真理』的誤識開始，讓人理足氣壯去行動，而這自以為將可避禍獲得至福的『悟性』正是悲劇裡的一環。」[15] 於是，不見而遇的「遇」是一項偶發的遭逢，它的意義在於「聽乎命運的機遇……是一種開啟造成的驚訝」。[16] 終究，「我們在現實的別處相遇。」余德慧如是說。

余德慧強調，「任何人文學科如果細審其創造的來源，與他者的會遇是個非常根本的經驗質地，例如：人類學田野經驗實受惠於陌生他者之處境，而非熟習該地而取得的默會。多少人文新論述受惠於未曾被細究的新處境、越軌、例外，以及預想不到的新事證，文學的基本驚奇性即是此會遇的靈感。」[17] 這種「會遇」若發生在人的一生接觸相遇和想望，甚至癌末臨終對

---

[10] 余德慧：〈柔適照顧典式的導言〉。《東海岸評論》（2007），頁 98-103。

[11] 余德慧、李維倫、林蒔慧、夏淑怡：〈心靈療遇之非技術探討：貼近病人的柔適照顧配置研究〉。《生死學研究》第 8 期（2008），頁 1-39。

[12] 余德慧、余安邦、李維倫：〈人文臨床學的探究〉。《哲學與文化月刊》第 428 期，頁 63-84。

[13] 余德慧、李維倫、林蒔慧、99 頌缽團：〈頌缽者療遇初探（一）：頌缽之音與心靈冥視關聯之探討〉。《應用心理研究》第 54 期（2012），頁 105-131。

[14] 余德慧：〈不經心的現象學療癒心理學〉。國立東華大學退休演講稿，2006 年 6 月 22 日。

[15] 同前註。

[16] 余德慧：〈柔適照顧典式的導言〉。《東海岸評論》。

[17] 余德慧、余安邦、李維倫：〈人文臨床學的探究〉，《哲學與文化月刊》第 428 期（2010），頁 69。

於生命的認識，那麼「療傷止痛的過程就會發生，故曰：『療遇』」。這種過程對我來說正是開展了余老師在「人文臨床學」此概念中所說的「臨床（醫療）人類學（跨）文化諮詢」，同時它也可以在「文學、美學、與詩的符碼的心靈育化（poiesis），文化語言的抒解與詮釋，爲困思尋求出路。」[18]故此，本文伴隨此種療遇期待和倫理秩序，以「思念」作爲主題論述這種想望式的會遇。我希望透過余老師在學術上對存有倫理的現象學詮釋，以及散文修辭上獨具一格的創作美感，依循此種雙軌文類寫作範式，探討「思念」——在這篇文章經常可以視爲「回憶」——如何通過心理主體的經驗敘說，藉以彰顯余德慧老師獨特的「生存美學」論述。

「思念」是一種切近，作爲存在形式

行走於生命長長甬道的過程裡，陳年往事冷不防跳出思緒之外暗自訕笑，原先所以爲的理解或是意義變得模糊且納悶——「所謂的『眞實』，到頭來只能是『切近』。」[19]用這般迂迴卻比眞實（true）更貼近現實（real）的切近姿態看來，思念像是一項觀照存在本質的技術，逼近生命經驗。（某種程度來說，此項安排刻意避開了先前醫學科學覆蓋下的病理知識，再者提取思念本質上那份纖纖裊裊的柔態美感，偷渡至余老師關於生命經驗與倫理療遇的哲學辯證之中。）於是，思念以一種自身存在之姿，朝向仍在或不在、身旁或是遠方家人、親友、寵物，或是事物經驗的想望——思念是如此濃稠的、溫柔的、煎熬的、微渺的，或者過往雲煙般的輕放。有時思念的形式交由一則則記憶片斷、來回的對話訊息、幾次無法入眠的夜晚、一塊起司蛋糕、一段陪同的路徑、幾次埋怨或是恐懼——或許因此帶來強迫自己做出無法勝任的殘酷決定，又或許引動其他歧岔的可能性——帶出了我們回憶中所以爲的「過去」，並且從中獲得意義。結果是，過往、記憶、歷史帶來一項寓言式的覺察：意義從來都不是自身所獲得，而是藉由回憶中的人事物所連帶出一種「再現的參照話語」所捕獲（discourse of reference of representa-

---

[18] 同前註，頁 79。

[19] 余德慧、李宗燁：《生命史學》（台北：心靈工坊，2003）。

tion）。這種類似於班雅明（Walter Benjamin）式的覺察，在文學的思域裡，最爲廣知的應是普魯斯特關於瑪德萊娜的狂喜了。

在《追憶逝水年華》[20] 裡這段經典插曲——小說主人物馬歇爾以過去式時態述說有關從前姨媽所送的第一塊瑪德萊娜的經驗——呂格爾（Paul Ricoeur）提問：「瑪德萊娜帶給了小說主人物強烈的愉悅感（all-powerful joy）。[21] 但究竟這種愉悅的體驗從何而來？它意味著什麼？怎樣才能把握它、領悟它？」從一開始，敘說者的聲音不知從何處開始說話，召喚著一個不具日期、不具地點，一個缺乏與現在說話當下有關的距離，一段無止盡地增加下去的往日時光。「有很長一段時間，我總是很早就上床……。」敘說者在小說中以這種模糊的回憶敘說方式，回溯自一個無邊界的過去時光。就在這個過去時光中，在那個介乎於醒來與睡著之間的地帶，童年的記憶從敘說者絕對的當下被撩撥出來。有關瑪德萊娜的敘說便從主人公臥室裡半睡半醒的經驗之間逐漸現露。

然而呂格爾認爲在小說裡有一個標記透露一個重要訊息，[22] 那就是小說中括弧裡的這段話：「（雖說當時我還不明白，直到後來才瞭解這一記憶何以會讓我變得那麼高興。）」[23] 這句被放在括弧裡的話語，因爲讀到最末卷〈時光重現〉，覺察到當初瑪德萊娜帶給主人翁的愉悅感究竟是什麼，因而在重讀第一卷〈斯萬之路〉時賦予了意義和力量。於是瑪德萊娜的狂喜正是作爲最後揭露〈時光重現〉的前兆記號——一如接下來我們會看見的余老師父親的印章——透過某種氣息或是質地的觸感無以名狀地召喚出有關在貢布雷（Combray）的生活記憶。並且到了第二次閱讀時，瑪德萊娜的狂喜體現了捕獲到的童年時光，於是，貢布雷的一切，都從茶杯裡浮現了出來：「我們的花園和斯萬先生的苗圃裡的所有花卉，還有維沃納河裡的睡蓮，鄉間本分的村民和他們的小屋，教堂，整個貢布雷和它周遭的景色，一切的一切，形態繽紛，具體而微，大街小巷和花園，全都從我的茶杯裡浮現了出來。」[24]

---

[20] Proust, Marcel. *Remembrance of Things Past*, trans. C. K. Scott Moncrieff, Terence Kilmartin, and Andreas Mayor. New York: Random House, 1981.

[21] Ricoeur, Paul. *Time and Narrative*, volume 2, trans. by Kathleen Blamey and David Pellauer. Chicago: The University of Chicago Press, 1988.

[22] 同前註。

[23] Proust, Marcel，《追憶逝水年華，第一卷：去斯萬家那邊，第一部貢布雷》（台北：聯經，2004），頁 62。

[24] 同前註，頁 63。

這種「跳出的意義」正是本文引介自余德慧的「不見之遇」，避開了原先的「知道」，成就了一項「偶發的遭逢」所獲得的驚艷之喜。在余老師的《生命史學》裡，有一段相似記載：

> 有一個晚上，我整理東西，看到父親的印章，我試著將它沾著印泥，印在我的本子上，突然間感到父親又活了過來，在他的書房讀書。整個世界突然籠罩在他還活著的時候的氣氛，我坐在客廳看著他在我初中二年級的成績單上蓋章。〔……〕印章的名字迴盪著他的氣息。[25]

迴盪是一種人直接在現場想著不在現場的事——透過眼前的看著，遙遠的過去回到眼前的現場，重新迴響。一個人在說話或不說話都賦予觀看的人們一種迴盪的心思。這樣的心思就引向肉身直接的瞭然。

這種「現場想著不在現場」、「遙遠的過去回到眼前的現場」的迴盪形式，在過去與現在，現場與不在場之間迴旋繚繞，呼應著班雅明的「時光迴旋」（convolution of time），藉以指稱一種普魯斯特式「不經意回憶」（mémoire involontaire）作爲超越主體自身經驗和意識上的意義。這種「不經意性」成爲理解當下片刻的途徑方式；這是一種「自發性蒐集」（spontaneous recollection），在其中記憶與遺忘彼此交織，以便於捕捉生命中「最平庸、最爲短暫、最爲深情，並且最爲嬴弱的時光」。[26] 在臨終陪伴的「沉默皺摺」研究裡，余老師如此詮釋：

> 不自主的記憶爲人帶來喜悦，因爲這經驗讓人在現在與過去之間的延宕，出現一個「時間之外的存在」，相對於縱向時間，這種時間不但不會如物理時間以直線的摧枯拉朽破壞一切，而且還以流變生成的機制，將時間「重新拾得」，是「純粹的時間」而非「往事」而已。「重獲時光」，從另一個意涵來說，那就是將存在性以皺褶的方式密織在時間裡，而不是讓事情把時間溜滑地送走，就前者來

---

25 余德慧、李宗燁：《生命史學》，頁 127。

26 Benjamin, Walter. *Illuminations*, trans. by Harry Zohn, edited by Hannah Arendt. New York: Schocken Books, 1968 [1955], p. 202.

說，那是時間的再生豐盈，後者則是流沙的流盡。[27]

此時此刻，中年余德慧從印章上的名字，看見了父親在自己初中二年級的成績單上蓋章，在那當下整個世界更換了生命場景。透過此刻的思念，在世存有（being-in-the-world）活在縱向皺摺的時間裡重新拾得往日情懷因而帶來喜悅。此種縱向的非線性歷史藉由「想念／回憶」獲得對過去的認識。於是在回憶活動中，思念落入生活時光的皺摺中——「人的每個時刻，就彷彿在山谷間，前山後山的夾縫裡起風，我們就坐在起風處，活著。」[28]——歷史的意象和意義被捕獲並且轉換為一種當下性，因而切斷原先的橫向時間，成就了普魯斯特所謂的「從時間抽取出來的存在碎片」。這正是〈歷史天使〉所傳達的寓言意義：一種班雅明稱之為「現下時刻」（time of the now; *Jetzteit*）的暫時性，[29]或是巴提（Timothy Bahti）所稱「此刻」（nowtime），[30]成就一項猶如「彌賽亞時光」的救贖片刻。[31]

思念是一種無法見著的想望，作為不見之遇的遇望

我在夜裡召喚的她與白天眼裡看到的她之間，我創造了一個很大的空間，我所有的心思迴旋在這空間裡；這個空間既不是夜裡召喚她的虛空，也不是白天眼裡看著她的實空，而是搓揉著兩者而出現的的第三個時空，我所有的愛都放置在這個時空裡。[32]

---

27 余德慧、石世明、夏淑怡：〈縱深時間與沉默皺摺〉。《安寧療護》第 10 期第 1 卷，頁 59。

28 余德慧、李宗燁：《生命史學》，頁 160。

29 Benjamin, Walter. *Illuminations*, p. 261.

30 Bahti, Timothy. "History as Rhetorical Enactment: Walter Benjamin's These 'On the Concept of History.'" *Diacritics* 9, no. 3 (September 1979), pp. 2-17. 同時見 Cadava, Eduardo. *Words of Light: Theses on the Photography of History,* Princeton University Press, 1997.

31 Benjamin, Walter. *Illuminations*, p. 263.

32 余德慧、李宗燁：《生命史學》，頁 166-167。

滿心思念堆積胸口，逐漸昇華這股情緒懸浮上來，想像佳人的眼神韻味或嘴角容顏。傾附於她。那下意識般喃喃自語地對話著和她的內容。啊，這般醉傾於她而舉止卻得輕緩收斂。如此巨大落差與愛戀自身同等瘋狂。那意象上的語言挑逗、靜默的身姿、微醺的眼神、思緒的反覆攪擾、呵哄保護的衝動、在渴求與懂得持守之間的掙扎、期待的擁抱、無法抵抗的陷落、舌尖的潮潤、身體的撫觸、情慾流竄和無法遏制的身體想要，以及因此帶來本能上阻擋有關這類慾求的僭越。藉由這些意象重繪一個思念中的她的形象。用這種思念的形式想念，在安靜沒有喧嘩中靜默，如此牽引著無法見著的想望。所有一切指向唯一問題：「你愛我嗎？」但「如何原諒奮力過但無聲，要如何才能想而不問？」[33]

思念的「遇望」時而雲淡風輕或是破涕而笑，時而百思不解或是喟然懊悔。「真正的愛情並不在因果關係，也不在命運的撥弄，而是在愛情的渲染——一種沉默之聲，在情人之間的應答中。」余老師這麼說。[34] 想而不問式的無聲沉默成為思念文法中最高級形式。於是我們勢必得從佛洛依德經典的〈哀悼與憂傷〉中提取痛苦經濟學：憂傷者知道失去所愛，但卻不清楚意識到究竟失去的是什麼。[35] 這是一種有關自我的減損和自我的匱乏；憂傷者責備自己誣蔑自己，期待自己被驅逐和懲罰。或許拉岡的鏡像作用帶來緩解效果：「我」在鏡中的她者中生存，在她者中體驗「我」——一如余老師所說：「我活在我曾見過的人之間」[36]——然而如此一來，「我」成為了外部的他者。於是「主體／他者」鏡像誘惑的弔詭是，「主體確認自己是外部他者時，便將自己暴露在『無』的風險中，但頑固地不承認此點，也相對迷失了自身的本質。」[37] 我與他者成為一種「我們」，「沒有了她者，我什麼也不是。」於是，「我」朝向強調自身獨立性以避免全數地依賴陷落時，帶來

---

[33] 張懸，〈如何〉，收錄於張懸專輯《神的遊戲》（台北：索尼音樂，2012）。

[34] 同前註，頁 178。

[35] Freud, Sigmund "Mourning and Melancholia," in *On the History of the Psycho-Analytic Movement: Papers on Metapsychology and Other Works*, "collected in *The Standard Edition of the Complete Psychological Works of Sigmund Freud*," James Strachey tran., pp. 243-258. London: The Hogarth Press and the Institute of Psycho-Analysis, 1959 [1919].

[36] 余德慧、李宗燁：《生命史學》，頁 159-160。

[37] 福原泰平：《拉康——鏡像階段》，王小峰、李濯凡譯（石家莊市：河北教育出版社，2002）。

的恐怕是對自己更為根本的晃動。這個結果是憤怒、剝奪、愛慕、忌妒相互爭奪場面，開啟一場不穩定、不均衡，甚至空無的慾望風暴。

那麼讓我們回到《追憶逝水年華》[38]的故事情節裡。在〈斯萬之路〉中瑪德萊娜的經驗標記了之前與之後的不同。前者是一個半睡半醒之間的狀態；後者則是關於貢布雷的時光重現。然而在後者，一個終極意義在〈時光重現〉被發現了。呂格爾指出，〈時光重現〉開始於馬歇爾待在泉森鎮（Transonville），一個離童年不遠的貢布雷生活，但重要的是，這段敘說並非點燃起回憶，而是將慾望予以熄滅：假使失去的時光以一種不清楚的方式再次尋獲，那麼一個人便必須放棄再次體驗過去的這份企圖。隨著觀看過去慾望的褪除，一個人所擁有那摯愛女人的慾望也隨之消散。所有事件的敘述以及隨之的遭逢都被安置在衰亡之中；貢布雷教堂那永存於世的安安與永恆價值反倒凸顯一切遭逢的不確定浮移和終究無法挽救的命運。於是，正因為這種慾望的消亡，使得對於戰時的巴黎描述，造成了對一切事物都受到侵蝕的印象，輕浮而帶有一種墮落的況味。[39]結果是，整個「時光重現」揭露了一如逝水年華雲煙過往般疏離消蝕的氛圍，因而提領出一種被「空無」所包圍的自我覺察。

在余老師的退休演講稿談論「臨界處境」時，[40]以為「生機已經束手，世界的一切實體化終究以虛構的本質顯現，徒勞是它的嘆息，一切不再由主體來苦苦守恆。〔然而，〕主體化的漏洞百出，卻是給了療癒絕佳的機會——正是這個背立轉向，使得主體得以脫離自我界圖的領域，進入負性空間（negative space，即非現實）」。原先人們所面臨的矛盾絕境——猶似站在貼有「禁止張貼」的海報面前，每個人變得手足無措一般——卻意外地帶來令人驚喜的結果：「不能顯現於世的東西」反倒因此裸露出來，並且將主體推向一種處境：「我於我不在之處思（念）」，得以有別於「我思（念）故我在」。

這種絕地逢生的反轉，或是余老師的「面對毀滅因而解放」的療遇藝術，使得先前伊底帕斯式的「誤識」獲得逆向重生的力量，從而具有能力

---

[38] Proust, Marcel. *Remembrance of Things Past*, volume 1.

[39] Proust, Marcel. *Remembrance of Things Past*, 3 volumes, pp. 746-747. 同時見 Ricoeur, Paul. *Time and Narrative*, volume 2, pp.141-142.

[40] 余德慧：〈不經心的現象學療癒心理學〉。國立東華大學退休演講稿，頁3。

指認匱乏和巨大的空無。[41] 這麼一來，「身體宛若豐富的暗室，我在對它一無所知的情況下，知曉一切。」[42] 對余德慧來說，「人文意識的這種自然傾向卻需遭受情境的不確定性而停下來。在飽受情境處境的干擾而停止自身、盤繞自身的循環運動的現象，並非人文學科的失敗，反而賦予人文學科出現邊界的裂隙，人文意識必須領悟到這裂隙所帶來的挫敗，恰似生產分娩的疼痛，沒有這失敗，人文學只能在自我循環裡逐漸惡化。」[43]

於是在這段追憶「墮落的巴黎、空無的環抱」的晦澀陰影之後，緊接著是一項背立轉向的啟明。在一場邀宴的場合裡，故事主人翁看見蓋爾芒特（Guermantes）的名字在名單當中，自此整個敘說的調性顛倒了過來。這一次，就像是乘車翱翔天際：「我就像一位在這之前於地面上費力滑行的飛行員，突然起飛，慢慢遞升到回憶的寧靜高空。」[44] 在小說中，故事主人翁看見「一種溫柔，一種近乎肉體的溫柔，從生命的現實中超脫，這種現象在走進死亡陰影的人身上是如此明顯。」[45] 故事主人翁因此有了一連串的體驗，並且成為一種帶有救世意味的「訊示」，而這些訊示都像是當初在貢布雷的經驗所帶給他的幸福感一般：腳踩踏在兩塊高低不同的鋪路石板上、湯匙敲擊在餐盤上所出現的噪音、一條上漿折好的餐巾所帶來硬挺的質感。在過去，主人翁馬歇爾對於這些感覺都必須延遲至事後才能釐清這種幸福感的來由；但是這一次，敘說者決定解開這一個謎團。呂格爾以為，早在貢布雷時期，敘說者發現這種狂喜產生於兩個時間上（即使不同距離）的相似印象。而這一次，小說主人翁很快地從踩踏在巴黎不平的鋪路石板的感覺中辨識出威尼斯以及盛馬克浸禮池的兩塊高低不同的鋪路石板塊。因此解開謎團不在於藉由「偶然」的方式，就像是「靠魔法一般地」在一瞬間將暫時的距離予以廢止，而是經驗到愉悅是否好比「一種足夠的確定，而不需要任何其他的證明，便能讓我對於死亡無動於衷。」[46]

---

[41] 同前註，頁 9。

[42] 余德慧、李宗燁：《生命史學》，頁 150。

[43] 余德慧、余安邦、李維倫：〈人文臨床學的探究〉。《哲學與文化月刊》第 428 期（2010），頁 70。

[44] Proust, Marcel. *Remembrance of Things Past*, volume 3, p. 890.

[45] 同前註，p. 892.

[46] 同前註，p. 900. 此處之討論同時詳見 Ricoeur, Paul. *Time and Narrative*, volume 2, pp. 142-143.

按呂格爾的說法，要解開此一謎團的關鍵在於明白幸福時刻之間的關係——這種時刻是由偶然以及「非意願性記憶」，和不可見的使命歷史所提供。這種「幸福時刻」或許轉返余老師的話語，是關於不確定的確定和誤識的認識，因而對於此時此刻的會遇都能瞭然於胸，安心靜緩。故此，這種偶然的遭逢和面對空無的慾望覺察——在本文中，以思念的遇望作為生命存有的缺口動力學——終能在臨界處境中獲得一份背立轉向的啟明和一項臨終救贖的力量。

這篇書寫透過思念作為「生存形式」、「遇望」和「缺口」等三段進程，分別或是交錯呼應余老師的「沉默皺摺」、「不見之遇」、「拉岡式精神動力」等主題論述；其中又以普魯斯特《追憶逝水年華》中有關「瑪德萊娜的狂喜」作為小型橋段，[47] 企圖再現余老師的「偶然遭逢」、「慾望消亡」和「臨界處境」等存有概念。在這般帶有實驗性質的話語並置下，在解讀余德慧老師的生存美學過程中，在敘說主體「活著的生命感」的生活語言裡，本文試圖表達思念的遇望如何提領出一種拉岡式存在匱乏與欲望引力，接著朝往生命存有的缺口（或裂隙）予以發展，以及最終因此開展一項有關生活經驗的啟蒙認識，那是有關我的思念的遇望、余老師的臨終倫理析辨，也是屬於生命存有的臨界領悟。

> 存在並不成就任何事物，中心點是個一事無成的點，這裡的空無通過虛弱、某種不正常、失去社會及其自身，提出一種一無所求的強烈請求，這並非請求人去承擔義務的無限上綱的義務，這是無起始的最大起始，芝麻終於開門。[48]

「思念」在沉默中盤織著看見與無法看見、想望與牽引，以及那生命時

---

[47] Proust, Marcel. *Remembrance of Things Past.*

[48] 余德慧：〈不經心的現象學療癒心理學〉。國立東華大學退休演講稿，頁12-13。

空下曾經發生過點點滴滴的錯擾或是痛苦，隱微卻鮮明地對他者拋出一箴箴承載愛意的邀請。總想著如何才能抵達想念的終點？就用上述這段話作為回答吧！在那文字陳述裡，一種強烈的矛盾感油然升起，起初讓人呆立無語，但一股神奇力量緩慢地將我滲透至他的思想之中，結果我發現那是何等清明之視，穿透存在的渾沌，向那靜靜潺流著活水源頭灑下一片曖曖微光，自己因此逐漸釋懷而感到一種清新的自由和莫名的不捨。芝麻於是開門！啊，親愛的老師，我想告訴你，那山洞裡確實藏有形而上式的知識珍寶，而且在最遠之處，還蹲藏著一份和你相處二十年的記憶與思念，那兒帶著一同生活食飲的悠然節奏和一份探問存在的追尋姿態。隱約間，我彷彿看見自己始終以一隻貓的方式輕快自在地窩黏著你。

（本文原刊於國立東華大學《東華漢學》18 期（2013.12），頁 461- 476。）

15 人文的凝視

追尋余德慧先生逝去未遠的身影

彭榮邦

> 如果過去四十年的台灣心理學在殖民文化的拓殖之下，產生「有知識的無知」，那麼我們必須重新建立一種有感覺、有價值的心理學。（余德慧，1997，粗體爲筆者所加）

前言

余德慧老師過世後的那一年，我們幾位師承余老師的弟子們，每個月在老師家裡有一次名爲「余居於世」的固定聚會。「余居於世」取自德國哲學家海德格的重要概念「寓居於世」（being-in-the-world）的諧音，它一方面點出了余老師在學術上的重要傳承（海德格的詮釋現象學深刻地影響了余老師的學問路數），另一方面也點出了這些弟子們的心思——希望余老師開拓出來的學術道路可以余（餘）音迴盪、長居於世，不至於因爲他的嘎然辭世而斷了香火。[1]

然而這個香火該怎麼延續，甚至，到底要傳承什麼香火，其實在開始時也不清楚。我們就是固定聚會，時間一到就往老師家報到，每次都有人輪值

---

[1] 宋文里老師在 2012 年 12 月 8 日於台灣大學心理學系舉辦的「余德慧教授紀念學術研討會」中所發表的〈文化心理學的浴火與重生〉一文中就明白地指出他的憂心。他說：「我們需要把這些零零星星的論述對話結合成心理學之中的正式課程或學程，來接續小余等人以個體戶、小合作社方式好不容易點燃的香火，否則我們很快就有可能像當年美國的『人文心理學』運動一樣，只看見一代風雲的祖師爺，而沒能產生子子孫孫永寶用的學術資源。」（宋文里，2012，頁 176）

引言，之後再由其他人回應。一開始我總覺得老師還在看著，或許是隱身在屋裡的哪個角落，任我們七嘴八舌，狡黠地笑著。經過幾次聚會之後，我比較沒有這樣的感覺了，但卻開始察覺到，參與聚會的人身上，多少都有余老師的某些話語姿態、某種特屬於他的身影。我逐漸發現，雖然余老師的肉身已經化為塵土，不在這個世界，但是他卻彷彿投影在我們每個人身上，只是化身千萬，藏在那些被他點亮的思想裡，在那些與他交會的生命經驗裡。

斯人已逝，卻未遠離。我們在悵然中一再追尋的身影，其實不在未知的彼岸，而早就成為我們身上依稀可辨的微光。如果我們真的延續了什麼香火，那麼這些生命微光，就是我們從余老師那裡傳承下來的光亮。雖然前方引路的火把不在了，但只要我們在自己身上找著這些微光，讓它們在彼此的對話中繼續閃耀光芒，這些微光終將斂聚為我們各自手中的火把。我相信，我們擁有的火焰不僅足以照耀眼前的道路，也能夠為我們身後的人帶來光亮。而在彼此的映照之下，我們會在光影的搖曳中看見余老師的巨大身影，伴隨著我們一路前行。

是「異數」，還是「異路」？

對於台灣的主流心理學界而言，余德慧先生一向是被當做「異數」來看待。他雖然畢業並任教於台灣的最高學府，但卻沒有專心戮力於旁人眼中的「學術工作」，反而熱心投入救國團「張老師」事務與大眾心理學的經營；在 1989 年博士後研究自美返國之後，他彷彿嫌自己以前走得還不夠遠，更「變本加厲」地開始批判起台灣的主流心理學所標榜的價值體系與實踐方式，並且在隸屬於理學院的台大心理學系開設起「詮釋現象學」、「詮釋心理學研究法」、「文化心理學」、「敘說心理學」等人文色彩濃厚的課程，甚至以這樣的「旁門左道」指導學生的碩士論文。他在科學心理學的殿堂裡，熱情洋溢地說著多數心理學家都不理解的學術語言，他也在《張老師月刊》這份大眾心理學雜誌上，以感性人文的筆調，訴說著許多人深有同感、但卻難以言說的心事。關於余德慧先生的「異數」行徑，以及他與主流心理學界的緊張關係，葉啟政先生在 2012 年 12 月 8 日的「余德慧教授紀念學術研討會」中是這麼描述的：

因為使用著既艱澀詭譎、又刁鑽的語彙，更因為讓概念一再地溢出了心理學界習慣的概念系統，德慧成為台灣心理學界裡的一個「異數」，許多人是對他不滿，但總不願意行諸於表，只因為**他使用怪異的語言表達著怪異的想法彷彿帶有著魔咒的力道一般**。正因為這遠遠超出他們的理解範圍，一不慎，任何的批評都可能招致詛咒，這不划算。況且，這又將顯得自己少見多怪，何必呢？還是讓他自己一個人去玩吧！不去理會原本就是最好的懲罰。尤其，他自己自願地由中心發放到邊陲，就已經是一種最好的自我懲罰了。（葉啟政，2012，粗體為筆者所加）

　　然而，相較於台灣主流心理學界的不理解（甚至不理會），余德慧先生對於主流心理學的背離，反而以一種獨特的姿態，吸引一批年輕學子跟隨他的腳步。他在台大心理學系任教期間所開設的課程常常座無虛席，即使後來轉往偏鄉花蓮的東華大學任教，也有一批學生慕名跟隨。除此之外，身為「張老師」月刊及出版社的靈魂人物，他把博士後研究期間對於心理學的嶄新想法，帶進《張老師月刊》的編輯理念以及張老師出版社的出版方向之中，讓1990年改版後的《張老師月刊》發行量大增，培養出許多忠實的讀者，也讓張老師出版社在市場上掀起一股身心靈書籍的出版風潮。

　　這樣的引領風潮，被許多人視為余德慧先生個人獨特魅力的展現。的確，對於跟隨他的學生以及他的忠實讀者來說，余德慧先生的演講和文字，正如葉啟政先生所描述的，「彷彿帶有著魔咒的力道」，這是無庸置疑的事情。問題是，為什麼一個被主流心理學界視為「異數」的人，他的「怪異的語言」所表達的「怪異的想法」，會在台灣的心理學場域裡引起這麼多的迴響、引發這麼大的熱情？如果「異數」意味著對主流價值的背離，那麼這個台灣心理學界裡的「異數」所引起的迴響、所引發的熱情，本身就是心理學在台灣發展歷史中的重要現象，值得給予特別的關注，不能只以「個人魅力」就輕輕一筆帶過，或者藉口「難以理解」就不予理會。

　　在還沒有找到更好的說法之前，我們就姑且把余德慧先生在台灣的心理學場域引領的風潮（或騷動），稱之為「余德慧現象」吧。我們到底該怎麼理解這個「余德慧現象」？它會不會是只是一朵錯時盛開的花朵，一個孤芳自賞的「異數」，只要不予理會，就會隨著余先生的辭世而自然枯萎？還是，「余德慧現象」的出現，其實有更深刻的意涵？它會不會是心理學在台

灣發展過程中所出現的病徵（symptom），而藉由分析這個病徵，我們可以窺見心理學在台灣發展的病理結構（pathological structure）？如果是如此，會不會余德慧先生孜孜矻矻的學術耕耘，他的「異數」行徑，已經為台灣的心理學開闢出一條「異路」（alternative route）：一條異於主流心理學、但卻有著相同正當性的道路？

「余德慧現象」是一個歷史事件，因此必須把它擺在一個歷史的脈絡上來看，這個現象才能夠被適切地理解。然而，到底該把它擺在什麼樣的歷史脈絡上來看才對？余德慧先生在台灣的本土心理學運動中是個積極的參與者，他對於這個運動本身也有很強的認同感，因此，把「余德慧現象」擺在台灣本土心理學運動的歷史脈絡中來觀看，似乎也是合情合理。問題是，即使已經有兩位前輩學者的專文闡述（黃光國，2010；楊國樞，2005），我認為台灣本土心理學運動本身的歷史意涵其實還有待進一步的辯論與釐清。因此，本文將把「余德慧現象」擺在「心理學東進」這個更大的歷史脈絡之下來討論，而我也將在這個脈絡中闡述我對台灣心理學本土化運動不同的理解。

心理學的東進與「心」的失落

心理學進入中文世界是在十九世紀末葉的事情。那時歐洲的科學與技術正以一種壓倒性的姿態，向中國人展現出它們的實用價值及「神奇」的力量——不僅展現在軍事上的船堅炮利，也以「科學奇蹟」的形式展現在傳教士為民眾表演的科學實驗裡（羅志田，1996）。因此當時在中國普遍認為，只要可以獲得這些西方的技術性知識（夷技），就能夠「以夷制夷」，抵抗西方強權在中國的豪取強奪。雖然心理學也和這些威力強大的「夷技」一起進到了中國，但相較於這些「夷技」，心理學的實用性甚至必要性其實並沒有被「證明」。事實上，「心理學」對當時的中國人來說，是一種相當陌生的學問。早期心理學教科書的譯者必須以「造新詞」的方式（自造或由日譯挪用），才能夠把諸如mind或psychology等心理學的基本詞彙翻譯成中文，而翻譯心理學知識中其他更為複雜的概念，則更是一件難以想像的艱鉅工作（Blowers, 2006; 高覺敷，2009）。

從十九世紀末葉至今，心理學在中文世界裡已經走過漫漫長路。不管在台灣還是在其他的華人社會，心理學似乎已經成功地把自己打造成一門掌握「心理學知識」的權威學科，而且近來也在政府的背書之下逐步建立起心理師證照制度，讓心理學成爲掌握國民「心理健康」的臨床專業。毫無疑問地，從體制化與專業化的角度來看，心理學已經在台灣及其他華人社會站穩腳步，而且前景看好。而多數的心理學者也的確把心理學的體制化及專業擴張視爲一個「進步」的過程，一個（西方）心理學成功向東方邁進的故事。

　　然而，心理學在中文世界裡看似成功的發展，並不能阻止我們追問一些重要、但卻往往被忽略的問題。這其中最讓人大惑不解的，莫過於心理學「爲何」被引進中文世界這個問題。心理學最初所遭遇的翻譯困難，其實正指出心理學的「東進」有著亟待克服的文化—語言障礙。除此之外，諸如顏永京及王國維等心理學的早期譯者應該也都清楚，在中國人引以爲傲的知識傳統裡，「心」（或心性）的學問（包括論述與實踐）其實並不匱乏；相較之下心理學不過是一門相當年輕的科學，爲什麼他們會想把心理學引介到中文世界？追問這個問題，將會衍生出其他更多的疑問，讓我們最終不得不重新審視「心理學東進」的眞正意涵。

＊＊＊＊＊

　　西方意義下的「心理學」（psychology）一開始並不是以「學科」的面貌進到中文世界，而是在中國沿海城市的傳教活動脈絡裡，以「課程」的方式被譯介進來的。心理學最早的中文譯者顏永京（1838-1898），在翻譯美國學者海文（Joseph Haven）的 *Mental Philosophy: Including the Intellect, Sensibilities and Will*（顏譯爲《心靈學》）時，以「心靈學」這個自創的新詞作爲 psychology 的中文對應詞。顏永京幼年在上海讀教會學堂，在 1850 年代由教會資助到美國留學。在美國，海文的 *Mental Philosophy* 一書是當時普遍被採用的教科書，顏永京在研讀之後認爲，海文的書對於理解人的心靈大有助益。他於是在返國任教於上海聖約翰書院期間指定《心靈學》爲哲學課程的教科書，一邊教一邊把書給譯了出來（高覺敷，2009）。顏永京在書的序言中特別提到翻譯此書的困難，他說：「……其中許多心思，中國從未論及，亦無各項名目，故無稱謂以達之，予姑將無可稱謂之字，勉爲連結，

以創新稱謂。」（高覺敷，2009：397）在心理學相關書籍充斥，諸如「心理」、「心智」、「認知」等詞彙被「理所當然」地視爲中文基本語彙的現在，我們很難理解顏永京當初所遭遇的困難。但如果我們暫且擱置這些熟悉的心理學詞彙，轉而由中文的語源來看「心」這個概念的流變，我們就會知道心理學的譯介並不是一種等值（或等位）關係（equivalence）的對譯，其中涉及了更複雜的問題。

在中文世界裡，人們對「心」的認識出現的很早：殷周時代的人就已經對「心」這個人體器官有所認識，而且還把心視爲「人的主宰，舉凡情緒、意志、精神等抽象的活動通通都是心的作用」（杜正勝，1991：7）。即使後來對人體器官的認識變得更爲完備，有了「五臟六腑」的認識，但「心」基本上還是「五臟之主」，是生命的「使其形者」，是人體的「能思之官」，簡言之，是人賴以生存的主要**功能**（杜正勝，1991）。這樣的認識，當然不能放在西方的解剖學意義下理解，而西方常用的身心二元論（body-mind dichotomy）在這裡也不適用。中文裡的「心」不僅對應著胸腔中可見的、砰然搏動的器官，也對應著**不可見**的心理或精神上的功能。因此，在中國的知識傳統裡，「心」的學問不僅與身體的醫療有關，也與道德或精神的修養息息相關。在當時，顏永京的確是藉由翻譯把一門新學科引介到中文世界來，不過值得注意的是，引介這門新學科並不是爲了要揚棄或取代中國原來有關「心」的學問。正如 Blowers（2006）所指出的，心理學和當時被譯介進來的許多西方經典一樣，它們的功能是提供「道德指引的輔佐」（an aid to moral guidance）（頁 96），是中國知識階層藉由「西學」來「自強」的策略之一。顏永京把 psychology 譯爲「心靈學」，或許正是某種把中國的「心」學傳統與基督教的宗教／靈魂傳統進行橋接的嘗試。

藉由策略性地使用「西學」來促進「自強」的想法，並不僅僅是中國知識階層的個人舉措。事實上，在第二次鴉片戰爭（1856-1860）戰敗後，它也成爲清朝政府的自救政策。清朝政府推動的自強運動（1861-1895），就涉及了包括軍事現代化、建立專責外交機構（總理衙門）、創建新式學堂訓練科學與技術及外交人才、遣派留學生出國學習西方知識、建造工業與通訊的基礎事業等。這個運動的主要目的，是爲了讓清帝國成爲一個足以抵抗西方強權野心的強大帝國。在相當程度上，清朝政府的自強運動是當時中國知識階層的「體用」思維在制度上的反映。西方知識的引介必須要以「用」爲原則，不應該威脅到固有知識傳統的「體」（羅志田，1998）。

1895 年，清朝政府師法夷技所建立的北洋海軍，在與日本的帝國海軍交戰中被澈底擊潰，這也等於宣告了「自強運動」的結束。對於當時中國的知識階層來說，大清帝國被朝貢的臣屬國日本打敗，是極大的震驚與羞辱，他們認爲這代表清朝政府所推動的溫和改革已經澈底失敗。他們之中的某些人對清朝政府還有所寄望，希望可以推動第二次改革，但是也有許多人變得更爲激進，開始鼓吹革命（羅志田，2007）。不過，不管是保守派還是激進的革命派，他們都同意中國的知識傳統已經不能再被視爲文化精髓，相反地，它代表的是古老的中國，需要被澈底地改造，或者以羅志田（2002）的話來說，直接「送進博物院」。

正是在這種激進的時代氛圍裡，「**西方」變得不再只是一個地理的指稱，而成爲某種代表普遍眞理的心理範疇**（psychological category）。中國的知識階層開始把「西方」理想化（尊西），並且推動以西方知識的傳授與學習爲優先的激進教育改革。1898 年設立的京師大學堂（後來改制爲北京大學）就是這個改革的先聲。1905 年，清朝政府終於決定廢除科舉制度，讓傳統的士大夫制度就此走入歷史。科舉制度千年來一直是中國傳統知識教育（例如：強調經典和義理的文舉、強調武藝和謀略的武舉）的體制骨幹，因此科舉制度的廢除意味著中國知識傳統從此失去官方體制的庇護，不再是優先性的知識。失去了體制的支持，中國傳統知識很快就被邊緣化，僅能在「國學」或「漢學」的新興領域裡找到棲息之處。然而，不管是「國學」或「漢學」，都是以**西方知識爲主的新學科秩序**中所特化出來的研究領域，中國傳統知識只能在這個新秩序的角落中苟延殘喘，有如博物館中的文物，失去了生猛鮮活的存在條件。正如歷史學者余英時（1991）所指出的，大約在1905 與 1911 年之間，「西方理論代表普遍眞理」的觀念，就已經深深地植入中國知識階層的心中。

* * * * *

心理學在中文世界發展的第二個階段，就發生在這個西方知識被理想化爲普遍眞理的時期，而且它的發展也得到了清朝政府的制度性支持。雖然日本曾經讓清朝政府十分難堪，但畢竟在中國知識階層的眼中，它還是一個成功現代化的典範，因此日本的西學教材與教育制度，就成了當時中國知識

階層學習西方知識的「捷徑」。爲了快速培育出一批懂得西學的知識階層，清朝政府決定學習日本的師範制度，而心理學課程正是這個師資培育學程中的一部分。正如 Blowers（2006）與高覺敷（2009）所指出的，這時候的心理學因爲大量翻譯了日本的教科書，因此受到日本心理學的深刻影響（而當時日本心理學的主要影響是歐洲的心理學，特別是德國的心理學）。中國著名學者王國維（1877-1927）也在 1907 年翻譯了德國學者海甫定（Harold Høffding）的《心理學概論》（*Outline of Psychology*），不過他沒有用「心靈學」來翻譯 psychology，而是用「心理學」。王國維是中國最早一批前往日本汲取西方知識的留學生，雖然《心理學概論》並不是從日文翻譯而來，但他把 psychology 譯爲「心理學」很可能是參考了日本漢字的譯法。後來，「心理學」逐漸成爲 psychology 在中文裡的標準對應詞，而不是最早顏永京所使用的「心靈學」。

　　值得注意的是，psychology 在中文裡由「心靈學」變成「心理學」，所代表的並不只是翻譯用語的改變而已，它實際上標誌著一個心理學東進的里程碑：在中文世界裡，心理學已經不再是早期用以輔佐道德的西方知識，而是成爲一種由官方背書、代表著普遍眞理的學科知識。這意味著，**經由譯介進入中文世界的西方知識已經開始在「心」的學問中取得支配性的地位**。然而，就像劉禾（2008）提醒我們的，翻譯在根本上是一種跨語際實踐（translingual practice），它既不中性，也非自然；翻譯總是有著**實際**的考量，而且總是**政治**的。雖然翻譯總是因應著某些實際的目的或需要而發生，不過到頭來我們必須追問：我們到底是「使用誰的術語，爲了哪一種語言的使用者，而且以什麼樣的知識權威或思想權威的名義，人們才在形形色色的文化之間從事翻譯活動呢？」（頁 2）。如果回到心理學東進的脈絡來看，mind 等外文詞彙與「心」等中文詞彙之間**虛擬的等價（或等位）關係**（hypothetical equivalence），是在西方知識成爲權威話語的歷史條件下，於翻譯的實踐中被「拋置一處」（thrown together），成爲一種異語複合的關係。這種異語複合的關係，就是劉禾（2009）所謂的「**衍指符號**」（super-sign）：

　　　何謂衍指符號？準確地說，衍指符號指的不是個別詞語，而是**異質文化之間產生的意義鏈**，它同時跨越兩種或多種語言的語義場，對人們可辨識的那些語詞單位的意義構成直接的影響。這些語詞單位可以包括本土詞彙、外來詞，也可以包括語言學家在某個語言的內

部或不同的語言之間可加辨別的其他言說現象。衍指符號如此橫踞在不同語言的巨大鴻溝之間，跨越語音和表意的差異以在不同語言之間的夾縫中偷生。由於衍指符號是異質文化之間產生的意義鏈，這就意味著，它要完成任何的特定言說現象的指意過程，都必須依靠超過一種以上的語言系統。因此，它扮演的是（在語言和語言之間進行）**轉喻思維**（metonymical thinking）的角色，它引誘、迫使或指示現存的符號穿越不同語言的疆界和不同符號媒介進行移植和散播。正因於此，衍指符號提供了豐富的啟示，使我們得以窺見所謂知識的誤用（intellectual catachresis）是怎麼一回事。（劉禾，2009：13，粗體為筆者所加）

因此，諸如「心／mind」等的異語複合關係，本質上是一種異質文化之間的意義鏈（hetero-cultural signifying chain），而且最重要的是，這個意義鏈在相當大的程度上決定了中文心理學詞彙的意涵。既然心理學／psychology 所闡述的是關於心／mind 的普遍真理，那麼中國知識傳統裡有關「心」的學問，那些與「心」有關的論述與實踐，就成了傅柯所謂的「素樸知識」（naïve knowledge），「屬於知識位階的最底層，既上不了知識的檯面，也沒有科學性可言」（Foucault, 1980: 82）。因此從歷史的效應來看，心理學譯介到中文世界之後，不僅使得傳統知識裡各種與「心」有關的學問（例如：儒學、道學、佛學、兵法等）逐漸邊緣化，也創造出一種對於 mind 所知甚詳、但卻對「心」所知不多的中文心理學。

＊ ＊ ＊ ＊ ＊

　　心理學在中文世界發展的第三階段，發生在中華民國建立之後。心理學在這個階段的發展，有幾個重要的特點。首先，日本對於中國心理學的影響快速消退。正如 Blowers（2006）所指出的，日本對中國心理學的影響在二十世紀的初葉開始消退，相反地，美國藉由在中國設立教會大學、提供經濟及其他援助、鼓勵中國學生留學美國等措施，開始對中國的教育系統產生深遠的影響。不過，日本影響最終的斷絕，與日本開始展現出侵略中國領土的帝國野心有關。西方列強在 1919 年的巴黎和會中，把德國在山東半島的

權利讓渡給日本的決定，在中國引起強烈的反彈，不僅引發了五四運動等大規模的學生抗議活動，也在民間造成一股強大的反日氛圍。對於中國的知識階層來說，日本已經不再是一個值得學習的現代化典範，而是一個對中國有強烈侵略野心的國家。

其次，心理學這門學科變得愈來愈體制化、專業化。從 1920 年代開始，中國的許多大學紛紛設立心理學系，這其中包括了南京高等師範學校（1920）、北京師範大學（1920）、國立北京大學（1926）、清華大學（1926）、燕京大學（1927）與輔仁大學（1929）等。雖然這些新設立的心理學系或多或少保留著對教育的強調，但 Blowers（2006）也指出，隨著愈來愈多留美心理學者的返國任教，這些心理學系逐漸強調美國式的實徵研究與專業訓練。這時期的心理學者除了研究及授課，也積極參與多種期刊雜誌的創立與編撰。對於心理學的發展而言，這些學術或大眾刊物扮演著很重要的功能。它們不僅是心理學者的學術論壇，也是心理學知識向大眾普及的教育平台。除此之外，它們也提供了美國及其他國家的心理學最新動態。Blowers（2006）與高覺敷（2009）指出，中國心理學在這個時期已經很清楚地以美國主流心理學為師，逐步脫離早期日本／歐洲的心理學的影響。

第三個特點是，隨著心理學的逐漸體制化與專業化，心理學本身的學科疆界（disciplinary boundary）也變得愈來愈嚴格，什麼是「主流」、什麼是「正宗」的劃分變得愈來愈清楚。逐漸地，只有那些受過心理學專業訓練的人，才被認定為有資格在心理學的領域裡發言。而那些沒有受過心理學專業訓練的人，即使是當時著名的學者，他們的發言也會被認為是「門外漢」，在心理學的領域裡變得愈來愈無足輕重。正如鍾年（2008）所指出的，當時許多著名的學者，諸如蔡元培（1868-1940）、梁啟超（1873-1929）、王國維（1877-1827）、朱光潛（1897-1986）等人，都曾經對心理學在中國的發展表現出莫大的熱情，而他們早期也的確在心理學的領域裡相當活躍。但是隨著心理學的逐步體制化與專業化，他們卻慢慢不再發言了。不過，這並不是因為他們對心理學失去興趣，而是因為他們「識趣」了，知道自己不再有「資格」對心理學說三道四。把這些「非心理學專業」人士摒除在外，的確有助於中國早期的心理學者形成一個同質性及共識都比較高的團體（所謂的『心理學家』的社群與專業期刊）。不過若以心理學這門年輕學科在中文世界的發展來說，固守著這個以美國主流心理學為仿效對象的嚴格學科疆界，長久下來卻是有害的（例如：本文指陳的『文化失語』現象）。學科疆界原

本就是歷史與文化的產物，應該是與時俱變、因地制宜，但在中國卻逐漸變成一種僵固的終極判準，決定著心理學應該要**納入**或**排除**哪些人事物。問題是，這個僵固判準的歷史性及文化預設，卻從來沒有被仔細地批判或檢視。

最後但也是最重要的，中國心理學者的心理學實踐，逐漸創造出一種「**說美國話**」（in American terms）的中文心理學。正如 Blowers 與其他學者所指出的（Blowers, 2006; Blowers, Tat Cheung, & Han, 2009），當時中國的心理學者還沒有進行太多的實徵研究，他們主要都是在譯介或評論西方心理學，而其中要以美國主流心理學為大宗。這也就是說，當時中國心理學者的論述實踐所涉及的，主要是把美國主流心理學的心理範疇、心理學理論、心理學研究方法及心理學歷史等，翻譯並介紹到中文世界來。結果，他們的集體努力造就出一個本質上為**衍指符號系統**（a system of super-signs）的中文心理學，它不僅被用來指導心理學場域中的話語及非話語實踐（discursive and non-discursive practice），也被用來指稱——以符合美國主流心理學的心理範疇及心理學理論的方式——在地的心理生活。因此，**對中文心理學來說，在地心理現象的意涵並沒有在其文化—語言的基礎上被逐步形構出來，而是以轉喻的方式由異質文化間的意義鏈強加而來**。其結果是，在中文的世界裡，在地心理生活的意義與結構總是必須來自他方，由心理學內部被忽略、被掩飾的衍指符號系統悄悄地偷渡進來。

1920 年代與 1930 年代初期，大概是二次世界大戰之前心理學在中國發展的黃金年代。從 1937 年開始，中國就開始陷入一連串的戰爭，一開始是對日抗戰，後來是國共內戰。心理學在中國的發展，也因為接連的戰爭而嚴重的停滯。多數的研究活動都停止了，而教學與出版活動也只能在不斷地遷徙中苟延殘喘。1949 年，國共內戰導致兩個「中國」（中國國民黨在台灣所宣稱的『中華民國』及中國共產黨所宣稱的『中華人民共和國』）的分立。如果把香港也算進來的話，心理學在中文世界的歷史，從此分成三道不同的歷史軌跡：一在中國、一在台灣、一在香港。

心理學在台灣的「文化失語」現象
與本土心理學運動的興起

　　如果我們以台灣大學心理學系的成立爲指標性事件，[2] 二次世界大戰之後心理學在台灣的重新出現，雖說與台北帝國大學的「心理學研究室」所遺留的書籍和儀器有關，但由於日本殖民政權和研究人員均已離開，他們的研究實際上是無以爲繼的。而新設立的台灣大學心理學系，其師資中固然多人有留學日本的經驗（例如：蘇薌雨先生、陳大齊先生、鄭發育先生等），但只有鄭發育先生短暫地延續了日本殖民時期的心理學研究方向（鄭發育，1952a，1952b，1958）。這些中國的第一代心理學學者，他們在台灣大學心理學系的研究和教學被迫跟著國際學術勢力的消長而改變，他們遠離了熟悉的日本心理學及歐洲心理學，轉而重新學習並勉力教授在戰後已然成爲心理學唯一勢力的美國主流心理學。培養出這一批心理學學者的那個動盪中國，隨著國民政府的遷台而與他們海峽兩隔，而讓他們仍得繼續延續學術生命的，是一個在地緣政治上「親美反共」的台灣。

　　這也就是說，如果以二次世界大戰的終戰爲界，心理學在台灣的發展，實際上交疊著不同的歷史軌跡或系譜層次：一爲配合日本的「南進」政策，以台北帝國大學的「心理學研究室」爲基地所展開的「民俗心理學」研究；另一爲清朝末葉開始，經歷了改朝換代，在政治動盪中苟且發展的中國心理學。這兩條有著不同風貌的心理學歷史軌跡，機緣巧合地在戰後的台灣交疊、隱沒，取而代之的，是在不同的歷史和地理條件中逐漸開展出來的台灣心理學。在這個新的學術格局中，左右著戰後台灣心理學後續發展的，主要是「美國因素」：美國這個國際政治中新興霸權的豐沛資源，透過捐贈大量的圖書和期刊，加強台灣和美國的學術交流，提供優厚的獎學金鼓勵大學畢業生赴美留學深造等方式，在戰後迅速地改變了台灣的學術地景，心理學當然也沒有例外。

　　心理學在亞洲的幾個不同歷史軌跡，就在台灣這個蕞爾之島出現了「交疊」和「替代」：日本的心理學學者隨著殖民統治的結束而離開，然而他們

---

[2] 台灣大學心理學系的成立，與其說是歷史的必然，不如說是個美麗的意外。民國 35 年，時任台灣大學哲學系系主任的方東美先生，知悉台北帝國大學心理學研究室遺留了一批書籍、學報和實驗儀器，於是建議當時任教於哲學系的蘇薌雨先生籌辦心理學系。

在台灣的研究遺產，卻機緣巧合地促成了台灣大學心理學系的成立，讓那些由動盪的中國所培育出來的第一代心理學學者有了學術上的側身之地。而在一個新的地緣政治格局中，這些中國第一代的心理學學者，逐步交棒給在台灣培育出來的新一代心理學學者。心理學在台灣的發展，因此不僅僅是人的世代交替，**學術的系譜**也在新的地緣政治裡悄悄地更迭。[3]根據台灣大學心理學系早期系友的回憶，由於師資的缺乏，從心理學系畢業的優秀學生，在畢業之後轉而在心理學系擔任講師，幫忙分擔部分的教學與研究工作。這些年輕的講師，往往是在「現學現賣」的狀況下，一邊研讀美國最新出版的教科書，一邊在課堂上講授這些熱騰騰的心理學知識（黃光國，2009）。在心理學系的鼓勵與支持之下，這些積極吸收美國心理學知識的年輕講師，後來紛紛赴美深造，成為台灣在戰後的第一代留美心理學學者。由於長期接受美國心理學的薰陶，他們在返國任教之後，亦根據他們的美國經驗，積極推動心理學的體制化。[4]

因此，從文化─語言的角度來看，1949 年以後心理學在台灣的發展，相當程度是延續了心理學在中國的發展。台灣心理學的發展和體制化，幾乎就是建立在「積極學習並仿效美國心理學」的基礎上（不過由於地緣政治的關係，美國的影響更為強烈），而台灣的心理學者也繼續透過內在於中文心理學的衍指符號系統，以一種與美國主流心理學之間的換喻關係（metonymic relation），生產著對於 mind 所知甚詳、卻對「心」所知不多的心理學。

不過，相較於中國的動盪，台灣相對穩定的社會條件與學術環境讓心理學者有更充分的時間與機會進行心理學研究，而不只是譯介與教授心理學。這個**學術實踐上的改變與累積**，讓中文心理學本身的殖民性（coloniality）逐漸暴露出來。我們可以從心理學史學者 Graham Richards（1987）提出的「反身性」（reflexivity）這個概念為對照，進一步檢視中文心理學的殖民性。Richards 從歐美心理學的角度指出，心理學的屬性與自然科學有本質上的差

---

[3] 值得注意的是，這個學術系譜的更迭，在史料的散佚和口述歷史缺乏等因素下，其實已經面貌隱晦、難以辨識；這樣的狀況，更因為我們習慣把台灣大學心理學系的設立，視為心理學在台灣的開始而變得棘手，因為這個以二次世界大戰的終戰為界的學術系譜更迭，直接就被這個起源敘事給遮蔽了。

[4] 當時循著「大學畢業→留任講師→出國留學」方式赴美取得博士學位的，有柯永河先生、楊國樞先生和劉英茂先生等人。其中，楊國樞先生和劉英茂先生兩人是在美國伊利諾大學心理學系取得博士學位，而他們的「伊利諾經驗」相當程度地形塑了台灣大學心理學系後續的體制化方向。

異，因爲心理學的知識與它所研究的對象（人的心理）之間，存在著一種反身性關係（reflexive relation）。他認爲，我們可以不需要知道物理學者的物理性質，就懂得他的物理學，不用知道化學學者的化學組成，就懂得他的化學，但是我們卻很難忽略心理學家的心理學知識與他的個人心理以及他所處的風土人心之間的關聯性。[5] 換句話說，心理學是源自於在地心理生活的一門學科，某個心理範疇的適切與否，某個心理學理論能否被接受與廣爲使用，相當程度是取決於在地社群能否從它們「照見自己」，亦即，它們的意涵及所蘊含的生命關照，能否呼應人們說不太明白的感受和知覺，滿足人們希望它們可以滿足的需求。這樣的一種源生與反照的關係，就是 Richards 所謂的反身性關係。

然而，對歐美心理學來說理所當然的反身性關係，對中文心理學來說卻一點都不理所當然。相反地，中文心理學與在地心理生活之間，往往存在著一種更爲複雜的關係，而這與中文心理學內部那個隱而不顯、卻又強勢運作著的衍指符號系統息息相關。如果心理學的反身性實踐，是讓在地心理生活得以成爲心理學知識，讓在地社群藉此照見自己，那麼中文心理學的衍指符號系統，則有如一個以美國主流心理學的心理範疇、心理學理論、心理學研究方法及心理學歷史等爲理想化形象（idealized image）的內在審查機制（internal censorship），強勢主導著哪些在地心理生活的內容得以在心理學中獲得表達（what 的問題），或者以什麼樣的方式被表達（how 的問題）。這樣的中文心理學，不倚賴在地心理生活的源生滋養，因爲它的意義來源是透過翻譯，從美國主流心理學跨界而來；它也不靠中文知識傳統裡關於「心」的學問來取得思想上的養分，不僅如此，還常常打壓它們在心理學場域中的知識合法性。這種與美國主流心理學之間的鏡像關係，嚴重地扭曲了中文心理學與在地心理生活之間的關係，造成了中文心理學嚴重的「文化失語」（cultural aphasia）現象。楊國樞與文崇一兩位先生在《社會及行爲科學研究的中國化》一書的序言中，就深刻地指出了這個現象：

> 我們所探討的對象雖是中國社會與中國人，所採用的理論與方法卻
> 幾乎全是西方的或西方式的。在日常生活中我們是中國人，在從事

---

[5] Richards 並不只是用 psychology 來指涉個人心理，它既包含了個人層次的心理，也包括了社會層次的「風土人心」。

研究工作時，我們卻變成了西方人。我們有意無意地抑制自己中國式的思想觀念與哲學取向，使其難以表現在研究的歷程之中，而只是不加批評的接受與承襲西方的問題、理論及方法。（楊國樞、文崇一，1982：ii）

要發現這個與美國主流心理學的鏡像關係並不是件容易的事，而要擺脫它的影響更非一蹴可及之事。不過，1970年代台灣的政治時空，正好提供了這樣的一個機會。對於戰後的台灣來說，「美國」不僅僅是個地理名詞，也是被投注了各種美麗想像的心理範疇，這也就是說，它是作為一個「理想化的鏡像」而存在的。除此之外，美國在戰後的強權地位，也支持著台灣作為「中國」唯一代表的政治想像。然而，台灣與美國之間這種在想像維度上的唇齒相依，卻在1970年代之後開始出現裂隙。首先，是1971年聯合國承認中華人民共和國在聯合國的「中國」代表權，接著是1978年的中美建交。這兩個重大事件不僅撼動了台灣人自認代表「中國」的政治想像，也撼動了美國在台灣人心目中的理想性地位。即使台灣與美國之間的政治裂隙，隨即便由簽訂「台灣關係法」來彌合，但在心理層次上，「美國」的理想化形象及台灣人的「中國」認同，都無可避免地開始出現鬆動。[6]

或許我們可以這麼說，1970年代以後在台灣所興起的本土心理學運動，正是在「美國」的理想化形象鬆動的時空條件底下，[7] 對中文心理學的殖民性及「文化失語」現象所進行的第一波反省。這個學術運動，是在楊國樞先生的積極主導與策動之下，才開始有了基本的局面。根據楊國樞先生的說法，他自己雖然已經對美國心理學「幻滅」了，但他對於其他心理學者支不支持這個運動並沒有信心，因為他們和他過去一樣，都被美國主流心理學「洗腦」得很徹底，因此他積極串連了人類學及社會學領域的其他學者共同參與，以壯聲勢（Yang, 1997）。在楊國樞先生的合縱連橫之下，本土心理

---

[6] 例如：1970年代出現的「校園民歌運動」，就是對美國流行文化強勢影響的一種反動。當時訴求的「唱我們自己的歌」，在校園裡引起很大的迴響。另外，雲門舞集的《薪傳》，就是在1978年中美建交的當天晚上首演。《薪傳》中的「渡海」彷彿訴說著台灣人重新找到的身分認同，在當時感動了無數的觀眾。

[7] 不過，由於台灣在1987年解嚴之後，即被快速地整編到以美國為首的新自由主義經濟之中，「美國」的理想化形象並沒有因為1970年代的暫時鬆動而崩解，反而是在「全球化」、「國際化」等的新自由主義教條中重獲新生。

學運動的第一波反省，是以一種跨學科合作的方式，沿著「社會及行為科學研究的中國化」這個方向上展開的（楊國樞、文崇一，1982）。不過，在台灣的「中國」認同持續鬆動、本土意識逐漸抬頭的 1980 到 1990 年代的時空裡，「中國化」這樣的說法逐漸失去了知識上的正當性。1993 年，隨著《本土心理學研究》的創刊，本土心理學運動進入了第二波的反省，楊國樞先生在焦點論文中重新提出了「建立華人本土心理學」的這個目標，作為本土心理學運動的努力方向（楊國樞，1993）。

如果以楊國樞先生的論述為指標，來考察本土心理學運動在第一波與第二波反省在論述上的差異，我們可以發現，在第一波的反省裡，「美國主流心理學」是一個還沒有被從「西方心理學」裡分化出來加以檢視的部分，而且「西方心理學」所代表的普遍性也沒有受到質疑，因此只有「研究中國化」的必要性，而沒有「建立本土心理學」的必要性：

> 但是，心理學研究中國化的目的，並不是要建立「中國心理學」，更不是要為中國人開創一種「本土心理學」（indigenous psychology）。全世界只有一個心理學。各國心理學者所獲得的研究成果，是屬於整個心理學的研究成果；各國心理學者所建立的理論與方法，是屬於整個心理學的理論與方法。各國心理學研究的本國化，目的在使每個國家的心理學者在研究工作上更能做到「受研究者本位」（emic approach）的地步，以使各國之研究都能準確的發現其本國人民的心理與行為法則。（楊國樞，1982：181）

然而，到了第二波的反省，我們就可以明確地看到，「西方心理學」所代表的普遍性已經受到質疑，而且「西方心理學」內部的異質性也被明確地指認出來：

> 自十九世紀末葉以來，科學的心理學已有大約一百年的歷史。此種心理學創始於歐陸，而發達於北美洲的美國。美國心理學（或北美心理學）後來居上，及至二次世界大戰以後，已執歐美或西方心理學之牛耳。就戰後的國際政經組合而言，美國心理學可以說是「第一世界心理學」（歐美心理學）的代表，蘇聯心理學可以說是「第二世界心理學」的代表。至於亞洲、中東及南美等國家的心理學，

則可統稱爲「第三世界心理學」。在第一世界的國家中，在歷史的不同階段，不同國家的心理學雖然彼此互有影響，但**他們所發展的心理學基本上是一種本土心理學**。他們的本土心理學是從他們自己之社會的、文化的、歷史的及種族的特徵中直接演發而來，因而所探討的現象、所採用的方法、所建構的理念都是本土性的。（楊國樞，1993：42。粗體爲筆者所加）

因此，**作爲普遍眞理的心理學（人類心理學或全球心理學）變成了未來式**，必須要在各個本土心理學的合作努力之下（近乎聯合國模式），才有實現的可能。即使這樣的反省已經有了長足的進展，但是「美國主流心理學」並沒有明確地從「美國本土心理學」裡區分出來，因此美國主流心理學以統計科學與實驗法爲「正統」的霸權性及排他性，並沒有得到進一步的檢視與批判，因此也看不見台灣心理學與美國主流心理學之間的鏡像關係，以及這樣的鏡像關係對台灣心理學「本土化」的不利影響。

　　如果要進行上述這些更基進的反省，就不得不檢視美國主流心理學是「如何」成爲心理學研究者內在或學科內部的審查機制。不過在這之前，與「內在殖民」（internal colonization）相關的概念（例如：「西化」或更指陳問題核心的「美國化」等），必須先進入本土心理學論述的問題意識（problematic）才有可能。這樣的反省，在楊國樞先生於 1997 年回顧自身學術歷程的專書論文〈本土化西化之華人心理學〉（Indigenizing Westernized Chinese Psychology）中開始現出端倪，他使用「西化」（westernized）和「美國化」（Americanized）等語詞，來指陳自己在成爲心理學者的過程中所經歷的內在殖民以及華人心理學的殖民處境（Yang, 1997）。[8]他接著在 2000 年的《亞洲社會心理學刊》（*Asian Journal of Social Psychology*）發表〈單一文化與跨文化本土取徑：平衡發展全球心理學的康莊大道〉（"Monocultural and Cross-cultural Indigenous Approaches: The Royal Road to the Development of a Balanced Global Psychology"），系統性地把「西化心理學」的概念整合進他對不同「本土心理學」取徑的析辨當中（Yang, 2000）。直到 2005 年，楊

8　雖然殖民主義（colonialism）從來就不是楊國樞先生所慣用或愛用的論述，但他所描述的個人經驗和華人心理學的學科處境，和第三世界的知識分子所進行的殖民主義反省，在經驗層次上並無二致。

國樞先生在〈本土心理學的意義與發展〉一文中，從美國本土心理學對非西方國家的「宰制性影響」這個角度，以最犀利的話語，清楚指陳出西化心理學的虛假與無用：

> 非西方國家的西化心理學不切實際，無助於對當地民眾之心裡與行為提出有效解釋，所以是一種沒有多大用處的心理學。尤有進者。西化心理學完全孤立於當地人的文化傳統與社會脈絡，所提供的是一種既無視傳統又脫離現實的假知識。非西方心理學的這種現況必須加以改善。（楊國樞，2005：12-13）。

從個人成為心理學者的「西化／美國化」歷程與幻滅，到析辨出心理學在台灣的「西化／美國化」現況，本土心理學論述在楊國樞先生這裡已經初步形構出一種反省心理學的「內在殖民」現象時所不可或缺的問題意識。在這個問題意識下，不管是「西化」還是「美國化」，本土心理學運動所要對抗的並不是「外部的敵人」（例如：美國的心理學），而是得面對和抵抗在美國主流心理學強勢影響下被扭曲的精神結構和學科內部的知識權力關係（亦即，當前台灣的心理學界以美國主流心理學為理想化形象所造就的個人及學科內部審查機制）。

從文化失語到人文異語

以上，我大致鋪陳了心理學東進中文世界的歷史脈絡，也指出了在這個歷史過程中造就出來的「中文心理學」本身的殖民性以及它的「文化失語」現象。此外，我也從這個「心理學東進」的歷史脈絡，分析了本土心理學運動在台灣的興起，並以楊國樞先生的論述為例，釐清了本土心理學運動在論述上的反省層次。在這個基礎上，我相信上述的「余德慧現象」應該可以得到較為適切的理解。

首先，我在 2012 年的《余德慧教授紀念學術研討會》所發表的〈「文化心理學」的實踐之路〉一文中就曾經指出，「余德慧老師在《張老師月刊》這個心理學話語的實踐場域，其實一直在呼應著本土心理學運動在學術場域

內的進展」，而「以『問卷調查式的訪談』爲主的『中國人心底的故事』，就是余德慧老師在「中國化」論述前期的發言位置」（彭榮邦，2012）。不過，余德慧老師在《張老師月刊》的耕耘，對於當時的心理學界來說，最多只能說是「不務正業」，還稱不上是個「異數」。對於台灣的心理學界來說，余德慧先生的「異數」行徑，應該是從 1989 年他在美國完成了兩年博士後研究返台之後開始的。

余德慧先生原本在台灣接受的是正統的科學心理學訓練，不過在美國的兩年博士後研究期間，卻在柏克萊大學的開放學風及奧勒岡大學的文化人類學的薰陶之下，完成了學術路線的「改宗」，從以統計科學與實驗法爲基底的科學心理學，轉向了以詮釋現象學爲基底的人文心理學。這個由「科學」往「人文」的轉向，對於台灣當時的心理學界而言是陌生而不可理解的，因爲多數心理學者所接受的是美國主流心理學的訓練，不僅對於詮釋現象學這類歐陸哲學的語言相當陌生，也很難從他們的學術背景中找到接應之處。因此，當余德慧先生開始在台大心理學系開設「詮釋現象學」、「詮釋心理學研究法」、「文化心理學」、「敘說心理學」等人文色彩濃厚的課程，甚至以詮釋現象學的方法指導學生的碩士論文時，他所用的語言及方法，都成了師法美國主流心理學的學者或學生們聽不懂的「異語」及「異術」。

但如果我們把余德慧先生的人文轉向，放在「心理學東進」的這個脈絡來看，他對科學心理學的背離，正體現了對美國主流心理學強勢主導的心理學話語的抗拒。他個人逆著整個學術社群的「任性」轉向，讓中文心理學內部以美國主流心理學爲鏡像的意義鏈出現了缺口，打開了心理學話語的另一種可能性（異語）。不過，異言異語或許能夠引起一時的騷動，但卻很難造成長遠的影響。要理解余德慧先生的異言異語爲什麼能夠有「魔咒般的力道」，長期吸引著學生與讀者，我們就不能不從「語言的功能」這個切入點來加以檢視。

德國哲學家海德格（Martin Heidegger）的詮釋現象學在余德慧先生的人文轉向中，一直扮演著非常重要的角色，他在 1996 年於《本土心理學研究》發表的〈文化心理學的詮釋之道〉，就旗幟鮮明地標舉海德格的思想，以海德格的「寓居於世」（being-in-the-world）作爲人存在的底蘊，闡述文化心理學的知識基礎：

海氏揭露的「早就在了」的根本性，使得我們對「世界」的根本理

解也有了新的起點：就人「早就在語言之中」而言，我們是沿著語言自身的肌理紋路發現或尋找到「實在」，而不是以語言的指涉意義再現實在；在後者「再現」的觀念裡，使得「實在」如同「機器裡的鬼魂」，被語言捕獲住：文化心理學必須在此處拒絕從「語言再現實在」的第二義下手，而依著海氏的指點，轉到語言的原生之處，才能使文化作爲「實在」發現的基礎。在語言的原生層次，日常語言裡我們找到了生活經驗，在科學語言裡我們發現了物相的實在，在詩的語言裡，我們碰觸了詩意。（余德慧，1996：151）。

我們可以看到，余德慧先生在這裡強調的，是語言在原生之處的功能：語言並不是用來再現實在，相反地，人早就在語言之中，我們是「沿著語言自身的肌理紋路」發現或尋找到「實在」。他在 2005 年出版的《詮釋現象心理學》一書中，引用海德格在《走向語言之途》中的文字，更清楚地點出了他認爲心理學應該要關注的，正是這種原生的、由生活經驗的感觸而生的語言：

當我們關心或專注某事物，它感動、壓迫和觸動著我們，而我們又尚未找到適當的文字。這時，語言似乎在遠離、在遠去。不過，就在這種語言的逃離和遠去中，語言的本質觸動了我們，如果我們的想法是從未在語言中出現的，則我們能否適當地將它說出，其根本的關鍵就是：到底語言給出或隱蔽適當的文字？若語言給出適當的文字，則我們就可將之適當地說出：若語言隱蔽起來，則我們便無話可說了。在這種情況下，能否適當地將它說出，其最根本的關鍵不是人，而是語言。（余德慧，2004：30）

這種從生活經驗的感觸裡適當地給出的語言，其實就是最初的心理話語，也是中文心理學在形成的過程中，由於衍指符號系統的強勢運作而失落了的「心」的話語。而心理學如果要貼近在地心理生活的豐富意涵，擺脫「文化失語」的困頓，就不能不關注這種感觸性的語言，並且想辦法讓它成爲心理學話語的基石。

余德慧先生的人文轉向，正是建立在這個對「心」的話語的深刻理解之上，而他的實踐，則是展現在兩個不同的言說位置：一個是作爲《張老師

月刊》刊頭文章的作者，一個是作為學院裡的人文心理學學者。作為一個作者，他從個人的生活經驗出發，或許讓生活裡的感觸引動抒情的筆，或許是藉由現象學的敏感度切換視角，再娓娓道出許多人深有同感、但卻難以言說的心事。作為一個人文心理學的學者，他在課堂上指陳科學心理學「有知識的無知」，看不見在地心理生活的豐富性；在打破科學心理學的專斷之後，他帶著學生學習如何現象學地「看」眼前的事象，從而發現它們未曾被道出、但卻又貼切的豐富意涵。或許就是這樣，他的語言充滿著「魔咒般的力道」，讓《張老師月刊》的讀者每個月都期待著讀他的刊頭文章，讓學生即使畢業了也還會到他的課堂上聽課。而他從奧勒岡大學帶回來的田野工作方法，也讓原本被美國主流心理學話語箝制著的中文心理學，不得不向在地生活世界迥異於美國社會的他異性（alterity）敞開自己，謙卑地在失語的困境裡尋找適切的語言。他超過二十年的「異數」行徑，早就已經開花結果，當初他細心指導的學生與一同共事的後輩，身上都帶著他埋藏的種子，他點燃的生命微光。

　　我想，余德慧先生帶給台灣心理學的，或許是一種人文的凝視吧。總是要探到生命底層的、深情而專注的凝視。

參考文獻

余英時（1991）：〈中國知識分子的邊緣化〉。《二十一世紀》，6 期，15-25。

余德慧（1996）：〈文化心理學的詮釋之道〉。《本土心理學研究》，6 期，146-202。

余德慧（1997）：〈本土心理學的現代處境〉。《本土心理學研究》，8 期，241-283。

余德慧（2004）：《詮釋現象心理學》。台北市：心靈工坊。

宋文里（2012）：《文化心理學的浴火與重生》。「余德慧教授紀念學術研討會——在地的迂迴，遠去的歸來」發表之論文。台北市：國立台灣大學心理學系，2012 年 12 月 8 日。

杜正勝（1991）：〈形體、精氣與魂魄──中國傳統對「人」認識的形成〉。《新史學》，2 卷 3 期，1-65。

高覺敷（主編）（2009）：《中國心理學史》。北京市：人民教育出版社。

彭榮邦（2012）：〈「文化心理學」的實踐之路〉。「余德慧教授紀念學術研討會：在地的迂迴，遠去的歸來」發表之論文。台北市：國立台灣大學心理學系，2012 年 12 月 8 日。

黃光國（2009）：〈本土心理學的知識論目標〉。載於黃光國主編：《儒家關係主義：哲學反思、理論建構與實徵研究》，頁 1-24。台北市：心理。

黃光國（2010）：〈全球化與本土化：論心理學本土化的意涵〉。《陰山學刊》（社會科學版），23 卷 1 期，5-17。

楊國樞（1982）：〈心理學研究的中國化：層次與方向〉。載於楊國樞、文崇一主編：《社會及行為科學研究的中國化》，頁 153-187。台北市：中央研究院民族學研究所。

楊國樞（1993）：〈我們為什麼要建立中國人的本土心理學？〉。《本土心理學研究》，1 期，6-88。

楊國樞（2005）：〈本土化心理學的意義與發展〉。載於楊國樞、黃光國、

楊中芳主編：《華人本土心理學（上）》，頁 3-54。台北市：遠流。

楊國樞、文崇一（主編）（1982）：《社會及行為科學研究的中國化》。台北市：中央研究院民族學研究所。

葉啟政（2012）：感懷德慧。取自 http://yeeder.blogspot.tw/2012/12/by_11.html.

劉　禾（2008）：《跨語際實踐：文學、民族文化與被譯介的現代性》（中國，1900-1937）（第二版）。北京：三聯書局。

劉　禾（2009）：《帝國的話語政治：從近代中西衝突看現代世界秩序的形成》（楊立華等譯）。北京：三聯書局。

鄭發育（1952a）：〈高山族的色彩好惡〉。《台灣風物》，2 卷 2 期，4-5，23。

鄭發育（1952b）：〈高山族的智力測驗〉。《台灣風物》，2 卷 4 期，2-4，5。

鄭發育（1958）：〈賽夏族性格之研究──用羅爾夏測驗法〉。《中國民族學報》，2 期，25-32。

鍾　年（2008）：〈反思中國近現代心理學的發展軌跡〉。《心理科學》，31 卷 5 期，1181-1184。

羅志田（1996）：〈傳教士與近代中西文化競爭〉。《歷史研究》，6 期，77-94。

羅志田（1998）：《民族主義與近代中國思想》。台北市：東大。

羅志田（2002）：〈送進博物院──清季民初趨新士人從「現代」裡驅除「古代」的傾向〉。《新史學》，13 卷 2 期，115-155。

羅志田（2007）：〈士變──二十世紀上半葉中國讀書人的革命情懷〉。《新史學》，18 卷 4 期，頁 189-233。

Blowers, G. (2006). Origins of Scientific Psychology in China, 1899-1949. In A. C. Brock (Ed.), *Internationalizing the History of Psychology* (pp. 94-111). New York: New York University Press.

Blowers, G., Tat Cheung, B., & Han, R. U. (2009). Emulation vs. Indigenization in the Reception of Western Psychology in Republican China: An Analysis of the Content of Chinese Psychology Journals (1922-1937). *Journal of the History of the Behavioral Sciences, 45*(1), 21-33.

Foucault, M. (1980). Two lectures. In C. Gordon (Ed.), *Power/Knowledge: Selected*

Interviews and Other Writings, 1972-1977 (pp. 78-108). Brighton, Sussex: Harvester Press.

Richards, G. (1987). Of What is History of Psychology a History? *The British Journal for the History of Science, 20*(2), 201-211.

Yang, K. S. (1997). Indigenizing Westernized Chinese Psychology. In M. H. Bond (Ed.), *Working at the Interface of Cultures: Eighteen Lives in Social Science* (pp. 62-76). London; New York: Routledge.

Yang, K. S. (2000). Monocultural and Cross-cultural Indigenous Approaches: The Royal Road to the Development of a Balanced Global Psychology. *Asian Journal of Social Psychology*, 3(3), 241-263.

16 心理諮商與倫理諮商之間

現象學的觀點

龔卓軍

李維倫：龔卓軍老師是位哲學家，今天所談的問題為倫理諮商。今年三月底四月初，龔老師聘請國外學者 Richard Zaner 到國內演講，Zaner 在醫院的臨床經驗，發展出倫理諮商。對現代醫學之疾病，人要如何面對，不僅是心理問題，還是倫理問題。倫理諮商的議題是我們共同關心的領域，希望今天龔老師和我們在心理諮商方面會有很多意見相互交換。

演講內容

龔卓軍：很高興能來這裡將這幾年關心的問題作一報告，題目是心理諮商與倫理諮商之間，或從心理諮商到倫理諮商，副標題是現象學的觀點。首先要談這樣的題目，維倫老師也提到我今年 2 月份到杜根大學參與一門短期現象學課程，是從列維納斯的哲學出發，企圖發展對心理治療的觀點。整個課程持續大概一個星期，主持的老師是西雅圖心理學系的老師昆斯，這是一短期的講座，每年都會為博士班學生安排。昆斯寫過一本書，在講強跟弱之間的辯證，其副標題很清楚，想以列維納斯的哲學來發展心理學的另一典範。其中有一篇文章問到：是什麼要素讓心理治療具有治療性？他這篇文章一開始就談到，具有心理治療性的是倫理的責任，倫理性的責任可分成三個方面：第一、樸實（Simplicity）；第二、謙卑（Humility）；第三、耐性（Patience）。我們在課堂上討論的主要教材是《倫理與無限》（*Ethics and Infinity*），透過對話的方式，列維納斯提出他主要的哲學主張。

在過程中我就有一特殊感受，回到台灣之後愈來愈清楚，好像本來在

列維納斯所講的，到昆斯課堂討論中變成一個原則、一個規範，或道德教訓，若我們關心的是心理治療的知識如何運作才會有效的話，但他告訴我們的卻是我們要負倫理的責任、對倫理的知識要保持一個樸實的態度，這是Simplicity；雖然我們學過很多心理治療的知識，但必須要在臨床上隨時提醒自己將這些知識放下，面對病人各種變化和請求我們不能執著在自己設定的模式中，這是 Humility；當我們自己有情緒時，不能蓋過病人的情緒，這是Patience。這似乎以另一種倫理的語詞來取代臨床上面必須要注意的原則，這倫理似乎比專業倫理的原則更深。但這樣的倫理會不會有空洞化的危險？

所謂空洞化的危險是，我們都知道，這難道不是道德教訓？這牽涉到昆斯在表達上會讓人困惑的地方，當他提到讓治療能成為具有效果的是倫理上的責任，這是要我們負責嗎？還是有別的意思？在表達上我一直無法抓得很清楚，但回來之後我重新思考、重新看列維納斯的東西，或許問題是出在列維納斯而不是昆斯。列維納斯的語言是否在講一種道德教訓？這些道德教訓運用到心理學上有何幫助？後來我重新思考，我發覺好像所有心理學知識和道德教訓之間還有另一思考，這樣的思考也許是列維納斯提醒我們要去思考的一個空隙，我的意思是，除了我們學了很多心理治療的知識和技巧之外，我們還會提醒自己要憑著良心做事，那中間呢？這個模糊地帶這是你不清楚的。心理治療的知識和技巧是不是真的有效？當你不清楚的時候，你要秉著良心做事，這對心理治療或病人本身有無直接幫助？當我們陷入這模糊狀況時，或許才是昆斯要談倫理問題的起點，但這不是我們一般談的專業倫理的問題。

我們將這樣的起點、思考稱為存有學的思考，存有學的思考是對人的存在的思考，有一整體性，希望重新看待知識的問題。具體而言，今天若要幫助一個人究竟要讓他認識自己，還是要讓她在人際關係上有一定位，還是兩者都要？在工作時，我們純粹將它當作知識性的工作？還是我跟它之間倫理性的工作？這之間有一糾結，我們若純粹將這樣的工作純粹當作知識或技巧，我只是在操弄這些知識或技巧；我希望對方達到新的狀況，但我做的是符合科學要求客觀知識的操作。那麼，當我們抱持這樣的態度從事這樣的工作時會遇到怎樣的問題？這問題就是，若我們的知識是有問題的話，若我們的知識本身有其語言或文化的限制，是否這樣的模式對所有人都有效？或者說，知識有一個優先順序，這對治療者的自我來講有保護作用，我自認為客觀，我操作的和對方和我都沒有關係，這樣客觀的工具可以改變對方的存

在、可以幫助他，如果不能幫助他，這也是工具的限制，我們就繼續改正這樣的工具，問題是，誰來改正？改正的可能性若發生在治療過程，如何可能？還是我們總是事後才發現該怎麼做？若是事後發現的話，操作的過程若是在嘗試，對於我們和想幫助對象的關係上，對方是否永遠只是一個客體，而我是操作這知識的主體。從列維納斯存有學的思考來講，這樣的分裂勢必會造成主客二分的緊張關係，若病人知道你操作的是哪一套知識，怎麼辦？若這套知識可傳遞，其造成的反轉在治療關係中我們還能用怎樣的知識處理？似乎無法處理，那變成一個信任、關係的問題。在知識的限度上、有限性上，我們看到另一層次存有學的思考，人對關係的要求可能比他對知識的要求更優先。這樣的命題要進一步加以說明，對倫理的要求優先於對知識的要求。

我們不從形上學的角度談列維納斯所提出的責任（responsibility）的問題，是否能證明，在心理治療上，這樣的倫理關係會比其他有關技巧和知識會更重要？舉例說明，現象學家 Van den Berg 寫過一本書叫做 *A Different Existence*。前面提到病人或被治療者覺得無法信任你時，這牽涉信任、關係、倫理的問題，這和心理治療的知識之間有何關係？他認為這是很根本的關係，其根本性在於，若有人來尋求或不得不作心理治療，Van den Berg 認為他遇到的不是知識的瓶頸而是孤單、孤獨的狀況但無法跟別人分享，若你讓他認為你只是在操作一些模式，讓他覺得不能再信任你，他好像沒有遇到真實的你，當他無法信任你或和你建立一個好的關係時，他其實複製了他原來所受到的創傷，他就是因為無法與人分享、因為處於孤單的狀況才來找你。所以 Van den Berg 在這本小說裡針對心理治療知識做了這樣的討論和分析，他針對傳統的精神分析的基本概念心理動力學來做現象學還原，他在這樣的還原中首先提到四個概念：

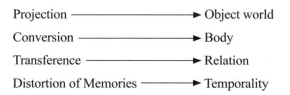

一般在心理病理學上，如果病人覺得孤單可能這四個方面會有症狀。第一個顯現在他跟外在世界的關係，也就是產生一個投射（Projection），

一個有名的例子是，一個年輕人走到街上去覺得所有的房子都要倒下來，後來他不敢出去。這樣的投射被視爲是他的幻想、幻覺，當這種幻覺轉換到更具體的方面像背痛、頭痛、腰痛等，這些轉移（Conversion）到身體的症狀表示他有些問題無法談論出來。第三個部分是會將其問題轉移到人際關係中（Transference），這在精神分析上是一種轉移，不管情緒或妄想的轉移，好像都可以客觀發現這樣的症狀。另外是，在記憶上過去和現在是斷裂的（Distortion of Memories），所以他對時間、未來的感受在心理疾病顯現的狀況上也是斷裂的。

Van den Berg 要檢討的是，傳統的心理動力學認爲這四個方面是病人的內在出了問題，這問題躲藏在裡面，非常實在地被包在那邊，但問題是我們要如何將之抓出來，就像將一條蟲抓出來。若能以心理學知識和技巧將這條蟲抓出來那就是成功的心理治療，這是非常實在的心理領域。但 Van den Berg 要回過頭來看，若不以這四個診斷來看這些現象，而是我們作爲平常的健康的人，我們有沒有這些現象？我們會不會有投射、轉移，會不會聽到某句話就生氣？會不會遷怒他人？或者說，我們在某些狀況下的記憶會不會混亂、扭曲？既然一般人都會發生這些狀況，對外在的環境、自己的身體、人際關係、時間的感受，我們都會有類似病人的狀況，那我們和病人的差別在哪裡？有人會說：對呀，其實我們都是病人，只是嚴重程度不一樣而已。但我們可不可以說出本質上的差別？要嚴重到何種程度才需要治療、幫助？

Van den Berg 給的答案是：當他無法 share 的時候。平常覺得蠻好的感覺今天突然覺得不一樣了，但我們若可以分享，表示我們在另一個地方遇到心理上的障礙或不喜歡的事情，我們可以發現自己在遷怒他人或發現自己的記憶混亂了，當這可以 share 出來的時候就不會有情感上的波動一直在困擾著，但病人的狀況是無法說出的，無法給出一個出口，他會在那邊轉，這些症狀會形成一獨立發生的狀況反過來影響其生活。Van den Berg 說，我們爲何不用右邊的四個範疇來思考心理病理學的本質？是否一定要用精神分析用的語詞？他覺得這是牽涉到心理治療知識的問題。這兩組範疇所牽涉到的知識和運用知識的態度是不一樣的。

當我們將心理治療的知識技巧化時，我們就必須在存有學的預測上假設人的心理區域有一塊封閉的區域，而症狀就在其中，所以會有病因，病因轉換出來就會變成左邊這四個範疇，所以，我們用這四個語詞的時候，其知識的邏輯就是去尋找那個問題的源頭，但若我們使用的是右邊的這四個範疇

時，我們就有和一般人經驗可溝通之處，如何溝通？病人之所以有嚴重的問題，是因爲無法跟別人說，但若去思考他和這四個部分之間的關聯，對 Van den Berg 而言，這四個關聯是有整體性的，此整體性牽涉到現象學精神醫療所認爲的，心理治療知識要有存有學的基礎，此基礎就是，我不是只是針對一症狀而忽略整個人的存在。反過來，我要說出這是一個症狀，我若要給出一個診斷的話，我必須要對其整個存在有所瞭解或切入，我必須要在其存在的結構上，問題不會只是單純顯現成爲一個症狀，而是展現在其整個生活的四大方向：跟物的關係、跟身體的關係、跟別人的關係、對時間、記憶的想法。

從這角度上來講，Van den Berg 認爲心理治療的知識要有存有學的基礎，理由何在？例如：Van en Berg 在書中講到的例子，這是容格的個案，Van den Berg 要重新還原潛意識的概念，什麼是潛意識？究竟有沒有潛意識？若剛才前面這四個精神醫療的範疇預設的就是潛意識，若潛意識的壓抑是作爲問題的根源的話，現象學的思考就是進一步要去解構這些概念。容格的例子是，有一女人在晚宴之後回家的路上聽到馬車在後面，別人都往路的兩邊閃開，但她卻是往前跑，跑到馬車前面給馬車追，狀況很危險，馬車車伕很凶悍想趕走女人，而女人還是發瘋似地往前跑，差一點就要跳到河裡去，還好旁邊有人將她抱住，她昏倒了，從此以後她經常昏倒。她去找容格，容格運用其自由聯想的方法，讓這女人去講一些事情，女人講著講著突然想到在八歲的時候曾經騎馬，當時遇到的馴馬師傅很兇，就像那天在馬車上的師傅，她因此非常緊張而從馬上掉下來，受到非常大的驚嚇。容格想：這不就是潛意識嗎？

但個案離開之後，容格覺得怪怪的，爲何過去的經驗在十七年之後的這個環節上才跑出來？爲什麼？他一直在問這問題，但他覺得若繼續問案主，案主也不知道。我們也可以用精神科的分析方法，也會得到佛洛伊德式的詮釋，要將過去的驚嚇重演一遍直到度過爲止。但這讓容格感到懷疑，爲何要經過十七年的壓抑才突然在這種狀況下浮現出來？他覺得事有蹊蹺。後來他到處問才發覺，那女人那天宴會送一個朋友的太太，這太太因爲心理疾病要去療養院，宴會完之後幾個朋友送這太太去坐火車，之後走在街道上遇到馬車。容格又問：那太太爲何要去療養院？原來案主和太太的先生有婚外情，她被馬車追完昏倒之後就被送回到朋友家，大家走後就剩下男主人照顧她，那個晚上兩人又發生曖昧事情。這樣的發現讓容格重新思考，當我們用潛意

識、科學概念會不會犯心理治療知識的問題？當擁有這些知識、技巧時，我們在操作上很順利就以為我們達到了病人症狀的核心，但事實不只如此，所以容格要我們重新想一些事情。

這四個範疇，容格的懷疑是從時間點開始，為何這件事情是和十七年的事件相關而不是和其他事件相關？為何會以昏倒的方式？為何跟馬？為何跟治療師的關係會講到八歲的事件？是她故意的嗎？好像都不是，所以容格在問：潛意識到底是什麼？Van den Berg 討論至此回到其基本想法，他認為，所謂潛意識，不能說這女人是故意的說出這些經驗，不然這就會非常複雜，因為她還必須預期到馬車會在那時出現，這樣她才會昏倒，昏倒之後才會被送到那男人家裡去等等等，但這一連串的過程並不是在意識層面上能思考得到的，但我們怎樣去看待？

在這討論中，Van den Berg 擱置了潛意識的討論，在這之前他討論自我蒙蔽的現象，當我們專注在一事情上，我們會忘掉我們的身體，忘掉我們跟外界的關係，當我們如此專注、如此投注我們的 passion 於一焦點事物時，而這一焦點事物又造成我們的 passion 無法跟人說的障礙時，這也就是症狀要發生的時候。若回到原點，跟外在世界、跟身體、跟人際關係、跟時關係，若有些事情無法解釋、無法堆一個說法，但又是我專注的。

不管是怎樣的場景，若回到這四個範疇而不是單純地把症狀解釋為精神分析的四個界定，我們似乎可以看到病人受到的苦是 Van den Berg 所說的 solitude，發生婚外情這件事不能說，在這一點上她是孤單的。當無法對別人說又要刻意避開投注力量的專注點時，她在要求一個適當的倫理關係，但這關係對她來講又是不合倫理的。在這種狀況下，治療師有兩個層次的倫理：第一、我本身要處理這個求助者的問題的焦點很可能不是他自己不知道，而是他不知道怎麼講，因為不知道如何面對那關係，不知道怎樣面對會在自我蒙蔽的過程中轉化成其他症狀，他不會察覺。我要將之稱為潛意識也可以，但有何用？真正的問題不是要指出潛意識是什麼，而是要怎樣幫助他去面對他。或者其問題是在於在兩性的關係上她有很扭曲的想法，那扭曲在其觀念層面更複雜。這第一個層次似乎要牽涉到治療者本身在倫理上的認識，對於人倫道德關係的認識上才能抓到病人無法跟別人分享的孤單受苦的經驗。第二個層面是在存有學上，倫理為何要優先於知識？若認為知識或技巧是最重要的，一旦掌握知識或技巧我們可能就會志得意滿，病人可能會對你說：沒錯你真的很厲害，我八歲發生過這種事。容格若在這時覺得從知識來看沒有

問題，就不會有後面的發展，對容格而言之所以會有後面的發展，會牽涉到列維納斯 responsibility 的問題，是不是有另一種激情（passion）？這女人有另一種激情但又不能講，這種情緒波動的狀況會走到有症狀的顯現或需要治療，這激情顯然在結構上有其問題，是倫理的問題。

但我們來看心理治療師，若心理治療者要幫助別人，但若把激情放在知識上會有何後果？若將激情放在另一層面，倫理的層面，後果會不一樣。在倫理層面，當容格感到很困擾時，要回答這困擾就要用別的方法、採取行動弄清楚，這時候的苦是治療者本身要去承受的，而這苦的目標不是自我滿足，而是將別人的苦帶進到自己的存在，這是列維納斯的 responsibility 所講的狀況。開始對順利行使的知識產生懷疑，當覺得有些感覺不對勁時，如何去面對這種不對勁、模糊的感覺？這時才顯現出來我們是抱持著知識的原則還是倫理的原則。這對容格來講，要繼續花力氣去瞭解，這樣的瞭解是在挑戰自己原先的想法，而這樣挑戰的後果會造成自己的分裂。把別人移至自己心理層面，將其模糊性放在那邊再慢慢釐清的過程，這是 responsibility 的第一個過程。

另一個是，對容格和女案主之間的關係，其 responsibility 是要弄清楚這案主真正的問題或關係出在哪裡，而不是出在小時候，案主在不知不覺的自由聯想之間給出治療者要的答案，同時將自己掩蓋在倫理的困境中，這對治療者而言，治療者也要提醒案主如何去負責任，對自己的存在、情感、性的態度。所以這樣的倫理責任，若談到這層面就不單純了，這複雜的層面比較不是在一種一套套知識的操作學習上，而是在現代化的知識之外，他並不反對科學知識，科學知識有一核心，科學知識的初衷是要認識原本不知道的，但當這知識被摹本化（mimicking）、普遍化之後，可以跟其他領域都不相關，變成一個封閉獨立的實體，問題只是在於工具對或不對，這對列維納斯而言，這會違背科學原本要發現、認識其所不知道的他者的存在的初衷，這對列維納斯或昆斯而言，他們所要演展出來的新的心理學的層面是，是否依然保留用這種部分去面對不是這麼容易就被操弄的他者的狀況。

從 Van den Berg 舉出容格的例子還牽涉到敘說的問題。若不透過語言的道說將內在的問題暴露出來形成一個對話，我們也很難一下子在意義層面上去瞭解病人的生活世界的結構。對 Van den Berg 而言，敘說不是唯一的依據。他說一個人的生活層面像一張地毯，把地毯掀起來，最後都會掀到其他部分。不管是跟哪一個部分的關係，Van den Berg 在書中所舉的例子都在說

明，若落入這樣的窠臼，很可能就將病人的問題給階段化。

接下來，同樣問題也發生在倫理諮商，R. Zaner 到台灣來提出倫理諮商的概念，他可以在醫生要求下與病人、病人家屬會談，幫助他們面對倫理問題，這和心理諮商有很核心的關聯。Zaner 也是用現象學的路徑，現象學是很解構的，要回到事情本身，不管有多少語言、操作模式，在當下面對事情時其鮮活度不是語言可以掌握的。現象學也認為，嚴格的科學，要在當下完全開放地面對當下狀況發生的模糊性，心理治療、心理諮商、倫理諮商都是一層面，Zaner 的兩本書都提出很多工作中的案例。首先我要提的，也是 Van den Berg 對精神分析所提出解構有關的想法，我也會從列維納斯的角度來加以詮釋，雖然 Zaner 不認為他的東西和列維納斯有關聯。現象學有其限制，但列維納斯發展出有趣的點。

Zaner 有關倫理諮商的問題，在醫療倫理傳統上有四個倫理原則：自主性、正義、行善、不要造成傷害。有趣的是，Zaner 去台大演講之前和我聊到，有一學醫療倫理的醫生和他談到這四原則的想法，讓他覺得有點尷尬，因為他自己一輩子都在反對這四個原則，理由何在？理由跟先前提到的例子有關，先前所提到的心理治療的倫理會遇到的問題在醫療倫理也有，但問題是在臨床的狀況下，通常我們會不知所措，不知用哪個原則。一個是知識的態度，一個是倫理的態度，當以知識的態度面對當下的狀況時，可能病人跟家屬聽到時會有情緒反彈，這些原則是否能因應臨床狀況的複雜性？譬如自主性的原則要求，是否所有病人只要拒絕或要求怎樣的醫療，我們都要尊重？還是中間有某些模糊的地帶？這和法律、政治有關，台灣很多醫院要成立倫理委員會，但要問的是，這四個原則之間排序若不一樣，有些人認為自主性最重要但有些人不這麼認為。

Zaner 舉了很多例子，他舉了自己母親的例子，他母親一輩子都是獨立自主的人，非常開朗，但晚年生病之後變得愈來愈陰鬱且喋喋不休，非常挑剔，不喜歡別人和自己。母親曾試著跟哥哥住一段時間，但彼此受不了。在此狀況下，母親自己要求到療養院，去了之後她簽了預立遺囑，當無法復原時就不要做急救。我覺得比較重要的是，他母親臨終前的狀況，她在昏迷時，有一個資深醫生但不是主治醫師堅持要先做神經學方面的檢驗，要經過一天，但他媽媽已經簽預立遺囑，所以所有維生系統不應該繼續，但醫生沒看到預立遺囑，雖然後來發覺，但他媽媽已經被插管。在此狀況下，若是尊重病人的自主性，是不是應該撤離所有維生系統，但契約上說：在不可回反

的狀況下。但醫生認為，病人雖然昏迷但他不知道她是否已經不可回反，他不知道她腦中損傷的程度，所以要作二十四小時的檢驗；這中間就有了模糊地帶。此外還有更模糊的東西，醫生可能在推測這兩個兄弟在做什麼？兩兄弟是不是希望媽媽快死？在醫生講話的過程中透露了這樣的想望，他認為不應該這樣，但這兩兄弟跟媽媽活在一起，他們瞭解媽媽簽了這樣的預立遺囑，但醫生說即使有這樣的規定還是要去確定是否不可回反，所以此模糊地帶透過了一個更模糊的。但醫生憑什麼去懷疑這兩兄弟？其背後動機是什麼？其懷疑並不表示其人格有問題，而是他總要做出一個回應，他總要給自己一個說法，當我們覺得無法跟對方討論時，我們會以之前的某種想像或偏見來解釋對方的行為意義，這是一般在溝通上的狀況。後來，Zaner 堅持讓主治醫生自己決定，要一個神經科大夫立刻做檢驗，不要再做其他檢驗，很快一個醫生在幾個小時之內就認定媽媽腦部損傷嚴重，不做急救。

在這過程中，我們首先看到自主性原則不清楚，彷彿是資深醫師錯了；第二，簽了契約，但這是法律層面，那法律在當時還算蠻新的，在醫生不清楚法律的狀況下從正義層面做合理的懷疑。為了讓事情有比較好的發展，也就是基於做好事的原則，醫生也希望讓事情變得好一點，不管其動機為何，另一方面，這兩兄弟也希望事情變得好一點。當說到不傷害，母親若已經昏迷，插管會傷害到誰？傷害到兄弟的情感？但這四個原則在此狀況下要怎要去排序、解決？是否要坐下來討論這四個原則？那是在當下的反應，每個人都會有一個情感的指向與波動。這種情感波動的來源與去向超越四個原則之層面，從 Zaner 的觀察中，當代倫理學的問題已經不是去討論倫理知識的問題，而是如何運用這些知識的態度。

是否有新的原則可以被討論出來？或許從 Van den Berg 到 Zaner，用現象學來思考既有心理學或倫理學知識的現象學家，他們都有實踐之知，其基礎是對人的存在、對知識、對倫理、對人的慾望的各種現象必須有一個通盤的瞭解，但如何能在有這些通盤瞭解之後避免又產生封閉性？現象學本身有無可能也產生類似的封閉性？或許列維納斯和其他現象學家不一樣的地方就在於，他不像海德格以非常清楚的方式去詮釋存在的焦慮，他當然受到海德格很深的影響，但他將重點放在他者。他者在助人的問題上會顯現出的核心現象包括：脆弱性；此脆弱性是當我們看到別人的臉時，我們不知道他在想什麼、有何感覺，但當他展現其無助、脆弱時，譬如病人變成病房中大家關注的焦點，但他是最脆弱、沒有 power 的人，相較於其他人顯得虛弱，這種

對比關係的形構基礎對列維納斯或昆斯剛好顛倒過來，整個倫理的問題是從不協調、不平衡開始，如果大家一切都沒事、很多事情都有個說法、有個出口，就不會有心理或照顧上的問題，但問題就是在於有人失能、在生活上有問題而過不去，明顯地讓我們看到這種脆弱性，而這樣的脆弱性就形成很奇怪的力量，表面上看起來很脆弱，卻會產生一個核心，此核心就像一個重力場，把所有有能力的人、設備等都召喚聚集過來去回應這樣的脆弱性。當旁邊的人更有力量、更有知識、更有權力、以這麼多的資源幫病人解決問題，會形成一麻煩問題，具有 power 的人會形成一封閉性，這種封閉性讓人認為我自己是強的、健康的一邊，我將你當成一個對象，用我的技巧、知識來幫你解決問題，這對列維納斯而言，這只是讓我們的自我變得更強大，我來幫助你有一個上對下的關係，我如果成功我就證明了我的能力。列維納斯認為，真正的問題顯現在：**怎樣回反到跳脫出這樣純粹知識的態度來面對脆弱的現象？**否則，那只會讓脆弱的人更脆弱。這部分也是我想跟各位討論、請教的問題。

這是一個很微妙的問題，脆弱者作為一個核心，當他知道自己是一核心時，他也會發出一些力量，這些力量也會影響周邊的人，也可形成周邊者的受苦或創傷。在照顧當中，心理治療或臨床倫理，是否這個核心部分就是我們如何面對脆弱性的問題？我認為 Zaner 想對脆弱感做比較多層次的揭露，以他母親的例子，第一、他哥哥也不知道怎麼辦？第二、醫生看起來強勢但他也不知道怎麼辦，但他馬上跳到自己習慣的模式中去解決這問題，此模式就是要變得很強勢，不去問對方，因為問太多要開始承擔對方給出的東西。有趣的就是：怎樣去承擔？承擔是整個吞下去還是另一種承擔？Zaner 將之變成敘說，有沒有一種敘說具有承擔性又有轉化？我會說有，但必須有哲學性，我不是故意要抬高哲學，Zaner 在第六章討論的自主性或自律性在美國文化中如此普遍，在醫療系統中也很尊重這種自主性，但他媽媽死的過程也發生這種狀況。第二層是，他媽媽在這種文化中生活一輩子，很怕耽誤孩子的生活，又很怕去養老院終老，所以他發覺媽媽可能是自殺的，這對於尊嚴的追求，希望死是操在自己手上的願望竟然要如此難堪地達成，在此情況下，自主性的觀念是否無法無限上綱？該如何討論其限制？台灣愈來愈多人討論病人的自主性，但自主性的限制何在？不管是文化脈絡或人的根本存在，我們有哪個部分可以完全不依賴別人？自我的存在在整個人的存在架構中如何被設定出來？這樣的分享除了將故事說出，還必須做存有學、哲學上

的探究，但這終究是沒有用的，因爲沒有當下的作用，就像心理治療師開始去探索案主的整個生活狀況時，那個 passion 在當下的運作中是沒有用的，因爲很模糊，你並不知道有沒有用或有什麼用，你只有一個熱情想去瞭解更多，去忍受、承擔另外一面，這樣的無用熱情或許才是從脆弱性去發現新的倫理原則，這樣的情感波動才是核心。這樣的核心回到關於自我的問題，會不會在心理治療裡所要面對的自我問題，在倫理上要求治療師的自我對於脆弱性的感受與承擔，是自我本身或其 psyche ego 必須像列維納斯所說的像 maternal body，像媽媽的身體，它有其模糊性但有孕育的能力，孕育東西還可以養育，這身體是給出養分的身體，但本身不是一個像拉岡建立陽具式的態度，那還是落在知識論的模式上。回到昆斯的課上所講的，他就用這樣的模式、觀念──母性的身體──去詮釋心靈在最大範圍上之所以具有倫理性是否是我對心靈的認識能達到最大的限度，在 maternal 核心中永遠有 Other 的存在，容許模糊性，容許不同時間或概念在其中發生的空間。

綜合討論

余德慧：是否請龔老師澄清一下 Van den Berg 左邊精神分析語言、病症語言，心理的眞實感覺在精神分析是心理投射，若有任何身心上的問題，當他在路上走路時覺得很多建築物都倒向他，但這個在整個分析上是身心症；第三、轉移是在談治療者跟病人，Van den Berg 則放到更大的關係上。第四、也是在講男病人，小時候爸爸怎樣對待他，他對很多記憶都是扭曲的，他是透過男病人的例子當作一個代表名詞說明精神分析。在我們的看法中，若精神分析認爲心理眞實感是投射出來的，右邊說那不是投射出來的，而是一個對象世界，指的是我心有所念、我心有所指，那世界就在我心有所念有所指的情況下有所成形，我對這世界因此有所認識。這樣的觀點有兩個意思：第一、包含投射也包含眞實的物質世界，換言之，其對象世界是一個擴大，擴大了佛洛伊德的投射而增加了對象性，Van den Berg 在那本書後來並未眞的否定佛洛伊德。同樣將 conversion 放大，這在現象學談的可能就不是衝突，在精神分析中其實是身體的一部分，是身體這個現象裡被結構化的內容，是被結構化的清楚的內容。同樣地，轉移是關係中的一種，記憶是時間

性的內容性徵。原來龔老師各在放在一邊，若在生活世界都會有其直接性，被馬車追的女人有其所愛的男人，其身體中充滿熱情，關係存在，掌握趁虛而入的時間點，所以容格所提的四點幫 Van den Berg 顯露出生活世界，好像可以直接了當地將病症顯露出來，不必訴諸於精神分析的投射，而生活世界除了投射還包括對象性。如此看來，是否我們不需將這二者分裂，精神分析會不會是被過度化約的語言？其語言並不見得不存在於現象學中。

　　林耀盛：龔老師剛剛提到心理諮商跟倫理諮商的關係，其中很重要的是面對脆弱的他者時，心理治療者究竟會啟動怎樣的力場？在傳統的基因技術上，會比較去思考怎樣展演同理心、怎樣增加個案的 ego strength，但現在反過來要去看到脆弱性與力場差異性的存在，但在臨床的現場上，在和個案對話時可能呈現出來的是語言結構的優先性，在現場中個案所浮現的經驗、或現象學上的意義，現場的語言結構很容易支配治療者。在訓練上，治療者比較在思考當個案說出這語言時去掌握案主的意圖、回應接話的過程，可能在現場被啟動的還是在這樣的過程中，會形成實踐之知的無法落實，變成現象學的觀念又會變成一個守則，可能又造成心理治療學科本身在被教導的過程中形成一個困境，本來沒有這些概念，慢慢被認識，現在大家也都可以去談心理治療倫理諮商的必要性，但這種必要性回到實踐之知時有時又變成原則而導致過度之知而無所適從。在比較實務上的啟發？

　　第二、在現象學中，從 Van den Berg 提到的心理現象，是一個不可被分享、不可被言說，所以所謂的心理病理是在被孤立的位置形成聲音，在心理治療過程中語言的優先性，有時沉默、迂迴的語言，在很多時候，語言就是談話療法，但語言終究是不夠的，語言在心理治療的優先性跟經驗、知覺、身體比較起來如何？

　　龔卓軍：關於精神分析語言的問題，我剛提到解構的概念，Van den Berg 是否認爲精神分析語言是無用的，或許可以這麼說，他在書中操作的過程先將這些語詞放入括弧，回到生活世界去演展其內。例如他談到的兩個現象：幻覺與妄想，幻覺時就放到投射在物的關係上，而妄想就放到人際關係上，例如會覺得有人要害他。我會覺得 Van den Berg 可能並不一定要取消精神分析的語言，而是要更細部地回到生活脈絡裡，這樣或許可以避免一個問題，也就是給出一個自圓其說的病理現象的邏輯卻可能在生活層面上忽略到其他重要的層面。我覺得 Van den Berg 只是在提醒這個，他並未有要取消的意思，但還是要對這樣的語言保持一個距離，免得很快就落入成套的語言分

析，這就牽涉到林老師語言結構的問題。

余德慧：是不是在你的分析中意味著，若採用左邊的語言會落入分析的自圓其說？

龔卓軍：不一定，要看左邊可否連結到右邊語言，有非常多具體內容，具體的內容可以形成相互解釋的關係，要給出病理學的診斷之前其基礎是在右邊的名詞，右邊的名詞要先加以認識。

余德慧：你的態度是，投射是可以乾巴巴的，也可以很活，可以都講機制語言而形成一套精神病理學。

龔卓軍：若太快陷入機械性語言，那是科幻小說，被關進療養院的主角說的話都沒有人聽懂，最後是最不起眼的人聽懂，因為他用的是右邊的語言。很快地用機械性的語言架構在行為上會形成知識的障礙。

余德慧：現象學分析跟精神分析是怎樣的關係？

龔卓軍：我在美國遇到另一老師，她翻譯列維納斯的書，她給我一篇文章，其副標是，列維納斯用倫理的潛意識去挑戰現象學分析的倫理。我覺得這篇文章有道理地方在於，精神分析這樣比較起來像一個形上學，它給一個大的 map，指出人是這樣地活著，但這不同於傳統的形上學，因為其所描寫的是整個自我跟外在，包括物跟世界跟其他人跟時間運做的邏輯。這樣一套形上學的問題在於，它很可能落入傳統形上學被機械化操作，像柏拉圖的形象學，而失去與現象本身實際上的連結。從這角度來講，現象學跟精神分析的關係，若精神分析像當代的有內容的形上學，在提供一套方式去解釋所有在生活中的行為、所講的話、人際關係等，現象學就是在提供豐富形上學模糊性的部分，若生活脈絡就是這種形上學的血肉，現象學提供具有說服性的方式讓形上學不乾枯掉，重新詮釋或解構的工作。也許精神分析被醫療化之後已經失去這樣思考的能力，但現象學還保持這樣的努力，它把語言重新放入括弧連結到現象本身，讓形上學活過來而具有倫理的效果，不會輕易將之當作知識的工具放在操弄上，並將人的存在、人的關係做整體性的思考，這樣的思考讓我有能在應該停下來想的時候而停下來想，這是現象學提供精神分析使之不要完全醫療化，但現象學本身很難建立一個清楚的形上學。

余德慧：現象學變成是中間的墊腳石，精神分析透過現象學這個墊腳石而朝向倫理的行動世界過去。我們要避免精神世界乾枯而朝向現象學，但現象學不是其目標而只是方法而去掉內在機制語言為優先的危險，避免自己的乾枯透過現象學生活世界直接性的東西但要奔向倫理。

龔卓軍：我同意現象學只是方法，但具體倫理必須要指向、要處理的問題要不斷重新具體化，因爲現象學會不斷描述人經驗到的內涵，它給出的範疇比較大，可以去回到具體的現象去描述原先以爲是這樣範疇的東西其實牽涉整遍的內涵是什麼，現象學的方法是讓精神分析避免失去其倫理基礎的方法，現象學的方法牽涉的是一基本的態度，這態度的核心是倫理。

余德慧：至此我已經有點滿意了，我眞正的問題就是說，當年佛洛伊德出來之後，大批從德國流亡出來的反對佛洛伊德的人，他們提出來的新精神分析是非常倫理的。新精神分析運動雖然沒有成功，後來跟進的人不多反而法國拉岡那邊重新轉彎。我想，若今天一樣要接續反佛洛伊德的觀點的話，其實紐約那些精神分析學家越過了現象學，他們只是直覺瞭解到好像有某東西 missing。我們的另一個企圖是，若已經熟悉現象學這個方法，我們大可再發展另一種新精神分析。

龔卓軍：關於語言結構的問題，治療者會去抓當下的語言，也就是所謂的過知之知。怎樣跳出這樣的問題？Zaner 在實務訓練上會請不同領域的專家，有些跟遺傳醫學有關、有些是跟基因，任何一個領域都會牽涉法律、專科知識、最新技術發展、臨床上照顧者、病人和家屬等問題，採取的是一個師徒制透過臨床，在領域中跑得最前端者在課堂上做最清楚的呈現，在這樣脈絡下問題的呈現不會只是課本上的也不會只是成套語言的，這些專家可能都還講不清楚生殖醫學侵入性的治療會有怎樣的倫理問題，在不同案例、地方會呈現不同的衝突，這種過知之知比較好的面對方法就是回到更生活世界的語言。在實務訓練上，不斷提供不同領域的知識會激盪一些新的想法，但在另一層面對於過知之知，最後還是要做些哲學的思考。就心理學方法論來看，很多問題的根本還是哲學問題，就像老子所說的：爲學日益、爲道日損；我們減去不必要的語言以及太多內心獨白的干擾，學著跟哲學家對話。在這邊，爲何要提哲學？因爲哲學會攪亂你原先認爲很穩定的知識架構、語言架構，眞正的哲學架構是就你原有的架構重新組合去形成另一個新的邏輯，從這個角度來講，我們已經不是單純再去學一個哲學家的語言，而是一個哲學的態度，這個哲學態度是在生活層很多時候必須停下來思考，但學生問我要思考什麼？我反問他臨床狀況都很急迫嗎？他說倒不一定，只是有時候大家都僵在那邊，不知道要想什麼。哲學是一個思考的態度，可以讓我停下來，停下來之後可以有一些思考。

第三個問題是，回到語言的優先性，病人無法言說、分享其孤立和寂寞

時，但還是要透過語言的中介，有些無法言說的脈絡比較難以營造，比較難以操作，我覺得有一關鍵部分還是在於人格的問題。不管語言在怎樣的狀況下運作，在治療關係中還是會連結到對整個人的信任，短時間內很難看到這點，但在長期的關係裡面，人格的部分一定會顯現出來成為最大的背景，我並不憂慮語言本身會形成問題。我從 Zaner 學到一些特質，他很多話，但這會讓跟他講話的人很放鬆，他會透過幽默的方式去確定你跟他的關係，但他覺得重要的事情還是要拿捏其分寸，這是人格養成的問題，他怎會變成這樣我也不知道。

聽眾提問 1：談到醫病關係，我的基本困惑是，每個人存有的差異很大，在心理治療中心理治療者如何可能和被治療者共存？在物質變動如此頻繁、人的狀態流動如此大的情況下，醫者和病者之間有同理的可能嗎？

聽眾提問 2：你提到脆弱者變成力量中心，我們一直將人當作對象進行研究，我好奇的是，為何生命變成一個那麼高的價值存在？

龔卓軍：第一、在當代文化脈絡下有這麼多的文化，心理治療如何可能？第二個問題是倫理形上學，醫病之間是否有可能同理？就現實狀況，台灣在這部分很糟，很多事情沒有邊界，也沒有原則，這就像 SARS 發生時，衛生署開始討論醫療倫理，要建立醫療倫理的規範，但討論建立之後又如何？我們身處兩難的狀況下，因為沒有共識所以要建立共識，但以法律的方式將共識變成法條或大家都要去接受的，這樣的過程可能忽略掉剛剛講的倫理問題中非常重要的部分，就是對病體的想像、對家庭的想像，其忽略掉的重點是，好像心理治療者只是一個技術員，甚至在面對媒體時想要操作的語言都是以操作的姿態出現去講出很多機械性或病理性的語言。

在我看到的這些學者身上倒不是這樣，他們是人文學者，是更廣義的哲學家，哲學家不是指讀哲學系的人才叫哲學家，而是對整體性的問題有所思考，這種思考不是展現在去呼籲大家建立倫理的規範或在法律上建立法案來解決事情，他們表現的重點都不在這邊，而是花很多力氣在生活世界模糊性的地方。雖然我不知道這社會問題怎形成，但我可以問、可以察言觀色、我可以去學、我可以去看別人面對這些問題時的複雜程度，這樣一開始會很累，不像一般學者關在研究室做學問就可以，但是這樣的學術是建立在這部分的付出上，花很多力氣在實務場域中去證得概念的內涵，並不是很隨便地提出病理學的認知，當他們提出這樣的知識或檢討時，在很多層次上都考量過了，包含實務工作的反芻。

在台灣有一點悲劇性，也就是說，在大學教書會怪說事情太多，我們的勞動跟能作研究的時間非常不平衡，但西方社會也是在這些過程中掙扎出來的，外在條件雖然很差，但人文學者或哲學家做這樣的思考可影響很多人，可以具有長久的價值，此價值也間接促成社會比較穩定的倫理關係之形成，我覺得其原動力就是比較奇怪的激情。你不知道你能不能做出來，你也不知道你的身體或作法能否承擔，但這是一個嘗試的過程。這些學者都是用一生的努力來支撐其學說，而不是因爲要寫這樣的書才去過那樣的生活，我覺得這過程或許才是影響現代性理性的核心。像 Zaner 這樣的學者，他有勇氣去投入沒有規格的場域，他至少累過十年，這牽涉到一個態度，如果你沒有一個堅實的卻有點模糊的價值在運作的話，（……）表面的東西終歸表面。

第二個問題，關於脆弱、爲何如此重視生命的價值，孟子講過：不忍人之心，列維納斯是以 Other 的問題來談。我們沒有辦法在我們面前看到別人結束其生命，這是作爲所有倫理原動力不可解的起源，這起源也讓我們在很多地方重新思考是否不該把人純粹當作知識的對象來處理，其所指的核心現象是這個部分，孟子並未談到這個層面。列維納斯認爲，在此基礎上，若有人的生命在我的存在面前受到威脅，我的存在、時間、資源、各種能運用的能力會被他挾持，我會不得不去面對他，不是我想要幫助他而是我不得不去面對。

聽眾提問 3：是不是有一股力量，追求永恆、不朽。脆弱者已經要離開了，但相對我們，我們是否爲了生命而生命，要保存，而且要保存得更好，沒有辦法保存就結束生命，可是在醫院我無法結束自己的生命，這很弔詭，形成倫理上的困境……。

龔卓軍：這問題蘊含著若不將生命的價值看得很高該怎麼辦？就是很難處理這個問題，這問題很細，如果我說，其實你死了也好？但我憑什麼這麼說？我有什麼立場這麼說？因爲是你死不是我死，我又不知道死是怎麼回事，死是一了百了，但我不知道你死後到哪裡去，我沒有辦法判斷死亡這個最大的 Other，它是在生另一邊的東西，我對它非常敬畏，這種敬畏最大的顯現就是，當別人要死，我無法判斷，我只能完全去尊重，但我們不可能去設定你死對你是好的。這部分從列維納斯來講，我們只能站在生的一邊，這是不平等的狀況，可是誰能解決是其變成平等？我可以透過宗教或某種教訓告訴自己說死沒什麼不好，我應該好好接受，但旁邊的人怎麼想？若他信的是不同的宗教？我也可以說我死無所謂，但別人如何去判斷你最後一刻鐘說

的無所謂是說給自己聽的還是真的完全沒問題？所以才需要很龐雜的過程去確定這樣的意念所具有的意涵，所以在有意無意間就將生的價值抬得很高，我們不可能站在死亡的一邊去討論死的問題，我們永遠只能在生的一邊談，面對這麼一個 Other 時，你的激情就會跑出來，但沒有出口，你不知道那是什麼，對於別人可能面對的死亡變成倫理的來源，我們會有這樣的激情從中浮現出來而形成你說的對生命的價值出現過度的重視。

聽眾提問 4：面對他者的脆弱使我們無條件地投入，但治療者要不斷面對不同需要被治療的人，治療者若都將問題放在其心上會導致枯竭，要有怎樣的界線使治療者不那麼快就枯竭了？有無可能在翻轉的時候還是有界線？

龔卓軍：這問題蠻好的，如果覺得列維納斯的哲學有道理的話，我們常會變成很忙的人，但自己投入的程度究竟該到哪裡？病人在潛意識狀態下，但治療師不能如此，他會有一些 suffer，但治療師的 suffer 跟被治療者的 suffer 在不同層次，治療者要忍受澄清的過程，澄清的目標必須變成意識層面上的東西，我要能傳達被治療者在潛意識上說不出口、無法澄清的核心，我要能說出來或使他能去面對，這是所有界線的基礎，亦即，治療者要保持意識。如何透過恰當的思考或敘說去區分出你提出的 suffering 的問題，我覺得這似乎是比較根本的，意思是，之所以會覺得耗竭、枯竭，除了一般實務上的問題例如時間安排不當、一下子接太多 case，當我們承接對方太多痛苦，若我們對他的狀況保持一個意識，或是在意識層面去瞭解這種狀況的意義，應該在意識層面上比較容易將他跟自己區分開來，否則我自己無法給自己好的說法，我承載太多時我會怪他，整個耗損狀況就會出現。若思考本身有很多模糊的點，思考還是要回到精神分析的知識、心理治療分析反思的知識，好的心理治療師在這些層次的能力應該都是足夠的，讓他有能力在思考邏輯上作區分，將所做的事情做一清楚釐清的工作，甚至透過失敗的案例想很多清楚的原則，失敗就不見得會耗竭，思考、寫作、反省與理論上的翻新也是焦點。

（2004 年 5 月 3 日發表於花蓮國立東華大學臨床與諮商心理學系之演講稿。該系今已更名為諮商與臨床心理學系。）

附錄

余德慧教授生平簡介及學術成就

《尋找食物》

余德慧青壯年時期

生平簡介

余德慧教授（1951.1.10-2012.9.7），台灣省屏東縣潮州鎮人，國立台灣大學臨床心理學博士。曾任國立台灣大學心理學系副教授、國立東華大學族群關係與文化研究所教授、國立東華大學諮商與輔導學系（現更名為諮商與臨床心理學系）創系主任、慈濟大學宗教與人文研究所教授。主要講授：本土心理學、文化心理學、人文諮商、宗教經驗、宗教療癒等課程。曾任《張老師月刊》總編輯、張老師文化公司總顧問、心靈工坊文化事業公司諮詢顧問召集人。

余德慧教授是台灣心理學界的另類分子。他像個素樸的偵探，喜歡在日常生活之中尋找疑點，在人生圓滿之處捕捉隙縫。他主張把人「逼到底線」，他曾說：「人生就是一場『破局』，要把這個破局當成站立點；人要懂得『下身落命』，把自己放到最低點；要『為失敗而活』，在崩毀感中過日子。」他認為生命原本就是在喜樂／愁苦、高峰／低谷、重生／死亡之間「進」與「出」，而生死大事則是終極的「進」與「出」。

　　1983 年，余德慧教授取得博士學位。爾後，他則積極從事於臨床心理學研究及教學，並逐漸體悟到人的生活世界與其所處社會之文化、經濟、政治等息息相關，於是他萌生念頭，毅然邁出研究室，走入人群。

　　1987 年，余德慧教授赴美國加州柏克萊大學進行博士後研究，埋首於醫療人類學，同時也浸淫在詮釋現象心理學、宗教與臨終照顧等研究領域。

　　1989 年自美返國，余德慧教授已清楚看出強調靈性生命的心靈學是未來的趨勢，這門學問將引領人類瞭然人生的終極關懷，教導人如何建立一個真誠的生活。

　　1992 年，他與恩師楊國樞教授在台大心理學系開設了國內首門「生死學」課程，深受學生喜愛，每堂課幾乎都大爆滿。

　　1995 年，余德慧教授移居花蓮國立東華大學任教。起初，余德慧任教於該校族群關係與文化研究所，開設民俗與宗教、宗教與文化等課程，並積極參與在地社區工作，1996 年執行花蓮第一個文建會推動之社區營造計畫，在光復鄉推動原住民社區／部落營造規劃案。之後，他也在壽豐鄉豐田社區等地方繼續推動社區工作，並於 2009 年籌設「花蓮鄉村社區大學發展協會」，余德慧並擔任理事長。

　　1997 年起，余德慧教授在花蓮慈濟醫院心蓮病房擔任志工，開始接觸臨終病人，親身參與，體證生死。

　　2002 年余德慧教授擔任國立東華大學諮商與輔導學系（今更名為諮商與臨床心理學系）的創系主任。2006 年 8 月，余德慧自國立東華大學退休，轉任慈濟大學宗教與文化研究所（今更名為宗教與人文研究所），此時，他重新開設「生死學」、「臨終照顧」、「人文諮商」等課程，以歐陸哲學家齊克果、海德格、列維納斯、德勒茲等人的思想為經緯。

余德慧教授才情出眾，學通古今，曾任台灣第一本人文心理雜誌《張老師月刊》總編輯；擔任總編輯期間，他開創新穎的本土心理學研究領域，多次榮獲行政院新聞局頒發的雜誌類金鼎獎。他在《張老師月刊》撰寫的刊頭文章，至今仍予人深刻印象，其優美文學作品《生命夢屋》、《情話色語》、《觀山觀雲觀生死》、《生命宛若幽靜長河》、《生命史學》、《生死無盡》等均由此結集成書。他同時擔任張老師出版社總顧問，暢銷書《前世今生》、《西藏生死學》即是在他策劃下完成的。

2000 年成立的心靈工坊文化事業公司，余德慧教授是主要催生者之一，他並擔任諮詢顧問召集人，將身心靈整體療癒的觀念帶進出版界，引進探討生病心理學的《病床邊的溫柔》、省思醫療倫理的《醫院裡的哲學家》與《醫院裡的危機時刻》、探究生命終極關懷的《道德的重量》，以及他最珍愛的靈性療癒經典《好走：臨終時刻的心靈轉化》等前衛好書。他在生死學與臨終照護、宗教療癒的創作也非常豐富，例如：《詮釋現象心理學》、《生死學十四講》、《台灣巫宗教的心靈療遇》、《臨終心理與陪伴研究》等，均是他中晚期的重要著作。2009-2012 年，余德慧教授於慈濟大學主持「人文臨床與療癒研究室」，並以「人文臨床」等觀念，結合人文社會學科與人類受苦現場，以探究其人文深度。

2012 年 9 月 7 日，在愛妻顧瑜君教授及慈濟醫療團隊的柔適照顧之下，余德慧教授浸潤在靈性恩寵之中，泰然辭世。余德慧教授過世之後，他的友人、學生於 2014 年將他平日授課的講義與言論，編輯成《宗教療癒與生命超越經驗》與《宗教療癒與身體人文空間》二書，開創了台灣宗教療癒理論思想之先河。

余德慧教授深信：死亡可以不是悲劇，而是一種恩寵。

學術著作

書籍

余德慧（1978）：焦慮的自我控制訓練。台北：大洋。

劉兆明、余德慧（1982）：讀書與考試。台北：張老師。

余德慧（1983）：看遍心底事。台北：張老師。

西田幾多郎（1984）：善的純粹經驗（鄭發育、余德慧譯）。台北：台灣
　　商務。

余德慧（1986）：台灣民俗心理輔導。台北：張老師。

余德慧（1987a）：孤獨其實是壞事。台北：張老師。

余德慧（1987b）：男兒心事不輕談。台北：張老師。

余德慧（1987c）：心理資訊。台北：張老師。

余德慧（1988a）：老實做人。台北：張老師。

余德慧（1988b）：一個心理學家的筆記（一）。台北：張老師。

余德慧（1988c）：一個心理學家的筆記（二）。台北：張老師。

余德慧（1988d）：一個心理學家的筆記（三）。台北：張老師。

余德慧（1988e）：一個心理學家的筆記（四）。台北：張老師。

余德慧（1988f）：回首生機。台北：張老師。

余德慧（1988g）：但願無悔。台北：張老師。

余德慧（1991a）：中國人的青春崇拜。台北：張老師。

余德慧（1991b）：中國人寬心之道。台北：張老師。

余德慧（1991c）：中國人的自我蛻變：破繭與超越。台北：張老師。

余德慧（1992a）：中國人的生命轉化：契機與開悟。台北：張老師。

余德慧（1992b）：心靈魔法師：心理治療案例解析。台北：張老師。

余德慧（1994a/2010a）：生命夢屋。台北：張老師。

余德慧（1994b/2010b）：情話色語。台北：張老師。

余德慧（1995/2010c）：觀山觀雲觀生死。台北：張老師。

余德慧（1997）：生死無盡。台北：張老師。

余德慧（1998a）：生命史學。台北：張老師（與李宗燁合著）。

余德慧（1998b）：詮釋現象心理學。台北：會形。
余德慧（2001）：詮釋現象心理學。台北：心靈工坊（增訂再版）。
余德慧（2003a）：生死學十四講。台北：心靈工坊。
余德慧（2003b）：生命史學。台北：心靈工坊（增訂再版）（與李宗燁合著）。
余德慧（2004）：生死無盡。台北：心靈工坊（增訂再版）。
余德慧（2006a）：臨終心理與陪伴研究。台北：心靈工坊。
余德慧（2006b）：台灣巫宗教的心靈療遇。台北：心靈工坊。
余德慧（2010d）：生命宛若幽靜長河。台北：張老師。
余德慧（2013）：生命詩情。台北：心靈工坊。
余德慧（2014a）：宗教療癒與身體人文空間。台北：心靈工坊。
余德慧（2014b）：宗教療癒與生命超越經驗。台北：心靈工坊。

學位論文

余德慧（1977）：道德行爲的自我判斷與他人判斷的差異。未出版之碩士論文，國立台灣大學心理學研究所。
余德慧（1983）：壓力刺激關係覺知的效應研究。未出版之博士論文，國立台灣大學心理學研究所。

期刊論文

余德慧、楊國樞（1977）：違犯行爲的自我判斷與他人判斷的差異。中華心理學刊，19 期，頁 111-124。
余德慧（1984）：考試壓力的情緒與因應認知在時間向度的互涉關係。中華心理衛生學刊（1），頁 57-65。
余德慧、夏先玟、李啟源（1985）：恐懼的心理孵化機轉。中華心理衛生學刊，2 期，頁 87-103。
Yee Der-Heuy (19??). Junior high students' problem behavior, sense of family belonging and the search for help. *The Chinese Guidance Association Journal, Vol.15*, 19-30.

Yee Der-Heuy (19??). A preliminary study of fear incubational mechanism: A proposal of dual coding process. *Chinese Journal of Mental Health,Vol. 2,* 87-103.

余德慧、楊國樞、Barnes, B. K. (1990). An inquiry into Confucian socialization related to the development of juvenile delinquency〔儒家社會化與青少年罪犯之發展〕。中華心理學刊，32 期，頁 75-94。

楊國樞、余德慧、吳英璋（1991）：台灣青少年的正常及異常徵候群：量化區辨與心理剖析。國家科學委員會研究彙刊：人文及社會科學，頁 260-279。

余德慧、徐臨嘉（1993）：詮釋中國人的悲怨。本土心理學研究，1 期，頁 301-328。

周汎澔、余玉眉、余德慧（1994）：準父親初次陪伴待產及生產之經驗歷程。護理研究，2 卷，4 期，頁 359-370。

余德慧、蔡怡佳（1995）：「離合」在青少年發展歷程的意義。本土心理學研究，3 期，頁 93-140。

周汎澔、余玉眉、余德慧（1995）：準父親初次陪伴待產及生產之護理需求。護理研究，3 卷，4 期，頁 376-386。

余德慧（1996a）：文化心理學的詮釋之道。本土心理學研究，6 期，頁 146-202。

余德慧（1996b）：文化心理學：文化的存有與存有的文化之間。本土心理學研究，6 期，頁 245-257。

余德慧、陳斐卿（1996）：人緣：中國人舞台生活的秩序。本土心理學研究，5 期，頁 2-46。

余德慧、蔡怡佳（1996）：親子「離合」關係與離家問題。諮商輔導文粹，1 期，頁 1-29。

余德慧（1997a）：公義的階段論堪疑，公義的社會意識堪議。本土心理學研究，7 期，頁 213-220。

余德慧（1997b）：凸顯己意，六經皆為我文註腳。本土心理學研究，8 期，頁 141-152。

余德慧（1997c）：本土心理學的現代處境。本土心理學研究，8 期，頁 241-283。

余德慧（1997d）：社會之殘餘：情色文學的出身。社會文化學報，5 期，頁 1-17。

余德慧（1998）：生活受苦經驗的心理病理：本土文化的探索。本土心理學研究，10 期，頁 69-115。（出版日期爲 2000 年，出刊日期爲 1998 年）

崔國瑜、余德慧（1998）：從臨終照顧的領域對生命時光的考察。中華心理衛生學刊，11 卷，3 期，頁 27-48。

徐嘉宏、吳英璋、余德慧（1999）：鄭發育教授（1916-1996）：台灣實驗心理學的奠基者。中華心理學刊，41 卷，2 期，頁 113-120。

余德慧（2000a）：從心理學的面向探討後現代生命倫理的實踐。本土心理學研究，14 期，頁 157-196。

余德慧（2000b）：臨終病人的事實處境：臨終的開顯。安寧療護雜誌，5 卷，2 期，頁 29-32。

余德慧、顧瑜君（2000）：父母眼中的離合處境與現代倫理意涵。應用心理研究，6 期，頁 173-211。

余德慧（2001a）：心學：中國本我心理學的開展。本土心理學研究，15 期，頁 271-303。

余德慧（2001b）：殘破家園的心理學方法。應用心理研究，9 期，頁 16-20。

余德慧、石世明（2001）：臨終處境所顯現的具體倫理現象。哲學雜誌，37 期，頁 60-86。

石世明、余德慧（2001）：對臨終照顧的靈性現象考察。中華心理衛生學刊，14 卷，1 期，頁 1-36。

余德慧、李雪菱、李維倫（2001）：臨終過程與宗教施爲。生死學通訊，5 期，頁 4-21。

余德慧（2002）：追索敍説自我的主體〔評論〕。應用心理研究，16 期，頁 214-217。

余德慧、劉宏信（2003）：台灣民間宗教虔信者的「啟蒙神學」。新世紀宗教研究，1 卷，4 期，頁 63-94。

黃正璋、余安邦、余德慧、黃曉慧（2003）：文化主體在悲劇現象中的展演及療癒——以武界布農人生活處境為例。本土心理學研究，19 期，頁 109-148。

余德慧、李維倫、林耀盛、余安邦、陳淑惠、許敏桃（2004）：倫理療癒作為建構臨床心理學本土化的起點。本土心理學研究，22 期，頁 253-325。

余德慧、劉美妤（2004）：從俗智的啟蒙到心性與倫理的建構——以一個慈惠堂虔信徒網絡療癒為例。新世紀宗教研究，2 卷，4 期，頁 71-117。

余德慧、釋道興、夏淑怡（2004）：道在肉身——信徒於臨終前對其信仰之追求探微。新世紀宗教研究，2 卷，4 期，頁 119-146。

余德慧（2005a）：倫理主體作為生活世界的療癒向度：華人臨床心理學本土化的一個可能途徑。本土心理學研究，24 期，頁 3-5。

余德慧（2005b）：華人心性與倫理的複合式療法——華人文化心理治療的探原。本土心理學研究，24 期，頁 7-48。

余德慧、石世明、夏淑怡（2005）：縱深時間與沉默皺摺。安寧療護雜誌，10 卷，1 期，頁 54-64。

石世明、張譯心、夏淑怡、余德慧（2005）：陪病伴行：癌末病房志工的良心照路。安寧療護雜誌，10 卷，4 期，頁 395-411。

許敏桃、余德慧、李維倫（2005）：哀悼傷逝的文化模式：由連結到療癒。本土心理學研究，24 期，頁 49-83。

余德慧、石世明、夏淑怡（2006）：探討癌末處境「聖世界」的形成。生死學研究，3 期，頁 1-58。

余德慧、石世明、夏淑怡、王英偉（2006）：病床陪伴的心理機制：一個二元複合模式的提出。應用心理研究，29 期，頁 71-100。

余德慧（2007a）：現象學取徑的文化心理學：以「自我」為論述核心的省思。應用心理研究，34 期，頁 45-73。

余德慧（2007b）：台灣生命教育的社會文化介面及其論述的生產。教育資料與研究，專刊，頁 117-128。

余德慧、李維倫、李雪菱、彭榮邦、石世明（2007）：An Inquiry into the Cultus of Living and Dying of Chinese People。慈濟大學人文社會科學學刊，6 期，頁 1-34。

余德慧、林耀盛、李維倫（2007）：東方心靈的內在織錦。應用心理研究，35 期，頁 11-14。

李維倫、林耀盛、余德慧（2007）：文化的生成性與個人的生成性：一個非實體化的文化心理學論述。應用心理研究，34 期，頁 145-194。

林耀盛、李弘毅、余德慧（2007）：生病作為一種倫理事件：洗腎者病程經驗的現象詮釋。本土心理學研究，28 期，頁 79-139。

余德慧（2008）：Social Betterment in the Realm of Practical Ethics in Taiwanese Society—In Search of a Missing Link。慈濟大學人文社會科學學刊，7 期，頁 25-63。

余德慧、李維倫、林蒔慧、夏淑怡（2008）：心靈療遇之非技術探討：貼近病人的柔適照顧配置研究。生死學研究，8 期，頁 1-39。

余德慧、余安邦、李維倫（2010）：人文臨床學的探究。哲學與文化月刊，37 卷，1 期，頁 63-84。

余德慧、許雅婷（2010）：民間宗教的「他界」修行。台灣宗教研究，9 卷，1 期，頁 87-110。

Yee Der-Heuy, Yu An-Bang, & Lee Wei-Lun (2010). Bodywork in the Clinical Humanities. *Journal of Humanities Therapy, 1*: 49-81. Korea: Humanities Institute, Kangwon National University.

余德慧（2011）：修行療癒的迷思及其進路。慈濟大學人文社會科學學刊，11 期，頁 86-108。

余德慧（2012a）：巫作為心理文化原初本體的形構論。哲學與文化月刊，39 卷，6 期，頁 7-20。

余德慧（2012b）：轉身臨終者主體樣態：臨終啟悟的可能。哲學與文化月刊，39 卷，12 期，頁 17-40。

余德慧、李維倫、林蒔慧、99頌缽團（2012）：頌缽者療遇初探（1）：頌缽之音與心靈冥視關聯之探討。應用心理研究，54期，頁105-131。

Yu An-Bang & Yee Der-Heuy (2012). Compassion in Action: Cultural Counseling as an Indigenized Application of the Clinical Humanities. *Philosophical Practice, Journal of the APPA, 7(3)*:1105-1120.

余安邦、余德慧（2013）：「人文諮商」做爲臨床本土化的實踐路線：遠去是爲了歸來。應用心理研究，58期，187-231。

專書篇章

Yee Der-Heuy (19??). School Community Resource. In W. T. Wu (Eds.), School Counseling. Chapter 21, pp.391-408. Taipei: Teacher-Chang Publish Co..

Yee Der-Heuy (19??). A Theoretical Framework of Behavioral Therapy. In Lain-Toun Chung (Eds.), *Retrospect and Prospect of Chinese Counseling Psychology*, pp.313-344. Taipei: Youth Publish Co..

余德慧、呂俐安（1992）：敘說資料的意義：生命視框的完成與進行。刊於楊國樞、余安邦編著，中國人的心理與行爲——理念與方法篇（頁441-475）。台北：桂冠。

余德慧、蔡怡佳（1996）：從社會心理的觀點談自願雛妓的問題及其可能防制之道。刊於《善牧經驗：1996年善牧致「第一屆反對兒童商業化性剝削世界大會」報告書》。台北：天主教善牧基金會。

余德慧（1999）：中國人行事倫理的提升——尋找現代社會一個丟失的環節。刊於戴良義編輯，人的素質（一九九九）論文集（頁79-102）。台北：法鼓人文社會學院。

顧瑜君、余德慧（1999）：台灣原住民家庭教育中的親子倫理。刊於洪泉湖、吳學燕編著，台灣原住民教育（頁179-200）。台北：師大師苑。

余德慧（2002）：本土心理學的基礎問題探問。刊於葉啓政編著，從現代到本土——慶賀楊國樞教授七秩華誕論文集（頁155-183）。台北：

遠流。

余德慧、彭榮邦（2003a）：從巫現象考察牽亡的社會情懷。刊於余安邦
編著，情、欲與文化（頁109-150）。台北：中央研究院民族學研究
所。

余德慧、彭榮邦（2003b）：從靈象徵領域談哀傷的抒解。刊於胡台麗、
許木柱、葉光輝編著，情感、情緒與文化：台灣社會的文化心理研究
（頁129-162）。台北：中央研究院民族學研究所。

余德慧（2005）：本土化的心理療法。刊於楊國樞、黃光國、楊中芳編
著，華人本土心理學（下冊）（頁905-939）。台北：遠流。

劉宏信、余德慧（2005）：華人的宗教經驗與行為。刊於楊國樞、黃光
國、楊中芳編著，華人本土心理學（下冊）（頁941-969）。台北：
遠流。

余安邦、余德慧（2008）：文化及心理療癒的本土化生成。刊於余安邦主
編，本土心理與文化療癒——倫理化的可能探問（導論），頁1-56。
台北：中央研究院民族學研究所。

余德慧、林耀盛、李維倫（2008）：倫理化的可能——臨床心理學本土化
進路的重探。刊於余安邦主編，本土心理與文化療癒——倫理化的可
能探問（頁149-206）。台北：中央研究院民族學研究所。

余德慧、林耀盛（2012）：生死學在台灣的文化沉思。刊於廖欽彬編集，
台日國際研討會特集「朝往東亞的生死學」（頁47-63）。東京：東
京大學研究所人文社會系研究科。

余德慧、林耕宇、彭聲傑（2013）：身體內景的知覺現象與身體情緒。刊
於余安邦主編，身體、主體性與文化療癒——跨域的搓揉與交纏，第
四屆國際漢學會議論文集（頁209-234）。台北：中央研究院。

國家圖書館出版品預行編目資料

人文臨床與倫理療癒／余安邦主編. ーー初
版. ーー臺北市：五南，2017.11
　　面；　公分
ISBN 978-957-11-9316-8 (平裝)

1.臨床心理學　2.人文心理學　3.文集

178.07　　　　　　　　　106012940

1B1A

人文臨床與倫理療癒

主　　　編 ― 余安邦（53.6）

發 行 人 ― 楊榮川

總 經 理 ― 楊士清

副總編輯 ― 陳念祖

責任編輯 ― 李敏華

封面設計 ― 姚孝慈

封面、封底及插畫圖像創作者 ― 伊誕‧巴瓦瓦隆

出 版 者 ― 五南圖書出版股份有限公司

地　　　址：106台北市大安區和平東路二段339號4樓

電　　　話：(02)2705-5066　　傳　　　真：(02)2706-6100

網　　　址：http://www.wunan.com.tw

電子郵件：wunan@wunan.com.tw

劃撥帳號：01068953

戶　　　名：五南圖書出版股份有限公司

法律顧問　林勝安律師事務所　林勝安律師

出版日期　2017年11月初版一刷

定　　　價　新臺幣700元